江苏高校哲学社会科学基金重大项目研究成果
教育部国家级新文科项目建设成果

以"竹节的力量"作为书名,预示着幼儿园教师专业成长历程并非总是一帆风顺,但更寄寓着作者对广大幼儿园教师不断获得专业成长的美好祝愿。

幼儿园教师专业发展系列丛书

丛书主编　顾荣芳

顾荣芳　等著　　第2版

竹节的力量

关键事件与幼儿教师专业成长研究

南京师范大学出版社

图书在版编目(CIP)数据

竹节的力量：关键事件与幼儿教师专业成长研究 / 顾荣芳等著. —2 版. —南京：南京师范大学出版社，2022.8

(幼儿园教师专业发展系列丛书 / 顾荣芳主编)

ISBN 978-7-5651-5425-6

Ⅰ. ①竹… Ⅱ. ①顾… Ⅲ. ①幼教人员-师资培养-研究 Ⅳ. ①G615

中国版本图书馆 CIP 数据核字(2022)第 137624 号

书　　名	竹节的力量——关键事件与幼儿教师专业成长研究(第 2 版)
丛 书 名	幼儿园教师专业发展系列丛书
作　　者	顾荣芳　等
丛书主编	顾荣芳
丛书策划	徐益民　张　莉
责任编辑	官军燕
出版发行	南京师范大学出版社
地　　址	江苏省南京市玄武区后宰门西村 9 号(邮编:210016)
电　　话	(025)83598919(总编办)　83598412(营销部)　83598312(邮购部)
网　　址	http://press.njnu.edu.cn
电子信箱	nspzbb@njnu.edu.cn
照　　排	南京开卷文化传媒有限公司
印　　刷	南京玉河印刷厂
开　　本	787 毫米×1092 毫米　1/16
印　　张	20
字　　数	384 千
版　　次	2022 年 8 月第 2 版　2022 年 8 月第 1 次印刷
书　　号	ISBN 978-7-5651-5425-6
定　　价	68.00 元
出 版 人	张志刚

南京师大版图书若有印装问题请与销售商调换

版权所有　侵犯必究

绪 论 ··· 001
  一、研究缘起 ··· 001
  二、研究视域 ··· 004
  三、文献综述 ··· 010

第一部分 养育事件与幼儿园教师专业成长

第一章 养育事件对幼儿园教师专业成长的影响 ·················· 069

第一节 养育事件之幸——扬起教师专业成长的动力风帆 ········ 069
  一、养育事件可以提高幼儿园教师的人际互动能力 ················ 069
  二、养育事件可以更新幼儿园教师的思想观念 ······················ 077
  三、养育事件可以丰富幼儿园教师的教育经验、提升教育效能 ··· 082
  四、养育事件可以完善幼儿园教师的知识结构 ······················ 086
  五、养育事件可以增强幼儿园教师的自我发展意识 ················ 088

第二节 养育事件之痛——阻碍教师专业成长的荆棘丛林 ········ 090
  一、经历养育事件后幼儿园教师的专业热情与抱负水准可能降低 ··· 091
  二、经历养育事件后幼儿园教师的专业投入可能减少 ············· 093

三、经历养育事件后幼儿园教师的专业学历进修可能停滞 …………… 095

四、经历养育事件后幼儿园教师获得的专业支持可能减弱 …………… 096

第二章　养育事件影响幼儿园教师专业成长的因素与特点 …………… 097

第一节　养育事件产生不同影响的原因 …………………………………… 097

一、个人特征是"可燃物" ………………………………………………… 097

二、良好的家庭支持是"助燃剂" ……………………………………… 106

三、幼儿园管理方式是"催化剂" ……………………………………… 110

第二节　养育事件影响幼儿园教师专业成长的特点 …………………… 114

一、互动双向性 …………………………………………………………… 114

二、相对隔离性 …………………………………………………………… 117

三、阶段性 ………………………………………………………………… 120

四、滞后性 ………………………………………………………………… 123

第三章　养育事件促进幼儿园教师专业成长的策略探析 ……………… 125

第一节　教师是自我发展的主人 …………………………………………… 126

一、自我认识——寻找自我发展的精神动力 ………………………… 126

二、自我规划——确立自己的"职业锚" …………………………… 128

三、自我援助——突破专业成长的"瓶颈" ………………………… 133

第二节　家是永远的港湾 …………………………………………………… 137

一、怀着坦诚的心与家庭成员积极沟通 ……………………………… 137

二、怀着感恩的心处理好家庭中的人际关系 ………………………… 138

第三节　园长是重要的专业支撑 …………………………………………… 139

一、以身作则、树立榜样，为教师提供精神支持 …………………… 139

二、体恤教师困难、给予及时关怀，为教师提供情感慰藉 ………… 140

三、针对教师特点设置平台，为教师提供专业鹰架 ………………… 141

第二部分 师徒结对与幼儿园教师专业成长

第一章 师徒结对积极作用的原因探析 ·················· 145

第一节 有关师徒结对的一般思考 ·················· 145

一、师徒结对的产生与发展 ·················· 145

二、幼儿园师徒结对的概况 ·················· 146

第二节 师徒结对积极作用的原因 ·················· 147

一、主观意愿：师徒专业成长的前提条件 ·················· 147

二、建设性的师徒关系：师徒专业成长的基础 ·················· 149

三、有效的沟通：师徒专业成长的催化剂 ·················· 150

四、个性投契：师徒专业成长的润滑剂 ·················· 151

五、良好的幼儿园环境：师徒专业成长的保障 ·················· 152

第二章 师徒结对促进徒弟专业成长的表现及策略探析 ·················· 155

第一节 师傅引领下的徒弟专业成长 ·················· 155

一、师傅引导徒弟树立专业精神 ·················· 155

二、师傅帮助徒弟强化专业成长动机 ·················· 158

三、师傅帮助徒弟增强保教能力、丰富保教经验 ·················· 159

四、师傅帮助徒弟提高人际互动能力 ·················· 163

第二节 师傅引领徒弟专业成长的策略 ·················· 167

一、激发专业成长动力 ·················· 167

二、搭建专业成长平台 ·················· 169

三、设计专业成长框架 ·················· 172

第三章 师徒结对促进师傅专业成长的表现及途径 ·················· 175

第一节 师傅在指导徒弟过程中的专业成长 ·················· 175

一、增强自我发展意识 ·················· 175

二、提升互动合作能力 ·· 177
　　三、开阔视野、更新知识结构 ·· 178
　　四、增强班级责任意识及管理能力 ······································· 179
　第二节　师徒结对促进师傅专业成长的途径探析 ························ 181
　　一、教学反思提供成长契机 ··· 181
　　二、在学习共同体中分享教育智慧 ······································· 182

第三部分　研究性教学与幼儿园教师专业成长

第一章　研究性教学促进幼儿园教师专业成长的路径分析 ············ 187
　第一节　公开性使研究性教学成为促进幼儿园教师专业成长的可行途径 ··· 187
　　一、研究性教学促使幼儿园教师的探究更加深入 ····················· 188
　　二、研究性教学促使幼儿园教师的反思更加细微 ····················· 189
　第二节　实践性使研究性教学成为促进幼儿园教师专业成长的有效途径 ··· 190
　　一、研究性教学能够满足幼儿园教师专业成长的需求 ··············· 190
　　二、研究性教学对幼儿园教师的教学实践具有较强的针对性 ······ 191
　第三节　合作性让研究性教学成为促进幼儿园教师专业成长的最佳途径 ··· 191
　　一、专家的参与让促进作用更加有效 ···································· 192
　　二、园长的参与让促进作用更加明显 ···································· 193
　　三、同事的参与让促进作用更加强劲 ···································· 193

第二章　研究性教学促进幼儿园教师专业成长的过程分析 ············ 195
　第一节　研究性教学促进幼儿园教师专业成长的必要条件 ············ 195
　　一、理想的环境是幼儿园教师专业成长的摇篮 ························ 195
　　二、良好的专业品质是幼儿园教师专业成长的源泉 ·················· 199
　第二节　研究性教学促进幼儿园教师专业成长的方式 ·················· 206
　　一、研究性教学为幼儿园教师扫除专业成长的障碍 ·················· 206

二、研究性教学为幼儿园教师提供专业成长的阶梯 ······ 212

第三节　研究性教学促进幼儿园教师专业成长的作用分析 ······ 217

　　一、作用方式的潜移默化性 ······ 217

　　二、作用范围的辐射性 ······ 218

　　三、作用效果的渐显性 ······ 218

　　四、作用程度的深刻性 ······ 219

　　五、作用强度的个体差异性 ······ 220

第四部分　幼儿园骨干教师、专家型教师的关键事件

第一章　幼儿园骨干教师的关键事件 ······ 223

第一节　幼儿园骨干教师关键事件的类型和要素分析 ······ 224

　　一、幼儿园骨干教师关键事件的类型 ······ 226

　　二、幼儿园骨干教师关键事件的要素 ······ 248

第二节　幼儿园骨干教师专业成长的特点分析 ······ 259

　　一、良好的幼儿园环境：幼儿园骨干教师成长的沃土 ······ 260

　　二、认真做好每一件事：幼儿园骨干教师的一贯作风 ······ 261

　　三、专业精神：幼儿园骨干教师专业成长的内在动因 ······ 262

　　四、学习与反思：幼儿园骨干教师专业成长的主要途径 ······ 265

第二章　幼儿园专家型教师的关键事件 ······ 268

第一节　专家型教师关键事件的总体特征 ······ 270

　　一、专家型教师关键事件的类型 ······ 270

　　二、专家型教师关键事件的影响特点 ······ 271

第二节　专家型教师的关键事件深描 ······ 273

　　一、社会背景——"文革" ······ 273

　　二、幼儿园环境——毕业分配事件 ······ 275

三、专业生活——教、学、研生活中的关键事件 …………………………… 277

第三节　专家型教师专业成长中的关键人物 …………………………………… 290

　　一、关键人物的类别 ……………………………………………………… 290

　　二、关键人物的角色 ……………………………………………………… 295

第四节　专家型教师成就的归因分析 …………………………………………… 298

　　一、优良的个人品质——专业成长的根本动因 ………………………… 298

　　二、关键事件、关键人物——专业成长的重要契机 …………………… 304

参考文献 ………………………………………………………………………… 306

后　记 …………………………………………………………………………… 311

绪　论

一、研究缘起

几年前研究幼儿园新手教师的专业成长时,我们不仅发现了新手教师常常经历的关键事件,而且发现了处于其他专业发展阶段的幼儿园教师所经历的另一些关键事件,作为后续研究,本研究将那些对于幼儿园教师来说影响更大且更为频发的关键事件作为研究重点,并从横向和纵向两个方面深入剖析,其具体思路是:一方面以事件为线索,既探讨女性生活(日常生活)中的关键事件即养育事件与幼儿园教师专业成长的关系,也探讨教师生活(专业生活)中的关键事件即师徒结对及研究性教学与幼儿园教师专业成长的关系;另一方面以过程为线索,既探讨骨干型教师所经历的关键事件,也探讨专家型教师所经历的关键事件,进而分析幼儿园骨干教师与专家型教师的专业成长过程。之所以如此考虑,是基于以下原因。

(一) 生活史对于幼儿园教师的专业成长具有特殊意义

教师首先是作为一个人生活在这纷繁复杂的世界中的,教师的专业成长不是抽象的,现实生活是其基础和源泉。所以教师的专业成长具有高度的个人生活史特性,生活史与教师的专业成长息息相关。古德森(Goodson,1994)认为,教师的行动与个人过去的生活历史密不可分,教师过去所发生的一切生活历史内容,都会慢慢发展成为足以支配教师日后思考与行动的"影响史",对教师后续的经验选择与重组有无所不在的影响作用。[1] 正因为如此,个人生活史研究是探寻教师专业成长的一条必由之路,脱离教师的个人现实生活去探讨教师专业成长无异于无源之水、无本之木。

---

[1] I. Goodson. Studying the Teacher's Life and Work[J]. Teaching & Teacher Education,1994,10(1):29-37.

在个人生活史中,关键事件对于教师专业成长又具有更为重要的意义,因为它是生活情境中最重要的组成部分,是教师经历的重要内容。对关键事件进行研究是从实然层面对教师专业成长研究的一种突破,可以使我们以更理性、更客观的态度理解教师。在女教师的个人生活中,养育事件即是关键事件。因此,养育事件进入了研究者的视野。

在现代社会中追求两性平等是大势所趋,这种平等是在尊重男女生物性差别的基础上,真正实现在社会性层面上的男女平等。但在实际的家庭生活中,两性未必能实现这种真正意义上的平等。因此,养育事件对男性与女性会产生不同影响。这也许由于"男主外女主内"的性别角色规范在具有几千年封建史的中国当代社会仍有市场,所以在现实生活中特别是在生育之后,众多女性对家庭与事业两者的冲突无所适从,陷入了性别角色选择的困境。众所周知,女教师占幼儿园教师群体的绝大多数,对比其他职业女性,养育事件可能会给幼儿园教师的专业成长带来更为深远的影响,因为幼儿园教师的服务对象正是处于婴幼儿阶段的儿童。

(二) 师徒结对对于幼儿园教师的专业成长具有双向作用

教师是教育的支柱,教师的成长与发展一定程度上决定了整个教育事业的兴衰。20世纪60年代,斯滕豪斯(Stenhouse)就秉持"没有教师发展,就没有课程发展"之理念。近年来,教师专业成长研究已成为教师教育研究领域中的核心专题。一些研究者对教师专业知能、教师发展阶段、教师专业成长的影响因素以及教师专业成长的模式等进行了较为细致的研究。同时研究者们的关注范围也在不断变化,从宏观探究到微观考察、从理论探索到实验论证、从职前培养到职后培训、从关注课堂教学到重视日常生活、从社会期望到教师自身反思等。但无论关注范围如何变化,研究的目的都是为了促进教师的专业成长。

教师的专业成长是阶段性的发展过程,新手阶段是教师专业成长的起步阶段。由此,新手幼儿园教师的专业成长引起了研究者的关注。德莱弗斯兄弟(Dreyfus, H. L. & Dreyfus, S. E.,1986)认为,所有教师都是从新手阶段起步,随着教学知识和经验的累积,大约2—3年后就可以发展为优秀新手;到了3—4年后,大多数教师都能达到胜任水平;第5年便有一定数量的教师成为熟练教师。[①] 同时有研究发现,教师生涯的初始阶段是教师职业的关键时期。在美国,约有30%的初任教师在1—2年内离开了教学

---

① 连榕,孟迎芳.专家——新手型教师研究述评[J].福建省社会主义学院学报,2001(4):66-68.

岗位;10%—20%的人在5年后离开了教学岗位。① 在英国有30%—50%的教师会在从教5年内离开教师队伍,新教师的流失率为老教师的5倍。② 这些数据表明新手教师的初始阶段的专业成长对其今后的专业成长会产生很大的影响。如果在此阶段新手教师得不到适时适当的帮助,就有可能导致其退出教师职业生涯。当研究者查阅有关新手教师专业成长的文献后,发现师徒结对是针对新手教师的职初岗位培训的有效方式,并且在我国中小学被普遍采用。

师徒模式起源于技艺学习,是最早的教育形式之一。它是职业新手在有经验的职业人员或专业人员指导下,依靠具体实践的学习而获得职业或专业技能的教育方式。这种教育方式在许多行业都不同程度地存在着,并为职业新手逐步适应且能够从事某一行业的工作发挥着积极的作用。③ 师徒模式应用于当代的教师教育仍有价值。有研究指出,来自具体的实践情境中的同伴(师傅)的指导,更有可能把抽象的理论、复杂的技能简单化、行为化,因而相比于其他的方式而言,"师徒模式"的同伴指导,对于新教师掌握复杂的教育教学技能效果明显;也有研究指出,同伴之间的辅导,对于教师的专业提升的效果,要比完全靠教师个人写日志、进行教学反思等效果要好。④ 基于此,研究者力图考察在幼儿园中,师徒结对对师徒双方专业成长各有哪些积极影响。

(三)研究性教学是促进幼儿园教师专业成长的良好方式

研究幼儿园教师的专业成长必然要关注教师的专业生活,而教学是幼儿园教师的重要实践活动之一,是教师专业生活中重要的一部分。教师的专业发展与教学水平也是密切相关的。曾经幼儿园教育只关注班级中的集体教学,不够重视或未能深入研究幼儿的游戏或幼儿园区域活动,这很不利于幼儿的学习和发展。但完全否定幼儿园集体教学,无视科学的集体教学活动对于幼儿的发展价值也是不明智的。其实,无论是集体教学活动还是游戏活动或者其他学习形式,其关键都在于秉持怎样的儿童观、发展观和教育观去组织实施,故根据我国幼儿园实情,探讨研究性教学是有现实意义的。研究

---

① 参见 Urzua, A. The Socialization Process of Beginning Teachers. An Essayreview of B. L. Brock & M. L. Grady's, From First Year to First-Rate: Principles Guiding Beginning Teachers[J]. Journal of Teacher Education, 1999,50(3):231-233.
② Herbert, E., Worthy, T. Does the First Year Teaching Have to Be a Bad One? A Case Study of Success[J]. Teaching and Teacher Education, 2001,17(8):897-911.
③ 赵昌木.教师成长研究[D].兰州:西北师范大学,2003.
④ 王建军.课程变革与教师专业发展[M].成都:四川教育出版社,2004:128-129.

性教学是教师对教学的一种研究实践活动,教师可以"在自身的研究过程中体验教学的复杂性,体验教师职业的回归性、不确定性、无边界性"等特征。研究性教学要求教师成为研究者,其倡导的反思性实践也有利于教师举一反三运用到组织幼儿其他形式的学习活动中。

(四) 有关骨干教师与专家型教师的研究使幼儿园教师专业成长之路更为顺畅

研究教师专业成长的目的是促进广大教师的专业成长,促进新手教师向骨干教师转变、骨干教师向专家型教师转变。由此,幼儿园骨干教师和专家型教师的专业成长引起了研究者的关注。但这两类教师的专业成长不是抽象的,而是扎根于现实生活,与教师的个人阅历密不可分,受到他们所处的时代背景、社会文化、生活中的关键事件以及一些关键人物的影响,教师正是在经历各种人与事的过程中不断获得提升。关键事件是对教师专业成长产生重要影响的事件,它既记录了教师的成长和变化,也反映出影响教师专业成长的因素。研究骨干教师和专家型教师的关键事件能够让我们更清晰地了解幼儿园教师专业成长的历程和影响因素,更好地促进广大幼儿园教师的专业成长。

二、研究视域

幼儿园教师专业成长研究得到许多相关学科的理论支撑,其中生态学、心理学和社会学的相关理论对幼儿园教师专业成长的研究具有重要的借鉴意义。

(一) 生态学视域下的幼儿园教师专业成长研究

1. 人类发展生态学理论的启示:关注幼儿园教师专业成长的环境

个体作为生态链中的一环,是在与环境互动的过程中与环境共同发展的。当我们把研究的目光聚焦于幼儿园教师的专业成长之时,不得不同时关注幼儿园教师专业成长的生态环境。人类发展生态学理论为幼儿园教师专业成长的研究设定了逻辑起点。

人类发展生态学的创始人布朗芬布伦纳(U. Bronfenbrenner)从生态学的视角研究人的发展问题,将对人的行为和发展的研究置于一个相互联系、相互影响和相互作用的稳定的生态系统之中,探究生态系统中的各种生态因子对人的行为和发展的作用,以及人与各种生态因子的交互作用。这一理论是对之前的儿童心理学家研究儿童、社会学家研究家庭、人类学家研究社会等学术割裂现象的超越。布朗芬布伦纳认为:"个体发展的环境是一个由小到大层层扩散的生态系统,每一个系统都会通过一定的方式对个体的发展施以影响。这些环境以学校、家庭、社区、整个社会文化以及个体与其环境之间、环境与环境之间的相互作用过程与联系等不同的形式具体地存在于个体发展的生活中,在个体发展的不同时期在不同方面给予不同的影响。"基于勒温的著名的"行为是人与环境的复合函数"即 $B=f(P \cdot E)$ 这一公式,布朗芬布伦纳认为"发展是人与环境的复合函数"即 $D=F(P \cdot E)$,其中 D 指 Development(发展),P 指 People(人),E 则指 Environment(环境)[①]。该公式将时间因素也暗含其中,将环境作为一个动态的因素来加以考虑,并划分为小、中、外、大几种环境系统。依据这一理论,幼儿园教师成长的小环境包括他们所接触的幼儿园、家庭、社区等,其中幼儿园环境与幼儿园教师专业成长的关系最为密切,幼儿园教师亲身经历各种活动和人际关系,幼儿园环境中的人物(幼儿、家长、园长、同事尤其是师傅等)无疑是影响幼儿园教师专业成长的重要他人。幼儿园教师成长的中间环境是由一系列小环境(如幼儿园与家庭、社区等)关联构成,养育事件作为大多数女性都要经历的一个重大事件,会在很大程度上影响幼儿园教师的家庭生活与教育工作之间的关系,从而对幼儿园教师的专业成长产生多种影响。幼儿园教师成长的外环境指并非个体主动参与但对个体产生影响的情境系统,未成年时的家庭生活环境、父母的工作场所等有可能对教师构成一定的影响。幼儿园教师成长的大环境如社会历史背景等,也同时影响并制约着教师的专业成长。

人类生态学启发我们,研究幼儿园教师的专业成长,不仅要关注幼儿园教师专业成长的"小环境",如师徒关系、同事关系及师幼关系等多种关系,而且要关注家庭生活等"中间环境"以及社会历史背景的变化等"大环境"对幼儿园教师的影响。毕竟有机体处于一个复杂关联的系统网络之中,其行为取决于个体对生存环境的解释方式。个体改造环境,环境塑造个体,个体力求与环境在动态中平衡并获得自身的发展。

2. 人才学理论的启示:关注优秀幼儿园教师的"人—境"影响系统

王通讯认为人才的成长主要受到内在因素和外在因素的影响。内在因素包括德、识、才、学、体,其中德是人才的灵魂,是人才之本;体是人才成长的物质基础;学是最基本的,学可以丰才,可以增识,可以益德。外在因素是指"人—境"系统,包括人—时关系

[①] 赵洛维,李淑华.心理学理论对于课程论统一的影响[J].青年与社会,2009(1):21-23.

子系统、人—地关系子系统、人—人关系子系统、人—物关系子系统。① 人—时关系子系统,指人与一定的时间中的诸因素发生联系,并相互影响,构成一定的关系,包括人与时代的关系以及人与时需、时机的关系,个人不能主观地选择时代,而只能去认识时代提供的条件,进而加以改造和利用,达成自己的目标;人—地关系子系统,指人与一定地域空间中的诸因素发生联系,并相互影响,构成一定的关系,包括人与大环境(国家、地区),人与亚环境(学校、工作单位、社区),人与小环境(家庭)的关系;人—人关系子系统,指人与人之间发生联系并相互影响,构成一定的关系,主要包括同事之间、上下级之间、师生之间、家庭成员之间、亲友之间等的关系,强调他人对个体发展的影响,处理各种人与人之间的关系,最根本的就是互相尊重、团结友爱,即人和;人—物关系子系统,指人与物质条件的关系,强调人才的成长与成功脱离不了一定的物质关系,与成才相联系的物质条件分为两大类型,一为维持生命所必需的物质条件,二为创造成果所必需的物质条件,在外在条件面前,人并不是无能为力的,人能够认识、适应并改造环境。② 上述关于人的发展的研究强调在分析个体的行为及其发展时,要将个体置于其所处的复杂的生态环境之中,而不能离开背景因素。虽然王通讯的"人—境"影响系统和布朗芬布伦纳的"生态系统"在分析思路上是有区别的,但同样提示我们在研究幼儿园教师的专业成长时,要对教师所处的时代背景、幼儿园环境以及教师个人的专业生活经历进行综合考虑,要将研究置于教师的现实生活之中,在多重影响系统中分析教师的专业成长。

(二) 心理学视域下的幼儿园教师专业成长研究

1. 毕生发展心理学的启示:关注幼儿园教师专业成长的历程

毕生发展心理学是关于从妊娠到死亡的整个生命过程中行为的成长、稳定和变化的研究。它的核心假设是个体心理和行为的发展并不是到成年期就结束,而是扩展到了整个生命过程。它所秉持的是生命全程观。毕生发展心理学的主要代表人物德国的巴尔特斯(P. B. Baltes)认为③,任何一种行为的发展过程都是复杂的,发展不是简单的朝着功能增长方向的运动,整个发展总是由获得(成长)和丧失(衰退)的结合组成。发展是由多重影响系统即年龄阶段影响、历史阶段影响和非规范事件影响系统共同决定的。其中,年龄阶段影响是指与实际生理年龄有很强联系的那些生物学因素和环境因

---

①② 王通讯.人才学通论[M].北京:中国社会科学出版社,2001.
③ [德]P.巴尔特斯,刘范.毕生发展心理学——论生长和衰退的动力学[J].心理学动态,1986(3):1-15.

素的影响,在某一特定的社会文化中的所有成员都比较一致,具有很大的预见性和规范性;历史阶段影响是指与特定历史时期有关的生物学因素和环境因素的影响,对某一年龄群体的大部分成员以相似的方式发生,不同年龄群体之间则表现出发展上的差异,具有一定的历史相对性;非规范事件影响是指与特定个体相联系的生物学因素和环境因素的影响,这些事件的影响一方面取决于事件发生的时间、形式,另一方面也取决于个体的调整和过去的经验等因素。生命全程观提示我们,教师的专业成长也应当贯穿于其职业生涯之中,而不应当停止于其职业生涯的某一阶段,巴尔特斯所说的非规范事件也将影响教师个体专业成长的历程。

2. 需要层次理论的启示:关注幼儿园教师专业成长的需求

马斯洛认为人有七种相互关联的基本需要:生理需要、安全需要、归属需要、自尊需要、自我实现需要、认知需要和审美需要,只有某个既定层次的需要得到满足以后才能进入下一个层次,同时,一旦某个层次的需要得到满足,它便不再具有激励作用。生理需要、安全需要、归属需要以及自尊需要又被马斯洛称作"匮乏性需要",这些需要的满足在很大程度上依赖于他人和环境,主要可避免疾病的发生。"成长性需要"是与"匮乏性需要"相对的一个概念,是指自我实现需要,在相当程度上独立于他人和环境,可导致更积极的健康态度。[①] 需要层次理论给予我们的启示是,幼儿园教师在入职早期,往往不得不关注自己的生存状况,满足起码的需求,而在基本适应了幼儿园教师岗位后,就需要通过专业成长达到自我实现的需求。关注幼儿园教师的专业成长,不仅仅是提高整体师资质量的需要,更是幼儿园教师自身发展的需要。

3. 群体动力理论的启示:关注幼儿园教师专业成长的动力

个体的发展受到环境的影响,教师个体是作为群体中的一分子来实现其专业成长的,要关注幼儿园教师个体的专业成长,就应当关注教师群体的状况以及教师个体在群体中所具有的社会心理特征,并了解这些特征是如何对教师的专业成长产生作用的。群体动力理论强调独立、平等与合作的群体关系,库尔特·勒温(Kurt Lewin, K., 1890—1947)的群体动力学(group dynamics)则认为任何一个群体都会具有"格式塔"的特征,群体是一个整体,群体中的每个成员之间相互作用、相互制约、具有交互依存的动力,个体的行为是个体和环境相互作用的产物。"场"是勒温群体动力理论的基础,场

---

① [美]A.H.马斯洛.动机与人格(第三版)[M].许金声,等译.北京:中国人民大学出版社,2007:7.

的整体性在于场内并存事实相互依存和相互作用的关系。① 由此可见,在勒温的理论中,群体是一个社会场,对群体中的成员产生着一种力,这种力牵引着群体中的每一个成员前进。群体动力理论对于研究处于群体之中的幼儿园教师个体的专业成长具有直接的启示,它让我们更清楚地知晓良好的园所氛围或开放式教研活动等能更有力地促进幼儿园教师的专业成长。

(三) 社会学视域下的幼儿园教师专业成长研究

1. 符号互动理论的启示:关注幼儿园教师之间的人际互动

符号互动论认为,自我是逐步发展起来的,它并非与生俱来,而是在社会经验与活动的过程中产生的,即是作为个体与整个过程的关系及与该过程中其他个体的关系的结果发展起来的。个体经验到他的自我本身,并非直接的经验,而是间接的经验,是从同一社会群体其他个体成员的特定观点,或从他所属的整个社会群体的一般观点来看待他的自我的。因为他作为一个自我或个体进入他自己的经验,并非直接的、即刻之间的,不是通过成为他自己的一个主体,而是他首先成为他自己的一个对象,就如其他作为他的对象即在他的经验中的个体一样;而他只有通过在他及其他个体所参与的社会环境或经验行为背景中对他自己采取其他个体的态度才能成为他自己的一个对象。② 在人际互动中,人与人之间会发展出对某一形象的共同看法而了解形象的社会性定义,即所谓共同情境定义。个人经由互动过程,采取共同情境定义以发展自我、表现行为的过程即社会化。教师在专业社会化的过程中,其专业自我、教育态度受到权威参照团体、同辈团体、服务对象等成员的期望与示范作用影响,并不断发展与调整其专业角色的表现。其中,重要他人的期望及其示范,以及教师的自我判断是重要的影响因素。依据符号互动论的观点,教师具有主动解释或选择他人影响及环境结构因素的能力,借此而形成专业自我。③ 幼儿园教师专业成长的过程是幼儿园教师从非专业人员成长为专业人员的过程,这个专业化的过程离不开教师与他人之间的人际互动。④ 在幼儿园教师的专业社会化过程中,她们的专业自我(对自己专业成长的看法),教育态度(对幼儿的态度、对教育的态度、对工作的态度)将受到幼儿园权威参照团体(幼儿园园长、资深

---

① 周晓虹.现代社会心理学:社会学、心理学和文化人类学的综合探索[M].南京:江苏人民出版社,1991:70.
② [美]乔治·H.米德.心灵、自我与社会[M].赵月瑟,译.上海:上海译文出版社,1997:120-123.
③ 周淑卿.课程发展与教师专业[M].北京:九州出版社,2006:8.
④ 顾荣芳.论幼儿园教师专业成长的本质[J].幼儿教育,2005(5):16-17.

教师、幼教专家),同辈团体(配班教师、其他同事和同行),服务对象(幼儿、家长、社区人员)等成员的期望与示范的影响,从而不断发展与调整她们的专业角色表现。幼儿园里师徒结对是建立在合作、对话、协商和分享等基础上的互帮互助的学习共同体,无论师傅还是徒弟都把对方视为自身专业成长中的"重要他人",把彼此看作支持自己专业发展的重要资源。徒弟以师傅为榜样,通过观察、选择、借鉴和模仿等手段向师傅学习;师傅以徒弟为荣,在成就了徒弟的同时也成就了自己,通过对专业行为和活动的反思促使其对自身的专业成长有一个自我澄清的过程和个人思维清晰化的过程。师傅和徒弟在交往和对话的双向互动中,从对方那里得到自己专业发展所需要的有益信息,从而实现自我发展与群体发展的整合。研究性教学作为一种"实践反思—同伴合作互助—专业引领"三位一体的研究模式,必然存在着教师与他人的合作、教师与他人的交流沟通等社会行为。在这一系列的行为中,其他教师为个体教师提供了多种帮助,有的帮助幼儿园教师答疑解惑;有的为幼儿园教师树立榜样,通过感染的方式来促进教师的成长;有的给幼儿园教师专业成长指明方向;有的则是启发诱导……正是在这样的一些互动行为中,幼儿园教师进行着专业上的自我建构,实现着个体的专业成长。此外,虽然幼儿园给教师提供了成长的环境,也要看幼儿园教师自己如何去看待,有的教师面对困境就退缩不前,一次跌倒就一蹶不振,那么她将无太大的可能迈进新的发展阶段;而有的教师在困境中发奋图强,从挫折中吸取教训,取他人之长补自己之短,最终走上了骨干教师甚至专家型教师的行列。

2."她世纪"——关注女性发展的社会文化背景以及生活与发展的辩证关系

21世纪被称作"她世纪",女性的崛起已经成为21世纪一道亮丽的风景线。这意味着在这个世纪里,女性参与的社会分工日益广泛,女性的地位不断提升,将可能真正实现与男性的平等发展。但在根深蒂固的中国儒家传统文化的背景下,女性的发展面临着来自不同方面的压力和禁锢,特别是儒家文化中"男尊女卑"的观念还弥散在社会的各个角落,以男性为中心的传统意识影响着人们对女性的看法,其中不乏貌似科学实则错误的观点。以对职业女性的评价为例,社会为职业女性建立了不同于男性的成功标准,即贤妻良母型加社会成就型两者的统一,而男性只要有社会成就就足以为人称道。① 这种不平等即使在幼儿园教师——这个被社会认同为最适合女性的职业中,也同样存在。她们在专业成长过程中也同样遭遇了来自家庭、社会、自我角色定位等各个方面的压力与困惑,特别是当教师经历生育事件之后,这种压力和矛盾就更加突出。做

---

① 王宇.女性新概念[M].北京:北京大学出版社,2007:115.

一个好母亲的同时可以做一个好教师吗？当两种角色发生冲突的时候，教师该如何做出正确的取舍？家庭和社会是怎样影响着教师做出种种价值选择的？女性学以及女性心理学的研究为我们解决上述问题提供了新的视角，让我们在关注到幼儿园教师作为职业人的社会属性的同时，也关注到她作为母亲的家庭属性。只有全面关注到教师的两种属性，在中国社会文化大背景下去分析教师的专业成长问题才更能反映问题的本质，便于找到解决问题的途径。

每个人都在自己的生活中发展，个人的生活史也是个人的发展史。杜威在《民主主义与教育》中指出："生活就是发展，不断发展、不断生长，就是生活。"[①]幼儿园教师的个人生活与其个人专业成长的关系也是密切而辩证的。有的教师在日常生活中遇到困难会不由自主地把负面情绪带到所带的班级中，可能在不该批评孩子的时候批评了孩子，在该鼓励孩子的时候又没心情鼓励；有的教师在养育自己孩子的时候发现孩子有某个特点，在工作实践中可能也会自然而然地考虑到班上孩子的该特点，不再以成人的标准去苛求孩子，反之，有的教师在工作中因遭遇人际关系的压力导致发展受挫，回到家中可能就会郁郁寡欢，莫名其妙地朝家人发脾气；有的教师在工作中投入太多，回家后没有精力和耐心去教育子女；有的教师则因得到领导的赏识或者同事的赞扬而兴高采烈，回家后心情舒畅、情绪高涨；有的教师在和家长的工作交流中汲取到更多的育儿知识和经验教训，有助于更成功地养育自己的子女……生活是琐碎的、具体的，但也是博大的、复杂的，个人的生活经历是发展的土壤，对于这片或肥沃或贫瘠的土壤，是否有收获都取决于个人如何耕种。关注到幼儿园教师生活与发展的辩证关系，有助于我们从更客观的角度审视幼儿园教师专业成长道路上的顺境和逆境。

三、文献综述

（一）有关关键事件的研究

弗兰纳根（Flanagan，J. C., 1954）最早界定了关键事件的内涵，认为关键事件是指那些可清楚观察到行为、明确预测到后果且产生的影响几乎不会引起疑问的事件。[②]霍华德（Howard）等人把关键事件分为课堂纪律难题、学生的社会适应、教学适应和课

---

① [美]约翰·杜威.民主主义与教育(第二版)[M].王承绪，译.北京：人民教育出版社，2001：58.
② Flanagan, J. C. The Critical Incident Technique [J]. Psychological Bulletin. 1954,51(4):327-358.

外关系。[①] 赛克斯(Sikes，P. J.，1985)认为关键事件是指个人生活中的重要事件,教师围绕该事件会做出某种关键性决策,它促使教师对可能导致教师特定发展方向的某种特定行为做出选择。[②] 赛克斯等人强调了关键事件的重要性,认为关键事件是一个非常重要的研究领域,因为关键事件是生活中人们做出主要决策和改变的事件。[③] 凯尔克特曼斯(Kelchtermans，G.，1993)采用专业传记体的方式研究了关键事件、关键人物和关键时期与教师专业自我和主观教育理论的关系。[④] 彼得·伍兹(Peter Woods)以项目的视角分析了关键事件可以以主题、方案或者论题的形式展现,并且,认为关键事件具有综合性、侧重性、时间上可持续性等特点。[⑤] 特里普(Tripp，2002)则认为关键事件是对个人而言标志着一个转折点的事件,它能够产生重大的影响,甚至能够改变个人生活的过程,教师可通过对日常生活中关键事件的反思和分析而获取专业成长。而一件事能否成为关键事件则需经过教师的价值判断,或许有一些关键事件第一眼看上去很普通,但是经过分析会被重新认为很关键；[⑥]凯尔克特曼斯(Kelchtermans)同样强调教师通过对关键事件的反思而获得的专业成长。拉尔夫·费斯勒(Ralph Fessler)在分析影响教师生涯发展的个人因素时指出,积极的关键事件(positive critical incidents)、危机(crisis)都会对教师专业成长产生重要影响。[⑦] 积极事件,可以为一个人奠定支持和安全的基础,进而影响职业活动。危机可能使教师的关注重点离开教学,当遭遇危机时教师常常会发现,他们难以处理职业期望与压力之间的关系。

与关键事件相关联的概念还有关键时期和关键人物。米索(Measor，L.)将关键时期分为"外在"关键时期、"内在"关键时期以及"个人"关键时期三类。关键人物是对教师专业成长产生重要影响的人物,即重要他人。许多教师都提及在其专业成长过程中有某个人物的影响。关键人物在教师专业成长的早期尤为重要。[⑧] 关键时期、关键事件都与教师专业行为的变化相关联,正是由于一些关键事件的发生促使教师改变了他

---

① Raymond J. Corsini, Daniel D. Howard. Critical Incidents in Teaching[M]. New Jersey：Prentice-Hall,1964：21.

②④ Kelchtermans, G. Teachers and Their Career Story：a Biography Perspective on Professional Development. In C. Day, J. Calderhead & P. Denicolo(Eds), Research on Teacher Thinking：Understanding Professional Development. London：Falmer Press,1993,202.

③ Sikes, P., et al. Teacher Careers：Crisis and Continuities[M]. London：Falmer Press，1985.

⑤ Woods, P. Critical Events in Teaching and Learning [M]. London：Falmer Press, 1993：1-15.

⑥ Tripp, D. Critical Incident in Teaching：Developing Professional Judgment[J]. British Journal of Educational Studies. 1994, 42(4)：407-409.

⑦ [美]费斯勒,克里斯坦森.教师职业生涯周期：教师专业发展指导[M].董丽敏,高耀明,等译.北京：中国轻工业出版社,2005：37-40.

⑧ 傅道春主编.教师的成长与发展[M].北京：教育科学出版社,2001：168.

以前的方式来应对新的挑战。[1]

国内关于关键事件的研究兴起于21世纪初,在近20年的发展中愈发受到研究者的重视。已有的研究主要围绕关键事件的相关概念、特点、类型以及与教师专业发展的关系进行关键事件的相关概念研究。[2][3][4][5][6][7][8][9] 有关教师成长中的关键事件、关键人物的探讨,近年研究成果越来越丰硕,研究内容也更加具体。[10][11][12][13][14][15][16][17][18][19] 一些学者对关键事件与教师专业成长的关系进行了研究,[20][21][22][23]其中白益民(2001)指出,经历过关键时期和关键事件的教师想要获得相应的专业发展,还必须有一个自我表现澄清过程——对自己过去已有专业结构的反思、对未来专业结构的选择以及在目前情形下如何实施专业结构重构的决策过程。这样才构成一个教师专业发展的基本循环。否则,所谓关键时期、关键事件只能对教师有潜在的专业发展意义,而难以实际推动教师专业发展。[24] 一些学者则进一步对关键事件与教师专业发展阶段进行了

---

[1] Kelchtermans, G. Teachers and their career story: a biography perspective on professional development. In C. Day, J. Calderhead & P. Denicolo(Eds), Research on teacher thinking: Understanding professional development. London: Falmer Press, 1993:202.

[2][10] 钟芳芳.骤变与适应:幼儿园新入职教师专业化成长的关键事件研究[J].湖南科技学院学报,2014,35(3):171-172,176.

[3] 彭兵,谢苗苗.影响幼儿教师专业成长的关键因素调查[J].学前教育研究,2009(10):47-50.

[4] 王颖.关键人物是影响名师发展的外在关键因素[J].天津市教科院学报,2006(5):45-47.

[5] 徐佳丽,周燕."重要他人"对上岗适应期幼儿教师专业发展的影响[J].教育评论,2015(4):90-92.

[6] 胡伟航.幼儿园新教师专业成长中的重要他人研究[D].南京:南京师范大学,2019.

[7] 母远珍.幼儿园骨干教师专业成长过程中的关键事件[J].学前教育研究,2011(4):3-8.

[8] 曾宁波.论教师专业成长中的"关键事件"[J].现代教育科学,2004(8):17-21.

[9][14] 郑蓉.幼儿园教师入职三年内的关键事件的研究[D].南京:南京师范大学,2006.

[11] 高芹.解读"关键事件":教师隐性教育知识显性化的新视角[J].教育导刊,2007(7):35-37.

[12] 苏红.关键事件:抵及教师专业发展的核心[J].教育科学研究,2011(11):67-70.

[13] 汤立宏.关注关键教育事件 优化教师教育教学行为[J].中小学管理,2006(12):30-32.

[15] 贾宗萍.抓住"关键事件"引领教师专业成长[J].上海教育科研,2013(6):81-82.

[16] 秦晴,吴海龙.幼儿园新手教师专业发展的支持策略——基于关键事件的视角[J].教师教育论坛,2019,32(2):28-32.

[17] 刘畅.新手幼儿教师专业成长中的关键事件研究[D].呼和浩特:内蒙古师范大学,2019.

[18] 安珍珍.探析幼儿园新手教师专业成长中的关键事件与关键人物[J].课程教育研究,2018(18):198-199.

[19] 胡庆芳.关键教育事件研究的国际背景与国内实践思考[J].外国中小学教育,2010(4):63-65.

[20] 许雪梅,何善亮.教师专业发展的内在机制和有效途径[J].高等师范教育研究,2002(5):60-64.

[21] 柳德玉.论教师经历与专业成长——一位中学语文教师的个案分析[D].兰州:西北师范大学,2004.

[22] 王玉萍.论教师自我更新的机制[J].科技信息(学术研究),2006(11):33,35.

[23] 鱼霞.教师成长:对"关键事件"的反思至关重要[J].人民教育,2012(5):49-50.

[24] 叶澜,等.教师角色与教师发展新探[M].北京:教育科学出版社,2001:314.

研究。①②③④⑤⑥⑦⑧⑨

(二) 有关职业女性工作家庭交互影响的研究

养育事件对于幼儿园教师的影响与对普通家庭主妇(指没有从事社会工作,只在家操持家务的妇女)的影响相比,最根本的不同就在于前者要在规定的时间内继续从事社会工作,完成工作任务,即要同时扮演家庭中母亲的角色与工作中教师的角色。这两种角色在幼儿园教师的生活中可能会发生冲突,所以对有关职业女性家庭工作冲突的研究进行梳理有助于我们理解幼儿园教师由于养育事件而在工作中面临的新挑战。

1. 国外相关研究

国外关于工作家庭冲突的研究主要分两大部分,即理论研究与相关实证研究。

工作家庭冲突的理论包括工作家庭关系的冲突理论、工作家庭关系的发展理论、工作家庭关系的边界理论。冲突理论方面的研究是早期对工作家庭冲突的研究,是在静态的层面上展开的,1980年斯泰恩斯(Staines)回顾了之前研究者们对工作和家庭之间的关系的讨论,从中区分了三种类型:分割(segmentation)理论、溢出(spillover)理论、补偿(compensation)理论。⑩ 发展理论方面的研究是对一个人或一对夫妻生活范围内的工作/家庭联系进行纵向的动态分析。这种观点打破了以往的平面解析,引导研究者从发展的角度对工作家庭冲突进行更为细致和深入的研究。美国学者克拉克(Clark,2000)在对以往相关理论批判的基础上,提出了"工作/家庭边界理论(work/family border theory)"。该理论将工作和家庭看作两个不同的范围,那些频繁在工作和家庭

---

① 鲍钰清,郭婷.不同专业发展阶段幼儿园教师教学的"关键事件"[J].陕西学前师范学院学报,2019,35(11):22-27.
② 彭兵,谢苗苗.影响幼儿教师专业成长的关键因素调查[J].学前教育研究,2009(10):47-50.
③ 苏红.关键事件:抵及教师专业发展的核心[J].教育科学研究,2011(11):67-70.
④ 沈俊.成长的足迹——幼儿园专家型教师专业成长之关键事件研究[D].南京:南京师范大学,2008.
⑤ 母远珍.幼儿园骨干教师专业成长过程中的关键事件[J].学前教育研究,2011(4):3-8.
⑥ 钟芳芳.骤变与适应:幼儿园新入职教师专业化成长的关键事件研究[J].湖南科技学院学报,2014,35(3):171-172,176.
⑦ 李芳霞.关键实习事件对学前教育学生专业成长的影响研究[J].宁夏师范学院学报,2016,37(4):138-142.
⑧ 刘海荣.高校学前教育专业实习生之关键事件研究[D].南京:南京师范大学,2019.
⑨ 刘娟,步宁,高健.关键实习事件对学前教育专业学生专业认同的扎根研究——以Y学校学前教育专业学生为例[J].幼儿教育,2020(Z6):39-44.
⑩ Staines, G. Spillover Versus Compensation: A Review of the Literature on the Relationship Between Work and Nonwork[J]. Human Relations, 1980,33(2):111-129.

之间转移的个体被称为边界跨越者,而那些对定义范围和边界有特别影响的范围成员被称为边界维持者。工作中的普通边界维持者是监督人,而家庭中的普通边界维持者是夫妻。边界维持者与边界跨越者对工作和家庭范围及组成的不同认识,往往会影响边界跨越者的平衡,两者之间的经常交流可以缓和角色冲突。[1] 该理论不仅阐明了工作家庭冲突的形成机制,而且对如何缓解工作家庭冲突做出了尝试性的探讨。此外,还有学者从社会认同(social identity)理论以及社会支持(social support)理论的视角对工作家庭冲突现象进行了探究。社会认同理论着眼于社会个体成员的身份凸显性(prominence),认为造成社会成员工作家庭冲突的原因之一在于个体的社会身份凸显而造成的价值观冲突,[2]其最初源于角色冲突(role conflict)理论。个体在社会中扮演了不同的角色,参与一个角色会给同时参与的另一个角色带来阻碍,角色冲突就此产生。[3] 工作和家庭两种角色受不同价值观的指引,当个体侧重工作角色或家庭角色其一时,角色背后价值观的重叠部分则相应减少,调和工作家庭冲突的可能性随之降低。而社会支持理论则提供了降低冲突中消极压力的外部应对机制。[4]

相关的实证研究可追溯到20世纪五六十年代。早期多以角色本身作为问题的研究重心,研究对象也多集中在女性的职业问题方面。20世纪80年代以后,工作家庭冲突被越来越多的学者所关注,除探讨角色本身外,开始更多地引入一些前提变量和结果变量,以明确工作家庭冲突的形成机制和作用机制。[5] 在研究对象方面,也开始从女性扩展到男性,并涉及不同职业、不同职务等。首先,在工作家庭冲突与前提变量间的相关研究中,最常被人们研究的一个前提变量是社会支持,主流的社会支持是组织支持和家庭支持,组织支持体现为集体对个体的支持,包括正式制度、工作氛围和领导支持三个维度,[6]家庭支持表现为家庭成员对个体的支持,包括情感关心、工具性协助等。[7] 人们通

---

[1] Sue Campbell Clark. Work/Family Border Theory: A New Theory of Work/Family Balance[J]. Human Relation, 2000, 53(6): 747-770.

[2] Lobel, S. A. Allocation of Investment in Work and Family Roles: Alternative Theories and Implications for Research[J]. Academy of Management Review, 1991, 16(3): 507-521.

[3] Greenhaus J. H., Bedeian, A. G. Mossholder, K. W. Work Experiences, Job Performance, and Feelings of Personal and Family Well-being[J]. Journal of Vocational Behavior, 1987, 31(2): 200-215.

[4] Thomas, L. T., Ganster, D. C. Impact of Family-Supportive Work Variables on Work-Family Conflict and strain: A Control Perspective[J]. Journal of Applied Psychology, 1995, 80(1): 6-15.

[5] Samuels Aryee. Antecdents and Outcomes of Work-Family Conflict among Married Professtional Women: Evidence from Singapore[J]. Human Relations, 1992, 45(8): 813-837.

[6] Taylor, B. L., Blancero, R. Work-Family Conflict/Facilitation and the Role of Workplace Supports for U.S. Hispanic Professionals[J]. Journal of Organizational Behavior, 2009, 30(5): 643-664.

[7] Michel, J.S., et al. Antecedents of Work-Family Conflict: A Meta-Analytic Review[J]. Journal of Organizational Behavior, 2011, 32(5): 689-725.

过提供信息支持(建议和信息)、工具性支持(现实的资源和服务)、评估支持(帮助评估和理解问题)以及情感支持(关系和同情)来支持其他人。截至目前,几乎所有的研究都证实了社会支持对降低工作家庭冲突水平所起的积极作用,但这种作用是直接的还是间接的,如果是间接的又包括哪些因素,这些都需要人们做进一步的研究。在作为前提变量的人口统计学变量中,性别是被研究最多的一个。[1] 一些研究证实,如果女性从事工作,其照顾孩子和家庭的时间与精力就会被分散,会感受到较高的工作家庭冲突水平。[2] 尽管男性更普遍地受到工作对家庭冲突的影响,但女性感到疲惫的概率更大。[3] 且职业女性更有可能受到平衡密集工作与家庭需求的负面影响。[4] 还有研究(Cha, 2013)指出周工作时长50小时以上(过度工作)增加了母亲的职业流失率而非父亲的职业流失率。[5] 但也有证据表明,工作家庭冲突的性别差异并不显著。对此一个得到普遍认可的理由——不是性别本身,而是人们所秉持的性别角色态度在起作用。[6]也就是说,如果某个职业女性认可"男主外,女主内"的传统观念,那么她将会体验到较高的工作家庭冲突。其次在工作家庭冲突与结果变量的相关研究中,布鲁克(Burke, 1988)对警官样本的研究发现,高水平的工作/家庭冲突与更高的心理倦怠、疏离以及较低的工作满意度有关。[7] 社会支持作为前提变量也常见于研究之中,因为养育照料下一代和"天花板效应",女性在职业发展中更容易遇到阻碍,加强对女性的社会支持有助于提升女性自身的软实力进而实现工作家庭的平衡。[8] 关于工作家庭冲突和家庭结果变量,希金斯(Higgins)及同事对双职工开展的一系列调查发现,工作/家庭冲突与家庭结果变量有显著相关,如工作/家庭冲突与低家庭生活质量相关,低家庭生活质量又与低生

---

[1] Duxbury, L., Higgins, C. Gender Difference in Work-Family Conflict [J]. Journal of Applied Psychology, 1991, 76(1): 60-73.

[2] Rachel Gali Cinamon, Yisrael Rich. Gender Differences in the Importance of Work and Family Roles: Implications for Work-Family Conflict[J]. Sex Roles, 2002, 47(11): 531-541.

[3] Canivet, C., et al. Conflict between the Work and Family Domains and Exhaustion among Vocationally Active Men and Women.[J]. Social Science & Medicine, 2010, 70(8): 1237-1245.

[4] Padavic, I., Ely, R., Reid, E. Explaining the Persistence of Gender Inequality: The Work-family Narrative as a Social Defense against the 24/7 Work Culture[J]. Administrative Science Quarterly, 2020, 65(1): 61-111.

[5] Cha, Youngjoo. Overwork and the Persistence of Gender Segregation in Occupations[J]. Gender & Society, 2013, 27(2): 158-184.

[6] [美]埃托奥,布里奇斯.女性心理学[M].苏彦捷,等译.北京:北京大学出版社,2003:63.

[7] Adam, G.A., King, L.A., King. D.W. Relationships of Job and Family Involvement, Family Social Support, and Work-Family Conflict With Job and Life Satisfaction[J]. Journal of Applied Psychology, 1996, 81(4): 411-420.

[8] Schueller-Weidekamm, C., Kautzky-Willer, A. Challenges of Work-Life Balance for Women Physicians/Mothers Working in Leadership Positions[J]. Gender Medicine, 2012, 9(4): 244-250.

活满意度相关等。① 海德(Hedva)及研究伙伴对职业母亲进行的调查显示,个体—环境的协同性与工作家庭冲突有关,且和职业倦怠呈现负相关,因此减少职业母亲的职业倦怠现象可以通过平衡工作/家庭冲突来实现。②

值得一提的是,虽然研究者倾向于将焦点集中在工作/家庭冲突上面,但部分实证研究也表明工作/家庭冲突与一些工作和家庭结果变量也存在相关。如威尔利(Wiley,1987)对一组受雇的大学毕业生被试研究表明,工作/家庭冲突与工作满意度、组织承诺及生活满意度存在负相关。③近年来,一些学者还针对"工作/家庭冲突的预期认识对个人教育规划与职业道路选择的影响"这一问题展开了研究。在针对目前尚未生育的年轻人的访谈研究(Bass,2015)中发现,女性比男性更有可能为了成为好的家长,而降低职业目标,即因为工作/家庭冲突部分女性倾向于选择要求不高的工作。④ 但另有研究(Allison & Ralston,2018;⑤ Cech,2016;⑥ Morgan, et al.,2013⑦)认为尚未有充分的证据来佐证个人未来的家庭计划会阻止其获得更高地位的工作。还有研究(Hummer,2021)表明女学生认为选择规范化的或高社会地位的职业道路未来最容易受到工作/家庭冲突的阻碍。⑧ 总的说来,工作/家庭冲突是否会显著影响个人对教育规划与职业道路的选择还有待进一步的研究。

2. 国内相关研究

与国外研究相比,我国对工作/家庭冲突的研究尚处于起步阶段,主要表现为研究时间短及涉及范围窄。但相关研究者依然做出很多有价值的发现,如陆佳芳、时勘等人

---

① Christopher, A., Higgins, Linda E. Duxbury. Work-Family Conflict: A Comparison of Dual-Career and Traditional-Career Men[J]. Journal of Organizational Behavior, 1992, 13: 389 - 411.

② Braunstein-Bercovitz, H., Frish-Burstein, S., Benjamin, B.A. The Role of Personal Resources in Work-Family Conflict: Implications for Young Mothers' Well-Being[J]. Journal of Vocational Behavior, 2012, 80(2). 317 - 325.

③ Wiley, D. L, et al. The Relationship between Work/Nonwork Role Conflict and Job-Related Outcomes: Some Unanticipated Findings[J]. Journal of Management, 1987, 13(3): 467 - 472.

④ Bass, B.C. Preparing for Parenthood?: Gender, Aspirations, and the Reproduction of Labor Market Inequality[J]. Gender & Society, 2015, 29(3): 362 - 385.

⑤ Allison, R., Ralston, M. Gender, Anticipated Family Formation, and Graduate School Expectations Among Undergraduates[J]. Sociological Forum, 2018, 33(2): 95 - 117.

⑥ Cech, E. Mechanism or Myth?: Family Plans and the Reproduction of Occupational Gender Segregation[J]. Gender & Society, 2016, 30(2): 265 - 288.

⑦ Morgan, S., Gelbgiser, G., Weeden, K.A. Feeding the Pipeline: Gender, Occupational Plans, and College Major Selection[J]. Social Science Research, 2013, 42(4): 989 - 1005.

⑧ Hummer, H. To Follow the Prescribed Pathway? Aspiring Professional Women and Anticipations of Work-Family Conflict[J]. Sociological Forum, 2021, 36(4): 1095 - 1115.

(2002)采用翻译后的量表测查了195名来自不同行业的员工,发现员工知觉到的工作/家庭冲突显著高于知觉到的工作/家庭冲突,这与国外的研究结果相一致。[1] 李超平、时勘等人(2003)采用修订的问卷考察了医护人员工作家庭冲突与工作倦怠之间的关系,结果表明,降低工作家庭冲突能有效地预防和矫治工作倦怠。[2] 李明军等(2015)以348名中小学教师为被试,得出了相似的结论,并指出自我决定动机在中小学教师工作家庭冲突对职业倦怠的影响过程中所起的中介效应显著。[3] 吴谅谅等(2003)[4]和安砚贞等(2003)都对职业女性的工作家庭冲突进行调查研究,分析了影响职业女性工作家庭冲突的因素。在对工作家庭冲突的平衡策略方面,李淼等(2003)[5]、陈兴华等(2004)[6]和吴海燕(2006)等在对工作家庭冲突作简要分析的基础上重点阐述了平衡或干预策略。[7] 在对职业女性工作家庭冲突的压力源的调查中,郭宗君等(2006)认为,现代职业女性自身角色认知与社会对女性角色认知之间存在矛盾,教育程度、收入比例、职业经验是造成压力的主要因素,家庭满足感、家庭投入、配偶压力、工作投入和工作负荷是导致职业女性工作家庭冲突的主要压力源。[8] 陈佳(2020)的研究侧重于女性管理者,得出的结论类似,女性管理者的情绪控制能力、情绪感知能力、心理疏离度、生活满意度、家庭能力(特质)与工作家庭冲突存在负相关关系,但工作满意度和工作家庭冲突情况不存在负相关关系。[9]

近十年来,有关职业女性工作家庭冲突的实证研究在数量呈现逐年增长趋势,且注重与我国实际国情相联系,基于"三孩政策"等新环境下的女性工作家庭冲突问题得到关注。在研究对象上,研究者关注了创业者[10]、领导者[11]、电话客服[12]以及教师[13]尤其是

---

[1] 陆佳芳,时勘,John J. Lawler.工作家庭冲突的初步研究[J].应用心理学,2002(2):45-50.
[2] 李超平,时勘,等.医护人员工作家庭冲突与工作倦怠的关系[J].中国心理卫生杂志,2003(12):807-809.
[3] 李明军,王振宏,刘亚.中小学教师工作家庭冲突与职业倦怠的关系:自我决定动机的中介作用[J].心理发展与教育,2015,31(3):368-376.
[4] 吴谅谅,冯颖,范巍.职业女性工作家庭冲突的压力源研究[J].应用心理学,2003(1):43-46,56.
[5] 李淼,陆佳芳,时勘.工作—家庭冲突中介变量与干预策略的研究[J].中国科技产业,2003(7):53-55.
[6] 陈兴华,凌文辁,方俐洛.工作—家庭冲突及其平衡策略[J].外国经济与管理,2004(4):16-19.
[7] 吴海艳,李耀锋.职业女性工作家庭冲突及其对策分析[J].甘肃农业,2006(11):87.
[8] 郭宗君,等.职业女性工作家庭冲突的压力源调查[J].中国临床康复,2006(30):66-68.
[9] 陈佳.女性管理者的工作家庭冲突影响因素分析及对策[D].杭州:浙江工商大学,2020.
[10] 张建民,周南瑾.工作—家庭关系对女性创业的影响:一个理论框架[J].经济与管理评论,2019,35(3):49-60.
[11] 罗瑾琏,汪小莹,朱荧.女性领导者工作—家庭角色渗溢过程研究[J].软科学,2020,34(11):101-109,122.
[12] 王云杰.YD公司女性职工工作—家庭平衡策略研究[D].济南:山东大学,2019.
[13] 李永占.特殊教育教师工作家庭冲突对工作投入的影响:情绪智力的调节作用[J].中国临床心理学杂志,2015,23(6):1106-1111.

幼儿园教师[1]等多类型职业女性。结合职业生命周期、生活满意度等因素,王毅杰(2020)进一步探索了工作家庭冲突与职业倦怠之间的关系,研究表明工作消极溢出仅在职业初期产生影响,职业中期更易受到家庭消极溢出的影响,职业后期则不再受到消极溢出作用的影响。[2] 岳亚平等(2017)的研究聚焦于幼儿园教师的工作家庭冲突与职业倦怠,结果发现教龄在工作干扰家庭的行为方式、心理资源和情绪情感维度上存在显著差异;而学历只在心理资源和情绪情感维度上存在显著差异。[3] 邓子鹃(2013)以高校教师为样本进行的类似研究则显示学历在高校教师工作家庭冲突中不存在显著差异。[4] 不一致的研究结果可能与幼儿园与高校教师工作的不同特征,如面向对象、工作时长、非教学任务[5]等不同有关。

在对职业女性工作家庭冲突研究的文献梳理中发现工作家庭冲突具有双向性的特征。在实际研究中人们往往较少涉及工作/家庭冲突,这是由于人们体验到的工作/家庭冲突往往高于工作/家庭冲突,这为本研究提供了一定的理论基础,也使研究者拓展了研究空间。本研究中,养育这种完全属于家庭事务的事件所引发的与工作之间的冲突水平层次、教师的应对措施及实施效果是我们关注的重点。本研究的重点不在于对幼儿园教师养育阶段中工作家庭冲突的前提变量与结果变量进行探讨,而是要对该阶段工作家庭冲突的水平、原因以及解决方式进行研究,这对于提高个体的工作效率、帮助个体实现自我发展、维持和睦的家庭关系都有积极的意义。其次,职业女性的自身角色认知与性别意识是影响女性做出角色选择的关键因素,这提醒我们有必要把对幼儿园教师性别意识与自身角色认知的考察纳入我们的研究范围。

(三) 有关师徒结对的研究

1. 国外相关研究

国外学者就师徒结对相关问题进行了理论方面的研究。[6] 格罗和马修斯(Crow,G.

---

[1] 侯晓.幼儿教师工作家庭冲突、心理授权与工作投入的关系研究[D].兰州:西北师范大学,2020.
[2] 王毅杰,董伟.工作—家庭关系、职业生命周期与工作倦怠[J].南通大学学报(社会科学版),2020,36(4):72-81.
[3] 岳亚平,冀东莹.幼儿教师工作家庭冲突特点及与职业倦怠的关系[J].学前教育研究,2017(1):23-33.
[4] 邓子鹃.工作家庭冲突、工作效能感与工作生活质量——基于苏北268名高校女教师的实证研究[J].教育学术月刊,2013,(3):34-38.
[5] Hall-Kenyon, K. M., Bullough, R. V., MacKay, K. L., Marshall, E. E. Preschool Teacher Well-being: A Review of the Literature[J]. Early Childhood Education Journal, 2014, 42(3): 153-162.
[6] 王建军.课程变革与教师专业发展[M].成都:四川教育出版社,2004:129.

M. & Matthews, L. G., 1988)认为师傅教导的方法有四个范畴：教导(teaching)、指导(coaching)、反思教导(reflective mentoring)、资助(sponsorship)。但师傅也需要对于实习者的新角色和新责任质疑、挑战。他们甚至应该鼓励实习者去挑战师傅的策略和抉择。索斯沃斯(Southworth, G., 1995)主张，如果师傅教导只是给予支持而没有任何挑战，如此一来将无法培育出具有批判性、有助于教育的领导者。保护实习者常为师傅带来一个困境：若师傅总是使实习者免于处于困难尴尬的情境，实习者将会减少许多学习的机会；但若实习者没有办法获得师傅的保护支持而减少犯错的机会，那么将有可能对于实习者的生涯发展有所伤害。师傅必须做好判断，决定何时该介入、何时允许错误发生。麦金太尔和哈格尔(McIntyre, D. & Hagger, H. D., 1996)认为师傅教导有三个历程：第一个历程也是最重要的历程就是建立私人关系(personal relationship)，使得新手即将成为新的角色时，能有资深人员的支持。第二个历程是师傅积极主动引导、教导并挑战实习者，因师傅需要宣示其专业、学问与权威，上述的私人关系和积极主动的指导过程中皆包括了师傅是否有意图(intentionality)去符合实习者的需求，而这也就是师傅教导能否成功的关键因素。第三个历程是安排并执行量身定做的课程以符合个人需求，包括主动和学校其他人合作。因此，师傅教导并不只是师傅和实习者一对一的私人关系，而应以系统观点来看待。师傅有责任营造出一个"学习是有价值的、师傅教导是群体共同责任"的气氛。麦克纳利(McNally, P., 1998)从支持性和挑战性两个维度，将指导教师分为三个类型：高支持、低挑战的指导教师，这类教师更关注合作过程中对新教师的支持和培养，愿意给予新教师较多的自由；高支持、高挑战的指导教师，这类指导教师既重视对新教师的支持，又对新教师有较严格的要求；低支持、高挑战的指导教师，这类教师往往强调自己的权威地位而忽视对新教师的理解和支持。

国外学者的研究启发我们，师傅的角色在师徒关系中占有重要的作用。师傅的知识、能力与责任直接影响到师傅对徒弟的教导效果。师傅如何与徒弟建立良好的关系、如何引导徒弟不断进步、如何给予徒弟适当的挑战等是影响徒弟发展的重要因素。教师在入职初期进入到具有挑战性和心理要求的教学实践现场，[①]会经历一个高压力水

---

① Taylor, M., et al The Influence of Multiple Life Stressors during Teacher Training on Burnout and Career Optimism in the First year of Teaching[J]. Teaching and Teacher Education, 2019, 86(c).

平和职业疲惫的阶段,[1]在这个阶段,课堂干扰[2]、工作时间[3]等因素都可能导致初任教师的离职。[4] 还有研究发现,针对性指导初任教师的措施能在工作动机[5]、课堂实践[6]、工作满意度[7]、职业幸福感[8]等几个方面产生积极的效果。带教指导成为优质教师入职计划和入职生涯教育的重要环节与关键因素[9],因此也有研究(JulianBurger,2021)从徒弟教师层面关注其职业幸福感和带教者指导风格间的关系。[10]

国外学者还就日、美、英等国的师徒模式运作现状进行了实践研究。在日本,师徒形式的新教师培养主要体现在新任教师研修制度的校内研修中。它对初任教师、指导教师以及校长、学科专员、辅助教师、学校中的其他教师都提出了相应的要求,如对初任教师,它规定初任教师都要参与校内研修。日本对新教师这种一对一的指导方式带有一定的强制性,在初任教师研修制度中对其做了统一的规定。[11] 在美国,"师徒结对带教"是一种被中小学广为采纳的新教师培训模式。由具有经验的专家型教师(expert teacher)担任指导教师,他们具有很强的教学能力,不仅能给新教师提供足够的自由发展空间,帮助新教师把教学理论迁移并运用到工作中去,还能够精通问题的诊断,对症下药,提出解决问题的办法,同时他们还要评估新教师的教学工作。为了使这种传统的模式在信息化的时代继续发挥其作用,美国教育界采取了一系列的行动来完善这一传

---

[1] Dicke, T. et al. Beginning Teachers' efficacy and Emotional Exhaustion: Latent Changes, Reciprocity, and the Influence of Professional Knowledge[J]. Contemporary Educational Psychology, 2015, 41:62-72.

[2] Dicke, T., et al. A Longitudinal Study of Teachers' Occupational Well-being: Applying the Job Demands-Resources Model[J]. Journal of Occupational Health Psychology, 2018, 23(2): 262-277.

[3] Skaalvik, E., Skaalvik, S. Dimensions of Teacher Burnout: Relations with Potential Stressors at School[J]. Social Psychology of Education, 2017, 20(4): 775-790.

[4] Harmsen, R., et al. The Relationship between Beginning Teachers' Stress Causes, Stress Responses, Teaching Behaviour and Attrition[J]. Teachers and Teaching, 2018, 24: 1-18.

[5] Klassen, R., Durksen, T. Weekly Self-Efficacy and Work Stress during the Teaching Practicum: A Mixed Methods Study[J]. Learning and Instruction, 2014, 33: 158-169.

[6] Stanulis, R.N. Floden, R.E. Intensive Mentoring as a Way to Help Beginning Teachers Develop Balanced Instruction[J]. Journal of Teacher Education, 2009, 60: 112-122.

[7] Ingersoll, R., Strong, M. What the Research Tells Us about the Impact of Induction and Mentoring Programs for Beginning Teachers[J]. The Yearbook of the National Society for the Study of Education, 2012, 111: 466-490.

[8] Voss, T., et al. Changes in Beginning Teachers' Classroom Management Knowledge and Emotional Exhaustion during the Induction Phase[J]. Contemporary Educational Psychology, 2017, 51: 170-184.

[9] Callahan, J. Encouraging Retention of New Teachers through Mentoring Strategies[J]. The Delta Kappa Gamma Bulletin, 2016, 83: 6-11.

[10] Burger, J., Bellhuser, H., Imhof, M. Mentoring Styles and Novice Teachers' Well-Being: The Role of Basic need Satisfaction[J]. Teaching and Teacher Education, 2021, 103(1).

[11] 池春燕:教师专业背景下的师徒制研究[D].上海:华东师范大学.2007.

统模式。这些行动主要包括对带教者素质的研究和探讨;建立带教者支持系统;新教师支援网络等。① 英国1972年的《詹姆斯报告》把在职培训作为师范教育中的一个阶段,强调在专业培训阶段中的"入门指导年(induction year)":针对完成专业培训第一年学习已经领到教师执照的学生,要在受聘学校工作的第一年接受该校专业指导教师(a school based professional tutor)的监督和指导。英国的初任教师法令性入职引导制度中,对初任教师和指导教师等相关人员提出了一定要求。如规定每一个初任教师都有一名指定的指导教师。一名指导教师可以指导一至多名初任教师,如果学校中有两个以上的指导教师,还需要引导协调者(induction coordinator)协调他们的工作。指导教师直接管理初任教师,一般资历较深的校长也可以成为指导教师,他们自身拥有丰富的技能、知识和经验,完全了解引导期的要求。②

在具体的师徒制建设层面,埃利斯(Ellis,2020)梳理了通过同行评审后的70项高质量研究,总结出师徒制中优质师傅的要素特征并构建了7维度53要点的指标体系:与高校的良好合作、性格与专业知识、与徒弟教师建立有效关系、促进徒弟教师学习、示范有效教学、开放性心态和情感与心理支持。③ 智利、多米尼加等第三世界国家在新教师入职指导计划上进行了探索,有研究指出目前存在徒弟教师接触融入学校文化较难、徒弟教师与共同体存在一定矛盾等现实问题。李阳杰(2020)基于教师教学国际调查(TALIS)数据从参与度、价值、过程和效果4个维度分析世界范围内师徒带教的发展状况,提出推动教龄较长的教师参与师徒结对、重视带教价值的多为面向、确保师徒带教的连贯性、创设师徒带教的动态评价机制等改进策略。④

从以上的研究可以看出各国都比较重视新教师的起步以及环境、氛围对教师的作用,注重为教师营造一个循序渐进发展的空间。日本对于师徒制的研究主要是在有关新教师的研究中论及,更侧重于对师徒制具体实施过程以及师徒双方的责任与义务的研究。美国对带教者的素质提出很高要求,给予新教师足够的发展空间;同时注意根据形势发展的需要,利用网络为导师制服务,将传统的"师徒带教"加以完善。英国则对初任教师和指导教师做出法令性的要求。但现有研究重点偏向一些具体做法,对师徒制在实施过程中会遇到的困难或存在的不足缺乏深入探讨。

---

① 许明,黄雪娜.从入职培训看美国新教师的专业成长[J].教育科学,2002(1):51-55.
② 池春燕.教师专业背景下的师徒制研究[D].上海:华东师范大学.2007.
③ Ellis, N. J., Alonzo, D., Nguyen, H. Elements of a Quality Pre-service Teacher Mentor: A Literature Review[J]. Teaching and Teacher Education, 2020, 92.
④ 李阳杰.教师专业发展中的师徒带教:国际比较与政策建议——基于TALIS数据的分析[J].教育与经济,2020,36(3):67-74.

2. 国内相关研究

(1) 有关师徒结对的内涵和理论假设的研究

台湾学者陈嘉弥(2000)论及的师徒制主要是指中小学教师与师资培育机构的实习生之间结成的师傅与徒弟的关系,强调大学与中小学之间进行合作,中小学承担起培养教师的责任,旨在呼吁改进教师培养中的实习环节,从而来提高教师教育的整体水平。[1]

赵昌木(2004)认为,师徒教师教育模式是新手教师与资深教师在合作的形式下,通过对资深教师教学实践的观察、模仿和资深教师的具体指导,逐渐地体悟职业的隐性经验或缄默知识,不断地掌握专业技能和智慧的培育方式。[2] 同时,赵昌木指出师徒教师教育模式的理论假设是建立在缄默的教学知识理念和人际互动理论的合作教师文化的基础之上。具体指出,优秀教师在教育教学实践中表现出的实践知识和智慧,在很大程度上是缄默的知识和情境性教育机智。缄默知识和智慧可以通过实践和直接经验的方式,通过"师傅带徒弟"的方式加以传递和获得。林一钢(2009)针对师范实习生[3]的相关研究也得出了相似结论。徒弟可以通过优秀教师或专家型教师教育实践中的言传身教和教师间的共同探讨、密切合作、交流互动,掌握缄默知识,并渐进拥有实践智慧。

(2) 有关师徒结对影响因素的研究

陈木金(1995)指出,从学徒—工匠—师傅的一贯晋升模式,可以发现学徒养成历程中的主要关键因素,是师傅(专家)的示范、教导和支持,使得学徒(新手)成功地学习,并借由不断地回馈师傅(专家)的示范、教导和支持,终而学得一项复杂的技能,并由此认为,学徒训练必须在其社会文化情境脉络下进行,使得学徒(新手)在基本训练与专业训练两部分知识技能皆达成熟,逐渐成为师傅(专家)。刘锐剑(2018)从个人因素(师傅或徒弟)、师徒交互因素以及组织因素这三个不同维度进行探讨,个人因素包括年龄、婚姻状况、个人、学习意愿等,师徒交互因素有性别组合、个体相似性,组织因素一般有师徒关系类型和组织奖励两类。[4] 王庆颖(2021)的研究也证明上述结果。此外,共同愿景、制度体系、行政干预、竞争关系、认同感等也在宏观、微观层面对师徒结对关系产生制约

---

[1] 池春燕.教师专业背景下的师徒制研究[D].上海:华东师范大学,2007.
[2] 赵昌木.创建合作教师文化:师徒教师教育模式的运作与实施[J].教师教育研究,2004(4):46-49,20.
[3] 林一钢.中国大陆学生教师实习期间教师知识发展的个案研究[M].上海:学林出版社.2009.
[4] 刘锐剑.高校教师师徒关系及其对青年教师职业成功的影响研究[D].北京:北京交通大学,2018.

影响。①

（3）有关师徒结对存在问题的研究

赵昌木（2003）指出师徒模式实施中的一些不容忽视的问题。首先，许多新手教师不乐意、不情愿或不好意思向资深教师学习和请教，资深教师一般也不好为人师，致使"拜师活动"或师徒教师教育模式形同虚设。其次，资深教师对带教新手教师积极性不高，对自己教学专长也有所保留，致使许多优秀教师宝贵的缄默知识、隐性经验和教学专长没有及时与新手教师分享。最后，即使师徒模式能够顺利实施，师徒模式本身也并非完美无缺。一方面由于新手教师的职业社会化会受到其导师的教学思想、观念、态度和行为等方面的影响，也许在很大程度上导师的教学水平会直接影响新手教师的专业发展水平。另一方面，一位资深教师，不管如何多才多艺，他只能教给新手教师一些有限的技巧或技艺。②

（4）有关师徒结对改进策略的研究

沈莉、陈小英、于漪等人于1992年9月至1993年6月对中、美、英三国的师徒制进行了为期一学年的跟踪比较研究，提出了改进师徒制的策略：① 更新带教观念，师徒帮带应该是互动、促进，最大限度地调动双方的主动性。既重视老教师的经验，又重视新教师积极地有主见地学习。② 优化带教指导，从优选老教师（师傅）和建立新型的、民主的、合作的师徒关系两个方面着手。③ 优化带教设计，包括带教原则、带教安排、带教机制。④ 制定带教方式，认为带教活动的最佳年限是一年。把一年中的带教活动分为导入阶段、学习阶段和巩固阶段。三个阶段相互联系、相互储存、逐渐递进。③

王建军（2004）指出常见的"一对一"式的师徒制中的问题：新手教师能否从这种合作关系中确有收获，以及能够有多大收获会受到指导教师个人因素的太多影响；正规的"师徒"关系潜在地增加了对新手教师的威胁，比起师傅，新手教师更乐意求助于与自己年龄相仿的教师、同一办公室距离相近的教师或其他在心理距离上更相近的教师。从而提出针对"一对一"的形式提出新的"多对多"的关系模型，在这种新的"师徒制"关系中，多个指导教师和多个新教师共同构成一个"师徒群体"。④

---

① 王庆颖.制约高职院校师徒结对深入发展的瓶颈及破解策略——基于江苏省13所TOP100高职院校的调查[J].职业技术教育,2021,42(14):41-47.
② 赵昌木.教师成长研究[D].兰州:西北师范大学,2003.
③ 沈莉,陈小英,于漪."师徒帮带"的教师培训模式——中美英青年教师职初岗位培训比较研究[J].外国教育资料,1995(5):56-62.
④ 王建军.课程变革与教师专业发展[M].成都:四川教育出版社,2004:129-130.

近年来,有关幼儿园教师师徒结对的研究成为热点,研究不再局限于幼儿园师徒制教师教育模式的操作方式、特点[1]和构建策略[2],将关注点拓展到幼儿园初任教师入职适应问题[3]、实践性知识[4]尤其是缄默知识[5]的转移、师傅教师职业支持[6]、自我效能感[7]等现实问题中。目前针对师徒制的研究在研究方法上以实证研究为主。

研究者发现幼儿园师徒结对是新手教师职初岗位培训的有效模式。幼儿园领导组织开展新教师与老教师进行师徒结对活动,并要求师徒签订师徒结对承诺书,在活动结束后还要针对师徒结对加以总结。目前实践层面的幼儿园师徒结对活动主要关注以下几个方面。① 实施的主要形式有:a. 新老搭配。幼儿园每学期进行班级教师配备时,考虑老教师与新上岗的教师配合在一个班级,老教师担当起全方位的指导教师的角色,从教学、职业道德、为人处世等方面给新教师以无形的影响。b. 教学结对。新教师在教学方面向教学有特色的老教师请教,结成强强结对,新教师根据本人的兴趣和自己的强项,确定一个主攻方向入手,选择园内有此方面强项的老教师结对,也可以强弱结对。② "师徒结对""新老配班"观念上的突破:以往的师徒结对活动中,老教师以师傅的姿态、指挥者的身份将自己多年的经验传授给新手教师,而现在更多的幼儿园提倡新老教师是平等的合作者,通过"老带新、新促老"的形式实现新老教师共同成长。③ 师徒结对的主要内容:师傅指导徒弟备课、制订计划;师傅给徒弟上示范课;师傅对徒弟的课进行观摩、评价;徒弟上汇报课,师徒共同研讨。④ 师徒结对活动的重点放在3年以下的新手教师上,对于3年以上的年轻教师自愿选择师傅开展活动。

从国内关于师徒结对的文献梳理可以看出有关师徒结对的研究是丰富的,研究者们主要从理论和实践两方面进行了论述。在理论层面上,研究者们主要从师徒结对的内涵、理论假设、影响因素等方面进行了论述;在实践层面上,从内容、组织形式、可能存在的问题、改进策略等方面进行了论述。但是,我们可以看到,多数研究者主要从师徒结对本身这一现象进行分析,而与教师专业成长的结合尚不密切。

---

[1] 杨莉君.论师徒制教师教育模式的改造[J].学前教育研究,2005(9):37-39.
[2] 宋静,王侠.幼儿教师入职教育中师徒结对模式的构建策略[J].学前教育研究,2012(9):58-61.
[3] 李逸英.师徒制模式下新手幼儿教师职业适应的问题及策略研究[D].兰州:西北师范大学,2021.
[4] 汪明帅,王亚君,赵婵.新手教师实践性知识生成机制研究——以"多对多"师徒结对为分析对象[J].教育发展研究,2021,41(12):37-44.
[5] 于梅芳,韦雪艳,陈梦婷.师徒制下初任教师隐性知识转移:路径与实现策略[J].当代教育科学,2017(9):77-80.
[6] 王静.幼儿园师徒制中师傅对徒弟职业支持现状及对策研究[D].乌鲁木齐:新疆师范大学,2019.
[7] 曲霞.实习期间的师徒关系对师范生自我效能感的影响研究[J].教师教育研究,2013,25(4):62-67,19.

(四) 有关研究性教学的研究

1. 有关教师成为研究者的研究

(1) 国外研究

行动研究的兴起举起了教师成为研究者的大旗。1926年,白金汉姆(Buckingham, B.)在他的《为了教师的研究》(Research for Teacher)一书中专门安排了一章来讨论"教师成为研究工作者(The Teacher as Research Worker)"的问题,书中表达了这样的一种思想:"教师有研究的机会,如果抓住这种机会,不仅能有力而迅速地发展教学技术,而且将赋予教师的个人工作以生命力和尊严。"①此后,行动研究的原创者德裔美籍心理学家勒温(Lewin, K.)不仅提出了"行动研究"一词,而且构建了"行动研究"的基本理念,"没有无行动的研究,也没有无研究的行动",②这为教师成为研究者打下了基础,也成为之后促进教师专业成长的一个主要手段。有学者认为教师开展研究具有训练的价值,也有助于提供大量的有关教育的科学信息。③有研究者从三个角度对教师成为研究者做了论述:一是课程认识的角度。英国课程论专家斯腾豪斯(Stenhouse, L.)基于"人文课程研究"模式首次明确提出"教师成为研究者",认为"教学是一种艺术,而所有的艺术都是一种探究和实验。教师作为一个艺术家也就意味着教师是研究者"④。他在课程编制问题上提出"教师成为研究者(teachers as researchers)"和"研究成为教学的基础(research as a basis for teaching)",坚持"没有教师的发展就不会有课程的开发",强调每一个课堂都是一个实验室,每一位教师都是教育科学研究的成员。⑤ 二是理论与实践关系的角度。美国学者舍恩(Schon, D.)将实践能力和专业知识的关系以及职业教育的方式翻转过来(to be turned upside down):从自上而下的"理论—实践"路径走向"在做中学"、在做中反思,成为反思性实践者,倡导教师在不可预料和独特的教育情境中进行反思性实践。⑥"反思"是教师成为研究者的方式,反思契合了教师成为研究者的转化程序,反思性实践是教师进行研究的实践。三是教师权利的角度。豪泽和拉瑟(Houser & Lather)认为,"理论研究者和实践者形象的区别导致高度层级化的教育体系,在这样的体系中,教师总是处于无权的地位。教师只是被动地听从管理人员、课程论专家、教科书编纂者的指导,而他们自己的意见则是无足轻重的,他们

---

①③ 周耀威.教育行动研究与教师专业发展[J].全球教育展望,2002(4):53-55,58.
②④⑤ 刘良华.行动研究的史与思[D].上海:华东师范大学,2001.
⑥ 闵钟."教师成为研究者"兴起背景探析[J].集美大学学报,2007(3):38-42.

的形象毫无专业意义"①。霍林斯沃斯和米勒(Hollingsworth & Miller)以及莱斯尔认为:"教师这个群体历史地受到了压抑和控制,需要效法女权运动,像解放妇女那样解放教师。他们提出以教师研究作为解放教师的武器,指导他们工作,可以使他们从那些无效的知识中解放出来。教师研究对教师意味着确信自己的能力能够构建知识和改进他们的实践,采取研究的态度能够从一个否认个人的尊严和迷信外部权威的教育制度中把教师和学生解放出来。"②可见,他们都从教师权利的角度出发论述了教师成为研究者的必要性。教师成为研究者是理论与实践结合的桥梁,教师发挥主体性作用,对教学进行研究,运用、检验着教育理论,并在实践中充实着实践性的知识,实现自己的价值。

部分教师教育工作者已经将教师的行动研究作为教师学习和发展的有效工具。③这些研究不仅关注学生④,还给予教师调查课堂与学校实践的可能⑤。当前教师的行动研究不只局限于课堂之中,还使教师得以在完成正式课堂之后,继续改进教学⑥,转变对学生的理解⑦,发出自己的"专业声音"⑧。此外,在国际研究中教师身份问题得到关注⑨,也有研究探讨教师如何在教师教育的过程中进行身份构建⑩,研究不仅支持在当前教育背景下关注教师身份的重要性,而且表明教师作为研究人员的身份发展既有价值,也具有充分的挑战性。⑪而在关注反思和持续学习方面,教师研究可能被认为是教

---

①② 转引自宁虹.教师成为研究者的理解和可行路径[J].比较教育研究,2002(1):48-52.

③ Zeichner, K.M. Teacher Education and the Struggle for Social Justice[M]. New York: Routledge, 2009.

④ Souto-Manning, M. Teacher as Researcher: Teacher Action Research in Teacher Education[J]. Childhood Education, 2012, 88(1): 54-56.

⑤ Harrington, A. Teacher-Researcher Methodology: Themes, Variations, and Possibilities[J]. The Reading Teacher, 2001, 54(6): 608-615.

⑥ Lysaker, J., Thompson, B. Teacher Research as a Practical Tool for Learning to Teach[J]. Language Arts, 2013, 90(3): 181-190.

⑦ Blumenreich, M., Falk, B. Trying on a New Pair of Shoes: Urban Teacher-Learners Conduct Research and Construct Knowledge in Their Own Classrooms[J]. Teaching and Teacher Education, 2006, 22(7): 864-873.

⑧ Whitney, A. Lawnmowers, Parties, and Writing Groups: What Teacher-Authors Have to Teach Us about Writing for Publication[J]. English Journal, 2012, 101(5): 51-56.

⑨ Hamilton, M., Clandinin, J. Becoming Researchers in the Field of Teaching and Teacher Education[J]. Teaching and Teacher Education, 2011, 27(4): 681-682.

⑩ Izadinia, M. A Review of Research on Student Teachers' Professional Identity[J]. British Educational Research Journal, 2013, 39(4): 694-713.

⑪ Taylor, L. How Teachers Become Teacher Researchers: Narrative as a Tool for Teacher Identity Construction[J]. Teaching & Teacher Education, 2017, 61: 16-25.

师充当变革推动者的一种方式[1],教师被定位为"该领域的专家"[2],得以构建超越其个人课堂的教育知识[3],并培养起充分的适应能力。[4] 黄山(2014)梳理出三种已有观点,教师作为行动研究者、教师作为学生研究者、教师作为正式研究者,并反思观点背后专业观的含糊以及研究范式的冲突,并对教师研究的误区和困境做出了回应:明确教学专业的边界;重新审视课程研究范式,合理评价教师研究。[5] 而在具体实践领域,新加坡基础教育教师参与研究相对较多,注重与其他教师的合作,构建独立研究和专家辅助的新合作模式[6]。

已有研究对本研究的启示是教师成为研究者对其专业成长有着重要的价值,从课程认识的角度来说研究是教师进行教学的基础,从理论与实践关系的角度来说研究是教师将理论与实践结合的重要途径,从教师权利的角度来说研究是使教师获得自主权、确信自己价值的必由之路。所以,无论从哪个角度来说,研究对于教师专业成长都有重要的价值,研究促进教师的专业成长。研究性教学是教师对教学活动的研究,是教师研究的一部分,必然也对其专业成长有着重要的价值和意义。

(2) 国内研究

教师成为研究者是教师专业化发展的一个重要趋势。申卫革(2017)对"教师即研究者"这一命题加以审思,认为专业型职业应该具备系统的理论知识并有不断的研究作为支持,教师作为专业主体也应该是研究者角色。[7] 宁虹(2003)在其研究中指出"教师成为研究者体现着教育自身意义的丰富和对教育意义和生活世界的关注。教师成为研究者,并不是要教师去做另一件事情,他所要研究的是怎样使教育的意义在学生身上得到实现,是每日每时在教育的生活世界里所经历的教育本身"[8]。可以说教师成为研究

---

[1] Van der Heijden, H., Geldens, J., Beijaard, D., Popeijus, H. Characteristics of Teachers as Change Agents[J]. Teachers and Teaching, 2015, 21(6): 681-699.

[2] Gray, C. Bridging the Teacher/Researcher Divide: Master's-Level Work in Initial Teacher Education[J]. European Journal of Teacher Education, 2013, 36(1): 24-38.

[3] Fecho, B., Allen, J. Teacher Inquiry into Literacy, Social Justice, and Power. D. Lapp, D. Fisher (Eds.), Handbook of research on teaching the English language arts (3rd ed.)[M]. New York: Routledge, 2011: 232-246.

[4] Mansfield, C.F., Beltman, S., Broadley, T., Weatherby-Fell, N. Building Resilience in Teacher Education: An Evidenced Informed Framework[J]. Teaching and Teacher Education, 2016, 54: 77-87.

[5] 黄山.对"教师作为研究者"的再认识:17篇SSCI文献的综述及启示[J].教师教育研究,2014,26(6):101-106.

[6] 刘晓.斯腾豪斯"教师作为研究者"思想研究[D].上海:上海师范大学,2019:28.

[7] 申卫革."教师即研究者":一个需要审思的命题[J].教育科学研究,2017(6):79-84.

[8] 宁虹.教师成为研究者的现象学意识[J].教育研究,2003(11):64-68.

者是教育工作本身的要求,是教师专业成长的需要。"中小学教师为什么要做研究?"陈向明(2019)从教师工作是一种"实践",最需要形成超越理论与实践二分的"实践性知识";教师以"研究"的心态从事工作,有利于生成和发展其"实践性知识"等三个方面回答了该议题。同时指明了最适合教师的研究取向是行动研究,并鼓励中小学教师与外来研究者跨界合作,针对工作中的问题开展研究,提高反思意识和能力。[①] 郑慧琦、胡兴宏(2004)着重论述了教师如何做研究的问题。对教师的研究如何起步、教师如何一边工作一边研究、如何进行实践反思、如何成长为研究型教师以及哪些研究方法适合教师使用等问题进行了探讨,并且指出"教师的研究是融研究、学习和工作为一体的探索性实践"。[②] 教师从事教育研究的过程也是其从事教育实践的过程。[③]

教师成为研究者是幼儿园教师专业成长的本质。"幼儿园教师只有具备了研究的意识、研究的激情、研究的精神、研究的习惯后,才是真正意义上的研究型教师。"[④]研究性教学中的教师个体需要具有一定的研究素养才能成为真正的研究型教师,在研究性教学中真正获得专业成长。研究性教学与教师的专业成长有着很大的关系。这为本研究提供了一个理论视角。

2. 有关研究性教学促进教师专业成长的研究

国内外对研究性教学促进教师专业成长的系统研究尚不多见。从文献中我们看到多数研究认为研究性教学对教师专业成长有着促进作用。而本研究所关心的是在这一前提下研究性教学对幼儿园教师的专业成长的促进作用表现在哪些方面。

金美福[⑤]认为科研型教师是自主发展型教师,只有教师自主发展发生的机制才可能实现由教书匠型教师到科研型教师的转型,而"教学研同期互动"则是自主发展型教师的生存样式,即教师的教育研究过程是教、学、研同期互动的过程,这意味着教师的科研是教育研究,是在教育教学活动中展开的,科研必然伴随着学习,学习推动着科研。"教""学""研"是教育研究过程中对教师自主发展具有决定意义的、可以明确地区别开来的重要的三个环节,也是教师参与知识的三种方式。柳夕浪(2006)[⑥]指出公开教学、教改试验、反思日记这些独特的研究性实践,可提升教师的教学专业水准,研究性教学

[①] 陈向明.中小学教师为什么要做研究[J].教育发展研究,2019,39(8):67-72.
[②] 郑慧琦,胡兴宏.教师成为研究者[M].上海:上海教育出版社,2004:3.
[③] 李小波.论教师的教育研究[D].上海:华东师范大学,2006.1.
[④] 顾荣芳,等.从新手到专家——幼儿园教师专业成长研究[M].北京:北京师范大学出版社,2007:1.
[⑤] 金美福.教师自主发展论[D].长春:东北师范大学,2003.
[⑥] 柳夕浪.研究性学习:教师专业学习的基本方式[J].基础教育课程,2006(1):14-16.

可构筑教师的专业思想信念的根基,释放教师专业学习的不竭动力并可拓展教师教学反思的疆域。由此可见,研究性教学对教师的专业成长有巨大的促进作用。本研究力图从微观层面上对研究性教学促进幼儿园教师专业成长做出真实的描述和深入的分析。

(五) 有关骨干教师的研究

1. 有关骨干教师特征的研究

针对骨干教师的特征研究,学者主要从个人特征和专业特征两方面展开。方文林(1998)将其归纳为骨干教师"具有正确的教育思想、良好的心理品质、扎实的专业基础知识与较好的认知结构、深厚的教学功底、独特的教学个性与风格、很强的教育科研能力与组织管理能力"[①]。在个人特征块面,喻爱军、陶海生(2005)指出骨干教师具有乐群外向、性格直爽,不掩饰,少顾忌等人格特质。[②] 另有学者认为骨干教师有着健康的体魄和良好的人格魅力,有现代化学习型人才积极进取、永求上进的年轻心态,拥有可以指导、影响、感染其他教师的魅力、能力和热情。[③] 在专业特征块面,余文森(2003)认为骨干教师的素养应包括:教育思想、教育智慧、专业精神、专业人格。[④] 郭建耀(2006)还指出骨干教师需要有较强的教育教学能力和改革创新意识,有较强的教学研究能力和业绩,熟练掌握信息技术,善于获取信息、释放信息。[⑤] 另外,杨继红(2001)从幼儿教育的性质、特点等方面出发,概括出幼儿园骨干教师应具备的四个条件,即崇高的职业理想,先进的教育思想,良好的知识结构和能力结构。

2. 有关骨干教师专业成长的研究

有关骨干教师专业成长的研究主要探讨了影响骨干教师专业发展的因素,促进骨干教师获得专业成长的途径以及骨干教师成长的特点。研究影响骨干教师专业发展的因素主要集中在教师自身、幼儿园、政府社会三个层面。林菁和王青莲通过对幼儿园教师由"骨干教师"发展为省级"学科带头人"的关注,验证了教师自身、幼儿园、政府社会对教师专业发展的影响。教师强烈的专业成长动机并积极地进行自我教育,幼儿园的多样支持策略,政府部门的政策倾斜、财政扶持、名师培训等举措可促进教师专业发展。

---

① 方文林.试论中学骨干教师的成长规律[J].中小学教师培训(中学版),1998(3):15.
② 喻爱军,陶海生.海南省中学骨干教师个性特征分析[J].中国行为医学科学,2005(4):364.
③ 郭建耀.中小学骨干教师素质特征及其作用的发挥[J].现代中小学教育,2006(8):71-73.
④ 余文森.骨干教师的基本素养[N].中国教育报,2003-3-6.
⑤ 郭建耀.中小学骨干教师素质特征及其作用的发挥[J].现代中小学教育,2006(8):71-73.

葛凤林(2004)发现骨干教师通过集体的研究、实践、反思、调整的路径可提高专业化水平。闫祯(2006)针对中小学骨干教师的专业成长研究发现,通过唤起他们工作的主动性和创造性,激发心理动机,进而强化教师的积极教学行为,增强他们对工作的高度责任感,是促进骨干教师专业成长的有效途径。钟祖荣则对骨干教师的成长和发展过程做出了以下总结:骨干教师的成长过程是敬业精神形成并发挥作用的过程,是教育教学素质不断提高和更新结构的过程,是一个不断学习、不断创新、不断创造的过程,是一个不断利用外部资源和条件,进行优势积累的过程和一个不断地由目标到反馈的自我监控过程。

(六) 有关专家型教师的研究

1. 有关专家型教师的界定问题

对专家型教师进行界定比较困难,因为要将专家型教师与非专家型教师之间的差异阐释清楚并不容易,而且目前还没有一种公认的方法来界定专家教师(Leinhardt,1990)。[①]理论研究中最具代表性的是斯滕伯格(Sternberg,1995)提出的专家型教师原型观,斯滕伯格认为专家型教师是指具有某种教学专长的教师,而这种教学专长无法以一个严格定义来确定。[②]他以专家型教师这一群体表现出的类目相似性为基础,构建了这一群体在知识、效率以及洞察力三个领域的特征:第一,专家型教师具有丰富的和组织化了的专门知识;第二,专家型教师能高效率地解决教学中的各种问题;第三,专家型教师在解决教学领域的问题时富有敏锐的洞察力和创造力。张大均(2004),[③]郑颖(2010)[④]对以上特点进行了验证与肯定。陈桂生(2003),[⑤]李继峰(2008)[⑥]从教师的职称、身份出发,认为拥有教学创新成果的名师以及特级教师身份的教师为专家型教师。徐红(2012)综合以上论述,对专家型教师与骨干教师等其他概念进行了比较,[⑦]并与董泽芳(2011)对专家型教师做出了界定,即专家型教师是具有积极的从教情意、合理的从

[①] 徐碧美.追求卓越——教师专业发展案例研究[M].陈静,李忠如,译.北京:人民教育出版社,2003:5-6.

[②] R.J.斯滕伯格,J.A.霍瓦斯,高民,张春莉.专家型教师教学的原型观[J].华东师范大学学报(教育科学版),1997(1):27-37.

[③] 张大均.教育心理学(第二版)[M].北京:人民教育出版社,2004.

[④] 郑颖,盛群力.如何成为一名专家型教师——斯滕伯格论专家型教师的基本特征[J].远程教育杂志,2010,28(6):29-34.

[⑤] 陈桂生."专家型教师"辨析[J].江西教育科研,2003,(4):6-7.

[⑥] 李继峰."专家型教师"的理念与成长[J].当代教师教育,2008(3):20-24.

[⑦] 徐红."专家型教师"及其相关概念辨析[J].上海教育科研,2012(12):22-2

教知识、过硬的从教技能、超常的从教能力、独特的从教智略五大特质的专职教师。①

在实践研究中，莱茵哈特和布兰特(Leinhart & Brandt)等研究者提出了三种界定专家型教师的方法：① 学生的测验成绩，主要以学生在一定时期内(如5年)参加标准化测验后所取得的成绩增长情况而定，若学生成绩的增长分数位居于地域范围内的前15%—20%，则该教师可作为专家型教师。② 权威的主观判断，主要由研究者列出专家型教师的一些特征，然后交给学校领导，经其讨论后确定专家型教师。③ 教师的工作年限，主要参考教师的教龄。② 蔡彬彬(2020)结合斯滕伯格的专家型教师定义，将专家型幼儿园教师界定为：具有丰富的专业知识及能力；能积极反思课程问题；能高效率且创造性地解决问题并有独特教育智慧的教师。其具体有6种表现：① 教龄15年及以上。② 获得幼教一级及以上教师职称。③ 获得相关的专业荣誉，如学科带头人、优秀骨干教师称号等。④ 有一定的教科研成果。⑤ 担任班组长及以上。⑥ 具有整体的班级课程建设能力。③ 国内关于专家型教师的研究一般采用"职称为高级、教龄15年以上"的界定标准。④

已有关于专家型教师界定的研究对本研究界定核心概念、选取研究对象具有启发意义。本研究关注的是幼儿园专家型教师，因而"依据学生成绩来评定"的标准不适用于本研究。在现今的研究背景中，职称评定尤其是高级职称的评定在很大程度上体现了教师的教科研水平，因而本研究将教师的职称纳入幼儿园专家型教师的界定标准中。本研究综合运用多重标准对幼儿园专家型教师进行操作性界定，一并考虑教师的教学经历、所获荣誉、职称及其他教师的推荐意见。

2. 有关专家型教师价值及特征的研究

国内外学者普遍认可专家型教师对人才培养的重要价值。瑞卡德(Richard,1995)等人认为"专家型教师能在很大程度上提高教育的质量"⑤。提升教师质量，培养专家型教师已经逐渐成为21世纪后我国教师教育的重点。⑥ 学者认为专家型教师对于学生发展的价值体现在培养学生的创造性思维和能力，⑦并且能用自身终身学习和教育

---

① 徐红,董泽芳.批判与超越："专家型教师"概念再探析[J].教育科学,2011,27(1):61-66.
② 连榕,孟迎芳.专家——新手型教师研究述评[J].福建省社会主义学院学报,2001(4):66-68.
③ 蔡彬彬.专家型幼儿教师课程领导力的个案研究[D].南京:南京师范大学,2020.
④ 许松芽.新手—熟手专家型教师成长的学校生态观研究[D].福州:福建师范大学,2004.
⑤ 蔡彬彬.专家型幼儿教师课程领导力的个案研究[D].南京:南京师范大学,2020.
⑥ 王微丹,许晓晖.幼儿园教师对专家型教师特征及其影响因素的认知[J].幼儿教育,2010(Z3):58-61.
⑦ 肖映雪.论中小学专家型教师的基本特征与培养[J].西南师范大学学报(人文社会科学版),2001(5):55-58.

创新的能力,培养高素质人才、推动社会发展。①

在专家型教师的特征方面,已有研究多是同新手教师的比较。本研究从知识结构、问题解决方式、教学行为、人格特质四个方面对相关研究进行综述。

知识结构上,专家型教师与新手教师在陈述性知识、程序性知识和策略性知识上都表现出不同。在陈述性知识方面,斯滕伯格认为专家型教师的知识以命题结构和图式的形式出现,比新手教师的知识组织更完整;在程序性知识方面,专家型教师的教学常规工作已高度熟练,达到自动化水平,很少或不需要意识控制;策略性知识方面,专家型教师具备良好的策略性知识,而后两种知识正是新手教师缺乏或不会使用的知识。②黄娟娟在针对幼儿园教师教育行为的研究中也发现,丰富的知识是优秀幼儿园教师做好教育工作的前提,③这些知识既要包括广博的教育学和心理学的专业理论知识,也需要包括丰富的、从具体教育实践情境中体悟出的个性化实践知识。④

问题解决方式上,专家型教师在解决时间、问题关注点、分析途径等方面与新手教师不同,相比于单个问题,专家型教师往往更针对一类问题进行详细而有针对性地解决。美国学者柏利纳(Berliner,2001)发现专家型教师会从学生的角度出发,分析教学情境及学生需求,尝试利用教学原理针对性地解决问题。⑤

教学行为上,伯利纳认为专家和新手教师在解释课堂现象、辨别事件重要性、运用规则、预测课堂现象、判断典型事件和非典型事件、评价行为等方面表现出不同。⑥ 皮连生(1997)认为,专家型教师与新手教师在课前计划、教学过程、教学方法、课后评价等方面都存在较大差异。⑦ 张雪明(2000)认为二者在提问的等待时间和提问频数间也存在区别。⑧ 罗晓璐(2000)发现专家型教师比新手教师具有较强的教学效能感和教学监控能力。整体而言,专家型教师更能从学生本体出发,重视学生需求,解读学生行为,调动学生的学习积极性。⑨ 另有学者对于专家型幼儿园教师进行了相关研究,华洁琼

---

① 王长楷,邱玉辉.改革高师教学模式培养专家型教师[J].中国高等教育,2001(9):15-16.
② 连榕,孟迎芳.专家——新手型教师研究述评[J].福建省社会主义学院学报,2001(4):66-68.
③ 黄娟娟主编.优秀幼儿园教师教育行为研究[M].上海:上海教育出版社,2002:161.
④ 张正中.专家型教师内涵、特征及成长阻碍因素研究[J].湖南师范大学教育科学学报,2009,8(2):99-101.
⑤ Berliner, D. C. Learning about and Learning from Expert Teachers[J]. International Journal of Educational Research,2001,35(5):463-482.
⑥ 连榕.新手—熟手—专家型教师心理特征的比较研究[J].心理学报,2004(1):44-52.
⑦ 皮连生.学与教的心理学[M].上海:华东师范大学出版社,1997:26-29.
⑧ 张雪明.透视课堂提问——"专家"与"新手"的比较研究[J].中学数学教学参考,2000(6):5-7.
⑨ 罗晓璐.专家—新手型教师教学效能感和教学监控能力研究[J].心理科学,2000,23(6):741-742.

(2014)尝试梳理了专家型幼儿园教师教学具有的主要特征:①以幼儿为主体,教师为主导,促进幼儿学习的主动性。②活动中情感气氛融洽,教师善于倾听,注重师幼互动。③语言生动、形象,富有趣味性、逻辑性。④以肯定性评价为主,激发幼儿自我效能感。⑤提问巧妙灵活,富有创新性。① 叶平枝,司秀月(2017)则着重关注幼儿园教师的日常评价行为,通过对10名新手型教师和10名专家型教师的调查后发现专家型幼儿园教师能更有感情地进行言语和非言语评价,并且更能够基于对幼儿心理危机和未来发展需要的判断做出恰当的评价行为。②

人格特质上,专家型教师的人格特质更积极和全面。张锦坤(2006)认为,专家型教师具备四个主要的人格特质:一是乐观开朗,充满热情,易接受批评且适应力较强;二是探索求新,具有开放的思维和创新的精神;三是以生为本,给予学生信任与尊重并真切关心其学习与生活;四是具有较高的成就需要,尽职尽责又干劲十足,高度自律且自强不息。③ 王润佲(2009)发现专家型教师具备更成熟的自我意识,有强烈的自主性、独立性和自我实现需要;同时,专家型教师的创造性品质鲜明,富有批判精神、好奇心和对教育事业的执着专注,具备高度的自我实现需要、积极的职业情感,以及对学生无私公正的爱。④ 专家型教师葆有的批判精神、好奇心与对事业执着专注使得他们在教育教学实践中,更勇于反思、善于研究、敢于创新、富于机智、乐于服务。⑤

3. 有关专家型教师专业成长的影响因素及培养途径的研究

关于影响专家型教师专业成长的因素,大多数研究者都是从宏观上进行探讨,分析了影响专家型教师专业成长的社会历史、社会经济、社会评价、教育政策、学校管理等外部因素以及教师的性格、师德、专业知识与技能、专业成长动机、科研与反思能力等内部因素。

王锡有(2005)通过分析专家型教师成长的影响因素,指出培养专家型教师要重视教师良好人格的培养、良好外部环境的创设以及一体化的专家型教师培养模式的构建。⑥ 蔡清吉(2005)采用文献分析、逻辑思辨的方法揭示了影响专家型教师成长的物质、制度、价值、文化等外部因素以及教师专业价值观、专业知识和专业技能等内部因

---

① 华洁琼,阳亚平.基于FIAS的专家型幼儿教师教学特征的案例研究[J].早期教育(教科版),2014(2):45-49.
② 叶平枝,司秀月.专家型与新手型幼儿园教师日常评价行为的比较[J].学前教育研究,2017(8):24-34.
③④ 王润佲.专家型教师的特征研究[D].南昌:江西师范大学,2009.
⑤ 李玉芳.论专家型教师的教学行为特征及其职前培养[J].湖北大学成人教育学院学报,2011,29(2):71-73.
⑥ 王锡有.论专家型教师的研究与培养[D].长春:东北师范大学,2005.

素,并从改革职前培养、加强入职教育、完善在职培训、构建完备的教师胜任能力等方面论述了培养专家型教师的实践路径。①

黄娟娟(2002)采用质的研究方法分析了上海市5位幼儿园特级教师及3位"十佳"中青年教师的专业成长历程,认为影响优秀幼儿园教师专业成长的内部原因包括教师个人的认知特征(好学习、勤思考、重积累、勤反思)和人格特征(认真、执着,有正确的自我意识,永不满足、挑战自己,适度的焦虑),外部原因是幼儿园教师所处的周围客观环境,涉及幼儿园领导、同事及家长三方面。②罗亚玮(2004)采用访谈的研究方法,描述了南京市8位幼儿园特级教师入职前、入职初、入职后的成熟阶段以及成熟期后的专业成长状况,分析了促进幼儿园特级教师专业成长的主要因素:良好的专业道德素质、强烈的专业发展内驱力、不断学习与思考的习惯、出色的反思能力、教科研的促进、适度的压力等。③曾佳婷(2021)以3位幼儿园特级教师为研究对象,采用质性研究方法解读了幼儿园特级教师的专业发展过程,发现影响特级教师专业成长的内部因素包括认真执着的性格、钻研挑战的精神和对本职工作的热爱,而外部因素包括良好的环境氛围、关键事件的转折、优秀的教师团队以及有效的资源获取等。幼儿园教师可以通过明确发展目标、制定合理规划,内化知识经验、提高学习效率等内部途径,以及幼儿园管理层创建团结互助的园所氛围等外部途径向专家型教师的方向发展。④

(七) 有关教师专业成长的研究

国外关于教师专业成长的研究有很多,主要是关于教师专业成长内涵与教师专业发展阶段的研究,其中比较有代表性的就是美国学者费斯勒(R. Fessler)的理论。费斯勒运用社会系统的方法,研究教师的职业发展阶段(下文将详述),提出教师职业生涯发展的循环模型,认为教师的生涯发展是一个动态的概念和历程,每个阶段中有个人和组织环境的影响。教师的个人环境因素,包括许多交互作用的方面。对个体职业生涯发展周期起作用的各种个人环境因素,主要有家庭的支持、正向的关键事件、生活的危机、个人的特质、兴趣爱好及生命阶段六个方面。这些因素可以独立起作用,也可以结合起来起作用。当个体处于某种集中的重要时期时,它们可以作为驱力影响着个体的工作行为和生命周期。对于个人环境因素来说,正向的、教育性及强化性支持对生涯发展是

---

① 蔡清吉.专家型教师成长路径研究[D].重庆:西南大学,2005.
② 黄娟娟主编.优秀幼儿园教师教育行为研究[M].上海:上海教育出版社,2002:115-125.
③ 罗亚玮.幼儿园特级教师专业成长研究[D].南京:南京师范大学,2004.
④ 曾佳婷.幼儿特级教师特征及发展路径的个案研究[D].上海:上海师范大学,2021.

起积极作用的;相反,负向的、充满危机与冲突情境对教师工作有消极影响。另外,学校与学校系统的组织环境因素,对教师生涯发展也有重要作用。这些因素主要有学校的规则、管理者风格类型、社区中公共信任的气氛、社区对教育系统的期望、专业组织和学会的活动等。来自组织系统的有力支持与培养,可以促进教师的进步,否则不信任与怀疑的气氛会有消极影响。[1]

费斯勒的研究对于本研究的启示是,在考虑关键事件尤其养育事件对幼儿园教师专业成长时不仅要从个人环境因素方面进行考察,还要关注到组织环境因素。另外,费斯勒认为结婚、生孩子、宗教经验等在教师生涯发展过程中都是属于正向的关键事件,这些正向的生活事件是一个人保持安全的基础。

我国学者对教师专业发展的研究多集中在两个方面:其一,主要通过翻译介绍国外的研究成果,如有关教师专业发展的内涵、专业发展的阶段、专业发展的模式、专业发展的制度保证、专家型教师的特点以及教师反思等方面;其二,关注我国优秀教师的教学经验、教学思想与教学行为。而针对幼儿园教师专业成长的研究主要集中在以下几个方面。

一是有关优秀幼儿园教师研究,包括教学经验和教学思想的总结、教师观念的研究和教师行为的探索;曾莉(2017)以专家型幼儿园教师为研究对象,总结了其"成才—成名—成'家'—成长"的个性成长路径,指出储备专业知识、反思教学关键事件、升华并实践教学思想以及坚守教育信仰对于幼儿园教师专业成长的必要意义。[2]

二是有关幼儿园教师素质研究,包括专业素质研究与心理素质研究。在有关教师专业素质的研究中,李玉杰(2010)将建构主义理论与教师专业发展相结合,提出重构教师观以定位专业发展目标、专业发展与持续工作相结合,利用学习共同体实现知识建构观等内容,并借助《幼儿园教师专业标准(试行)》从专业理念、专业知识、专业技能维度对幼儿园教师职前培养提出了意见建议。[3] 步社民(2013)从专业伦理角度探讨了二者的关系,并强调了加强专业伦理建设的必要性。[4] 邓诚恩(2015)从多元文化视角透析了幼儿园教师发展,指出幼儿园教师应当具有"四维立体式结构"的专业素质,即公平平等的理念、多元结构的知识、人文关怀的情谊以及差异教育的能力。[5] 李文英(2016)则

---

[1] 刘维良.教师心理卫生[M].北京:知识产权出版社,1991:181-183.
[2] 曾莉,古秀蓉,康丹.专家型幼儿教师成长路径研究[J].中国教育学刊,2017(12):87-92.
[3] 李玉杰.建构主义视阈下的幼儿教师的专业发展[J].教育探索,2010(4):93-94.
[4] 步社民.专业伦理与幼儿教师的专业成长[J].教育发展研究,2013,33(Z2):69-73.
[5] 邓诚恩.挑战与突破:从多元文化视角透析幼儿教师专业素质发展[J].教育探索,2015(6):146-149.

以日本幼儿教育家仓桥惣三的教育思想为理论出发点,从专业认同感、专业知识结构、专业能力等维度对幼儿园教师专业发展提出了新的思考。① 叶妙企(2017)认为科学的儿童观是幼儿园教师专业素质之本,并以此展开了研究。② 在有关心理素质的研究方面,雷茹(2014)从内在动力角度分析了引领幼儿园教师专业发展的内在动力,即正确的态度,坚定的专业信念,健康的价值观。③ 郑益乐(2016)关注发现情感激励有利于唤醒与维持幼儿园教师的内在驱动力,但在教师专业成长的现实情境中,情感激励仍然处于缺位失位状态。④

三是有关幼儿园教师教育研究,主要是针对我国幼儿师范教育及幼儿园教师继续教育中存在的问题提出各种改革建议,并对有益经验进行呈现与推广。李学容(2014)从正式制度及非正式制度两个方面为幼儿园教师专业发展问题提出了理论变革和实践改良的操作性建议。⑤ 秦萍(2019)从师资培养教育质量维度发现了当前在幼儿园教师师资队伍培养还普遍存在待遇不够合理,结构不完善,专业素养较低,性别比例失衡,角色定位模糊等问题,并对以上问题提出了对应性改进措施。⑥ 贺晓红(2017)以幼儿园骨干教师为研究对象,将幼儿教育名师工作室为继续教育的阵地,结合 PDCA 管理理论对幼儿教育名师工作室的运行机制进行了探索,提出"计划—实践—评价—调整"(PPEA)长效运行机制,助力于骨干教师在专业成长道路上的继续修炼。⑦ 汤颖(2018)主要关注了幼儿园教师的继续教育质量的发展,其针对农村幼儿园教师的继续教育提出了包含教育目标、教育内容体系、教育方法、教育服务、教育评价范式在内的较为完整的继续教育模式。⑧ 张剑辉(2019)以"幼师国培"项目为聚焦点,利用教育生态学理念对县域乡村幼儿园教师的专业发展服务体系进行了研究,强调教师教育培训应注重多方合作,分层培训,机制建设等内容。⑨

---

① 李文英,唐钰滢.幼儿教师角色意识与专业发展——仓桥惣三的幼儿教师观及启示[J].外国中小学教育,2016(6):43-47.
② 叶妙企.科学的儿童观:幼儿教师专业素质之本[J].中国教育学刊,2017(S1):204-205,209.
③ 雷茹.态度、信念、价值观:引领幼儿教师专业发展的内在因素[J].内蒙古师范大学学报(教育科学版),2014,27(8):66-68.
④ 郑益乐.情感激励在幼儿教师专业发展中的缺位、失位与归位[J].教育评论,2016(6):114-117.
⑤ 李学容,夏泽胜.幼儿教师专业发展与制度建设[J].内蒙古师范大学学报(教育科学版),2014,27(6):109-111.
⑥ 秦萍.学前教育体系下师资培养教育质量管理研究[J].中国教育学刊,2019(S1):219-221.
⑦ 贺晓红.幼儿教育名师工作室的内涵与运行机制[J].学前教育研究,2017(9):67-69.
⑧ 汤颖,邬志辉.农村幼儿教师继续教育模式建构[J].成人教育,2018,38(5):80-83.
⑨ 张剑辉.教育生态学理念下建构县域乡村幼儿教师专业发展服务体系的实践探究——以贵州省榕江县"幼师国培"试点项目为例[J].教育理论与实践,2019,39(32):29-31.

四是有关幼儿园教师专业成长影响因素的研究,包括外部影响因素(比如园长)与内部影响因素(比如成就动机),但在这方面缺乏全面系统的研究。王一雯(2016)从教师专业发展困境这一视角剖析了影响教师专业成长的因素,发现幼儿园初任教师在面临心理落差、人际困扰、身份尴尬等挑战时,教师的自主发展意识、园本文化的场域以及政策保障机制等内外部因素是影响其专业发展的症结所在。① 周淑惠(2019)通过对幼儿园初任教师的个案研究,从内外部两个维度探寻了其专业成长的成功因素,外部因素主要源自幼儿园内外的帮助和支持,内部因素则包括个人的正向个性、直面挑战、对专业成长的积极投入等。②

五是有关幼儿园新手教师专业成长的路径研究,其更多地围绕运用何种方式促进幼儿园新手教师的专业成长这一问题展开。张筱良(2008)提出了新手幼儿园教师的四大专业成长途径,即通过教学反思能力调整自我知识结构与教学实践,注重同伴交流探索问题本质,提升思维认知,开展园本培训以提高教师的理论及研究水平,以及利用教师博客进行成长记录。③ 吴春红(2015)提出"教育小故事"这一学习模式,以讲故事、演故事、写故事的方式促进新手教师在文字组织、语言表达、儿童观察与教学反思等多方面的进步。④ 张立新(2021)利用维果斯基(Vygotsky)的最近发展区理论(Zone of Proximal Development,简称ZPD)出发为处于职业生涯伊始的老师搭建了成长"支架",从幼儿园新手老师面临的陌生环境焦虑,专业知识局限,专业自信缺乏,沟通及教学技能较弱等常见问题出发,提出了通过提供专业支持,配备专业导师,搭建成长平台三大"支架"策略,促进幼儿园新手教师的可持续成长。⑤

六是有关农村幼儿园教师专业发展的研究,其主要围绕农村幼儿园教师专业成长遭遇的困境及专业成长的促进支持策略两个主题展开。李晖(2014)了解到限制农村幼儿园教师专业发展的三大需求缺失,即物质需要缺失、客观条件缺失和内部动力缺失。⑥ 杨定亮(2011)⑦、严仲连(2016)⑧等指出了农村幼儿园教师主要面临的几大问

---

① 王一雯.幼儿园初任教师专业发展:困境、成因及出路[J].教育探索,2016(7):119-122.
② 陈翠,周淑惠,凌晓俊.幼儿园初任教师成功因素的质性研究[J].学前教育研究,2019(5):15-26.
③ 张筱良.新手幼儿教师的专业成长途径[J].学前教育研究,2008(8):20-22.
④ 吴春红,俞蓉蓉,叶珊珊.促进新入职幼儿教师专业成长的新路径[J].上海教育科研,2015(10):58-61.
⑤ 张立新,江桂珍.ZPD视域下以"支架"促进初任幼师专业成长的策略[J].教育理论与实践,2021,41(11):38-41.
⑥ 李晖,胡海建.农村幼儿园教师专业发展需求的重建[J].学前教育研究,2014(2):33-37.
⑦ 杨定亮,周秋华.提高农村民办幼儿园教师专业能力的策略[J].职教论坛,2011(35):130-132.
⑧ 严仲连,李容香.农村幼儿教师专业发展的特殊性及策略[J].东北师大学报(哲学社会科学版),2016(6):219-223.

题:第一,教师群体学历层次低,专业素质及能力不足;第二,物质待遇较差,教师内部积极性难以激发;第三,理想与现实存在落差,面对工作无所适从;第四,教师数量不足,教师队伍不稳定;第五,晋升空间小,专业提升途径窄等。面对农村幼儿园教师专业成长的诸多问题,学者们从政策保障、教师培训、教师自我需求、教学实践反思等维度进行了对策研究。徐莉莉(2014)从职前教育、入职教育和在职培训三个方面对地方高校如何支持农村幼儿园教师专业成长提出了建议。[①] 李岩(2014)则提出区域教师学习共同体的具体学习方式,强调合作文化,共同学习对于农村幼儿园教师专业成长的促进作用。[②] 严仲连(2016)则认为应针对农村幼儿园教师的特殊性,关注其专业发展的实际水平和具体需要,提供多层次的教师培训课程,并整合利用地区资源以提供更多助力。[③] 秦弋(2018)从精神、组织、管理、制度、物质五个维度对农村幼儿园教师的专业发展支持体系的建构提出了思考。[④]

有关国际视域下幼儿园教师专业发展的比较研究,主要介绍了不同国家和地区教师专业成长的经验与可借鉴标准、模式。殷思华、傅淳(2008)从教学评价的角度呈现了美国教师教学档案袋评价对教师专业成长的价值,得出了我国幼儿园教师评价应当更新传统的评价观念与方法、丰富并拓展评价内容,尊重教师的主体地位,提倡教师评价个性化等启示。[⑤] 崔迪、王雪松(2016)进行了中美幼儿园教师专业发展途径的跨文化研究,将园本教研作为中国幼儿园教师专业发展的重要途径与美国文化中相应的教师研究活动进行对比,发现二者在教师研究活动认识上、活动组织形式上以及教研的组织管理层面有着较大差异,但是也发现中美在教师专业成长过程中,产生了利用专业学习共同体进行教师学习发展的新趋势。[⑥] 赖竹婧(2016)将目光锁定在我国香港地区,并对其幼儿园教师的职后专业发展展开了叙述,香港对于教育专业成长制定了"教师专业能力理念架构",提出了细致的专业发展的客观指标,并通过"学前教育学券计划"资助教师专业水平的提升,另外还实施"幼稚园校本支援服务"针对教师的职后发展提供扶持。[⑦]

---

① 徐莉莉.地方高校应对农村幼儿教师专业发展的策略研究[J].教育评论,2014(4):62-65.
② 李岩.以区域教师学习共同体促进农村幼儿园教师专业发展[J].教育探索,2014(6):147-148.
③ 严仲连,李容香.农村幼儿教师专业发展的特殊性及策略[J].东北师大学报(哲学社会科学版),2016(6):219-223.
④ 秦弋,杨达,程翔宇.农村幼儿教师专业发展支持体系的建构思考[J].教育与教学研究,2018,32(8):64-69,128.
⑤ 殷思华,傅淳.美国教师教学档案袋评价对我国幼儿教师评价的启示[J].学前教育研究,2008(9):50-53.
⑥ 崔迪,王雪松.幼儿教师专业发展途径之中美比较[J].基础教育,2016,13(4):41-49,57.
⑦ 赖竹婧,万力维,邵明星.香港幼儿教师职后专业发展的策略及启示[J].教育探索,2016(1):117-120.

本研究和其他一些学者都关注到个人生活史对教师专业成长的影响。刘洁(2006)[①]认为养育事件作为生活事件之一,当属于个人生活史范畴,并重视在生活史研究中凸显教育生活的情节和情趣,以叙事的形式显露故事本身的意义。阮氏玲玲、谌启标(2007)[②]着眼于教师个人的成长历程,进行了教师自传研究(即教师生活史研究),并分为自传撰写研究与合作性自传研究两种类型,为本研究提供了方法与策略上的支持。

另外,陈妍、邝烨(2007)[③]以个人生活史对教师专业成长的某一方面的影响作为突破口,进行了探讨,他们在通过对8位教师的深度访谈后了解了个人生活史对幼儿园教师教育观念和行为的影响,呈现了生育对于幼儿园教师专业成长的作用——生育过程让幼儿园教师的保育观念更加正确、保育行为更加到位;生育让幼儿园教师学会换位思考,更容易与家长沟通;生育让幼儿园教师更能理解幼儿的思想和行为,使自己的教育行为也更加"人性化"。以上结论为本研究提供了借鉴。而何海波(2012)[④]则将视线聚焦于产后返岗的幼儿园教师,针对生育对教师专业成长的影响进行了个案研究,发现经历生育事件带给了教师返岗前焦虑、身体机能下降、心理负担严重等负面影响,但同时生育事件也可称为激励个人发展的"良剂",可为专业成长提供了新的契机,以上体现了生育事件对教师专业成长的研究价值。

(八) 有关教师专业发展阶段的研究

自20世纪60年代以来,教师专业发展阶段理论蓬勃发展,异彩纷呈。本研究在参考国内外众多研究资料的基础上,对国内外较有影响的教师专业发展阶段理论进行了较为全面的整理,并进一步分析了各理论的得失及其对当前研究教师专业发展阶段的启示。

1. 国外教师专业发展阶段理论述评

(1) 富勒(Fuller,F.,1969)的教师关注阶段论(Concerns of Teachers)

① 富勒的教师关注阶段论的主要思想[⑤][⑥]

美国学者费朗斯·富勒在研究职前师资课程时,通过文献回顾、大量访谈以及对教师

---

① 刘洁.从'生活史'的角度看教师教育[J].教育理论与实践,2006(3).
② 阮氏玲玲,谌启标.基于教师专业成长的自传研究[J].中小学教师培训,2007(6).
③ 陈妍,邝烨.个人生活史对幼儿园教师教育观念和行为的影响[J].幼儿教育(教育科学版),2007(Z1):55-58.
④ 何海波.生育经历对幼儿教师专业发展影响的个案研究[J].当代教育理论与实践,2012,4(9):18-20.
⑤ 叶澜,等.教师角色与教师发展新探[M].北京:教育科学出版社,2001:338-339.
⑥ Fuller, Frances, F., et al. Concerns of Teachers: Research and Reconceptualization [M]. Washington D.C.: Office of Education,1974.

关注清单进行提炼,编制了著名的《教师关注问卷》(Teacher Concerns Questionnaire)[①]。通过研究,富勒根据教师们所关注的事物把教师的专业发展过程分为以下四个阶段:

a. 任教前关注阶段(preteaching concerns)。

此阶段是职前培养时期,教师们仍扮演学生的角色,未曾经历教学,没有教学经验,对教师角色只是想象,因此只关注自己,而不关注教学以及和教学相关的事情。不仅如此,对于任教的教师还抱着观察、评判的态度,在观察初期,往往对教师不表同情,甚至还带有敌意。

b. 早期生存关注阶段(early concerns about survival)。

此阶段是初次接触实际教学的实习阶段。在此阶段,教师们所关注的是自己的生存问题,即能否在这个新环境中生存下来。所以此时,教师们所关心的是一些外在的东西,比如,我上课应该站在哪个位置?我能不能够控制得住课堂?上级怎么评价我?学生喜欢我吗?与同事的关系如何?等等。教师渴望得到表扬,渴望假期,甚至想逃离"现场"。此阶段教师表现出一定的焦虑与紧张,故这一时期的压力相当大。

c. 关注教学情境阶段(teaching situations concerns)。

在此阶段,教师固然还要关心前一时期的种种问题,但同时会较多关注教学所需要的知识、能力与技巧,以及尽其所能地将其所学运用于教学情境之中,即如何正确地完成教学任务,掌握相应的教学技能。此阶段教师关注的是教师自己的教学表现,仍然不是学生的学习。

d. 关注学生阶段(concerns about pupils)。

虽然许多教师在实习教学阶段就表现出对学生的学习、品质及其情绪需要的关注,但往往都会等到自我适应教学角色压力之后才会真正地关怀学生。这个阶段教师常常会问:"学生真正需要的是什么?""学生现在所学的是他们真正所需要的吗?""什么样的教学内容和教学手段能够满足学生的需要?"除此之外,教师不仅关注学生学习方面的发展,还关注学生道德、情感、社会性等方面的发展。

---

① 参见富勒的《教师关注问卷》:请阅读以下叙述,并确定就您自己的教学而言,你对这些叙述给予了多大程度的关注:1. 缺少教学材料;2. 感到有很大的时间压力;3. 领导在场时好好表现;4. 满足不同学生的需要;5. 非教学的任务太多;6. 诊断学生存在的问题;7. 感到适合做教师;8. 激励缺少动机的学生;9. 每天要应付的学生太多;10. 引导学生在智力和情感方面的成长;11. 得到积极的教学评价;12. 教学情景中例行的常规工作;13. 维持对课堂的适度控制。其中,第1、2、5、9、11、13是"自我关注"——关注自我胜任能力;第3、7、12是"任务关注"——关注掌握教学技能;第4、6、8、10是"学生关注"——提升学生生命价值,关注"人的培育"。

② 富勒的教师关注阶段论的得失与启示

富勒首次提出教师专业发展理论,在教师教育领域为后人开辟了一条新的道路。① 该理论的研究视角是独特的,它把教师所关注的内容作为衡量发展水平的标志,教师所关注的内容经由自身(及课堂控制)到教学任务,最后才到学生的学习以及自身对学生的影响,它从教师的关注点这样一个侧面反映了教师专业发展过程,即教师的关注点在不同的发展阶段有所迁移与变化。② 富勒在得克萨斯大学奥斯汀校区致力于职前师资课程研究,其教师关注阶段理论的重点亦在教师的职前培训时期,因此该理论在师资培训方面有重要的参考价值。

但是,影响教师专业发展的因素多而复杂,仅从教师关注的焦点来探讨教师的专业发展阶段特征,研究范围单一,内容单薄,不足以窥视整个教师专业发展生涯。富勒提出的四个阶段,尤其是后三个阶段,确实存在于教师之间,但其未必是按照这三个顺序渐次形成,教师往往是同时有多个阶段的关注;而且,有些关注项目(如对学生影响的关注)往往在各个教龄阶段的教师中都保持较高的水平,而另外的关注项目(如自我关注)会随着教龄增加而减少,然后维持在相对稳定的水平上。③

该理论的主要启示是:作为发展主体的教师,在专业发展过程中的关注点会有所变化,因此我们要关注教师在不同的发展阶段所遇到的问题及变化情况。

(2) 丽莲·凯兹(Lilian.G.Katz,1972)的学前教师专业发展阶段论(Developmental Stages of Preschool Teachers)

① 丽莲·凯兹的学前教师专业发展阶段论的主要思想④

a. 求生阶段(survival)。

教师在担任教职的头一年,最关心的问题是:"我能不能生存?"在这个阶段教师关心的问题有:"今天能否安然度过?""同事会不会接受我?"丽莲·凯兹认为,教师刚担任教职,便要负责一群年幼而精力充沛的幼儿的健康与安全,加之还要应付家长的种种要求,原本对教师生涯的憧憬往往也与教育现实存有很大差异,故此阶段教师内心充满恐

---

① 杨秀玉.教师发展阶段论综述[J].外国教育研究,1999(6):36-41.
② 利德斯通和霍林斯沃思提出"复杂性减弱(complexity reduction)"的概念,对富勒的教师关注阶段论做了比较透彻的解释,他们认为,在教师的专业活动中,课堂管理、教学任务和学生学习是三个重要的教师必须面对和处理的领域。这三个领域存在着三种认知和处理水平,分别是:机械水平、常规水平和理解水平。这三个领域以及相对应的三个水平是从简单过渡到复杂,而后面的复杂领域和水平包含了前面较为简单的领域和水平的要求。
③ 王建军.课程变革与教师专业发展[M].成都:四川教育出版社,2004:55.
④ [美]丽莲·凯兹.与幼儿园教师对话——迈向专业成长之路[M].廖凤瑞,译.南京:南京师范大学出版社,2004:206-212.

慌及忧虑,有严重的挫折感,特别需要精神的支持、鼓励、安慰与辅导,也需要学习处理事务的特殊技巧及得到了解幼儿行为导因方面的指导。

b. 强化阶段(consolidation)。

通常历经一年的惶恐生涯后,教师可以感受到自己已克服"新手"的焦虑。第一阶段教师对幼儿的行为特征及能力已有初步的了解,第二阶段则可以辨别出特殊的行为或有问题的行为,并逐渐将其精力集中于处理问题儿童的个别困境上,例如:"幼儿有学习缓慢或拒绝学习的现象,我该怎么办?"教师在这个阶段需要有关特定幼儿或问题幼儿的知识与信息,因此让教师与心理学家、社会工作人员与健康卫生方面专家接触,同时听取同事的建议等,对于此阶段的教师而言,是较为有效的帮助途径。

c. 求新阶段(renewal)。

通常在教学三四年后,教师会对同样的教学内容及一成不变的教法感到厌烦,开始探索幼儿教育的新趋势、新观念及新教学法,同时收集、研究新教材和玩具,以调整、更新和充实自己的教学内容。这一阶段的教师需要参加求新研讨会或专业团体、阅读专业刊物、观摩教学和影片,以满足其求新求异的需求。

d. 成熟阶段(maturity)。

教师步入成熟阶段的时间不一,少则三年,多则五年或更久。此阶段的教师已能肯定自己的能力及角色,以身为幼儿园教师为荣,并且有足够的见解去探索更高层次的问题,例如:"我的哲学是如何形成的?""成长与学习的本质是什么?""教师是一种专业吗?"等等。这些高层次的问题以前可能也闪现在教师头脑中,但只有到成熟阶段才对教师具有真正的意义,它可以提供教师思考反省的机会,促使教师探讨幼儿教育的最高使命。这个阶段教师需要参加座谈会、到大学或研究所进修、广泛阅读书籍及专业刊物,从而提升自己。

为了验证自己提出的教师发展阶段理论,丽莲·凯兹采用问卷调查进行了一项研究。研究结果支持了"求生阶段"的存在,但是发现处于"成熟阶段"的教师大多转任非教职工作(不在教师第一线,类似中国的教研员),如课程辅导员、阅读专家,等等。研究结果也显示,当环境改变的时候,例如学区要求教师采用新课程,或学区内的人口性质产生很大的变化,使得孩子的特性与以往的孩子很不同时,资深的教师也会恢复到"求生阶段"。

② 丽莲·凯兹的幼儿园教师专业发展阶段论的得失与启示

该理论是少有的针对幼儿园教师的专业发展阶段的研究,并且丽莲·凯兹还利用问卷调查进行了再验证。该理论指出幼儿园教师的专业发展有四个阶段,并指出每一个阶段教师的行为表现特点以及相应的教师培训重点。该理论发现了成熟阶段教师的转任或会重至"求生阶段"的现象,但对此类现象缺乏深入探索。

该理论的主要启示是:教师教育不仅要关注在职教师在不同阶段所面临的问题,而且应该根据教师在每一个阶段的独特需求予以切实的帮助。

(3) 伯顿(Burden,P. R.,1979)的教师发展阶段论(Teacher Career Development)

① 伯顿的教师发展阶段论的主要思想①

20 世纪 70 年代末,以伯顿为首的美国俄亥俄州立大学的一批学者,对处在不同教学生涯发展阶段的 50 多位教师进行了严密有序的访谈研究,从与小学教师访谈的记录数据与资料中,整理归纳了教师们所提出的意见,提出了教师发展阶段理论。伯顿认为教师发展经历了三个阶段,不同的发展阶段教师有不同的工作技能、知识、行为、态度和关注,经历了不同的压力,因此,学校应根据教师在不同阶段的发展提供不同类型的适宜援助。

a. 求生阶段(survival stage)。

此阶段为教师任教的第 1 年,教师对教学活动及环境只有非常有限的知识,对于所面对的各种事物都在适应之中;关注教学工作,但缺乏信心且不愿意尝试新的方法。此阶段教师需要教学技能和专业知识等方面的援助,学校应积极帮助他们减少困惑和不确定性。②

b. 调整阶段(adjustment stage)。

此阶段为教师任教的第 2 至 4 年,教师已经学到了许多有关课堂、学生、课程和方法等方面的知识;开始注意到学生的复杂性,并寻找新的教学技术以满足更广泛的需要,对待学生变得开放和真诚,感到有能力满足学生的需要,逐渐有了信心。此阶段,学校应与教师合作共同解决教师面临的问题,满足教师更广泛的需要。③

c. 成熟阶段(mature stage)。

此阶段为教师任教第 5 年及 5 年以上。教师不需要学校给予直接督导,感到能更好地驾驭教学活动,对教学环境有了充分的了解;以学生为中心;充满自信和安全感,乐于尝试新的教学方法;已经获得了新的专业见解,能够处理可能出现的新问题。此阶段,学校倾听、鼓励和帮助解决问题就是对教师最合适的支持。④

② 伯顿的教师发展阶段论的得失与启示

---

① 叶澜,等.教师角色与教师发展新探[M].北京:教育科学出版社,2001:341.

②③④ Burden, Paul R. Development Supervision: Reducing Teacher Stress at Different Career Stages[J]. The Annual Meeting of the Association of Teacher Educators,1982:(12).

该理论较早将教师的职业生涯与生命周期结合起来,把教师对教学的关注贯穿其中,对教师专业发展阶段中教师的专业表现、心态、信念等进行静态的描述。在研究方法上,对质性研究基础有所突破,率先以数据的搜集、整理为基础而推进研究,使研究更具严密的科学性;而且接受访谈的教师人数多、分布广,这也打破了以往访谈对象数量少,地域分布有限的限制。① 但是该理论同样缺乏对成熟教师未来发展的关注。

该理论的主要启示是:教师专业发展阶段的研究要注重研究的科学性与效度。教师专业发展阶段的划分不仅应考虑到教师对教学的关注,还应该考虑到教师的专业心态、信念等维度。

(4) 费斯勒(Fessler,R.,1985)的教师职业生涯周期论②(The Teacher Career Cycle)

① 费斯勒的教师生涯循环论的主要思想③

美国学者费斯勒通过对教师日常教学的观察了解及对160多位教师的访谈,把教师的职业生涯周期放在个人环境和组织环境之中来考察,并在借鉴成人发展与人类生命发展阶段等相关理论的基础上提出了动态灵活的教师生涯循环理论,将教师的专业发展分为八个阶段:

a. 职前教育阶段(preservice stage)。

此阶段是教师特定角色的准备期,包括在大学或师范学院进行的初始师资培养阶段和在职教师从事新角色或新工作的再培训。

b. 入职阶段(induction stage)。

此阶段是教师任教前几年,也是教师走向社会,进入学校系统和学习每日例行工作的时期。教师通常都会努力得到学生、同事、督导人员的认可,并设法在处理日常问题方面时达到令人满意的程度。当从一个年级换到另一个年级,或受聘到另一所学校,或完全调动到另一个学区任教时,教师也可能产生入职初期的感受。④

c. 能力建立阶段(competency building stage)。

此阶段是形成能力阶段。教师努力充实相关教育知识,提高教学技巧,寻找新资

---

① 杨秀玉.教师发展阶段论综述[J].外国教育研究,1999;(6):36-41.
② 费斯勒认为,教师一生的职业发展是一个动态涨落的过程,在应对来自个人环境和组织环境两方面影响的过程中,各个阶段来回反复,故本文译为"教师生涯循环论",另有学者译为"教师职业生涯周期论"。作者注。
③ 叶澜,等.教师角色与教师发展新探[M].北京:教育科学出版社,2001:244-246.
④ [美]费斯勒,克里斯坦森.教师职业生涯周期——教师专业发展指导[M].董丽敏,高耀明,等译.北京:中国轻工业出版社,2005:41,142.

料、新方法和新策略；渴望建立一套属于自己的教学体系；易于接受新的观念，经常参加研讨会和各种相关的会议，以及继续进修与深造。这一阶段成功建构了教学能力的教师，有可能进入到热心和成长阶段；反之，无法建构恰当能力的教师，有可能逐步进入到挫折阶段、稳定或停止的阶段，或提前离岗。

d. 热心和成长阶段(enthusiastic and growing stage)。

此阶段，教师纵然已经具有较高水平的教学能力，但还在不断追求专业成长。教师热爱工作，每天急于到校，希望和学生交流，并不断地寻找新的方法来丰富其教学活动，充满热情，对工作的满足度高。因此，最适合这些教师的行政管理和教学视导策略是，强化和激励他们的教学热情和工作成就，为他们发挥领导才能提供机会，为他们显现创新能力提供渠道。[①]

e. 职业受挫阶段(career frustration stage)。

此阶段，教师可能会受到某种因素的影响，教学遭受挫折，职业满意度下降。教师的职业倦怠经常出现在此阶段。因此，教学视导人员、学校负责人和同行的支持可能对教师的发展起着重要的决定作用，对教师的教学给予口头和书面的表扬，支持教师的工作，鼓励教师在新策略中担任领导角色，这些都可以帮助教师回到教师职业生涯周期中的成长期。

f. 稳定和停滞阶段(stable and stagnant stage)。

此阶段，教师只做分内的工作，不会主动追求教学专业上的卓越与成长，其工作动机通常是履行聘用合同的条款，只是做到对教师的基本要求，是缺乏进取心、不愿意追求完美和成长的阶段。

g. 生涯低落阶段(career wind down stage)。

此阶段，教师准备离开教育岗位。对一部分教师来说是较为愉悦和充满美好回忆的时期，期待改换职业或退休；对另一部分教师来说，是一个被迫离职或迫不及待地想离开教育岗位的苦涩时期。

h. 生涯退出阶段(career exit stage)。

此阶段，是教师退出教学岗位之后的时期。这可能是因为正式退休、自愿离职、生育暂时离职或为寻找更为满意的职业而离职。

---

① [美]费斯勒,克里斯坦森.教师职业生涯周期——教师专业发展指导[M].董丽敏,高耀明,等译.北京:中国轻工业出版社,2005:41,142.

② 费斯勒的教师生涯循环论的得失与启示

该理论提供了一个较为完整的纵贯教师生涯的理论架构，客观描述了教师整个教学生涯的发展与变化的历程。该理论考虑到教师专业发展过程中受各种环境因素的影响，这些因素包括个人环境（家庭、积极的临界事件、危机、个性特征、业余爱好和生活阶段等）和组织环境（学校规章制度、管理风格、公众信任、社会期望、专业组织和工会等）。因此，费斯勒认为教师职业生涯周期不是以固定的步子按照线性方式发展，而是在对个人和组织环境因素做出反应中，形成的一个动态涨落的过程。另外，该理论对成熟教师未来的发展做了进一步的探究。但是，费斯勒的模式在表现形式上强调教师的专业发展路线的循环和重复，忽略了其他专业发展路径的可能；对于影响教师专业发展的因素和关键事件的分析，几乎没有涉及相对稳定、具有持久作用的因素和事件。

该理论的主要启示是：应该用动态灵活的视角去关注教师生涯的发展过程，考虑多种因素对教师专业成长的影响，同时，还要关注成熟阶段以后教师的发展问题。

(5) 伯利纳(1988)的教师专业发展(Cognitive-Professional)五阶段说

① 伯利纳的教师专业发展五阶段说的主要思想①

80 年代末美国亚利桑那州立大学心理学教授伯利纳在对教师教学专长发展的研究中，受人工智能(AI)研究领域中"专家系统"思路的启发，在德莱弗斯(Dreyfus,1980)职业专长发展五阶段理论②的基础上，提出了教师专业发展的五个阶段。

a. 新手阶段(novice stage)。

新手水平的教师是师范生或刚进入教学领域的教师。此阶段，教师的任务是学习一些陈述性知识，如一般的教学原理、教材内容和教学方法等，并熟悉课堂教学的步骤和各类教学情景，获得初步的教学经验。

b. 高级新手阶段(advanced beginner stage)。

许多具有 2—3 年教龄的教师大致处于这一阶段。此阶段，教师从教学活动中积累了一些经验，意识到了教学情境的相似性，能把过去所学的知识与现在所遇到的情境与问题相联系，也会运用一些教学策略来调节和控制自己的行为。

c. 胜任阶段(competent stage)。

在拥有了更多的教学经验并且尝到了成功的喜悦后，大多数的高级新手有望进入

---

① 楼汉藏.教师专业发展过程研究述评[J],湖北广播电视大学学报,2007(4):56-57.
② 美国加利福尼亚大学德莱弗斯兄弟等人研究了飞行员、司机、成年第二语言学习者的技能习得过程，在大量数据研究的基础上，提出了"新手—高级学徒—合格者—熟练者—专家"的五阶段模式。作者注。

胜任阶段。此阶段,教师能按个人想法自由处理事件,并能对所做的事情承担更多的职责。

d. 熟练阶段(proficient stage)。

一般到第5年,有一定教学经验的教师便进入了熟练水平的发展阶段,成为熟练教师。此阶段,教师对教学情境产生了敏锐的直觉感受,能从积累的丰富经验中,综合识别出情景的相似性,从截然不同的事件中考虑到事物的相互联系。这种综合性识别能力的提高使教师能够更准确地预测事件。

e. 专家阶段(expert stage)。

有一定教学经验的教师可以发展到熟练阶段,而能够再进一步发展到专家阶段的教师为数不多,且过渡进程不一,有些教师在第5年便能进入专家阶段,有些则需要大约7年的时间。专家阶段的教师对教学情景不但有直觉的把握,而且行为表现流畅灵活,无须刻意加工,能根据时间和场合理智地做出教学行为,并且与前几个阶段的教师相比,他们采用的方法更加多种多样。

② 伯利纳的教师专业发展五阶段说的得失与启示

该理论运用了教育心理学的知识,从教师"教学专业知识和技能的学习和掌握的情况"来划分教师专业发展的阶段。对成熟阶段的教师尤其是专家型教师的职业发展特点做了探讨,对教师教育有重要的理论意义和实践价值,但是对未进入专家阶段的教师专业发展缺乏进一步说明。该理论的侧重点在教师的专业知能方面,忽略了教师专业成长的其他方面的因素,而每一个阶段的过渡又相对单一,似乎这些阶段的过渡是不可逆的。

该理论的主要启示是:在设计或组织教师培训时,应把教师的教育教学能力作为确定其所处的专业发展阶段的重要标准之一。对处于不同专业发展阶段的教师应设计不同的培训内容和提供不同的培训方式,进而使师资培训达到最高效益,促使教师尽快成为专家型教师。

(6) 斯特菲(Steffy.B.,1989)的教师生涯发展模式(The Life Cycle of the Career Teacher)

① 斯特菲的教师生涯发展模式的主要思想[1][2]

美国学者斯特菲依据人文心理学派的自我实现理论,建立了教师生涯发展的人文模式,将教师的发展分为五个阶段:

---

[1] 叶澜,等.教师角色与教师发展新探[M].北京:教育科学出版社,2001:343.
[2] 杨秀玉.教师发展阶段论综述[J].外国教育研究,1999(6):36-41.

a. 预备职业生涯阶段(anticipatory career stage)。

此阶段,主要包括初任教职的教师,或重新任职的教师。初任教师通常需要3年的时间,才会进展到下一个阶段,而重新任职的教师则能很快超越此阶段。这类教师具有以下几个特征:理想主义、有活力、富创意、接纳新观念、积极进取、努力向上。

b. 专家职业生涯阶段(expert master career stage)。

此阶段,教师已具有较高水平的教学能力与技巧,能进行有效的班级经营和时间管理,对学生抱有高度的期望,也能在自己的工作中,激发自我潜能,达到自我实现。同时,这时的教师具有一种内在的透视力,可随时掌握学生的一举一动。

c. 退缩职业生涯阶段(withdrawal career stage)。

第一阶段,初期的退缩(initial withdrawal)。这一时期教师的表现无功无过。他们很少致力于教学革新,教材内容陈旧,绩效平平,多半沉默寡言,消极行事。此时,如果教育行政人员给予适时的、适当的支持与鼓励,这些教师又会恢复到专家生涯阶段。

第二阶段,持续的退缩(persistent withdrawal)。这一时期,教师表现出倦怠感,经常批评学校、家长、学生,甚至教育行政部门,有时对一些表现好的教师也妄加指责。这些教师或抗拒变革,或独来独往,或行为极端,或喋喋不休,人际关系不甚和谐,家庭生活有时也会出现问题。因此,这一时期的教师需要帮助。

第三阶段,深度的退缩(deep withdrawal)。这一时期的教师在教学上表现出无力感,甚至有时还会伤害到学生。但是,这些教师并不认为自己有这些缺点,而且具有很强烈的防范心理。学校难以处理这类情况,通常的解决办法是让这些教师暂时转岗或转业。

d. 更新生涯阶段(renewal career stage)。

这一阶段的教师在一开始出现厌烦的征兆时,他们就采取了较为积极的对应措施,如参加研讨会,进修课程,或加入教师组织等。故在此阶段的教师,又可看到预备生涯阶段朝气蓬勃的状态——有活力、肯吸收新知识、进取向上。唯一不同之处在于,预备生涯阶段的教师对教学感到新奇、振奋,而在更新生涯阶段的教师则致力于追求专业成长,吸收新的教学知识。但在此阶段的教师,仍需要外在的支持,更需要学校行政部门的协助。

e. 退出生涯阶段(exit career stage)。

到了退休年龄,或由于其他原因而离开教育岗位,一些教师开始安度晚年,而一些教师则可能继续追求职业生涯的第二春天。①

---

① 杨秀玉.教师发展阶段论综述[J].外国教育研究,1999(6):36-41.

② 斯特菲的教师生涯发展模式的得失与启示

该理论比较完整、真实地诠释了教师发展的历程,非常清晰、明确地反映出教师在整个职业生涯中发展的特性。对于处在退缩职业生涯阶段的教师给予了详细的描述,充分体现了"教师生涯发展模式"的人文主义色彩。不仅如此,斯特菲所提出的"更新生涯阶段",对处于发展低潮期教师的关注,弥补了费斯勒的研究的不足,具有一定的超越意义,即当教师处于发展的低潮期时,如果给予其适时、适当的协助与支持,教师是有可能度过低潮期而继续追求专业成长的。

该理论的主要启示是:当教师处于发展的低潮期时,应该给予教师适时、适当的协助与支持,帮助教师度过低潮期而继续追求专业成长。

(7) 休伯曼(Huberman,M.,1989)的教师职业生活周期论(The Teacher Career Cycle)

① 休伯曼的教师职业生活周期论的主要思想[①]

休伯曼在对瑞士教师的调查和研究的基础上,把教师的职业周期分为七个时期:

a. 入职期(career entry phase)。

此阶段,为任教的第1—3年,可概括为"求生和发现期"。其中,"求生"与"现实的冲击(reality shock)"相联系。课堂环境的复杂性和不稳定性、连续的试误等动摇了此阶段教师的胜任教学感。同时,教师也感到有所"发现",有了自己的班级、学生和教学方案,成为专业协会中的一员,所以又表现出积极热情的一面。

b. 稳定期(stabilization phase)。

此阶段,为任教的第4—6年。"稳定"意味着教师决定投身于教学工作,感受到主动和独立,初步掌握了教学法,较少关注自己而更多关注教学,形成自己的教学风格。

c. 实验和歧变期(experimentation and diversification phase)。

此阶段,为任教的第7—25年。这一时期教师的发展表现出差异性,一方面,随着知识和阅历的增加,教师开始对自己及学校的各项工作大胆求新,在教学材料、评价方法等方面进行教改实验,对学校组织和管理中的漏洞进行批评和指正,不断地对职业和自我进行挑战;另一方面,单调乏味的教学轮回使教师对自己的职业产生了倦怠感,对是否要继续执教产生动摇,因此开始对目前从事的工作进行新的评估。

d. 重新估价期(reassessment phase)。

此阶段,为任教的第15—25年。这一时期处于职业中期,教师的年龄在35到50

---

① 叶澜,等.教师角色与教师发展新探[M].北京:教育科学出版社,2001:344-345.

岁之间。教师不经过实验和歧变阶段，而是自我怀疑和重新估价，严重者可表现为职业生涯中的一场危机。年复一年单调乏味的课堂生活、连续不断的改革后令人失望的结果等都有可能引发危机。

e. 平静和关系疏远期(serenity and relational distance phase)。

此阶段,为任教的第26—33年,教师的年龄大约在40—50岁。许多教师在经历了怀疑和危机之后开始平静下来,能够较为轻松地完成课堂教学,也更有自信心,志向水平开始下降,专业投入减少;对学生更加严格,且由于学生心理上更加亲近与自己年龄相仿的年轻教师,使得这一时期的教师与学生的关系更加疏远。

f. 保守和抱怨期(conservatism and complaints phase)。

此阶段,为任教的第26—33年,教师的年龄大约在50—60岁。教师在经历了平静期后变得较为保守,抱怨学生纪律差、缺少动机、不懂礼貌,抱怨公众对教育的消极态度,抱怨当地教育政策,抱怨年轻教师不够认真投入。这些特点符合心理学中有关随着年龄的增长人会变得刻板、独断且怀旧之研究结论。

g. 退休期(disengagement phase)。

此阶段,为任教的第34—40年。教师迫于社会压力其专业行为没有太大改变,更加关注自己喜欢的班级、做喜欢做的工作,为退休做准备。

② 休伯曼教师职业生活周期论的得失与启示

该理论运用心理学的研究方法,探索了教师职业周期中每一个时期的发展主题,并指出教师对各个主题的解决程度不同,其发展路线也不尽相同,相对来说更真实地反映了教师的实际发展路线。休伯曼的教师职业生活周期论分段的划分以人的自然生命变化周期为标准,但是,教师的专业发展是否与人的自然生命发展周期吻合还待商榷。

该理论的主要启示是:教师教育应该根据教师职业周期的每一个主题对其进行积极的引导,使教师较为和谐地发展。

(8) 利思伍德(Leithwood, K. A., 1992)的教师专业发展阶段论[1](Dimensions and Stages of Teacher Development)

① 利思伍德的教师专业发展阶段论的主要思想[2]

利思伍德把教师当作一个成年的学习者来看待,以心理发展阶段描述教师的发展,

---

[1] Leithwood, K. A. The Principals Role in Teacher Development. In M. Fullan, A. Hargreaves(Ed). Teacher Development and Educational Change. (pp. 86 - 93). London & Washington D.C.: Falmer Press.

[2] 教育部师范教育司.教师专业化的理论与实践[M].北京:人民教育出版社,2003:69-70.

其分析建立在认知理论、概念发展理论及道德判断等理论的基础之上,[①]利思伍德以及贝尔和格里布里特(B.Bell & J.Gillbrert)同时认为,教师专业发展是一个多维度发展的过程,专业知能发展、心理发展和职业周期三个维度既相互独立又相互依赖。三个维度中,专业知能是教师专业发展的核心,但与另外两个维度密切相关。如果忽视三个维度的关系,促进教师专业发展的培训计划就难以取得预期的效果。

从心理发展这个维度来说,教师发展可以分为以下四个阶段:

a. "单纯"时期(self-protective, pre-moral, unilateral dependence)。

此阶段,教师的世界观非常简单,坚持原则,相信权威,缺乏求异思维。

b. "墨守成规"时期(conformist, moral negative, independence)。

此阶段,教师特别易于接受他人的安排,在专业上依循传统课堂的特征,按照教学规律行事,无论学生之间有什么差异或有什么特殊情况,都严格按规则办事。

c. "尽心尽职"时期(conscientious, moral, condition dependence)。

此阶段,教师已经将规则内化,更多凭良心完成自己的职责。表现在专业上有较强的自我意识,能够认识到依照具体情况灵活掌握规则的必要性,比较关注学生的未来和成绩,特别注重良好的人际关系。

d. "独立"时期(autonomous/interdependent, principled, integrated)。

此阶段,教师较有主见,尊重课堂,能够从多角度分析遇到的课堂情境并予以综合,既关注师生之间亲密合作,又强调学生有意义地学习,鼓励学生有相应的表现。这一时期的最大特点是能够较好地协调提高学生成绩和建立良好人际关系之间的关系。

从专业知能这个角度来说,教师发展可以分为以下六个阶段:

a. 发展求生技巧(developing survival skills)。

此阶段,教师发展了一些课堂管理技巧,在应用多种教学模式时只具有一定的知识和有限的技巧,对教学模式的选择未能有意识地反思,对学生的评价是初级的、概括性的。

b. 在教学的基本技能方面能够胜任(becoming competent in the basic skills of instruction)。

此阶段,教师有很好的课堂管理技巧,通过尝试错误在不同课程部分应用不同的教学模式,跟教学挂钩的评价开始出现。

c. 拓展其教学灵活性(expanding one's instructional flexibility)。

此阶段,教师具有权威的课堂管理技巧。能意识到其他教学模式的需要和存在,开

---

① 教育部师范教育司.教师专业化的理论与实践[M].北京:人民教育出版社,2001:49.

始努力扩展自己的全部技能,对教学新模式进行实验性的应用,提供了教学中的多样性来维持学生的兴趣。

d. 掌握教学技巧(acquiring instructional expertise)。

此阶段,教师不再把课堂管理当成一个单独事件来对待,能运用多种教学模式。

e. 有助于同事间教育专业技能的发展(contributing to the growth of colleagues' instructional expertise)。

此阶段,教师在课堂教学方面表现出高水平的技能;对自己的能力、选择以及以之为基础的基本信念和价值进行反思;有能力帮助其他教师获得教学技巧。

f. 参与到不同水平的教育决策中(participating in broad range of educational decisions at all levels)。

此阶段,教师致力于学校的提升,并为达成这个目标尝试任何合法机会,在学校内部和外部尝试了领导角色,从一个广阔的框架中来理解教育系统中各水平决策的关系,知晓教育系统中各水平的政策。

从教师职业周期来看,教师发展主要分为以下五个阶段:

a. 入职期(launching the career phase)。

此阶段,是教师围绕"教师职责"的头几年。教师为班级管理和激励学生学习动机煞费苦心。这一阶段,有的教师比较容易胜任,有的教师则感到痛苦。

b. 稳定时期(stabilizing phase)。

此阶段,教师通常拿到了一份稳定的合同,掌握了基本的教学技能,教师可以考虑学生的能力和兴趣而选择合适的方法和材料。行为更独立,更少害怕督学,并且认为和同伴一起成长是合理的。这一时期的教师开始在寻求升职或改变等方面做出努力。

c. 新的挑战和关注期(new challenges and concerns phase)。

此阶段,教师大约在30—40岁之间,已有丰富的经验且精力充沛。此阶段的教师也可分为3种类别:第一类教师积极努力于把课堂方法多样化,第二类教师寻求升职到管理角色或去重要街区或全国性的项目部门面试,第三类教师会减少他们对职业的承诺,可能会另择职业。

d. 职业高原期(reaching a professional plateau phase)。

此阶段,教师的年龄在40—50岁或40—55岁。这一阶段对很多教师来说是一个创伤期,教师开始从自己生活的多个方面对自己取得的成绩进行重新评估。他们的挫败感总是不断地被周围年轻学生以及和自己孩子相同年龄的教师所强化。这一阶段的教师也被分为两类:一类教师停止了晋升而只是享受教学;另一类教师则停滞不前,他们会变得抱怨、玩世不恭,也不再关注进一步地专业成长。

e. 准备退休期(preparing for retirement focusing phase)。

此阶段,教师也会表现出不同的行为:第一类教师表现为"积极关注",其中包括教师把自己最擅长的方面做得更加专业化;第二类教师表现为"防御性的关注",对他们曾经的经历不那么积极和大方;第三类教师表现为"觉醒",他们会对过去变动的经历和其领导进行抱怨,他们自身倦怠,并且也成为年轻教师倦怠感的来源。

② 利思伍德的教师专业发展阶段论的得失与启示

该理论突破了已有的教师专业发展的研究框架,从横向上强调教师专业发展职业周期、心理发展与专业知能发展之间既各自独立又相互依赖,提出教师专业发展是一个多维度发展的过程。研究从心理学的角度探讨了教师专业发展与心理发展之间的联系,在很大程度上摆脱了教师专业发展水平与教师的生理年龄之间的对应关系,开始研究心理发展阶段或水平与教师专业发展之间的关系。①

该理论的主要启示是:教师专业发展过程中要关注专业知能发展、心理发展和职业周期三个维度,在考察教师专业发展阶段时要更多地考虑到教师的心理发展水平和特点及其对专业知能发展的影响。

2. 国内教师专业发展阶段论述评

(1) 王秋绒(1991)的教师发展阶段论

① 王秋绒的教师发展阶段论的主要思想②

中国台湾学者王秋绒将教师的专业化发展过程分为师范生、实习教师和合格教师三个阶段,并把每一阶段分为三个时期。

第一个阶段,师范生的专业社会化,分为三个时期。第一时期是探索适应期,主要指一年级师范生的专业社会化情况。他们处于观望、探索和适应期。社会化的关键是增进人际关系、适应师范院校的环境。第二时期是稳定成长期,主要指二年级、三年级师范生。他们与同学、教师等的社会关系稳定发展,表现出恰当的社会角色。社会化的重点是学习教育专业知识、专门学科知识、社会知识,提高人际关系和组织能力。第三时期为成熟发展期,主要指四年级师范生。其重点在于如何将已有的教学知能应用于教学实践。

第二个阶段,实习阶段的教师的专业社会化,分为三个时期。第一时期为蜜月期,

---

①② 叶澜,等.教师角色与教师发展新探[M].北京:教育科学出版社,2001:262-264,254-255.

实习教师体会到做教师的快乐并全身心投入教学工作。第二时期为危机期,当实际遇到的问题越来越多,面临的现实压力越来越大时,教师则会产生危机感。第三时期为动荡期,面对现实与理想教师角色之间的差距,有的教师重新自我预期,趋于妥协,有的则准备脱离教学岗位。

第三个阶段,合格教师的专业社会化,分为三个时期。第一时期为新生期,时间从入职开始到工作三年。这一时期的教师,对教学中问题的处理能力有所增加,又有了对教学工作的胜任感和成就感。第二时期为平淡期,在工作两三年之后,基本上适应了教学工作的要求,工作不再富有挑战性,而是感到逐渐平淡。第三时期为厌倦期,在工作多年之后,少数教师乐于为教育奉献一生,而多数教师对教学产生厌倦,失去教学动力。

② 王秋绒的教师发展阶段论的得失与启示

该理论受英国社会学家莱西(Lacey,C.)观点的直接影响,将教师作为社会人来考察教师专业成长的过程,其关注的核心是教师个体与群体的相互融合、相互影响的过程。它关心专业社群对教师个人的影响,而对于教师专业特质和自我专业发展意识则关注不够。

教师专业发展研究更应关注教师如何形成自己独特的专业特质和自我专业发展意识的过程,以及这种过程对作为整体的教师专业的影响。另外,教师专业社会化研究较为注重专业社会化的结果,而不是过程。与此相反,教师专业发展研究则更关心教师个人与专业知识技能、专业规范等之间的相互作用过程,以及这种过程对教师个人专业发展的影响。因此,教师专业社会化与教师专业发展并不完全相同。用教师专业社会化的发展理论来作为教师专业发展阶段研究的指导理论,稍显单一。

该理论的主要启示是:首先,教师是社会中的个体,个体的发展会受到社会的影响,所以我们在考察教师的专业发展时不仅要关注教师主体,而且要关注社会背景对主体的影响;其次,每一个发展阶段的不同时期,都有其社会化的重点,学校可以根据其重点,给予师范学生或教师以恰当的支持;最后,关注教师的专业发展,应当注重每个阶段教师专业意识的培养,并为下一阶段的发展奠定良好的基础。

(2) 邵宝祥(1999)的教师专业发展阶段论

① 邵宝祥的教师专业发展阶段论的主要思想[①]

邵宝祥主持的全国教育科学"九五"规划教育部重点课题,其课题研究人员分布在全国 20 多个省市,研究成果建立在对 3 000 多份中小学教师的问卷调查以及相当数量

---

① 邵宝祥,王金保.中小学教师继续教育基本模式的理论与实践(上)[M].北京:北京教育出版社,1999:68-70.

的个案研究的基础上,他从教师教育教学能力发展的角度将教师专业的发展过程分为四个阶段。

第一,适应阶段,为从教的 1—2 年,是教师在全新环境中初为人师阶段。对新教师来说,课堂实际与师范教育所学理论反差较大,最重要的是如何通过教育实践,尽快完成理论与实际的初步结合,初步形成自己的教学实践技能和技巧,使自己适应课堂教学工作的基本需要。这时教师要实现两个转变,一是由师范生向教师的角色的转变,二是教学知识向教学能力的转变。

第二,成长阶段,为从教 3—8 年,是教师教育教学能力发展最迅速的阶段。教师对教育教学工作已有较多的成功与失败的体验,已获得初步的教育教学经验,掌握了各种教育教学技能,并与学生建立起感情的纽带,逐步达到了称职教师的标准。

第三,称职阶段,又称为高原阶段。进入这一阶段,一般是 35 岁以后。此阶段,教师已基本上适应教育教学的需要,能驾驭班级、课堂,业务水平、自信心、外部的评价都达到较高水平。但是,相当多的教师的教育教学能力发展在这一时期开始缓慢下来,一部分教师甚至出现了停滞,定型为教书匠。由于个人抱负、意志品质、教育观念、知识结构以及种种外部条件的制约,他们终究未能冲出高原阶段。而对另一部分教师来说,通过个体持续不断的努力,以及外部积极因素的作用,就会突破"高原现象"。

第四,成熟阶段,这一阶段,教师的知识、能力结构经历重大改造,认知、情感、人格等全面升华,教师形成了自己教育教学的独特风格,成为骨干教师、学科带头人,甚至对教育教学理论某些方面有所发现、有所创造,成为专家型、学者型教师。

② 邵宝祥的教师专业发展阶段论的得失与启示

该理论研究对象样本大、分布广,研究结果具有普适性和较强的说服力。这一研究成果对教师个人的发展规划以及教育行政部门、相关培训机构和中小学组织教师培训具有较大的参考价值。但是仅以教育教学能力为标准来划分教师的专业发展阶段,不利于考察教师专业发展的全貌。

该理论的主要启示是:教师培训的过程中要注意到教师专业发展中出现的"高原现象",并给予特殊的指导,帮助教师度过这一时期,获得进一步的发展。

(3) 叶澜(2001)的教师专业发展论

① 叶澜的教师专业发展论的主要思想[①]

叶澜认为,教师专业发展是内在结构的变化过程,教师专业发展的阶段特征是教

[①] 叶澜,等.教师角色与教师发展新探[M].北京:教育科学出版社,2001:277-302.

师专业发展的内在结构要素中每一阶段成长特征的特殊组合和表现方式。[①] 为此，叶澜以教师各阶段的自我专业发展意识为线索，以教师自我专业发展意识所关注的重点与所达到的水平为核心考察教师专业发展过程，认为教师专业发展可分为以下5个阶段。

a. 非关注阶段。

此阶段指进入正式教师教育之前，立志从教者具备了一些"直觉式"的"前科学"知识和与教师专业能力密切相关的一般能力，如语言表达能力、交往能力和组织管理能力等。

b. 虚拟关注阶段。

此阶段指师范学习阶段（包括实习期）。在此阶段，师范生所接触的中小学实际和教师生活带有某种虚拟性，师范生自我专业发展意识淡薄。在经过实习期后，师范生开始对合格教师的要求进行思考，开始反思自我专业发展。

c. 生存关注阶段。

此阶段指初任教师阶段。这是教师专业发展的一个关键期，突出特点是"骤变与适应"。角色转换和对教育教学实践的不适应，迫使他们特别关注专业发展结构中的最低要求——专业活动的"生存"技能，此时也尚谈不上对"自我更新"能力的关注及其发展。

d. 任务关注阶段。

此阶段是教师专业结构诸方面稳定发展时期，由关注自我生存转到更大范围的专业发展。这一转向在很大程度上受到职业阶梯升迁和他人更高评价等某些外在因素的制约。自我专业发展意识的强度还较弱，发展尚不成熟。

e. 自我更新关注阶段。

此阶段，教师的专业发展动力转移到专业发展自身，不再受外部评价和职业升迁的牵制。教师已经能有意识地自我规划，以谋求最大限度的自我发展，关注学生的整体发展，积累了比较科学的个人实践知识，并追求卓越和专业成熟。

② 叶澜的教师专业发展论的得失与启示

叶澜的教师发展阶段论在把握教师专业发展阶段总体特征的基础上，以教师自我专业发展意识为线索，展现了自我专业发展意识由无到有、由弱到强的渐变过程。该理论关注教师本人在专业发展中的自主性和能动性，强调教师本人在利用外在影响因素促进自身专业发展中所起的不可替代的作用，以及注重自我专业发展意识的作用。同

[①] 叶澜，等.教师角色与教师发展新探[M].北京：教育科学出版社，2001：277－302.

时,该理论还强调要重视在师范教育中教师自身的需要。但其立足于教育学和伦理学的思路,以思辨性为主,缺少定量分析。①

该理论的主要启示是:教师教育应该关注教师的自主性与能动性,以引发教师内在的发展需要。教师的专业发展意识是一个循序渐进、不断深入的过程。因此,关注教师的专业成长,需注重每个阶段教师专业发展意识的培养,并为下一阶段的发展奠定良好的基础。

(4) 申继亮(2002)的教师发展阶段论

① 申继亮的教师发展阶段论的主要思想②

申继亮运用访谈法,通过对 20 名中学高级教师的调查,探讨了中学教师职业专长的发展阶段,提出职后教师专业成长可分为以下四个阶段:

a. 学徒期或熟悉教学阶段,持续 3—5 年。

这一时期相当于师范生的见习期和中教三级阶段,主要特点是不了解教学,主要任务是熟悉教学。这一阶段的新教师热情有余,经验不足。教师刚上讲台,所面临的主要任务是熟悉教学,适应学校环境,积累一些管理学生的经验和课堂教学的经验,提高驾驭课堂和管理学生的能力。这时他们还不能很好地适应教师专业活动和环境,往往需要依靠他人的指导。

b. 成长期或个体经验积累阶段,持续 5—7 年。

这一时期相当于中教二级阶段,主要特点是具备一定教学能力,主要任务是积累个体经验,形成自己的教学特色。师范生经过见习期,已经有了一定的教学经验,能开始独立熟练地从事教学,并逐渐形成自己的教学风格。这一阶段的教师较为冷静,并且能把学习到的知识逐渐运用于教学实践。

c. 反思期,持续时间不等。

这一时期相当于中教一级阶段,其主要特点是具有丰富的教学经验,工作上驾轻就熟,主要任务是需深刻地领会理论,获得进一步发展。此时的教师心态平和稳定,比较满足于现状,对接受新知识、新挑战感觉吃力,可能出现职业倦怠。能否走出这一时期的低潮是教师职业专长能否继续发展并达到顶峰的关键。

d. 学者期,持续时间不等。

这一时期的主要特点是教师具有较强的教学监控能力和反思能力,主要任务是开

---

① 肖丽萍.国内外教师专业发展研究述评[J].中国教育学刊,2002(5):57-60.
② 申继亮,等.关于中学教师成长阶段的研究[J].天津师范大学学报(基础教育版),2002(3):1-4.

展科研,成为一名学者。这一时期一部分教师不再安于现状,愿意自主提升,学识不断丰富,教学反思能力进一步提高。这部分教师的表现可集中体现为教师成为专业研究者,教师具有自觉研究的意识,善于在教育实践中发现问题,并进行理论分析概括,通过系统的研究方法进行科学研究。但是,并不是每一位中学高级教师都能达到这一境界。

申继亮认为,并非每一名教师均会走过这四个阶段的全程。在前两个阶段所有教师发展比较一致,而从第二阶段、第三阶段开始,教师之间会出现发展上的差异,以致带来最终成就的区别。

② 申继亮的教师发展阶段论的得失与启示

该理论强调教师对教育教学实践的反思和自主发展意识在教师专业发展过程中的作用。该理论与伯顿的理论有契合之处,都使用了访谈法,并都以教师的职业能力为特征描述教师的各个发展阶段。但是他的研究对象仅限定为中学的高级教师,其效度还有待进一步探讨。

该理论的主要启示是:教师的教育教学能力呈现阶段性特征,而且随经验的不断积累而增长。因此,应该在把握每一阶段特征的基础上对教师进行有针对性的培训,从而促进教师职业能力的发展。同时教师继续教育要特别关注反思阶段的教师,要让教师的教学专长有进一步的发展,避免出现职业倦怠。

(5) 姜勇、阎水金(2006)的教师发展阶段论

① 姜勇、阎水金的教师发展阶段论的主要思想[①]

姜勇和阎水金以教师个体的自主发展为依据,通过对上海市 206 名幼儿园教师进行问卷与访谈调查,将教师的专业发展总结成五个阶段,并从自主发展的意识和动机、自主发展的观念、自主发展的规划和自主发展的行为这四个方面考察了不同阶段的特征。

a. 新手—动机阶段(工作 1 年内)。

该阶段的教师的自主发展意识与发展动机都比较强烈,但对自主发展的规划不够明确,有所欠缺。

b. 适应—观念困惑阶段(工作 2—5 年)。

该阶段教师的自主发展意识与动机较为强烈,自主发展规划逐步清晰,自主发展行为较为明显,其主要问题集中于自身对自主发展观念存在困惑。

---

① 姜勇,阎水金.教师发展阶段研究:从"教师关注"到"教师自主"[J].上海教育科研,2006(7):9-11.

c. 稳定—行动缺失阶段(工作 6—10 年)。

该阶段教师在自主发展的意识与动机、观念与规划上都展现出较好表现,但缺乏自主发展的行动。

d. 停滞—缺乏动力阶段(工作 11—15 年)。

该阶段的教师在自主发展的意识与动机、规划、观念以及行动这四个方面都处于停滞状态,尤其缺乏专业发展的动力。

e. 更新—动机增强阶段(工作 16 年以上)。

处于该阶段的教师在自主发展的意识与动机上有显著增强的趋势,其他三个方面的变化不够明显。

② 姜勇、阎水金的教师发展阶段论的得失与启示

姜勇、阎水金的教师发展阶段论在把握教师专业发展阶段总体特征的基础上,以自主发展的四个方面为主要维度,展现了不同阶段教师自我专业发展的侧重点的变化以及不同发展阶段的特征与主要问题。该理论关注教师本人在专业发展中的主观能动性,强调教师自主动机、观念、规划与行为在专业发展中的有机统一。但该理论着重考虑教师的自主性,并不考虑外在因素对教师的影响。

该理论的主要启示是:教师的在职教育需要关注和促进教师自主发展的行动,鼓励教师根据自身意愿和需求选择发展的内容与方向。同时,还需要根据教师不同发展阶段的特征,给予针对性指导,比如帮助停滞期教师重获发展动力,帮助新手教师制订发展规划。

(6) 裴跃进(2008)的教师发展阶段论

① 裴跃进的教师发展阶段论的主要思想[①]

裴跃进提出教师专业发展具有八个阶段,将教师发展阶段的基本内涵确定为三个范畴,即教学系统、自我系统和组织系统,并从这三个系统来剖析教师的发展阶段。认为教学系统能够描述教师在一定阶段内的有关教学专业的思想意图与行为能力;自我系统能够展现教师特定阶段内的职业角色认知与心理需求;组织系统能够基本反映教师在不同发展阶段获取到的外界不同的评价与支持。

a. 准备期。

此时期是进入教师职业生涯的基础阶段,准教师还未真正步入工作岗位,仍是在校学习的教育类专业学生。此阶段的时间一般是固定统一的,大约为 4 年。

---

① 裴跃进.教师专业发展阶段基本内涵的探究[J].重庆文理学院学报(社会科学版),2008(1):17-23.

从教育系统来说,该阶段的准教师通过课堂中的教育学理论认识教育,此时他们的教育观念呈现出书面的、概念化的特征。同时,他们按照院校的培养计划学习,为以后专业能力的形成奠定基础,尚不能将书本中抽象的教育策略转化为实际中解决问题的工具。从自我系统来说,该阶段他们对未来的职业充满了猜想和兴趣,希望能得到相应的高质量的专业教育。

从组织系统来说,该阶段学校按照培养计划实施教育来增强他们的职业认同感,家庭尤其是父母对职业选择的态度会影响他们的职业走向,社会希望他们承担教师职责但缺乏系统的帮助。

b. 初始期。

此时期教师正式进入职业生涯。该阶段持续的时间因人而异,一般为1—2年。

从教育系统来说,该阶段的教师困惑于现实与所学知识脱节的问题,对于课程目标、框架结构、单元组织等的认知与把握还处于探索阶段,缺乏教育方法的正确选择和运用,与学生配合度不高。从自我系统来说,初始期的教师无法适应工作初期的工作状态,无法调节内心想象与实际工作之间差异的落差感,情绪容易低落消极。从组织系统来说,该阶段的教师最需要来自学校领导的信任关怀以及同事的激励援助,也需要家庭的宽慰鼓励以及亲密朋友的支持肯定,但事实上,此时社会成员尤其是学生家长往往对该阶段教师的信任和正面评价较少。

c. 适应期。

由于每个人的自我系统与组织系统不同,此阶段大概需要1—2年的时间。

从教育系统来说,此阶段教师基本上了解所教课程的基本结构、功能内涵,并具备了安排课程、设计单元教学的能力,可以逐渐有计划、有重点、有措施地开展课程。开始学会使用基本的教学方法,与学生关系趋于正常。从自我系统来说,此阶段的教师因能够基本适应教学岗位而感到些许宽慰,并希望通过努力增强专业水平、提高专业地位。从组织系统来说,学校内资深教师、教研室同事的帮助,学生的配合都有利于该阶段教师的专业发展,社会评价也逐步给予教师肯定,向教师提供了一定的帮助。但是,该阶段教师面临着婚恋问题,能否妥善处理家庭与工作将直接关涉教师的专业发展。

d. 胜任期。

随着工作的熟悉、专业能力的提升,状态良好的教师进入该阶段,需要大约2—4年。

从教育系统来说,此阶段教师对学校和课程的整体情况有了认识,开始意识到学生需求在课程准备中的地位,能恰当地确立课程目标开展教学,有效地使用教学策略,但仍对如何使学生积极踊跃配合教师开展教学抱有困惑。从自我系统来说，该阶段教师具有明确的职业规划和强烈的职业信念，希望拥有公平的工作环境，并在专业培训等方面得到学校领导的支持。从组织系统来说，学校会让该阶段教师担负一定的学生管理或教学行政职务，社会上的教育赛事和学术组织也开始接纳他们，但此时教师家庭的任务也加重，需要统筹兼顾。

e. 成熟期。

成熟期的教师继续向前行走会进入创造期，而维持相对静止则进入了稳定期。

从教育系统来说，该阶段教师对各类教学已经驾轻就熟，并逐渐形成具有个人特色的知识系统与教学风格，注重学生学习兴趣与学习习惯的养成，教学方法真正为学生和课堂的需求服务。从自我系统来说，教师已经取得了较多的荣誉和成果，不少教师先后走上了学校管理者的岗位，他们用于专业发展的时间不再充裕，容易止步不前。从组织系统来说，学校对于成熟期教师重视与关怀有加，会给予大量的机会。社会对该阶段的教师最易给予好评与器重。在家庭中，该阶段教师也拥有了不容置疑的家庭地位，但是此阶段其家庭负担也相对较大，占据了其一定的专业发展的时间与精力。

f. 创造期。

教师由成熟期进入创造期，大约需要5—8年。

从教育系统来说，教师对国家教育目标和学校教育目的的价值和精神有较为深刻的认识，能根据学生的实际需求和学科体系特征设计课程，并能依据学生需要到达个性化与整体化的和谐统一，还构建出了个人独特的教学模式。从自我系统来说，教师对教育规律的思考探索兴致高涨，期望灵活自主地实施教育实验设想与教改项目。从组织系统来说，此阶段学校、家庭、社会都几乎不会产生负面影响。

g. 稳定期。

该阶段教师的专业水平、人格心理等方面处在相对平稳的状态，它出现在教师步入成熟期的4—6年以后。

从教育系统来说，该阶段教师对学校教育的基本使命、课程体系以及课程目标已系统熟练地掌握，对学生的学习和教师的职责有更为深刻的认识，但是对于现代化教育新技术，他们的学习热情较低，仍然依恋原有的教学方法进行教学。从自我系统来说，该阶段教师更乐意依据原有的经验与能力开展教育工作，对教育实验与研究探索失去了兴趣与参与的动力。从组织系统来说，学校仍将稳定期的教师视为中坚力量，在一些社会学术或参政议政场合中可以看到这些教师，但其家庭似乎进入了"多事之秋"，导致其不再能心无旁骛地投入教学工作。

h. 退隐期。

由于教师进入退隐期的原因较多,使得退隐期教师的界定较为复杂,因此该研究仅以年龄为标准来研讨教师的退隐期,将其界定为退休前的若干年。

从教育系统来说,该阶段教师对于自己熟悉的教育观念与途径有较强烈的惯性,因此使得教学手段传统而单一,也不再介入教学改革之类繁复的事情,阅历的增加也使得他们对学生更加宽容。从自我系统来说,该阶段教师不再执着各种职务提升以及政治、学术荣誉,他们希望学校在退休前能解决遗留问题,合理评价其在岗表现。从组织系统来说,学校、家庭、社会对该阶段教师包容、体谅且尊敬。

② 裴跃进的教师发展阶段研究的得失与启示

裴跃进的教师发展阶段的研究首次从教育系统、自我系统、组织系统三个基本内涵出发系统地阐释了教师专业发展阶段的境况,较为详尽地呈现了教师教学系统、自我系统与组织系统对教师专业发展影响的完整轨迹,强调了不同系统对教师专业发展产生的作用。另外,该研究不仅将学生的职前学习纳入发展阶段中,还提出了教师在经历成熟期后,因为教师个人的状态步入创造期或稳定期的不同可能。但该观点尚需进一步验证。

该理论的主要启示是:教育管理机构与学校领导者应当尽力为教师的专业发展提供物质支持与制度保障,社会也应该给予新手教师更多的包容和肯定。教师要及时调节自身状态,保持对教育事业的追求,利用外在组织因素向专业成熟期乃至创造期不断努力。

(7) 周春良(2014)的教师发展阶段论

① 周春良的教师发展阶段论的主要思想[①]

周春良通过对 S 市的特级教师、与特级教师年龄相当的普通教师、40 岁以下的青年教师三组教师共 650 人的问卷调查,以及对其中 40 名特级教师的深度访谈,探讨了特级教师成长的复杂过程,总结了特级教师成长发展的四个阶段,并从教龄、教学方法、教育理念、教学成效等维度考察了不同阶段的特征。

a. 适应阶段。

这时的教师处于专业发展的初期,大概持续 3—5 年。这一阶段的教师专业发展特点主要有:掌握了基本的教育教学方法和教学技能;能够根据课程标准制订出较为规范的教学设计并顺利开展任务;在教育理念层面,侧重于以"教"为中心组织课堂教学;在

[①] 周春良.卓越教师的个性特征与成长机制研究[D].上海:华东师范大学,2014.

教学成效方面,对自己的职业感到自豪,对职业生涯抱有美好期望。

b. 发展阶段。

这一阶段大概持续 5—15 年。此阶段的教师已提炼总结出自我的教学策略,可根据教学需要熟练运用合适的教学方式并在教育理念上逐渐关注学生的"学",开始有意识地根据学生的需要和思维方式进行教学设计;在教学成效方面,已经取得了一定的荣誉成果,并开始探索自己的教学风格。

c. 成熟阶段。

又可称之为"高原期"。该阶段教师已有独特的教学风格和丰硕的教学成果并且形成了自己的教学原则。他们对各个类型的课堂教学都驾轻就熟,并重视"教"和"学"的互动效果,强调学生在课堂上的自主性。另外,该阶段教师对专业的思考也不再拘泥于教学本身,而是进一步思索本学科的价值和定位。但是,由于他们同样也面临着来自工作、家庭、生活等各方面的事务,使得其用于专业发展的时间和精力受限,导致专业发展易陷入瓶颈。

d. 超越阶段。

能够度过"高原期"的教师进入了该阶段,此阶段教师的教龄普遍在 20 年以上,其专业发展具有较强的自主性、系统性和全面性。教师能够从教学理念出发整合教学方式,不再局限于某个教学方法或策略;在教学理念上充分肯定学生的主体地位,将"教"基于"学"之上,对学生因材施教;在教学成效上将教育价值与人生价值统一,体会到发自内心的职业使命感。

② 周春良的教师发展阶段论的得失与启示

周春良的教师发展阶段论以 S 市的特级教师为研究对象,研究结果对教师个人的发展规划、S 市的教师教育培训有一定的参考意义。该观点以教师的教育教学能力为特征描述了教师的各个发展阶段。但其研究对象的分布不够广泛,且仅从特级教师的教育教学能力这一个维度来划分教师的专业发展阶段,或许难以代表教师专业发展的全部特征。

该理论的主要启示是:教师教育应该在把握每一阶段特征的基础上促进教师教育教学能力的发展,同时特级教师的成长路径为普通教师的发展提供了参考。

以上是对国内外 20 世纪 60 年代以来主要的教师专业发展阶段论的述评,这些理论的先后出现,也正反映了教师专业发展阶段问题作为理论研究内容的逐渐完善的过程。学者杨秀玉(1999)曾对这些理论研究的视角、方法以及成果进行过较为精辟的概括,认为这些理论在研究视角上是一个不断拓展、丰富和完善的过程,在研究方法上是一个由单一到多样且渐近科学的过程,在研究成果上也是一个不断发展超越的过程。[1] 这一看法的主要根据是:从富勒首创给予后人莫大启示的"教师关注阶段论",到伯利纳的"教师教学专业发展五阶段说"及斯特菲和休伯曼的诠释教师发展历程之表现的"教师生涯发展模式"和"教师职业生活周期论",再到利思伍德的强调"教师专业发展职业周期、心理发展与专业知能发展"三者既各自独立又相互依赖之横向多维的"教师专业发展论",充分体现了教师专业发展阶段的研究从点到线再到面的拓展,研究的维度也由教师的外部行为表现到内部心理特征再到综合完整的考察;同时,富勒、凯兹的研究主要以访问法、问卷调查法、观察法以及参考轶事性资料为主,而伯顿则在此基础上率先采用了数据处理的方法,从而使研究成果更具科学性,费斯勒则进一步借用了社会学的研究方法,斯特菲、休伯曼和利思伍德又创造性地借用了心理学的研究方法,体现出方法论上的进步。

我国教师专业发展阶段的理论研究历史短暂,20 世纪 80 年代以引介国外相关研究成果为主,90 年代后针对国内教师的研究渐多。首先,王秋绒、邵宝祥、叶澜及申继亮相继提出的教师专业发展阶段理论在国内影响较大,姜勇、阎水金、裴跃进、周春良等学者则通过研究进一步提出了各自的教师专业发展观。大部分研究分别从教师的"专业社会化""教学能力""自主发展意识"以及"职业专长"四个不同的视角进行,虽然作为研究切入点的每一个视角都有利于研究的相对深入,且不同视角的研究使得教师专业发展阶段理论更加多元,但客观上也引起了我国教师专业发展阶段划分的混乱。其次,国内各教师发展阶段论以专业成熟为发展终极目标,对达到成熟以后的教师发展研究较少,仅有裴跃进等少数学者的研究有所涉及。另外,国内不少研究偏向文献研究或理论思辨层面,类似邵宝祥等学者采取大样本、通过问卷和个案相结合的方式进行的研究更加珍贵。

总之,国内外有关教师专业发展阶段的研究越来越丰富,各种理论从不同方面揭示了教师专业发展的历程,且多数观点认为教师发展是具有阶段性的连续过程,职前师资培养与在职教师发展具有一定的联系,不同阶段的教师都有着特定的需求,外部力量适时适当的介入与支持对教师专业发展具有重要的作用。[2] 各种教师专业发展阶段论在以下四个方面还有待完善:一是如何通过对影响教师发展的各种因素的全面分析来综合考察教师专业发展的全貌;二是如何在描述教师发展之实际状况的同时对教师专业发展的理想历程予以关注;三是如何在探索教师专业发展之阶段性特征的同时对教师

---

[1][2] 杨秀玉.教师发展阶段论综述[J].外国教育研究,1999(6):36-41.

由一个阶段走向另一个阶段的变化机制予以研究；四是如何更准确地分述不同类型学校教师的发展状况,特别是有关幼儿园教师专业的发展。

在具体展开各部分的研究之前,本研究在此先说明两个核心概念的内涵：

"关键事件"：本研究中是指对幼儿园教师专业成长产生重要影响的事件,既包括教师专业生活中的关键事件,也包括其私人生活以及社会生活中的关键事件。鉴于关键事件具有主观性的特点,只要受访的幼儿园教师认定该事件对其专业成长产生了关键性的影响,研究者便将其纳入研究的范围。关键事件在持续时间上可长可短,在形式上既包括单一的具体事件,也包括由一系列事件组成的抽象事件。

"关键人物"是与"关键事件"相关的一个重要概念,是指在幼儿园教师专业成长过程中产生重要影响的他人。"关键人物"可能是幼儿园教师的父母、兄弟姐妹、亲戚朋友、老师、恋人或同事等。"关键人物"或是说过一些话或是做过一些事或是潜移默化地对幼儿园教师产生了影响,从而改变了幼儿园教师的想法、观念或行为,进而影响到其专业成长历程。

"幼儿园教师专业成长"：本研究中是指幼儿园教师不断提升自己专业品质的发展过程,是教师专业结构在内外部共同作用下不断更新和改善的过程。

第一部分

养育事件与幼儿园教师专业成长

本部分研究旨在探寻养育事件是否对幼儿园教师的专业成长产生了影响;深描养育事件可能影响幼儿园教师专业成长的种种客观表现;分析幼儿园教师的养育事件对其专业成长产生不同影响的主要因素;探究通过养育事件促进幼儿园教师专业成长的策略。

本部分中的"养育"指幼儿园教师生育和抚养亲生子女。"养育事件"是指生育和抚养亲生子女的经历,是幼儿园女教师个人生活中的关键事件之一。

本部分研究的问题既属于"描述性问题",又属于"解释性问题",而这两种类型问题是对现象的本相和意义进行探究,所以适用于质的研究。①

本部分研究采取目的性抽样和方便抽样的方法,具体策略是分层目的性抽样,即从两个维度来进行分层。首先是根据幼儿园的类型分为三层,即省级教办示范园 A 的教师、市级教办优质园 B 的教师、省级集体办示范园 C 的教师。其中,教师 A、D、E、F 来自园 A,教师 G、I、J 来自园 B,教师 B、C、H 来自

---

① 本研究的各个部分同为质化研究。作者注。

园 C。其次是从教师子女的年龄来分层，主要分三层，即其子女处于 0—3 岁的教师 C、G、H、J，子女处于 3—6 岁的教师 B、F，子女大于(含等于)6 岁的教师 A、D、E、I。这样抽样的目的是让研究者更清楚地了解子女处于不同年龄段，养育事件对教师专业成长的影响特点；以及在不同幼儿园管理背景下，养育事件对教师专业成长的影响特点。

本部分研究收集资料的具体方法有观察法和访谈法。研究者在正式访谈之前先进入十位教师的班级，以旁观者的身份对这些教师与幼儿互动时的动作、语言、表情进行非参与式观察，并进行观察记录。在与每位教师熟悉后，研究者对教师进行开放性深度访谈，并对教师所在幼儿园的园长进行半结构性访谈。[①] 通过对访谈录音的文字转换、编码，综合使用类属分析和情境分析的方法对编码的结果进行分析，从而建立本部分研究的扎根理论。[②]

[①] B 园的园长因故未能接受研究者的访谈；一次偶然的机会，研究者对第四所幼儿园(园 D)的前园长、某著名特级教师进行了访谈。作者注。

[②] 本研究各个部分的访谈资料的整理方法一致。作者注。

第一章
养育事件对幼儿园教师专业成长的影响

第一节 养育事件之幸
——扬起教师专业成长的动力风帆

养育子女是大多数幼儿园教师都会经历的人生选择。与其他女性一样,幼儿园教师从得知自己怀孕开始,在情感上就经历着各种变化。无论生育是否是计划中的,也无论妊娠过程是否顺利,最终绝大多数幼儿园教师都表现出对子女降临的欣喜和对母亲角色的认同。例如有些教师虽然谈到养育孩子很辛苦,但是同样也强调孩子的成长过程给自己带来了快乐,并且认为这种快乐是无法取代的;有些教师谈到养育孩子对自己性格产生了很大影响,比如原来对别人要求比较苛刻,现在却变得宽容大度了。从事其他行业的母亲也许也会有某些类似的积极变化,但我们从幼儿园教师职业特征的角度,发现了养育事件对幼儿园教师专业成长独特的积极影响,这些影响对于幼儿园教师而言无疑是一件幸事。

一、养育事件可以提高幼儿园教师的人际互动能力

教师职业是以与人交往为主要特征的。从某种程度上说,教师的人际互动能力越高,其专业行为的创造空间就越大,成功的可能性就越大。养育事件提升了幼儿园教师的人际互动能力。

(一) 与班级幼儿的互动更理想

1. 教师与幼儿的感情更深厚

教师 F 在谈到她休完产假再次上班的感受时,激动地讲述了她生育前后与班级幼

儿互动时情感的变化,这种"感觉特别亲切"的变化,以及教师 E 对班级幼儿类似"母子连心"的怜惜正是养育经历赋予教师的礼物。

教师 F:像我生完孩子刚来上班的时候,我带的是小托班。三岁还不到的孩子,两岁半多一点嘛!哎呀,我就觉得特别亲切,觉得孩子那么小,比我们家孩子大,也很好玩。哎呀,就觉得特别亲切!说话态度什么的就明显和以前上班的时候不一样,就觉得特别亲切!

教师 E:休完产假刚来上班的时候,接触这些孩子,就觉得他要犯了一点点错误,老师去批评他,看着他要哭,就像是自己家的孩子哭一样的,反正就是那种很心疼的感觉,这可能是做母亲之后不一样的地方,不能看到孩子哭,觉得不能批评他,小班的孩子嘛,一讲就会哭,一哭我就心软。

教师与班级幼儿的理想互动是以师幼间良好的感情纽带为基础的,师幼之间的感情向亲子间倾斜的越多,越利于互动的继续和深化。从以上两位教师的讲述中,我们可以看出刚做了母亲的教师再回到工作岗位上,遇到和自己孩子年龄相仿的幼儿时,很容易产生类似母亲遇到子女时的感情。这种亲情的延伸使教师不由自主地对幼儿像对自己孩子一样,从语言到行为上都更能以母亲的角色与幼儿互动,这与没做母亲之前单纯的师幼互动相比,更能激起幼儿的互动兴趣,提高互动的效果。

2. 教师对幼儿的教育要求更合理

B 老师与 D 老师都谈到了她们在经历养育事件后对班级幼儿要求的变化以及对这些变化的认识。

教师 B:

养育经历——以前我一直给女儿用纸尿裤,就没有养成她小便的时候要叫人的习惯,这样就尿湿过很多次裤子,我就着急,为这个烦了很久,后来问我们幼儿园的一个保育员老师,她让我不要急,说到了一定的年龄就好了,她家女儿也是这样的。后来果真就好了,有天晚上她跟我说"妈妈,我要小便了",就自己去小便了。

现在的变化及认识——以前我很好强,对什么都要求很高,对我们班的小朋友也是这样,觉得你就必须达到我的要求。现在有了孩子之后,就对孩子的发展有了更多的体会和理解,明白了发展的阶段性和整体性,有的孩子在某个阶段的发展就是要慢于其他的孩子,但是他整体的发展是一样的,在达到成熟阶段之前无论怎样费劲地想拔高都是徒劳的。因此,我现在更重视的是过程而不是结果。在幼儿发展的过程中给予帮助,至于最后的结果怎样我不像以前那么较真了。

从这位教师的经历中我们发现,解决自己女儿的如厕问题让她意识到对于幼儿某方面的发展是不能勉强的,了解幼儿自身成熟的状况是对其进行适宜教育的前提,超越这个前提去提教育要求是愚蠢的,只有在充分尊重幼儿发展特点的情况下采取的教育措施才可能行之有效,这样的师幼互动才可能促进幼儿的发展。

教师D:有了孩子之后你就会更多地去分析孩子,去想孩子所想。有孩子以前,考虑教学的时候更多的是从教师的角度出发,觉得孩子应该是什么样子,而不是这个年龄阶段的孩子他有什么样的特点。

D老师的体会说明经历了养育事件后,教师把更多的目光投射在幼儿自身的发展规律和特点上,尽量做到为幼儿设身处地地着想,不再打着"为孩子好"的旗号把成人的意志凌驾于幼儿之上,真正实现了从"成人本位"向"儿童本位"的转变。

美国社会心理学者琼斯(F. Jones)与西鲍特(J. W. Thibout)在对成人世界的两人之间互动行为进行研究时,将人际互动的形态分为四种:假相倚型的互动、非对称相倚型的互动、彼此相倚型的互动与反应性相倚型的互动。[①] 幼儿园教师对幼儿提出一定的教育要求,然后让幼儿执行,是师幼互动中的一种主要形式,也是非对称相倚型的互动方式,其最大的弊病就是教师以绝对权威的身份要求幼儿,有时提出的教育要求超出了幼儿可能达到的范围,使幼儿无法或很难体验到成功。但是,教师在养育子女的过程中会渐渐发现幼儿本身特有的发展规律,渐渐抛弃做母亲之前惯有的成人姿态,不再简单地以成人的愿望或标准来要求幼儿,对幼儿的要求更为客观,这就容易使师幼互动向彼此相倚型的形态转化,使参与互动的主体双方既能够根据自己的计划发出施动行为和反馈行为,同时又能兼顾到对方的行为意义,酌情调整自己的计划与行为方式,以确保互动顺畅。

3. 师幼互动的方式更多、更适合幼儿

教师在养育子女的过程中,会自然而然地摸索、总结出一些有效地与幼儿互动的方式,当在班级教学中遇到相似的情景或者类似的现象时就会自然发生迁移,这种来自亲子互动并经过实践检验的互动方式无疑是适合幼儿的,也必定是可以提高互动有效性的良方。

教师F在谈到对与她女儿性格相似的比较胆小内向的幼儿的教育时,也表达出家庭养育经验对帮助班级幼儿发展的重要意义。这种迁移使更多的幼儿有机会享受到母亲般的理解与关爱,使师幼互动添加了一种浓郁的亲情色彩。

---

① [美]克特·W.巴克主编.社会心理学[M].南开大学社会学系,译.天津:南开大学出版社,1984.

教师 F：

对女儿性格及其变化的理解——我们家女儿胆小，但是上了幼儿园以后，我不知道是家长的影响还是孩子自己的性格改变，反正我觉得她上了大班以后，不但比原来开朗多了，而且非常喜欢说话了，上课时也会积极举手发言了。性格上她变化很多，连她们班的老师都讲："哎呀！她现在喜欢说话了，上课的时候再也不会像原来那样一动不动地坐在那儿，就像木头人一样坐在那儿。虽然你说什么她都在听，但就是不愿意举手回答。她害怕，现在她不这样子了。"

与女儿的互动——有时候，我们也经常鼓励鼓励她。

对与女儿性格相似的幼儿 Z 的理解——我们班的 Z 就是这样子，她非常的乖，平时她一直都坐得非常的好，你要叫她举手，她却很少举手。要举手也是这样（模仿该幼儿举手时"想举又不敢举"的小心翼翼的样子）。其实她心里也明白，可她就是不愿意表达。我想也许随着年龄的增长，到了大班，她的性格也会有一些改变的。

与幼儿 Z 的互动——平时我是怎么关心我们家女儿的我就会怎么去关心她。比如说上课的时候，我会提醒她"你举手发言"。我会鼓励她"你说得非常好"。有时候我就会想如果是我们家女儿的话，我一定会这样鼓励她的，在家里面我也是这样鼓励女儿的。有时候我就会讲"你声音再响一点，让我们都能听到就更好了"。在班上我也会这样去鼓励她的。有时候我看到他们（与自己孩子类似的孩子），就像看到我们家孩子一样。

G 老师做母亲前后与入园困难幼儿互动态度和方式的转变也正说明了养育经验可以帮助教师提高与幼儿的人际互动能力。

教师 G：没孩子的时候可能不能像现在这样和小朋友进行那么好的沟通，（现在）知道小孩子在想什么呀！那个时候刚来，小孩子哭，有时候会觉得很烦躁，这小孩子怎么天天哭呀！怎么这么烦呀！不会从孩子的角度去想他为什么这样哭，老师应该做些什么，比如应该转移他的注意力、应该哄哄他或者应该怎么样。现在有了孩子之后知道了，但那个时候不知道。

总之，教师想方设法地做出种种努力都是为了与幼儿进行良好的互动，达成教育目标。养育经历可以帮助教师在与幼儿互动时以更深切的体察、更适当的态度、更灵活的方式取得更理想的效果。

（二）与家长的互动更成功

1. 加深对家长的理解

一般来说，做了母亲的教师对家长的理解加深表现为以下几个方面：更理解家长与孩子之间的依恋;更理解父母权利的局限;更理解父母脆弱、敏感的防御心理;更理解父母工作负担重、时间紧迫。① 在我们对幼儿园教师的访谈中发现,幼儿园教师对家长理解的加深主要体现在对亲子依恋、父母权利局限、父母特有的防御心理的理解与把握上。

(1) 对亲子依恋的理解

教师 H:我们前两天不是新生入园嘛,孩子会哭闹什么的,当时我的第一想法就是"哎呀,完了! 以后我们家女儿到幼儿园来也是要这样哭的",觉得特别能理解家长,但以前不觉得,以前我们班家长送孩子来的时候,孩子在里面哭、爸爸妈妈在外面哭,当时就觉得很可笑,这些爸爸妈妈怎么这样? 但是现在就能理解,真的能理解!

教师 J:有孩子以前,看电视上面说某某小孩很可怜什么的,我就没有那么深的感触。那段时间我们家儿子正好生病住院,我自己也生病在挂水,在医院那个大屏幕上看到的,一对连体双胞胎在做手术,父母怎么焦急,看的我眼泪哗啦哗啦直流,感触特别深。以前也可能觉得"蛮可怜的",就这么淡淡地一说好像就过去了,但是那个时候我就感觉特别不一样,就感觉"是的,很可怜! 很可怜",立马就能体会到母亲那种焦急的感觉。

(2) 对父母权限的理解

教师 G:

做母亲前对家长询问幼儿吃睡问题的看法——比如有的家长问:"今天吃什么呀?""今天我的孩子吃得好不好呀?""今天我的孩子睡得怎么样呀?"我就会很烦,就会想这些家长怎么天天问这些无聊的问题,"吃什么、睡得怎么样"——这有什么好问的?

做母亲后对家长询问幼儿吃睡问题的看法——现在我知道家长为什么关心这些问题了,因为这个孩子他吃得好,他的身体就好,他就不容易生病。我孩子也老生病,我也知道孩子一生病家长就要问医生吃什么呀、睡要怎么样呀……其实吃和睡,家长真的是很关心的。我回家我也会问:"女儿今天午睡睡得怎么样呀? 睡了多长时间呀?"那为什么呢? 因为她要是今天睡得不多,我回家就会让她早点睡,如果她今天下午睡了很长时间,那晚上我就给她迟点睡,这个对她的作息安排是非常有影响的。吃也是一样的,如果孩子在幼儿园吃得好、吃得多,那家长就会想"我的孩子在幼儿园吃得好、吃得多,那食欲好肯定身体就棒"。要是我的孩子吃得不多,我就回家让她多吃一点。

---

① [美]富勒,奥尔森编著.家庭与学校的联系:如何成功地与家长合作[M].谭军华,等译.北京:中国轻工业出版社,2003:69.

（3）对家长脆弱、敏感的防御心理的理解

教师 A：家长都认为自己的孩子是最好的，你有时候跟他说些什么他都听不进去，他总是说在家里面怎么样，所以有时候会对自己孩子的评价不客观。

教师 D：比如说刚开始年轻的时候带班，看到有的孩子比较弱一点，就很着急。经常会把他留下来给他补课！家长来了后就很直截了当地讲，你的孩子在计算方面比较差一点，老师就想利用这个时间给他多补补。其实家长遇到这种情况，他也认为老师是很负责的，但是如果你老是这样讲他们还是有一点抵触情绪的。这种心情自己没孩子的时候是体会不到的，自己没孩子的时候能想到的是"我是为了孩子好"，不会想到"家长心里会不舒服、很难过"。有了孩子以后发现老师总是跟家长讲孩子这方面不行呀，他从老师那里听不到孩子的进步和优点，他其实心里是很伤心、很难过的。因为在家长心里面总是觉得自己孩子是独一无二的，有了孩子以后我就觉得我在这方面要好一点。

养育事件使幼儿园教师增加了一种角色即母亲。美国有 70% 以上的教师自己也是父（母），这些教师认为拥有这种双重角色的主要影响是更加同情和理解父母了。当教师为人父（母）时，能充分理解父母角色的复杂性，这积极地影响了教师与学生父母之间的关系。[①] 成为母亲的教师在养育子女的过程中切身体验到家长的种种甘苦，并领悟到快乐与忧愁的缘由，这一角色的增加可以使教师从"局内人"的角度理解亲子关系的特殊性，不仅为教师与家长的互动打下了"共情"的基础，也使母亲角色向教师角色的"移情"成为可能，使得教师更能理解家长的一些做法和想法，拉近了教师与家长的心理距离。这些优势是没有做母亲的教师很难具备的。

2. 改善家园沟通的质量

在加深了对家长的理解之后，教师就能很容易地改变自己以前对家长的误解，并自然地调整与家长的沟通方式和策略。这种变化与其说是教师有意进行的转变，不如说是一种多重角色下的自然更新。根据对访谈资料的分析，我们发现以下几种由于养育事件带来的教师与家长沟通的积极变化，都说明母亲角色可以改善家园沟通的质量。

（1）与家长的共同话题增多

教师 I：有孩子之前就不知道和家长说什么，只是和家长聊聊孩子在幼儿园的表现什么的，不会有那么多的关于家庭教养方面的东西谈，没有什么切身的体会，他们讲我就是听着。因为你没带过孩子，你只是听家长讲，多数家长跟你这个没结过婚的小丫头

---

① ［美］富勒，奥尔森编著.家庭与学校的联系：如何成功地与家长合作［M］.谭军华，等译.北京：中国轻工业出版社，2003：68.

也只能讲讲,"我们家孩子皮吗?"或者"在幼儿园表现怎么样?"不会扯到家务、家里的那些事情。

现在有了孩子之后就有了切身体会了!我说我们家女儿也是这样的,然后我怎么样,有时候我说:"一样,一样,我们家女儿也这样。"有时候会跟他们聊聊,孩子现在吃什么,或者最近学什么东西了,你们家孩子学什么,我们家孩子学什么,这样共同的话题更多了一些。

教师B:和家长沟通有了很多谈话的资料吧!因为自己有了孩子以后,有时候在路上会碰到家长,或者有时候她来得早,会先在我们班玩一会,家长就会说:"哎呀!这是你们家孩子呀!长得这么大了呀!"就是一种拉家常的渠道吧!一种谈资。

作为刚入职的新教师和没有做母亲的年轻教师,家园沟通的最大困难就是与家长的身份不对称,没有做过母亲在家长面前似乎底气不足,与家长没有更多的话题可谈。但是当教师做了母亲之后,自然而然地与家长的共同语言增多了、沟通更顺畅了。

(2) 增强自己的被信任感

教师B:另外一方面我不知道家长是不是有这样的想法,就是有了孩子的老师比较懂事、长大了,还没生孩子的老师自己还是孩子!是不是家长有这种想法?

教师F:还有就是家长会看人,比如说你小姑娘跟她讲话,她就会觉得:"你又没孩子,你怎么能从我这个母亲的角度去看孩子呢?你怎么知道呢?"特别像现在这种天气,冷暖变化比较大,我做了家长以后,我就跟家长说:"虽然你说孩子感冒了不能脱衣服,但是今天天气变化蛮大的,下午的天气很热,不脱衣服他更热,帮他脱了一件背心,我觉得这样他会比较舒服一点。"家长就会觉得的确有道理。

或者家长跟你讲这个菜我们家孩子不能吃,他吃了就吐。那我就会跟他讲:"每种菜都有营养,你在家里都不给他吃,他就一直缺乏这些营养。在幼儿园里面,小朋友都在一起,你多鼓励鼓励他就能吃上一点点。"讲这个话的时候,家长就会觉得你有孩子了,会更相信你一点。否则他就会想"你又没孩子,你凭什么这样讲话?等你有孩子的时候,你就不会这样讲了"。

教师与家长互动和教师与幼儿互动最大的不同是前者是成人之间的互动,对人与人之间的信任度要求更高一些;而后者是成人与儿童之间的互动,教师的职业身份有天然地让幼儿信任的优势,因此对人与人之间的感情依赖要求更高一些。所以是否能取得家长的信任是家园沟通质量能否得到保证的关键,教师在担任了母亲这一角色之后,再对家长提出有关幼儿的教育建议或措施都更容易得到家长的信任和支持。

(3) 与家长分享自己养育成功或失败的经验教训

教师 E：有的时候和家长沟通，家长会说："我们家小孩怎么样，那上小学了后怎么办啊！"我就会拿我自己孩子的例子跟他们讲我的体会。有的时候家长就会问："那碰到这种事情怎么办呢？"我就说："你可以去试试……因为我在我们家儿子这个时候就是这个样子的，可能会稍微有效一点。"

教师 A：我们家孩子是属于比较乖的孩子，他还是比较好带的，但是他有一个不好的地方就是他的个性方面，太容易接受别人的意见，他自己的意见相对来说就比较少，所以我就是一直努力希望他自己想干什么、自己想做什么，鼓励他有自己的东西。

看到这种类型的孩子我就很自然把他们联系在一起，然后特别是对他的家长，我会把自己的经历告诉他，我会告诉他，在个性方面你不能要求孩子太听话，还是要给他一定的发展空间，那么家长也很愿意接受我这个意见。

我也会跟家长说，有些生活习惯会影响到孩子以后的学习习惯。比如，"磨蹭"，我们家儿子就有这样的毛病。生活中没有太在意，但孩子在学习上就会出现作业做得慢呀，或者出现一些其他问题，那是怎么回事呢？后来我就发现跟孩子的生活习惯有关系，那么我就会要求见他的家长，和家长说孩子在家里面做任何事情都要又快又好，你不要认为写字又快又好就行了，包括吃饭、刷牙、洗脸等等都要有要求。

教师在家庭中扮演母亲角色的时候会与一般母亲一样有成功的喜悦和失败的焦虑，当她们经历某一养育阶段后可以将这些经验教训作为与家长沟通的新媒介，不仅增加了家长对教师的信任感，还使家长更重视或注意对幼儿某方面的教育和培养，避免不利于幼儿发展的教育失误，以便于家园合作达到更理想的效果。

(4) 改善与家长沟通的方式

教师 D：生孩子以前可能就会纵向地比较孩子，永远就觉得这个孩子是班上最差的，就跟他父母讲他需要提高。但是现在如果孩子存在一些问题，一般都先跟家长讲他现在已经进步了，他有什么好的地方呀，然后再跟家长提出来如果这方面我们再共同努力一点就好了，这方面还是存在一些问题的，这样家长也容易接受。我会注意到孩子是在发展的，跟家长交流的时候，就会说他虽然跟其他孩子比有一些不足，但是会在这方面有进步的，只是我希望他进步再大一点。这样家长也很容易接受，也容易建立起一种信心，就更配合你去做这些工作了。

教师 E：自己有孩子之前，只会拿现在班上的孩子和我以前带的班的孩子联系起来与家长交流，以前的经验是听别的家长叙述的，或者是在幼儿园看到的一些状况，在家里的真实情况我也不知道，这样家长也不会太认同。生完孩子之后，再与家长交流时，因为我自己的孩子在家里怎么样我是很清楚的,我就能把自己孩子的情况和现在班上的孩子的情况联系起来了,家长就更信服一些。

经历了养育子女的辛苦,教师更了解家长的心情和做法,感觉自己与家长交流时的底气更足,同时也会有针对性地改善自己与家长的沟通方式,使自己提出的教育建议更容易为家长所接受,也使家长更合作。

二、养育事件可以更新幼儿园教师的思想观念

养育孩子的过程是琐碎而辛苦的,但还是有些"有心人"在经历养育事件的同时,也在不知不觉地改造着自己的思想观念,给予自己重新认识自我、认识幼儿、认识幼儿教育的机会,在不同程度上重塑了自己的人生观、价值观、职业观和儿童观,这种经过家庭教育和幼儿园教育双重洗礼的思想观念可以更理性地指导自己的实践。

(一)重塑儿童观

1. 对幼儿个体差异的理解加深

教师B:现在认识到孩子发展的有些规律也不是千篇一律的,我自己的孩子是10月份出生的,我侄女是7月份出生的,老人家说"7坐8爬",但是我孩子8个月的时候是在春天,天气很暖和,衣服穿得也少,爬起来就容易;但是我侄女8个月的时候是在冬天,穿得很多,爬不起来,所以她是1岁多先学会走路,后学会爬的。这个个体差异性还是很明显的,不能统一要求!

每一位从事幼儿教育的专业教师在入职前都会接受相应的专业培训,具备了一定的专业知识,但是这些知识大多来自书本,是前人总结出的一般规律和特征。若要想真正了解身边的幼儿,走进他们的内心世界,仅仅凭借这些间接经验是不够的。世界上没有两片相同的树叶,也不可能有完全相同的孩子,每个孩子都是特别的、独一无二的。所以教师不仅要对幼儿的一般特点和规律加以把握,还应认识到每个幼儿的特点,以便在教育实践中做到有的放矢,避免"一刀切"的教育方式,防止对幼儿丰富精神世界的忽视。在养育子女的时候,教师目睹了孩子的整个发展过程,也必定会关注到自己孩子与其他孩子的异同,从而更有可能对幼儿的个体差异性有更深地理解和体会。

2. 对幼儿潜能和需要的发现

教师C:很多人都认为小孩子小什么都不懂,比如说他哭闹,你就满足他的要求就

行了,他懂什么?他什么都不知道。但是我觉得小孩子在小的时候已经养成习惯了。而且我觉得他现在也是有意识的。就像我现在走路这样不小心碰了儿子一下,他捂着脸追着我说:"嗷嗷嗷!"你说他没有意识吗?我觉得他也是有意识的,他知道你碰了他了,他要到处告诉别人,要捂着脸告诉别人……我觉得你别看孩子小,其实你在他旁边跟别人说话或者是你让他跟小朋友玩,或者当有半大的孩子(指年龄稍大点的儿童)来逗他时,他很高兴,他喜欢小孩。我觉得他还是有与人交往的意识和需要的,有孩子之前没有认识到2岁前孩子有这个需要,因为我们平时工作也只接触2岁多的孩子。

在许多成人看来,幼儿是柔弱无力的,是时时刻刻都需要成人关注和关怀的。基于这样一种片面的认识,有些教师就会对幼儿"保"得过多。从工作角度来看,加重了不必要的压力——头脑中的弦绷得紧紧的、整天有忙不完的事;从孩子的发展角度看,让幼儿养成了万事可依赖、有人会帮忙的心理,并且由于对幼儿某些能力的轻视或无视,加重了对幼儿的高控制倾向,使得幼儿的某些能力得不到开发和锻炼,许多本来有的天赋潜能被扼杀在萌芽状态。

蒙台梭利把幼儿视为具有"吸收性心智"的人,这说明幼儿是具有强大生命潜能与巨大创造力的个体;这也揭示了幼儿的学习特点,即他们的心智是开放的,随时随地都在吸纳着、接受着外界新异的刺激。在接受、内化新事物的过程中,幼儿应用的主要的学习方式是观察学习,即通过对他人的行为及其结果的观察,习得新的反应或者使现存的行为反应特点得到矫正。[①] 有些教师在做母亲之前由于只能关注到幼儿生活的一个片段,所以对幼儿的这一学习特点了解得不够全面、深刻,可做了母亲之后她们就有机会全面了解一个孩子的成长过程,了解到他们的需要是多方面的,了解到2岁以前的孩子是怎样通过自己的"吸收性心智"学习的,原来他们并不像成人想象的那么无知、无能。

3. 更客观地认识幼儿存在的问题

教师D:

对儿子"习惯不好"问题的认识——儿子还小的时候,我们没有认识到对0—3岁孩子习惯的培养会影响到后面。虽然也有这个理论方面的知识,但是没有体验,所以有的时候就会觉得问题不是太大。大家都比较容忍他,认为孩子小,到大了就会自然变好,现在家长普遍都有这种想法。但是等到儿子3岁以后,我爱人也意识到这个问题了。

---

① 刘晶波.社会学视野下的师幼互动行为研究——我在幼儿园里看到了什么(第二版)[M].南京:南京师范大学出版社,2007:230.

我们在孩子出现问题的时候才意识到。因为在他小的时候包办得比较多，所以也造成了他现在比较浮躁，不是很能钻进去。

对班级孩子"拖拉"问题的认识——孩子会出现"拖拉"的问题主要跟家长的准备和包办过多有关系，并不是孩子不能干。他形成这样的习惯就是因为有人帮他，他做什么事情都有依赖。吃饭慢点没关系，最后奶奶会喂的；衣服不穿没关系，最后奶奶会帮我穿的。以前带小班的时候，你要跟他的爸爸妈妈讲"你不能让他那么慢，要让他自己动手"，家长就会认为生活上细致点、包办多一点没有关系，他不会想到生活中的这些拖拉，这些包办代替会影响到孩子学习，学习上很自然地也会拖拉。因为孩子他分不清生活和学习，对于他来说都是一样的，反正我做慢了奶奶还是要来教我的，他就有这样的依赖了。

幼儿在家庭和幼儿园度过的时间最多，但有时我们会发现幼儿在家的表现和在幼儿园的表现大相径庭。这并不是幼儿故意欺骗成人，而是社会人可能做出的本能反应。幼儿也是一个社会人，也会本能地根据所在的社会场景和交往对象调整自己的态度和行为，以适应不同社会情境的需要。既然成人不能保证在家和在单位的表现一样，那我们又有什么权利要求幼儿要做到内外一致呢？对待孩子这一问题的当务之急不是讨论怎样让他们在家和在幼儿园的表现一样，而是要反思我们成人的教育方法是否适切于每个性格各异的孩子，我们的教育偏差在哪里。对于这一点，养育过孩子的教师可能会更有体会些。同样，有时候教师会发现幼儿的某个缺点很难改正，似乎所有可能的教育措施都用尽了仍然收效甚微。有过养育经历的教师可能就会根据自己的家庭教养经验发现，这些问题之所以难以改正是因为问题的产生与家庭教养方式密切相关。这也就是说养育经验可以帮助教师更容易地找到问题的根源，认识到问题存在的复杂性。

(二) 对环境的重要性认识更深刻

1. 强化了良好的家庭环境对于幼儿成长重要性的认识

教师B：我爱人还是比较有思想的一个人，我不担心我们的女儿以后学习会差，因为我们两个人都是比较爱学习的人。

教师J：不要以为孩子什么都不懂。他爸爸有一次在阳台吸烟，让他看见了，以前我们一直都很注意不在孩子面前做不好的事情，但那一次例外，就让他看见了。后来（只要）他爸爸出去抽烟，他就会说："爸爸在冒烟。"还有一次他在外面的路上，看到一个香烟盒子，就看半天，不走了。我就问他怎么了，他就指着那个盒子说："爸爸有。"

教师C：我天天教育他爸爸，比如说他吃饭挑食，我就跟他说："以后孩子吃饭，你不许说哪个菜好吃、哪个菜不好吃。你就装样子也要每个菜拣着给他吃，然后你还得说好吃！不许这样子挑嘴。"只要是对孩子无益的事情，我们都不做。

教师在没有进入母亲角色之前，一般也能认识到家庭环境对于幼儿发展的重要性，但是家庭环境到底是怎样影响幼儿的发展的？它的重要性主要表现为哪些方面？这些问题在没有做母亲之前并不是教师不愿认识到，而是确实由于角色限制、没有亲自体验的机会，所以客观上不可能从根本上认识到家庭环境对于幼儿成长的重要价值。以上几位教师都从自己的养育经历中体会到了家长的榜样作用对孩子的影响，也更深刻地认识到良好家庭环境建设的重要性和必要性。

2. 认识到幼儿园环境对于幼儿发展的重要性

教师J：现在我觉得把孩子送到好的幼儿园肯定是要比送到一般的幼儿园各方面的发展要好。

教师B：我觉得把女儿放在自己的幼儿园挺好，减轻了我的工资负担，因为现在成本核算以后，上幼儿园还是很贵的，每个月将近要700元，这样我一个月工资的话去掉一半多了，但是我觉得我工作的幼儿园，教育教学各方面条件还可以。如果我在一个比较差的幼儿园工作，我不会省这么点钱（意为将花钱择园）。

教师作为在某个幼儿园工作的局内人，因为与幼儿园有一种休戚与共的归属感，不太容易看到由于幼儿园的环境（教师自身也是幼儿园环境的组成部分）的差异而对幼儿发展所产生的不同影响。另外在自己没有孩子时，教师主观上没有需要去重视这个差异，自然也就不太重视这种区别。这也许就是所谓的"旁观者清、当局者迷"。但自从有了自己的孩子，教师开始关心与孩子发展有关的一切因素，以前曾被忽视的幼儿园环境问题重新进入教师的视野，什么都要给孩子最好的是很多教师做了母亲之后最深刻的体会，即使是自己的幼儿园也要被重新审视。基于幼儿园教师一般都会让子女上自己所在的幼儿园这样一个事实，从促进幼儿园环境建设的角度来说，养育孩子可以在一定程度上让教师对以往熟视无睹的问题进行反思，重新认识环境的重要性。

3. 认识到社区环境对于幼儿发展的重要性

教师C：我觉得给他创设一个良好的环境很重要，这个环境里面包括的就多了，包括他的生活环境，我为什么马上就想到要去搬家？因为我觉得住在这儿儿子没有伙伴，对他的交往没有好处，影响到他的智力、情商，交往也能给予他这些方面的提高的。我觉得作为父母给予孩子的关注应该不仅仅限于给他吃饱、穿暖这么简单吧！

关于社区环境影响幼儿发展的理论知识,幼儿园教师可能没有像对其他环境因素了解得那么多,但是做了母亲的教师会在自然养育的过程中举一反三、重新审思,对于一切有可能威胁到孩子健康成长的因素都不会轻易放过。这样就使得本来并不怎么被教师重视的社区环境得到了重视。

(三) 对幼儿园教师工作核心的重新定位

1. 教师 B 职业重心转移的轨迹

以下是教师 B 回忆自己经历没孩子、有孩子初期、有孩子后期这三个阶段职业重心转移的历程和职业观的变化,从中我们可以看出养育事件使她对工作、对人生有了新的认识,并促使她后来对自己的专业态度和行为的一系列改善。

没有孩子的时期——可能也是因为比较年轻,对这种功利性、名利性看得比较重一点。

养育女儿初期——有了孩子以后有转变,就觉得工作只是我谋生的一个手段,女儿才是我的唯一。我觉得把我的孩子培养好才是重要的,当时确实是这样想的。

养育女儿后期——后来工作渐渐地有了起色,应该说对工作的态度又有了重新的认识。觉得这不单是我的谋生手段,在谋生的同时,我觉得我也挺喜欢这份职业的。因为毕竟在这个过程当中我享受到工作的乐趣,真的,这不是假话!

对阶段转变的认识——在这个过程中人慢慢也成熟了,主要是对人、对事的看法改变了很多。有时候反而不太看重名利了,对工作、生活态度,有了一种新的认识,我不知道是不是有了更深的认识,但是一种重新的认识。人一旦对工作态度、生活态度有了全新的认识以后,她工作的积极性就会提高,她就会把压力变成动力。

现在的专业生活状态——在我时间、精力允许的条件下,我会尽量地让每一节课尽善尽美!让课有更大的含金量吧!这些东西应该让孩子们有所获。我希望我的课孩子们都喜欢。能用电教用电教,不能用电教用图片,也可以自己画画图什么的。偶尔会有一些小创新、小创意,自己觉得还蛮得意的。

2. 教师 D 职业重心转移的轨迹

教师 D 职业重心的转移和职业观的改变则是在家庭、社会的双重压力下进行的,虽然看上去似乎有些勉强和无奈,但事实上这种无奈地放弃应该是这位教师专业成长新的开始。

没孩子的时期——可能年轻的时候对一些表面的名、利,会关注得多一些。

养育儿子后——但是有了孩子以后，反正我这个人就是这样的了，最根本的出发点就是为了孩子，倒不是讲大话的那种。我就觉得那些表面的东西没有必要去过多地关注它。

对转变原因的认识——可能就是因为精力分配不过来了，一个家庭它不可能两个人都把精力完全放到工作上，那要选择一个人要牵扯更多的精力在孩子身上的话，我觉得让我来承担这个责任更加合理一些。那退而求其次，名啊利啊对于我来说就不是那么重要了。而且还有现在这种社会环境，对于一个幼儿园老师来说，社会给你的名给你的利跟你的付出不成正比，所以我觉得我还不如更好地做一些更实际的工作，这是没办法的一个社会现实。

对转变价值的认识——我觉得养育事件最积极的影响就是能够让你静下心来，更加接近孩子，更加理解孩子，去想这个孩子他到底是怎么想的。

幼儿园教师进入幼儿园那天起就知道自己所从事的职业是要为幼儿发展提供教育支持的，所做的一切工作都是以幼儿的发展为最终目标的。但是在日复一日程序化的工作中、在外界不适当的评价中、在各种诱惑纷纷出现的时候，教师渐渐失去了原来奋斗的目标，迷失了前进的方向。我们是为了获得更高的薪金而工作的吗？我们是为了得到领导的赏识而工作的吗？我们是为了在人前扬名而工作的吗？当教师经历了养育子女的幸福与痛苦之后，也许会由于精力被牵扯不再有以往的冲劲和干劲了，但同时也给她们更多的时间去思考这些看似简单实则复杂的问题，许多教师开始慢慢意识到以前对工作的高投入、对工作成绩的奋勇争取固然值得赞扬，但似乎也缺少了一个很重要的定位，我们对孩子到底了解多少？我们到底为孩子做了什么？我们还有哪些方面亏欠他们？这时我们开始怀疑——孩子在我们心中是否渐渐地缺位了。在有了这样的一种对自己前期专业投入的彻底反思之后，一些做了母亲的教师开始重新找到专业成长的生长点，对自己工作的价值观进行新的调整和认识，而价值观的最高度概括是理想，教育理想会影响教师的动机体系并沿着努力追求较大价值目标的方向而变化。

三、养育事件可以丰富幼儿园教师的教育经验、提升教育效能

与中小学教师相比较，幼儿园教师的工作性质是"保教合一"的，即幼儿的保育和教育是幼儿园工作的两大重点。面对在生理发育和心理发育还处在初级阶段的学龄前儿童，从对幼儿大小便的定时提醒到设计区角游戏的环境、从对入园时情绪不佳幼儿的安抚到常规教学活动的组织，不仅需要教师投入极大的耐心和爱心，更需要教师不断积累

经验、主动钻研才能"跟随儿童"并提供适当的专业服务。从这个角度来看,幼儿园教师需要关心的事情比中小学教师庞杂得多,琐碎得多,不但需要教师有必要的专业知识做支撑,还要有相当的保育和教育经验做后盾才有可能在师幼比例较高的班级教育中游刃有余。在这种背景下,养育经历对于幼儿园教师的专业发展而言就比中小学教师有更高的借鉴价值和更大的实用意义。

(一) 丰富了教师的保育经验,提高了保育效果

1. 当幼儿出现不利于身体健康的行为时教师更敏感

教师G:以前因为自己不当母亲所以考虑就要少一些,不容易想得到,除非孩子打喷嚏了或者生病了,你才会觉得"今天这孩子怎么穿这么少?"但现在,"这么冷的天,你今天怎么穿这么少呀?你妈妈今天怎么给你穿这么少呀?"就马上有感受、有体会!也许以前看到了不会觉得有什么,还觉得很正常呀,甚至可能都不会关注到这个现象。

教师H:就比如说今天升旗的时候,我们班有个男孩子升完旗以后把衣服给掀起来了。当时我第一反应就是他把肚脐露出来了,赶快帮他把裤子往上拎一拎,赶快跟他讲:"不能把小肚子露出来,这样会生病的。"可能有孩子之前也会有这样的想法,但是不会那么迅速地上去就把他的裤子给拎了,跟他说不能掀衣服。现在就会(迅速帮孩子整理衣服),因为孩子露肚脐特别容易受凉。

做了母亲的女性都把孩子的身体健康放在最重要的地位,家长把孩子送到幼儿园,最关心的也是孩子的身体状况。与没有养育经历的教师相比,做了母亲的教师由于有与一般家长同样的心情和体会,在幼儿出现可能威胁到身体健康的行为时反应更迅速、纠正更及时。在保育的具体行为上更体现出与母亲一样的敏感、周到和细致。

2. 当幼儿需要特别照顾时教师更周到、细致

教师B:有孩子以前,班上有的孩子大便弄在身上了,我觉得真的是很为难,但从来不谴责他们,肯定就是先换。现在有了孩子,再碰到这种情况就感觉好多了,心态会很好,真的就有那种将心比心的感觉:想想看,我的孩子如果这时候大便弄在身上了,我希望老师用什么方法去对待他?生孩子后有改变的话就是我的手脚更快了,更麻利一点了。特别是冬天,就是要三下五除二,赶快给他搞搞干净,赶快帮他洗洗!动作会更快一点,心想,孩子不能在这个时候受凉啊!

教师F:我自己有了孩子以后就知道比如今天天冷了,我给我自己孩子多穿一点衣服。同时,我就想到我们班今天哪些孩子的衣服穿得少了,还可以提醒孩子的家长给孩子

多穿一点！今天的天气热了，我头脑里肯定第一个想到的是自己的孩子，我就想到我们家孩子是不是要脱衣服了，然后就想到班上的孩子是不是也需要脱衣服了。

学龄前儿童比其他大年龄儿童在生活上更需要成人的特别照顾，因此，幼儿园教师能否以一颗母亲的心去关怀幼儿，使幼儿在家庭之外也能感受到母亲般的温暖，这对幼儿的成长显得尤为重要。没有养育经历的幼儿园教师，客观上缺少亲子间的情感碰撞，从而很难真正从母亲的角度敏锐地捕捉到幼儿的需要并迅速提供帮助。

3. 照顾幼儿生活的经验更多、主动性更高

教师F：在没孩子的时候我根本也不会考虑那么多，只要你家长不给我提出今天要什么特殊的照顾之类的要求，我就会今天该吃什么就吃什么。但是我自己有了孩子以后，我就会想今天这个孩子的家长跟我说他咳嗽，也许家长没有看到菜谱，不知道今天吃鱼或者吃虾，那我就可以在孩子吃的时候就只要求他吃一个，你不要像正常孩子的量，别人吃四个，你就吃一个。因为家长没有给我提出来，万一一个也没有给他吃，那家长也可能会有意见。我给他少吃一点，回头我再跟家长解释："今天我们吃虾了，你们家孩子咳嗽，我就给他吃了一个虾子。"我想家长还是能够理解的，因为老师本来就是从关心孩子这个角度来说的。在以前自己没有孩子的时候根本就没有考虑那么多。

教师I：现在对孩子在生活照顾方面更有经验一些了，如果得知孩子不舒服，会经常去摸摸他的头，去问问！以前没孩子的时候就感觉对孩子照顾方面比较"木楞"（指反应迟缓），不知道什么时候要多喝点水。以前只是说家长叫你怎么样就怎么样，现在有了切身体会了，就知道要怎么去做、怎么做更好。

由于照顾自己孩子的时候，教师积累了一定的经验，那么在幼儿园碰到类似的情况时就会自然地把这些家庭保育经验迁移到工作中，更重要的是教师不会再像没孩子的时候那样"理所当然"地置身事外或者只是被动地按照家长的叮嘱按部就班，而是更积极主动地想家长之所想、急家长之所急，有时甚至在家长不知情的情况下能更科学周到地照顾孩子，真正让家长放心满意。

（二）丰富了教师的教育经验，提高了教育水平

1. 更科学地对幼儿提出教学要求，尊重幼儿的个体差异

教师D：以前，对孩子的要求比较统一，大家都必须要达到我这样的要求。现在我觉得要根据孩子的不同个性来采取不同的教养态度和要求。就像对我儿子这样的，例如，我们班的C，其实他很单纯也很聪明，但就是自控能力差，家里习惯培养比较差。可

能有的时候就对他的控制度比较高,用我们的老话说就是"打两下再揉两下",这样的方式比较多一点。但是也有很多孩子很内向,有些小姑娘胆子很小,我觉得对于她们这样的孩子,要求就比较放松一点,她偶尔做做不应该做的事情就睁一只眼闭一只眼。这就是我有孩子和没有孩子前后的一些变化。

在国内幼儿园师幼比例较低的现实面前,"一致性"是教师在进行集体教育时常常秉持的教育要求,虽然该要求的价值一直受到教育理论工作者和实践工作者的质疑,但在实际教学中依然屡见不鲜,这说明该要求确实有它的实用价值。即使很多教师(特别是没有养育经历的年轻教师)明白这种"一视同仁"的教育要求有主观片面性,会抹杀幼儿内在世界的丰富性和多样性,但由于幼儿园教师主要针对幼儿群体进行教育,对幼儿个体的了解不够深刻,所以也会有"知行不统一"的情况出现。可是当一些教师在养育子女的过程中体验到幼儿个体独特的内心世界,发现了幼儿个体的与众不同时,就能更深刻地体会到"一致性"教育要求的弊端,自然会更自觉地调整自己的教学要求,努力做到因材施教。

在 D 老师所举例子中,对于犯了同样"错误"的不同幼儿,D 老师对于像自己儿子那样自控能力较差的幼儿"恩威并施",对于内向胆小幼儿"睁只眼闭只眼"的宽容对待,虽其教育观和儿童观都值得商榷,但其设法"因材施教"的本意还是值得称赞的。

2. 对调皮的幼儿有更多的理解和更适宜的对策

教师 G:以前对调皮的孩子会嫌烦,这个孩子怎么会这么"皮"呢? 真是烦死了!(我)也会去管他,但就不会像现在这样。现在就理解了,就知道父母的宠爱是缘由之一。因为现在我带孩子就发现,小区里很多父母的教育方式和我们不一样。有的孩子就带得很皮,不讲道理,或者抢别人东西呀! 有的家长在看到自己孩子玩滑滑梯的时候推别人什么的,就跟没看到一样。这时我就知道为什么这些孩子这么皮,就是这样的家长造成的,父母的因素还是主要的。现在我就尽量地想办法去帮助他,去教育他,尽量去努力。不会像以前那样看到那个小孩就烦。

教师 A:没孩子的时候我更多的是强调这孩子怎么这样,然后我现在有了孩子以后,我觉得孩子是跟家长有直接关系的,那么我就会要求家长应该去怎么做,不能只讲孩子。

对于一线幼儿园教师而言,在班级中都有可能碰到比较调皮、不太好"管教"的幼儿,对于这种幼儿很多没做过母亲的教师都会觉得不可思议,怎么会有这么调皮的孩子呢? 问题往往只聚焦于幼儿本身,也常常因此对幼儿产生不耐烦或容易露出厌恶之色,做了母亲之后的教师在养育过程中会发现这样对幼儿不公平,幼儿的问题固然是来自他本身,但他并不是一出生就带有这样的"原罪",而是与家长的教养方式密切相关。基于这样的客观了解,教师在面对这种类型的幼儿时就不再会带有消极感情色彩而能以更积极的态度面对这些喜欢惹麻烦的孩子,并请家长配合共同帮助他们改正缺点。

3. 对入园哭闹的幼儿有更多的理解和更适宜的对策

教师 G:现在这个时候孩子入园的情绪这么不稳定,要抱一抱,去搂一搂她呀!要去安慰她、去理解她!可我有孩子之前就会凶那些孩子:"不要哭了!""妈妈一会儿就来了,哭什么呀?不能哭了!"这种话可能就更多一些吧!也许也会去哄哄她,但没哄两分钟就不哄了。觉得哭得烦死了,以前就会这个样子。现在不会了。

教师 H:像今天我们班,有一个孩子哭得特别的厉害,拼命地抱着她妈妈的脖子不放,然后我们班有一个小老师,一个刚刚才毕业的小老师,她就是站在旁边看着,因为她不知道怎么办。我是把这个孩子抱下来然后跟妈妈说:"没关系,你先走。她哭一下就好了。"然后抱下来以后,我就抱着她了,她就搂着我的脖子哭,这种感觉就像是抱着自己的孩子,的确就是有这样的感觉!

在每年新生入园时,都会因亲子依恋遭遇环境变化而让大批的幼儿哭闹不停,如何解决幼儿的入园困难问题是每个新生班教师都必须面临的考验。此时没有做过母亲的年轻教师往往会不知所措,有的会因幼儿大面积和无休止的哭闹而心生厌烦,有的即使有心想做些努力也不知道如何做才合适,但是做了母亲的教师就能自然地让母亲角色在这种特殊时刻发挥作用,可以很及时且有效地安抚幼儿的情绪,帮助其尽快适应幼儿园的新环境。

四、养育事件可以完善幼儿园教师的知识结构

教师的知识有着特有的结构,但又比较抽象,大致可以分为学科知识、条件性知识和情境知识三类。[①] 幼儿园教师的专业学科知识中有一部分是适用于养育子女的,养育子女的过程就是一种实践的过程,所以从某种程度上来说,教师在养育自己孩子的过程中也可以使自己的专业知识结构得以完善,这是其他职业的专业人员很难具备的优势条件。

---

① 傅道春.教师的成长与发展[M].北京:教育科学出版社,2001:138.

(一) 对专业知识的理解更透彻,更有效地运用于实践

衡量一位教师的知识水平,不仅要看她受过什么教育,学过什么知识,重要的是要看她掌握到什么程度,对知识的理解水平会对教学产生较大影响。只有教师对专业知识理解透彻了,她才有可能在教育实践中灵活运用教育方法,有针对性地对幼儿施加教育影响。在对研究者的访谈中,G老师所反映的情况就说明了养育事件对其理解专业知识的帮助。

教师G:

以前对幼儿语言发展规律的理解——以前我就会死记硬背,孩子现在到吃饭了就会讲"饭饭"了,睡觉就讲"觉觉"了,但是我不明白孩子为什么会这么说,我以为孩子生下来就是这么说的。

现在对幼儿语言发展规律的理解——但是我生了孩子我就知道了,孩子现在这么说是因为"吃饭"他发音发不出来,他才这么说的。再就是觉得对这个专业知识比以前理解得要深刻了一点。因为我自己养孩子,我就能够体会到:哦!以前我学过的,比如说这个时候孩子语言的发展是单词阶段,有的孩子就到了这个阶段了。哦!我的孩子现在有了连贯的语序了。或者当孩子出现这些叠词的时候,我就知道为什么孩子会说叠词。

现在对幼儿语言发展的指导——这个时候就会更多地了解,也就知道大人应该怎么做,你看有的大人就跟着小朋友一起说:"我们一起吃饭饭、我们一起睡觉觉!"这个时候我就知道有问题了,孩子说"饭饭""觉觉",大人还是应该跟他讲:"我们去睡觉!我们去吃饭!"正确地引导孩子,因为孩子是说不出来才这么说的,并不是他愿意这么说的,这只是一个过渡的阶段。

在养育事件之前G老师对书本上的一些知识只是在形式上记住了,没有真正透彻地理解和消化,那这些知识就是死的,没有生命力的。若要真正发挥这些专业知识的效用,只有在实践中把书本上的知识加以内化,使理论知识与实践知识结合起来才可能做到不仅为我所知,更是为我所用。而教师在养育自己孩子的过程中,就很自然地对曾经学过的知识进行再思考,并在实践中对知识的内涵有了更深的理解,更重要的是这些养育实践中的丰富知识可以更科学有效地指导教师的教育实践,更好地促进幼儿的发展。

(二) 弥补了关于0—3岁幼儿养育知识方面的不足

教师G:也许是从事这个专业给我带来的一点优越性,我们就会比别的家长更多地查找这方面的知识,要根据孩子这个阶段的特点去引导他。他在这个阶段要爬了,

我们就让他多爬一爬,然后想一些方法引导他爬。或者从网络、杂志了解这方面的知识。现在0—3岁这方面的知识不像以前是空白的了,生完孩子以后就补上来了。

教师J:有孩子以前我就会想这家长整天补什么钙呀,食物里面有很多的钙,不赞成这样子。但是自己做了家长后一开始前面第一年我一点都没有给儿子补,到13个月的时候,我们就发现有一点枕秃(实际还有没注意到的夜间盗汗)。后来再去查的时候儿童医院的医生就说:"缺钙呀!"我前面就一直没补,现在回想过来就非常后悔,当时怎么没给他补(维生素D)。

由于幼儿园教师的专业服务对象一般是大于3岁的幼儿,在职前教育中主要接受的也是针对3岁后幼儿的专业教育,对0—3岁婴幼儿的保教知识了解不多。但幼儿的发展是连续的,现在的发展状况是与以前的养育方式密切相关的,教师只有在充分掌握幼儿发展的整体动态过程的基础上才有可能对幼儿今后的发展提供建设性的教育支持。养育事件给教师们提供了一次在实践中学习的机会,让教师在养育子女的同时补充或者更新了养育知识。另外由于教师的职业特性使她们可能具有一般家长不具备的专业敏感性,更懂得如何通过有效的手段和途径获取知识、理解知识、运用知识。从这个角度来看,养育孩子的过程也是教师主动学习、自我充实的过程。在这一过程中教师一方面不断吸收新的知识、理解新的知识,另一方面又不断地修正错误的认识、更新陈旧的知识,使自己的知识结构趋于完善。

任何一位想做好母亲的女性在养育子女的时候都会自觉不自觉地研究孩子、为养育好孩子而做足"功课",幼儿园教师也是如此。但值得注意的是由于幼儿园教师的职业特点,教师在家庭中对子女的研究与在幼儿园中对班级幼儿的研究是并行不悖的,在养育过程中完善的知识结构也在影响着教师在班级中的教育行为。

五、养育事件可以增强幼儿园教师的自我发展意识

内在专业结构的形成和重构是关键事件对教师专业成长的影响之一,这种形成和重构在教师成长过程中是一种自觉性的、生成性的"自为"行为。其中自我发展意识的增强就是在养育事件的刺激下教师专业成长的一个有力表现。教师的自我专业发展意识按照时间维度可划分为三方面:对自己过去专业发展过程的意识,对自己现在专业发展状态、水平所处阶段的意识以及对自己未来专业发展的规划意识。[①] 在养育事件的

---

① 叶澜,等.教师角色与教师发展新探[M].北京:教育科学出版社,2001:240.

刺激下,幼儿园教师自我发展意识的增强既包括对自己过去专业发展的深刻反思,也包括对将来发展的规划。具体表现为学习的主动性、自觉性的提高以及反思意识的提高。

(一) 学习的自觉性和主动性提高了

教师 J:如果你本身懒懒散散的,没有上进心,这对小孩也是一种消极的影响。我的感受就是我们家嫂子在一个小单位做领导,很清闲。上班就喝喝茶、看看报纸什么的,有时候带她儿子去单位玩。她儿子很小的时候,四五岁吧,大人讲他:"不认真学习,以后到哪儿去找工作呀?"他说:"那我去上班。""你以为上班有什么轻松的呀?""那妈妈上班不就是一杯茶、一张报纸吗?她没事情的时候还在那儿躺一躺,下去转一转。到中午的时候就到食堂吃饭。"这就是小孩子自己讲出来的,他跟他妈妈到单位去看到的。孩子讲这话,我的感触就很深。我就跟老公讲:"一定不能给我们家的小孩这种感觉,我虽然很笨,跟那些同事比比、同学比比,我也不是很爱学习,但是我要逼自己学习。你也要给他创造一个氛围。"

每个母亲都是怀着要把子女教育成材的愿望在辛苦地付出,自己是教师的母亲更清楚以身作则、树立积极的榜样对于培养子女的重要性。为了孩子她们可以不断地超越自己,努力改正可能给孩子带来不利影响的缺点,这是由亲子之爱带来的勇气和力量。从这个意义上来说,教师在养育子女的同时也在鞭策自己不断完善自我。正因为教师 J 意识到爱学习、求上进的家庭环境会潜移默化地影响到孩子对学习的兴趣,因此给孩子提供浓厚学习氛围的动机又反过来提醒她自己要保持学习的热情,使自己更主动、更积极地学习。

(二) 反思的意识和水平提高了

教师 G:我觉得我还是经常会去想的,特别有了孩子以后就会想得更多!

养育孩子的时候进行反思——我们一回家,爷爷奶奶也会跟我们说说孩子今天怎么了,我们就会去想,她有的时候在家抱娃娃时说的话都是我们平常教育她的话。我就特别感觉到孩子真的是父母的镜子,可见我们的一言一行对孩子的影响很大。

教育班级孩子的时候进行反思——现在班上出现一些事情我会经常地去想一想,今天他为什么哭?现在孩子为什么不适应?像有一个小孩他天天哭、天天哭。后来知道,哦,这个孩子从小一天都没有离开过他妈妈,所以上幼儿园对他来讲是一个很大的挑战,他的安全感可以说受到严重威胁!所以他就一直不停地哭!

教师 A:孩子毕竟是自己的孩子,那我从他身上的缺点也看到我自己的缺点,那是我遗传给他的,其实习惯、脾气呀都是父母亲影响的,我从他身上也不断发现自己身上的缺点,所以我们也要不断地纠正。

英国近代哲学家、教育家洛克认为反思是对获得观念心灵的反观自照,是人们把自己的心理活动作为认识对象的认识活动,是对思维的思维。① 而教育反思是一种通过提高教师的自我觉察水平来推动教师专业成长、改善教师教学行为、促进教师能力发展、提升教师专业素养的有力手段和有效途径。当教师在全面反思自己的教学行为时,会使自己变得更加成熟起来,所以说教师的成长等于经验加反思。在养育孩子的过程中,幼儿园教师不仅积累了经验,而且提高了自己的反思意识,并使得反思的广度和深度都有了不同程度的提高。主要表现为更主动地对习以为常的现象进行再思考,更勇敢地对自己的缺点进行剖析,更积极地对班级幼儿存在的问题进行深度思考。可以说养育事件给教师提供了一个契机,去思考以前没思考过或者思考不深的问题,在为养育子女而反思的同时也养成了良好的反思习惯,并自然地迁移到对班级幼儿的教育反思中。

一个家庭由二人世界变成三口之家,改变的不仅仅是家庭结构,教师的日常生活以及生活态度都可能会发生转折性的变化。对于没有养育经验的母亲而言,养育孩子本身是需要不断琢磨、反思的,因为只有不断地研究和反思才能养育好自己的子女,才可能做一个合格的母亲,而不断地研究和反思正是教师专业成长必不可少的途径。所以,与其说养育促进了孩子的成长,不如说是促进了母亲与孩子的共同成长。

第二节 养育事件之痛
——阻碍教师专业成长的荆棘丛林

养育事件对幼儿园教师的影响具有两面性。从怀孕开始一些消极的影响就随之而来。不仅在生理上女教师们要经受额外的考验,而且会在心理上承受更多的冲击。有的教师由于扮演了母亲角色,在个人生活方面不得不投入更多的时间和精力,但个人的时间和精力是有限的,当牺牲了个人的业余爱好和休闲活动后仍然觉得时间不够用时,教师投入到工作中的时间和精力也会随之减少。根据补偿理论,工作和家庭的关系是负向的,当个体在工作领域有高水平的卷入时,在家庭领域的卷入水平就会降低;相反,

---

① 关淑萍.谈教学反思能力在促进教师专业化过程中的意义[J].教育与职业,2006(9):98-100.

在家庭领域的高水平卷入会导致个体在工作领域的低水平卷入。① 如果说本章第一节阐述了养育事件可能带来的积极影响,那么这里则是对养育事件可能造成的无奈之痛的呈现。值得一提的是,尽管根据访谈资料编码整理得出的消极影响的种类没有积极影响那么多,每一种类的具体表现也没有积极影响那么丰富,但每一种消极影响所涉及的人数都要高于积极影响。据此研究者可做这样一个初步的推断:积极影响的表现虽然丰富,但因人而异的程度要高于消极影响,消极影响的表现虽然相对简单,但其普遍程度要高于积极影响。

一、经历养育事件后幼儿园教师的专业热情与抱负水准可能降低

教师的专业热情是对其工作动机的情感层面的概括,表现为教师对工作的喜爱程度并直接关系到教师对工作的投入程度。影响教师工作动机的内在条件,除了需要,还有个人的兴趣、价值观念和抱负水准。其中兴趣和价值观念主要影响动机的志向,而抱负水准决定动机强度。所谓抱负水准是一种欲将自己的工作做到某种质量标准的心理需求。当工作结果超出预期的目标,便会产生一种成就感;反之,则会出现失败感、挫折感。② 养育子女需要教师付出大量的时间和精力,当年轻女教师无法及时适应这种生活上的巨大变化时,就很可能出现手忙脚乱、力不从心的感觉。这种感觉不仅表现在照顾子女的质量上,也表现在完成工作的质量上。所以有些教师在生孩子之前工作热情非常高涨,对自己的专业要求也很高,甚至还很有职业理想,但是经历了养育孩子这个"磨人"的过程后,她们渐渐发现自己的工作成果达不到自己预期的高要求,高期待换来一次次失望后就不得不降低自己的抱负水准,工作热情也随之减弱。

(一)"自己不再那么好强了!"——教师C的转变

教师C:我觉得没孩子的时候特别有想法,对自己的要求也很高,就是在业务方面对自己的要求也特别高。现在真的就没有那么多的精力,就觉得一天下来把我该教的东西教下去了,能稳稳当当地带孩子了,一天下来没事情,我觉得就可以了。幼儿园有什么教科研的活动就跟着参加一下吧!现在就处于对自己没什么要求的状态,就是把

---

① Sue Campbell Clark. Work/Family Border Theory: A New Theory of Work/Family Balance[J]. Human Relation,2000,53(6):747-770.
② 傅道春.教师的成长与发展[M].北京:教育科学出版社,2001:164.

正常的工作完成。反正现在我在工作上没那么要强了,就有很多东西,没有就没有呗,无所谓了,就没有那么多追求了。

C老师是某市级优质园B的骨干教师,在生孩子之前该教师是一位特别热爱幼儿教育事业、对自己有着高要求和高期待的教师,用该园园长的话来说,"她是一个很有想法、很具有思考力的老师,很想'好'"。在入职之初她会整天缠着师傅探讨怎样才能当一个好老师,在得知可以开始写教案时兴奋得专程上街买钢笔和墨水;在带班期间整天考虑怎么把班级搞好、怎么用新点子吸引孩子的兴趣,回家后还和家人聊班级的孩子,她家人说起班上的孩子都如数家珍。可是,在经历了怀孕、保胎、生育及抚养这一系列过程后,她对自己不再有以前那样的高期待了,而是把注意力转移到对自己儿子的培养上。

(二)"有难题尽量别来找我。没办法再接吧!"——教师J的转变

教师J:

养育孩子之前对工作的态度——以前还没有小孩的时候,能争的我一定要争。以前搞个比赛,只要我觉得我有可能得第一名,我就要去争取。比如说,我搞一篇教案比赛或一节赛课,我以前能花很多时间搞它,在很多方面会想得很多、很周到。领导给我分配任务,我知道这任务是蛮艰苦的,就是做起来肯定还是蛮难的,要经过一定努力的,但是我左思右想,就觉得这件事虽然很辛苦,但是对我的成长还是有利的,我就会接下来。以前干工作你就不会当作一种任务、一种辛苦,有时候你就会觉得是想挑战自己的那种感觉,我自己能做好那就更好,即使没做好对自己也是一个锻炼。

养育孩子之后对工作的态度——现在工作中的上进心没有以前那么强了,我就觉得这项任务很辛苦,我要接下来肯定要遇到很多很多的困难,如果能回绝,我尽量不要接下来。现在幼儿园有难题尽量别来找我。没办法再接吧!

对自己变化的原因分析——你想上进,但是觉得太累了。没有那么多的精力去完成那么多的事情,能放的事情就放了,不像以前那样能争的事情一定要争。现在就是能争的就尽量争,但争不起来的就算了,就好像没有那么大的热情要去争了。

J老师是省级示范园的骨干教师,虽然当初选择幼儿教育这一行业部分原因是为了跳出农门,但这并没有影响她对工作的高度热情。用她自己的话描述就是"也没有人让我这么做,更不是做给谁看的,就整天地待在幼儿园"。当这种没有任何目的、单纯的专业热情得到领导的认可和关心之后,她的专业热情就更高涨了,对自己的要求也逐步提高。可是当她做了母亲之后,由于儿子经常生病(J老师在休完法定的产假之后还曾

因要给儿子看病多请了 4 个月的事假),她对工作无法再做到像以往那么热情了,对于可能需要投入较多精力的工作都尽量避免接手。这种从"有困难也上"到"有困难就躲"的转变正说明了养育事件对教师专业热情和抱负水准的负面影响。

二、经历养育事件后幼儿园教师的专业投入可能减少

如果说养育事件可能会导致教师的专业热情和抱负水准降低是从教师内在的工作动机的角度来描述的一种消极影响的话,那么有了孩子之后教师对工作投入的时间、精力的减少则是这种消极影响实实在在的结果了。换言之,前者表现为教师从很喜欢、很愿意去做到不怎么喜欢、不怎么愿意去做的变化;后者则表现为教师从做得多到做得少的变化。

(一) 对班级幼儿的研究和教育工作的反思变少

教师 C:如果说有孩子以前是全身心投入的话,那现在可能就只有 80%,精力上没有那么多了。现在没有空再去研究了,就是研究的精力不够了。以前就算我回家聊聊天,我们幼儿园这个小朋友怎么样、那个小朋友怎么样,就说明我在记住他们的事情,回家以后脑海里还在研究他们的事情。我经常这样想:"我今天这样对他对不对呀?"会有一些反思,然后回家以后也会把这个问题跟我们家老公讨论一下,"你说我今天这样做对不对呀?""可是他又怎么了呀!"就像是两个人在家研讨一样的。例如有的时候我就会跟老公说:"我怎么跟他的家长说合适呀?"可是现在回家以后就没有空去烦幼儿园的事情了。

教师 J:我觉得反思很重要,有儿子以前我就特别爱反思,只要小孩站在那儿,我就会想他为什么这样,他为什么不跟那个小孩玩。反正我就会去想小孩子的行为,这个非常重要,对你的教学都非常有帮助,对你观察孩子、分析(孩子)心理都非常有帮助。现在我带了我们家小孩之后,虽然在我们家小孩身上反思了,但是在幼儿园小朋友身上的反思就变少了,为什么呢? 可能就是因为有了小孩以后我就感觉杂念多了,再就感觉没有时间和精力去反思,我知道看孩子都要去反思,但是好像就是想反思,但是杂念总是盖过你的反思,现在我就做不到,有时候往那儿一站,我的杂念就来了——我们家儿子今天药不知道到底吃得怎么样? 还咳嗽吗? 反正就会想一些这些东西,会被杂念打扰。

教师 D:以前没有孩子的时候,很多方面,比如生活上的事情你都可以糊(意指凑合),有了孩子就不可以了。没有孩子的时候,闲下来的时间就单纯地想班上的事情,现

在除了想班上的事情你还要想明天早上你要给儿子准备什么吃的,怎么样对付他作业不认真的问题。而且有的时候孩子的问题会影响到自己的情绪。

任何一个有一定责任心的幼儿园教师都知道对幼儿的研究和对所实施教育的反思是非常重要的,但这两项工作同样也是非常耗费精力的。由于生活角色的变化,教师需要思考和顾及的事情突然大量增加,能分配到研究幼儿和反思教育的时间和精力就不得不打折扣,有时甚至会因为养育子女的辛苦和烦恼影响到教师的情绪从而没心情去研究和反思工作。

(二) 与家长沟通的机会和时间变少

教师C:以前没孩子的那个时候,下班了就觉得早点晚点无所谓,有的时候家长拉着你聊小孩,到五点半、6点钟都是常有的事情,一点都不赶时间,就这样慢慢谈。有的时候会上网呀,打电话说一些孩子的事情,那个时候时间多,真无所谓,说就说吧!现在我要想更好地做好家长工作,晚上也可以跟他们上网交流,但我时间上安排不了!回家带带小孩、洗洗衣服都要搞到11点。现在我顶多利用一些中午的时间上一下网,回回他们的消息,有时候晚上偶尔也会上一下网,看看我们班家长发的消息回两句。

教师J:我现在觉得有了小孩以后跟家长沟通机会好像没有以前多了,以前我下班以后反正也无所谓,也没有小孩,也不是那么急着回家,我妈妈在家烧饭。家长来接孩子时有时候聊聊小孩,一谈就是半个小时或者更长。现在是只要一接完了赶紧锁门回家,跟家长的交流主要就是早上接送的时间,晚上就是偶尔的简单几句,除非家长特别要求"我一定要找你聊一聊",如果家长没有什么特别要求,我就聊得很少。像以前就是主动找家长聊的也比较多,现在也比较少。

在没有孩子之前,教师可利用和自由支配的时间比较多。但有孩子之后,教师的时间就不再单单属于自己了,有很大一部分要贡献给子女,生活的重心也从工作转向家庭。一般而言,教师与家长沟通的方式除了常规的家长会、家访、家园联系册、家长开放日,每天接送幼儿时的单独沟通还是很重要的,因为这个时间的交流可以针对幼儿当天的某些问题进行,相对其他方式更加及时、更有的放矢。可是做了母亲后,教师很难再如从前一样为了与家长沟通交流而推迟下班时间。另外虽然现代科技可以实现远距离的沟通(例如通过网络技术手段的班级主页建设),但这依然要花费教师一定的时间和精力,而回家后教师还有很多的家务要去完成,从前可以详细交流的内容现在可能只能草草结束。所以由于养育子女对时间和精力的牵扯,教师与家长沟通的机会和时间都可能会明显减少。

三、经历养育事件后幼儿园教师的专业学历进修可能停滞

教师 I:考大专的时候还没结婚,回家后就是衣来伸手、饭来张口,吃完了饭你就可以在房间里看书,没人打扰你,就感觉时间很充裕。后来也不是说不想考本科,正好那个时候结婚,结婚后大半年吧又怀孕了,全碰到一起,然后就把它耽误下来了,有了小孩就更没时间了,就不考虑考本科了,实在是没时间。

教师 J:现在在考本科,但是我觉得第一个时间不够,第二个效率不行。就好像以前看书没有那么多杂念,现在看书就有杂念,感觉看不进去。你看一会就想:"哎呀,明天我买什么菜给我们家儿子吃呢?"反正就是想一些杂七杂八的事情。还有好多事情没做呢!就会想这些东西。这就是些杂念!

教师 E:刚开始怀孕的时候不是反应重吗,10月份的考试我就没有参加,实在是看不进去了。后来不是剩两门吗,还剩半个月的时候,就想着把它考掉算了,还是蛮吃力的。生完了小孩以后就开始考本科,但是有了孩子就更吃力了,特别是我们家小孩上学了以后根本就没有时间看,白天工作忙得要死,晚上回家把我们家儿子伺候上床睡觉都9点多了,回家有课没备完还要打出来,就到了10点多了,根本就看不下书。现在本科考试还差四门呀!以前考大专的时候一次就过四门。

从教师职业的专业性来看,从事教学工作首先必须掌握所教的学科的知识,而且随着义务教育的普及和教育层次的不断提高,对教师掌握的学科知识的要求越来越高,所谓"良师必学者"。虽然幼儿园教师在学科知识方面的学术性要求没有其他教育机构的教师那么高,但仍然有一定的学历要求。在这一现实面前,多数教师都选择了以自学考试的方式进行学历提升。这需要学习者额外抽出很多时间和精力来准备,一般没有专门机构给予系统的辅导,完全要靠学习者自己的努力才能通过考试。所以,这种要在工作和养育之余进行较长时间和较多精力投入的自学,对于大多数教师来说都是较大的挑战。在研究者所访谈的十位教师中,所有的教师都在原来中专毕业的基础上进行了自学考试取得了专科学历,并都尝试过本科自学考试,但结果却因人而异。有的教师由于时间和精力不够分配而完全放弃了自学考试,有的教师由于有了孩子之后精力分散、学习效率降低而暂时停止了自学考试,只有少数教师(所访谈的十位教师中只有三位教师)经受住了考验,坚持考完了所有的科目、取得了本科学历。

四、经历养育事件后幼儿园教师获得的专业支持可能减弱

教师G：我觉得我们这些生过孩子的老师和那些没生过孩子的老师相比，领导在工作安排方面肯定更偏重于让年轻的老师多出去学习了。所以我们这样的老师出去学习的机会肯定就减少了很多，我生孩子之前可以每个星期去市里参加教研组活动，或者经常去其他幼儿园观摩，去学习、听讲座，可是自打怀孕之后这样的机会就一点都没有了。

教师的专业成长除了要依靠自己的努力，外部的支持也是必要的。因为教师成长的过程也是一个不断利用外部资源和条件进行"资本积累"的过程。教师在专业成长的路途中难以孤军奋战，个人的能力再强但若没有外界的支持就如同植物的生长没有阳光与土壤一般，最后只能以失败告终。幼儿园教师最迫切需要的专业支持主要来自上级领导，特别是园长。因为在专业发展方面，园长是与幼儿园教师接触最频繁、对幼儿园教师了解最全面的"顶头上司"，园长应该最清楚对于不同个性、不同特长、不同家庭情况的教师应该提供什么样的专业支持，所以园长应该是教师专业成长过程中的关键人物。事实上园长在教师的专业成长中扮演着保障者、引导者、先行者和学习者的多重角色。而"保障者"应该是首要角色，主要体现在两个方面，即维护教师专业发展的权益与尊重教师专业活动的权利。① 维护教师专业发展的权益表现为制定并逐步完善有利于教师专业发展的各种行之有效的激励措施，为教师的专业发展搭建平台。常见的为教师提供外出进修的机会是教师比较重视的促进专业成长的手段之一，也是园长使用较多的措施之一。可是在同一所幼儿园，这种外出学习的机会并不多，在级别稍低的幼儿园更是稀少。在这种"僧多粥少"的局面下，园长不得不做出取舍，通常没有养育负担的年轻教师的机会就会更多一些。也许园长这样的选择有其不得已的苦衷或有其他方面的考虑，但是教师由于怀孕或者养育负担带来的专业发展机会的减少是不争的事实。

---

① 吴振东.略论园长在教师专业发展中的多重角色[J].教育导刊.2005(10):17-19.

第二章
养育事件影响幼儿园教师专业成长的因素与特点

第一节 养育事件产生不同影响的原因

由于承担了母亲的角色,幼儿园教师的生活内容和结构都发生了巨大的变化,这对于教师专业成长而言既可能是动力也可能是阻力。当教师徘徊在专业发展的十字路口,决定其专业发展路向的因素主要有哪些呢?根据对访谈资料的编码和分析,研究者认为以下三个方面是导致养育事件对幼儿园教师专业成长产生不同结果的主要因素。

一、个人特征是"可燃物"

访谈中,十位教师给研究者带来了完全不同的震撼与冲击,虽然她们有时在倾诉着同样的烦恼、回味着同样的甘甜,可是她们对养育事件的认识以及养育事件与专业成长关系的理解却又是如此的斑斓多彩、各具特色。养育事件对她们各自专业成长的影响又是如此的复杂和生动。因为每个人区别于其他人的特征不仅仅是外表上的,更主要的是内在的精神世界,那些内在的个人特质决定了不同的人在面临相似的境况时会有不同的态度和行为选择,所以说每个人本身的特征是决定其成长路向的核心要素。下文将从个性特点、性别角色意识这两个维度来说明不同的个人特征是如何影响教师的成长路向的。

(一)个性特征与影响结果的关系

经历过养育事件的教师谈及因养育子女而引起的最深刻的负面影响就是时间和精力不够用了,最具代表性的表现就是日常学习和进修深造都因此受到不同程度的限制。

但最终的结果却迥然不同,有些教师因此放弃了自学考试,有些教师仍然继续坚持,还有些教师如愿拿到了本科文凭。是什么导致了这些不同的结果?这些不同的结果对于她们的专业成长又意味着什么呢?根据研究者对这十位教师个性特征的编码发现,她们的性格特点在很大程度上左右着她们在相似的困难面前表现出不同态度。本研究主要从性格的意志特征即计划性、自制力、坚定性、自觉性来分析。需要指出的是从对已有资料的分析来看,有的教师同时具备其中几个特征,有的教师具备其中的个别特征。例如有的教师既有较强的计划性、自制力,也有较强的坚定性与自觉性;有的教师虽然没有足够的计划性但是有较强的坚定性。所以在本研究中这些都不能完全说明某教师的专业成长就一定因此有决定性的转变。以下每一组的比较分析只是针对性格特征的某一个侧面与进修深造的现实状况的关系"就事论事"而已。

1. "计划性"特征——教师 F 与教师 J 的比较

虽然从心理学专著中暂时无法找到对"计划性"的专门定义和解释,但这个从访谈中生成的"扎根"概念却不得不引起研究者的重视,因为在对 F 老师的访谈中,她反复强调自己是个计划性很强的人,这种计划性已经深入到她生活和工作的方方面面。研究者所理解的她的计划性强是指她喜欢任何事情都事先考虑周到,制订详细的计划并努力付诸实施,不喜欢"船到桥头自然直"的处事方式。我们从她在以下三个方面的讲述中可以很明显地感受到这一性格特点。

教师 F:

带班时的教学安排——我这个人就是这样子,我情愿先想好,到时候临时有事再改,所以你看我要是上午带班,什么时间干什么事情,我都是计划好了的,既然有计划我就要按照计划执行。除非有的时候有什么其他的事情插在里面,要没什么的话,我都是按照我的计划去做的。我不喜欢没计划。

自学考试前的复习准备——我不管参加什么考试都是一下子就考过去了,虽然我每次考试都过关了,但是不管是大专还是本科,她们只需要看一星期就能搞定,我要提前一个月看!我不会像人家那样熬夜,一个星期看完马上考试,考个 60 分。她们就那么有水平,我不行,我一定要提前一个月看,然后一定是有十分的把握,我才会去参加考试,我不可能题目全做对,但是我不会在六十几分的边缘晃荡,绝大多数都是七八十分,没有考六十几分的,她们是靠运气,我觉得我这个人绝对不能去靠运气,我是这样子的个性。

怀孕时间的选择——包括生孩子这个事情,我的计划性都非常强。我是 2001 年 7

月份生孩子的,在我生孩子之前,在2001年4月份考完最后一次试,把本科都考完了。我的计划就是在我拿到本科文凭以后生孩子,我都是非常有计划的,我不愿像人家那样有了孩子再去考试。

从以上三个方面我们可以大致看出F老师"计划性强"的突出特点,正是她的这一个性特征使她选择了合适的怀孕时机,顺利地在生孩子之前把本科文凭收入囊中。而J老师虽然在怀孕之前曾经被建议尽早考完本科考试,尽管她也接受这个建议,但可能由于她个人的"计划性"不够强,始终没有在行动上实践这个建议,导致后来的自学考试困难重重。

教师J:以前同事跟我讲:"你赶紧考,赶紧考,以后有了小孩根本就看不进去。"我虽然知道她讲这个话肯定是对的,但就是体会不到。我们有些同学就是把本科学完了以后再要小孩的,我就没有。她们现在就比我轻松很多了!也就是说我没有意识到这一点,或者说我知道这一点但是没有那么强烈的意识,我现在就觉得有了小孩学本科就很吃力!

2. "自制力"特征——教师B与教师J的比较

B老师在生孩子后仍然参加了本科自学考试,如期获得了本科文凭,她所在幼儿园的园长是这样描述B老师顺利通过考试的情况的。

园长C:她是我们幼儿园第一个本科生。我们两个人同时上的本科,刚开始我过得(指通过的考试科目)比她还多。我生了宝宝之后一门都没有过,她生了宝宝之后照样都过了,所以说我很佩服她。我说:"你还能记得住,我被麻药打了都记不住。"就是记不住,其实"打麻药"是借口,实际是受干扰太多了。

在谈到为什么自己能在有了孩子之后依然能顺利地通过考试时,B老师把原因归结于自己的自制力比较好,虽然在复习备考时该教师偶尔也会因对女儿的牵挂而分心,但基本上能理智地控制住自己,专心学习。

教师B:有人说生了孩子以后记忆力下降,我觉得倒不是记忆力下降的问题,是什么呢?分心了,真的是有分心这样的情况,就是在看书的时候就会想:"我们家桃子现在在干什么呢?她现在睡得还好呀?"总觉得要看看她或者干什么的。但是很好的是我有一定的自制力,我能分清楚孰轻孰重,我在这方面没有什么太大的压力,也没有什么太大的顾忌。

同样是学习时牵挂子女,J老师却因为没有足够的自制力而备受杂念的干扰,无法在学习时全身心投入。

教师J：我现在正在考本科，但是好像以前看书没有那么多杂念，现在看书就有杂念，感觉看不进去。如果能调整好，肯定就能静下来。像我就属于那种不太会调整的。

自制力是指善于控制和调节自己的情绪、思想和行动的意志品质。它的显著特征是善于推动和促进自己去从事为达到一定目的所必需的行动，也善于制止那些与预定的目的相矛盾的愿望和行为。有自制力的人能自觉地遵守纪律，工作专心致志，善于克服不符合社会需要的狭隘的个人动机，善于克制不利于工作的言行。[①] 在准备自学考试的过程中教师需要克服对子女的牵挂和对家事的担心，才能专心投入到自学中。这需要学习者有较强的自制力，不被杂念（尽管这些杂念更多是指对子女的呵护）所困扰，从而提高学习效率。

3. "坚定性"特征——教师G与教师A的比较

教师G：我这人做一件事情喜欢把它做完，我不愿意半途而废，我觉得如果我不把它考完，那我前面考了那么多是为了什么呢？花费那么多时间、那么多精力。

教师A：我考本科的时候就觉得一下子蛮难的，而且我就觉得毕竟年纪大了，记不住东西了。然后就考得很吃力，这几年我就不想再考了。

坚定性是指在完成任务的过程中不屈不挠、坚持不懈地克服困难的意志品质。具有坚定性品质的人，能够按照客观规律进行活动，不为暂时的挫折所迷惑，他们有顽强的毅力，总是充满信心地为其确立的目的奋斗。[②] 对于幼儿园教师，在经过一天工作的辛劳之后回到家中，在养育子女的同时还要兼顾学历的进修的确不是容易的事情。她们不仅要克服照顾子女身体上的辛苦，还要克服由于不能像其他母亲那样充分地陪子女玩耍或关心他们的学业而引发的对子女的歉疚感。所以，越是在这种艰难的情况下，越需要教师发挥坚韧不拔的个性品质，才有可能在后续的努力中达到预期的目标。G老师与A老师面临同样的考验，但是前一位坚持了下来并最终取得了本科文凭，而后一位则在困难前退缩了。

4. "自觉性"特征——教师B与教师E的比较

教师B：

对学习的认识——我从来不觉得学习是件痛苦的事情，我觉得学习有很大的乐趣，我觉得当你学到一样东西，或者是在老师讲课的时候，你原来不懂的，然后通过老师的讲解，你明白了"哦！原来是这么回事情"。我有一种顿悟的感觉。就是很开心，我弄懂

---

① 高玉祥.个性心理学[M].北京：北京师范大学出版社，1989：181.
② 高玉祥.个性心理学[M].北京：北京师范大学出版社，1989：182.

这个东西了,我觉得挺好的,就是这种感觉既是一种成功感,也是一种满足感。

想考研究生的动机——今年7月份的时候想考研,我就跟园长讲:"我真是觉得工作中有很多需要学习的东西,我现在学的东西我觉得已经不够用了。"我现在读研究生,并不是单单为了文凭什么的,我就是想通过读研学到更多的一些知识。

对本科自学考试的态度——现在不再是为了考试而考试了,这种转变是在学本科时产生的。虽然我也是自考,但本科自考和大专自考的含金量真的是有很大差距的。我觉得大专真的是普及知识型的,和我们那种幼师里学到的东西没有太大的差异,到了本科你真的就不一样了,很多理念和理论。那些概念就很深奥!而且通过本科学习,你也可以认识其他的人,因为人以群分哦!就是说但凡是能够坐在这个课堂里的,大多数还是比较好学的,好学的人和好学的人在一起,他们总是有共同的话题的。你和他在课余的时间沟通,你也能够学到一些东西,因为他们也是一线的老师嘛!两个幼儿园互相谈一谈,也能够学到不少东西。

B老师是唯一一位提到有更高的学历提升打算的老师,虽然她现在的深造条件并不理想,但她认为为了更好地胜任工作必须不断提高自己。

教师E:现在本科考试还差四门没过呀!我觉得有的课程和我们这个幼教不搭界,"文学精读"肯定是要考,因为这是必备的。你说"教育史""思想史""教材法",这些课程能学到很多东西,但是什么"大学数学""现代技术概论",这和我们专业有什么关系呀?

E老师奉行的是实用主义,考试就是为了取得相应的文凭。没有外部动机的激发就没有行动的动力,主要的表现就是对考试中某些科目的安排不理解,觉得与本专业没有直接关系,不能认识到不同类型的知识对自己专业发展的不同益处,这种停留在狭隘知识观上的认识水平是导致教师自觉性不高的主要原因,表现为当困难来临时无法主动调整自己来达到目的,而是抱怨多于努力。

自觉性是对自己的行为目的的重要性有清楚而深刻的认识,并能主动地调节自己的行动以达到目的的意志品质。有自觉性的人能够按照客观规律提出行动目的,相信自己的行动目的是正确的,因此能够把自己的热情和力量投入到行动中去,即使遇到困难也不气馁,千方百计地去排除障碍,积极执行决定。① 而自觉性是与个人的认识水平紧密联系在一起的,如果一位教师更能理解学习进修的积极意义而不是仅仅停留在取得更高文凭的表面追求上,她就不仅有外部动机的推动还会有内部动机的激发,在外部动机和内部动机的综合作用下她就能具有更高的自觉性。B老师就是这样一位把学习

---

① 高玉祥.个性心理学[M].北京:北京师范大学出版社,1989:178.

当作乐趣、以众人之苦为己之甜的人,这也许能从另一个侧面说明她为什么能把学习进修当作一次丰富自己知识、提高自己能力的机会,而不是为了通过考试而准备考试了。

(二) 性别意识与影响结果的关系

个人的性别意识在教师面临家庭和事业双重压力时对他们做出不同人生选择起关键作用。研究者就"男人应以社会为主、女人应以家庭为主""女性应该尽量避免在社会地位上超过她的丈夫""干得好不如嫁得好""男性能力天生比女性强"4个问题对10位教师进行访谈,结果发现,绝大多数教师还是认同传统的性别分工的,认为女性理所应当地在家庭中投入更多的精力和时间,特别是有了后代以后;认为女性无论在工作中如何有成绩,回到家中应该学会在丈夫面前"示弱",认为这样有助于家庭的和谐,并不是真的要刻意压抑自己追求事业上成功的努力;并不认同"嫁得好"可以保障自己的一切,但从社会某些"夫贵妻荣"的现象中无奈地看到了这一事实;认为男女各有能力优势,并不是男性能力天生比女性强,只不过因为女性更多地为家庭担负了重担,才使得男性更有机会获得成功。

为了更详细地说明个人的性别意识与影响结果的关系,研究者重点对教师B与教师C进行了比较分析,这源于她们的园长认为B老师似乎是最没有受到养育事件消极干扰的典型代表,而C老师则是深受养育事件消极影响的典型代表。

1. 教师B与教师C截然相反的成长路向

B老师幼师毕业后于1995年10月到C园工作至今,2004年10月生了一女孩。在生产前后分别有公婆和自己的父母帮忙照顾,该老师在产前除带班外曾担任档案员、资料管理员和年级组长职务,产后除带班外还专门负责教科研工作,是C园的骨干教师之一。B老师从入职开始到现在,对幼儿园教师职业经历了从排斥到热爱的过程。据她自述,在读幼儿师范之前最想当地质勘探员,因为那样可以远离父母;读幼师是无奈的选择,求学期间仍不想当幼儿园老师但无力改变这一事实;工作初期对职业认识不深,觉得小孩很烦,结婚前最大的愿望就是能做个全职太太;婚后工作渐入佳境,开始体会到职业魅力;现在认为职业能实现自我价值,即使有条件做全职太太也不做了。

C老师幼师毕业后于1998年9月开始到C园工作至今,2006年8月生了一男孩。在生产前后主要是自己的母亲帮忙照顾,该教师在生育之前所带班级得到领导和家长的一致好评,并顺利地被评为"区骨干"和"区青优"。产后除带班外没有再担任其他职务,是C园的骨干教师之一。C老师十分热爱幼儿园教师这一职业,当年在报考中专时三个志愿填写的都是幼儿师范学校。在读幼师期间也十分喜欢这一专业,自认为在班上像她这么热爱这个专业的没几个。来到幼儿园正式上班后工作热情也特别高,干劲特别大。生育之后对工作的热情降低了很多,对儿子的期望高于对自己的期望,现在希望家庭条件允许的时候能够换一个比幼儿园教师职业轻松的工作,因为那样可以把更多的精力投入到对儿子的培养中去。

2. "儿女心"影响着教师的专业成长路向——园长的看法

对于同样在该园任职、同样都是在该园成长起来的骨干教师 B 与 C,园长目睹了她们专业成长的整个过程。很明显这两位教师有着两种完全不同的成长路线,B 老师朝着上升的方向前进,而 C 老师却似乎愈发陷入低迷的状态。虽然她们的起点不同、家庭情况不同、有很多客观的因素都不相同,但因养育事件的影响而导致的不同发展路向最根本的原因究竟是什么呢？该园园长做出了如下判断。

园长 C:

关于加班——有的老师"儿女心"不那么重,她能够放得下孩子。我们幼儿园一个教科研的组长,就是教师 B,有的时候我会让她加班,她也照样加,而且她的精力和心思也在这个上面。但是有的老师,我也能感觉到,虽然我跟她说加班,也没问题,但是我能感觉到她的心思不能完全放在这里。所以有的时候我就问"你有没有急事?",有急事你就走,为什么？情愿你离开,你不离开,状态不在这儿,做事情做不好。上学期我跟教师 C 讲:"我情愿你中午的时候离开,我们开教研活动,你不来参加没有关系,为什么？你状态不在这儿,你老想着孩子要喂奶了、孩子要怎么样了,我不如把这个时间全部放给你,让你用全部精力把孩子看看好。"

关于出差——当然你也不能说人家教师 B"儿女心"不重,但是相对来讲就没那么重。比如说小孩还小,要到上海出差,她也照样去。她回来的时候说她女儿不管她叫妈妈,她可能也心酸了一下,但是好像也就过去了。可是像教师 C,她就不会放下她的孩子一天而去出差的,你说这是不是和"儿女心"有关系。

3. 她们的根本区别在哪里？——局外人的分析

这两位教师都是工作态度认真、业务能力很强的优秀教师。尽管她们的工作起点、家庭背景、个性特征都不尽相同,但这些应该都不会是导致她们目前完全不同专业生活状态的根本原因,因为她们的转变都是从有了家庭和孩子后开始的。研究者认为既然她们专业成长的转折点都是在有了孩子之后,那性别意识也许是最应该考察的重点了。

从本研究对教师的性别意识调查的情况来看,由于目前中国幼儿园教师的社会地位是偏低的,即使是在幼教领域取得骄人成绩的教师也很难获得较高的社会地位,正如有的教师谈到的:"对于一个幼儿园老师来说,社会给你的名和利跟你的付出不成正比。""我们混得再好不也就是一个幼儿老师嘛!"所以针对"女性应该尽量避免在社会地位上超过她的丈夫"这一问题的回答对于本研究来说没有实际意义。

具体到这两位教师,B 老师虽然对"干得好不如嫁得好"表示认同,但她是从实现自我价值的角度来回答这两个问题。她的回答说明在社会传统世俗的压力下,女性如果企图通过工作来实现自我的价值必须在家庭中要学"乖"点、要学会"以退为进"的发展策略。而 C 老师虽然对这个问题表示否定,但她是从预防后患的角度来回答这两个问题。她认为好的婚姻不是一成不变的,完全依靠婚姻是危险的想法,女性必须要在经济上独立才能减少今后可能发生的家庭变故对自己造成的伤害。所以这两位教师在这个问题上回答的差异并不能说明 C 老师的性别意识就比 B 老师更现代。她们在性别意识上的差异主要还是在第一个问题上(男性应以社会为主,女性应以家庭为主)露出端倪。

教师 B:我从来不觉得"男人以社会为主、女人以家庭为主",每个家庭成员的构成是不一样的,有的男人他根本没有这个能力去支撑家庭,你非要他去支撑家庭,那有什么意思呢?这是第一种构成。还有一种构成就是两者都比较强的,像我们家这样就是两两比较均等的,你完全把养育的责任或者是赚钱的责任都推到丈夫身上,他很累的!因为现在其实工作压力相当大,男同志也很累的。如果他同时承受工作压力和全部家庭压力就不好。我觉得互相均摊一点,大家就比较好一点。

B 老师首先表现出对自己工作能力的自信,认为她的家庭是属于夫妻势均力敌的强强组合,这就不难理解为什么她对工作越来越热爱,因为这是她证明自己力量的重要资源。

教师 C:我同意"男人以社会为主、女人以家庭为主"。这就是为什么我以前可以把所有的重心都放在单位上,但是现在我要平衡。我觉得女的照顾家里面多还是有一定的道理的。男的太粗心了,照顾不好的!的确是男的以社会工作为主,女的以家庭为主,女的对家庭照顾得比男的要多一点!在大多数领域看到较多的能干的男同志,可能是因为家庭的负担由女的顶起来了,男士更容易放开工作,可能就更容易出成绩。

C 老师在有了小家庭之后渐渐表现出对自己工作价值的怀疑,认为与在幼儿园工作相比,自己在家庭这个舞台上更能实现自己的价值。虽然她并不认同男性的能力天生比女性强,而认为是女性用自己对家庭的付出换取了男性更多成功的机会,但她认同这种"牺牲",并坚信这是女性义不容辞的责任。换言之,她更倾向于通过照顾家人并从家人的成功来实现自我的价值。这就不难理解为什么她在有了孩子之后对曾经无比热爱的幼儿教育不再痴迷了。

4. 她们为什么走不同的路？——从当事人的反思中看根源

教师B：

对工作的认识——我不是那种工作狂，为了工作抛弃家庭；我也不是那种家庭依恋性比较强的，说有了孩子什么都不顾，只要把孩子培养好，可以不顾工作。我觉得这样不行，特别是对于女人来说，家庭、工作同样重要，缺一不可的，工作是女人实现自我价值的一种途径。

对女儿的教育期待——要对自己的孩子有个正确的认识，就是说你的孩子是个什么料，你就把她雕成什么样子。她明明是一块玉，你非要把她雕成一块象牙，可能吗？不能的。我一直都很有自知之明，我希望我的这种自知之明可以用在我教育孩子身上，但是我还是要提供给她一种机会、条件！创造条件给她去搏一搏！她能搏到什么程度就到什么程度，我不去勉强她！对于我们家女儿，我认识得很清楚，她不是智力超常的人，她是一个普通人。普通人你干吗要让她往超常人去发展呢？

对"可以做全职太太"的认识——即使是老公以后赚钱了，可以做全职太太了，我也不想。其实我追求的最高境界就是工作不再作为谋生的手段。我希望我们家先生能给我这个实现最高境界的机会，那个时候的工作态度会比现在更放松一点，就是压力会小一点。但是对工作的热情和积极性，我想是不会减的。因为你跨越了一个层次，就是说你把这个工作看作你的理想、你的目标，你实现自我价值的一个东西，而不仅仅是谋生手段了。就是由被动消极的转变为主动积极的了。积极地找这份工作去干，而不是就为了工作、挣钱呀什么的而工作，否则人就像机器一样。

教师C：

对工作的认识——你说我们以后能干吗呢？最多也就混到"名师"这个程度了，但是要花费太多的精力。我想过的，实在没有这个精力。我已经放弃这个追求了！我现在就希望能收入稳定，不要烦太多的工作，现在的工作有点烦。

对儿子的教育期待——希望能花更多的心思在孩子身上。我最大希望就是他以后能成才！他成才比我重要，太重要了！小孩能让你有终止的吗？有可能忙忙就忙完了吗？小孩马上上幼儿园，上了之后我要给他搞个什么兴趣班上上呢。周六周日要带他上兴趣班，你又没时间了。晚上回家你要忙小孩，然后等到上小学了，还要上奥语、奥数，上小学还要择校，上了小学还要去跟老师沟通，你说还有时间呀？你要想做个好妈妈,你就不要想在单位里有太大的成就,这就是我的理论。

对"可以做全职太太"的认识——我还是会出来工作的,但是我会选择一个工作轻松一点的,就是不需要我花太大的心思。那个时候我更多的是以照顾家庭为主了!我觉得幼儿园的工作与我的家庭有一定的冲突,比如说我在教育我自己的孩子方面我就没有那么投入精力,因为我在幼儿园话说得太多了。

养育事件是教师个人生活中的一件大事,作为局外人都能明显地感受到她们的变化,作为当事人,她们更能够根据对自己的一些观念和特点的剖析来向我们展示决定她们不同成长路向的根本原因。

首先在对待自我价值实现的问题上两位教师的观念完全不同。前者(教师 B)把工作视作实现自我价值的途径,不会因为有了孩子而完全把生活的重心转移到孩子身上,对女儿也没有过高的期望,保持了自我的独立性,所以还能在女儿出世、生活压力更大的情况下保持较高的工作热情;但后者(教师 C)在有了孩子之后把培养儿子成才看作实现自我价值的途径,把对家庭的贡献看作实现自我价值的主要方式,因此她对儿子有较高的期望,在她看来只有儿子的成功才是自己的成功,儿子成才比自己成名更重要,这其实是一种真正失去自我的表现。

其次在对待"如果家庭有条件做全职太太,是否会考虑回归家庭"的问题上,虽然她们都不同意做全职太太,但具体想法截然不同。前者是从达到工作的最高境界,即工作不仅仅是谋生的手段而是实现个人理想和目标的途径,来说明不做全职太太;而后者是从家庭经济条件允许的时候可以自由地选择其他工作(比幼儿园教师工作轻松但收入可能更少的工作)以便更投入地为家庭服务的角度来阐述不做全职太太。正是这些不同的个人想法在不知不觉中影响着幼儿园教师的专业态度和专业行为。

二、良好的家庭支持是"助燃剂"

对于养育事件所造成的不同影响后果,如果说个人特征是"可燃物",那么良好的家庭支持就是"助燃剂",可燃物的燃点是燃烧的前提和基础,助燃剂则是导致能否充分燃烧的重要条件。

根据森岗清美先生给出的定义,所谓家庭就是由夫妇、亲子、兄弟姐妹等少数近亲成员通过深厚感情联系相互结合而成的,追求初级社会福利的社会集团。[①] 作为一种

---

① [日]望月嵩.家庭关系学[M].牛黎涛,译.北京:中国大百科全书出版社,2002:1.

社会集团,家庭功能的主要特点就是其多样性和包容性。以个人为中心形成的亲属关系,与家庭生活中我们所看到的亲子关系、夫妇关系等所具有的功能一样,通过日常的相互援助和相互接触,具有加强亲属之间联系和稳定精神的功能。这种支撑家庭生活的后援体系,按照光吉利之先生的观点,有着相互援助、社交、交换服务三个功能。① 在本研究中由于养育事件给幼儿园教师直接带来的主要是家事上的重担,所以由亲属发挥的援助功能是分析的重点。当然在社会分工越来越精细的现代社会,有些援助未必必须由亲属来进行,事实上现在已经有各种各样的社会机构代替了亲属发挥这一功能。例如,有的教师谈到的请钟点工或保姆,这种购买家政服务的方式也成为减轻养育负担的一种措施。可是也有很多教师流露出购买家政服务最大的担忧是其安全性,特别是当社会上有关于保姆拐走雇主家孩子的种种报道出现后,教师对"外人"的担心就更加明显了。另外社会机构提供的援助具有单一性、简单性倾向,很难达到每个家庭的不同要求。例如,有的教师谈到她不再继续请钟点工,主要是因为她实在无法忍受钟点工所做饭菜的口味。而相比之下,由亲属提供的援助则富于灵活性,更易满足每个家庭成员的特殊需要。所以对于教师来说,无论是从"放心"的角度还是从"贴心"的角度,亲属关系可以说仍然是最为宝贵的后援体系。

从对访谈资料的编码可知,教师的亲属中长辈(夫妻双方的父母)与丈夫给予的支持是最明显的和最直接的。从类型上划分主要分为人力上的支持和精神上的支持。

(一) 人力支持

教师 G: 我一直都没有自己做过饭,我们就是一直和老婆婆一起吃,因为我丈夫他下班的时间特别晚,而且经常要开会或者加班什么的,所以我们两个人没有办法自己烧饭。有的时候是他们给我们准备好饭菜,我们就带过来。这减轻了我们的负担,我们基本上就没开过伙,这种幸福要能持续才行。坐月子是在我自己家的,但是我老婆婆过来照顾我的,洗、弄,都是他们忙的。当时我老婆婆还请了她的妹妹来帮我们带孩子,她就帮我们烧、洗、弄。所以说这个过程他们家人对我们的照顾还是很好的。基本上后顾之忧没有了,就像现在小孩上幼儿园天天早上送呀都是爷爷奶奶,等我下了班就去接她,不像家里没有人带要请保姆呀!还是蛮好的。

教师 I: 孩子上幼儿园的时候是回我妈那儿吃。孩子上小学后,中午是我妈接,我们要到 12 点下班,她大概 11 点 45 就放学了,所以我妈接她,然后就直接到我妈那儿吃

---

① [日]望月嵩.家庭关系学[M].牛黎涛,译.北京:中国大百科全书出版社,2002:117.

饭。下午有时间我就去接她,如果我上中班,下班早我就去接她;如果我没下班,还是我父母去接。送也是的,如果来得及我送,如果来不及就是我妈送。晚饭我就基本上做一些简单的,因为我妈会给我把菜什么的都准备好,有时候我妈会带现成的给我。

教师F:因为我的身体也不太好,多亏了我妈帮忙,一起弄。我就结婚那一个月离开了我妈,然后就一直都住在一起了,都是靠我妈,那时候我家靠幼儿园比较近,也是多亏了我妈!有时候我们家女儿在幼儿园有什么事,一个电话一打,我妈就过来了。

教师D:那次的比赛比较复杂,有教案评析的比赛,教案设计的比赛还有百科知识的比赛,要准备的量特别的大,而且在家里根本就没有办法看书,所以我没办法就到图书馆去看书。那个时候还是跟(孩子)爷爷奶奶住在一起吧!所以我下了班就可以回家,然后把孩子交给他们,星期六和星期天也是交给他们,这样就到图书馆去看书。

家庭就好像一个生产企业,为了追求家庭效用的最大化,家庭成员之间的分工是必然的,谁的工资更高,谁就应该更多地就业,而另一位则应更多地从事家务劳动。而事实上真正的家庭分工却不能完全做到只受经济因素的影响,其中社会因素、观念因素都有重要影响。一直以来在中国家务劳动的主要承担者就是女性,尽管近年来随着观念的进步以及女性整体社会地位的提高这一情况已有所改变,但调查表明,目前女性承担家务仍然普遍比男性多。2000年妇女地位调查资料显示,85%以上的家庭做饭、洗碗、洗衣、打扫卫生等日常家务劳动主要由妻子承担。女性平均每天用于家务劳动的时间比男性多2个小时。而与此对应的是,女性在休闲方面看电视的时间每天平均比男性少13分钟,学习时间及其他自由支配时间也低于男性。① 2021年的调查数据则进一步验证了上述结果,认为妻子平均每天的家务劳动时间为3.9小时,而丈夫仅为1.6小时,丈夫的家务劳动时间仅占夫妻之和的28.2%。由此可见,中国夫妇在家务分工方面的不平等程度很高。对于职业女性来说,繁重的家务劳动负担的确在一定程度上限制了她们的发展,特别在有了养育责任后,这种自我发展需要和陡增的家务劳动负担之间的矛盾就更加突出。对于幼儿园教师而言,这种矛盾也是困扰她们专业成长的一大障碍。

大多数教师访谈中都提到了虽然丈夫在家务劳动上无法给予必要的支持,可是长辈却给予了极大的人力支持。有的教师甚至强调如果没有长辈的帮忙则自己根本无法上班。正是在家庭支持下,幼儿园教师才有相对多的时间和精力投入到工作和学习中。

---

① 王宇.女性新概念[M].北京:北京大学出版社,2007:150.

(二) 精神支持

教师 B：

遭遇家庭与事业的冲突——有了孩子之后我最深刻的感觉就是忙！连轴转，就有好多事情要做。前两年，她奶奶还在这儿的时候，我心里对女儿还是有点内疚的，真的是感觉陪孩子的时间太少、太少！因为那个时候在搞课题工作，就是"十五"的课题，再就是"十一五"的申报，有大半年的时间就在忙这些东西，我就觉得很对不起女儿，孩子也大了嘛！一开始她也不懂得要黏妈妈呀什么的，可能是带得少，她也不怎么太黏我。然后有一个暑假，在家里休息了一个月，从那个时候开始黏我，然后一到上班的时候，她也不哭，就说："妈妈，你别走，你陪陪我。"哎呀！当时我就觉得很对不起她，那段时间真是披星戴月，早晨 6 点多从家里走，我们家女儿还没醒；晚上八九点才回家，她都已经睡觉了。有的时候真的就是讲不上一句话，就觉得晚上她上厕所的时间是最宝贵的，能抱抱她。

丈夫的安慰打消了退却的想法——那个时期我就跟我爱人说："我不想干了，我觉得太对不起我们家女儿了。工作干吗？工作也就是为了女儿，现在都搞得没时间陪她，那我工作还有什么意义呀？"他说："不要急，不要急，你现在出来还太早！忍耐一下，慢慢熬吧！等我挣钱了，我一定答应你做全职太太。"我现在能这样子，很大一部分也感谢他，他脾气很好的，大多数的时候都是在让，他知道在我发火的时候要哄一哄；在我脾气不好的时候，他还是以安慰我、安抚我为主，他没有跟着我跳、跳、跳。

园长 D：我们另一个省教坛新秀，她也快要生孩子了，她自考的那个时候正是预产期的那几天，她丈夫就等在门口，她照样去参加考试。她的母亲也很好，她说："你不要拖下来，你拖下一期就拖下来一年，别人提前一年毕业你就延后一年毕业了。"

还有一个事情。她的产假还有半个月时，刚巧正赶上"教育比武"，她又来参加了。我们当时就是通知到，来不来是她自己的事情了。她妈妈鼓励说："你还是去吧！我们以前也就 54 天（指产假）也过日子的，你有机会参加也好的，如果你这一次不参加，'教坛新秀'，几年才评一次的。你拖了一次你就拖了一段，一次拖了你以后很多次都要拖。"

现代社会生活节奏加快，竞争愈发激烈，人们的压力也不断上升，当职业压力超出个人所能承受的阈限时，职业倦怠感就出现了。2004 年北京国际心理学大会的资料显示，"职业倦怠"有其特殊的高发人群，主要包括助人工作者、工作投入者、高压力人群以及自我评价低者。教师群体是五大高发人群之一，作为服务性、助人性行业的教师，是经受压力最多的职业之一,因此,逐渐成为职业倦怠的高发人群。[①]

对于本研究所涉及的研究对象而言,很多教师都表现出不同程度的职业倦怠,特别是在有了孩子之后由于要承担更多的家庭责任,这种职业倦怠感就更容易滋生,有些教师表示宁愿选择当保育员也不愿意当教师,因为保育员不用把被子床单带回家去洗,而教师要把备课等工作带回家完成;有的教师表示宁可当配班教师也不愿意当班长,因为班长要承担更多的连带责任,而配班教师只需要为自己负责就行;有的教师表示很羡慕保健老师,认为她们的工作压力要小很多,幼儿真正生病了都是往医院送,而各方面对教师的要求都很高,精神压力太大。过高的压力会引起人们的焦虑,不仅会影响教师专业成长还会影响到教师的身体健康,所以在这种情况之下家庭积极的精神支持就显得格外重要了,这些精神支持可以在教师面对困境萌生退意之时给予她们战胜困难的勇气,也可以在她们面临家庭和事业的冲突举棋不定时给予建设性的建议,帮助她们做出明智的决定。总之,家人坚强有力的精神支持也是教师专业成长的动力源泉。

三、幼儿园管理方式是"催化剂"

管理方式可以简单地分为两种,即硬性管理和柔性管理。把人简单地看成接受管理指令的"机器人""工具人",这在管理学上称硬性管理,它注意的是条例、规章、管理中的逻辑关系与因素,所以也可以称为制度管理、条理管理或逻辑管理。柔性管理则充分注意到被管理者的基本要求,创造良好的人际环境以及激发被管理者的积极性来提高管理效果,它注重的是人、人的价值观、人的理性因素和非理性因素、人与人相互交往的关系与准则等。[②] 如果我们把硬性管理与柔性管理很好地结合起来,柔中有刚、刚中带柔,既有明确的目标体系、完善的管理制度和质量评估体系,又能注意到以人为本,注意到人的不同层次的需要,充分调动人的内在积极因素,这样的管理就必定是科学有效的。具体到养育事件对教师专业成长的影响,有些园长的管理使这两种方式结合得较好,既让教师愿意以积极的态度接受由于养育子女所带来负面影响的挑战,又能帮助教师更合理有效地处理好家庭与工作的矛盾;有的园长的管理方式却硬性过多、柔性不够,不仅在感情上让教师觉得冷漠无情、缺少人性化,而且无法给予教师解决养育与工作冲突的实际支持,使教师陷入困境而难以自拔。

---

① 金忠明,林炊利.走出教师职业倦怠的误区[M].上海:华东师范大学出版社,2006:5.
② 邢利娅,张燕.幼儿教育管理理论与实践[M].北京:北京师范大学出版社,2002:22.

（一）哺乳制度

虽然早在 2007 年原卫生部颁布的《中国居民膳食指南》中就建议母乳喂养时间最好到 2 岁，但传统哺乳时间一般是 8—12 个月。而产假结束往往还不足半年时间，教师就必须重新回到工作岗位，这就意味着要重新调整自己的作息时间和心理状态。大多数教师在访谈中都反映再次上班后会受到哺乳问题的困扰。主要表现为：家离幼儿园太远，中午的休息时间不够回家哺乳；工作的强度比较大，奶水自然变少；工作期间由于不能及时把乳汁挤出引起身体不适。（访谈的所有教师都没能达到理想的哺乳时间，这不能不说是遗憾。）这样，园长怎样给教师安排合理的哺乳时间就是一个必须要解决的问题了。安排合理则有利于教师主动积极地进行调整，尽快地从不适应的状态摆脱出来；反之则会使教师在不适应的状态中停滞过久，给教师的心理和精神造成不必要的负担，影响她们的专业成长进度。

根据研究者所访谈的三所幼儿园（A、B、C 园）的教师和三所幼儿园（A、C、D 园）的园长的情况来看，关于哺乳时间安排的问题的确是一个比较棘手的问题，但也是园长必须要解决好的问题。

1. A 园哺乳制度的改革

① 教师对 A 园以前的哺乳制度的看法

教师 E：那个时候中午就只有一个小时的喂奶时间，如果你家住得远，你回去不了就活该！我觉得一点人性化都没有呀！你说你家住得远，来回路程都要一个多小时，就不可能回去了。虽然中午的时间可以备课，但不是说不值班了就不能备课了。反正这个事情都是你自己的事情，你都要找时间另外去做。

教师 D：每天有一个小时的喂奶的时间，我们家比较远中午就回不去了。我是四月份来上班的，在我早上走之前和晚上回家后是母乳喂的，中午就给孩子用奶瓶了。有哺乳这个时间你可以早点回家或者是迟一点来都可以，但是没办法，因为我们太远了，中午就没办法。

② 教师对 A 园现在的哺乳制度的看法

教师 E：肯定是现在的时间安排更好了。

③ 园长对现行哺乳制度的解释

园长 A：现在哺乳时间不是统一的，因为一个是根据幼儿园工作的需要，你说我中间 10 点到 11 点钟回家去一趟，这是不可能的事情，那么你可以选择早上迟点来，或者晚上早点走;还是要根据个人的不同情况,因为还有家近家远呀!如果说家近的话,我可以中午不值班,中午回家照顾一下,中午我们可以安排别人到你们班上去值午睡,这个是可以的。但是你家住得很远的话,我把中午的时间给你,你也来不及跑,那路上两个小时的时间跑掉了不是白跑掉了吗?那我就考虑到她是早上迟点来,或者下午下班早点走。我觉得这个还是很人性化的。既不影响幼儿园正常的教育教学工作、不影响孩子的发展,还可以体谅到老师的需要,合适地安排她的时间。

A园的管理一直比较严格,比如中午教师一般是不允许回家的,有的要备课、有的要值班,在哺乳时间安排上也曾体现出这一点。而后来的哺乳制度调整为教师可以根据家与幼儿园的远近决定中午是否值班、早晨是否迟来以及下午是否早退。这样就可以在最大程度上兼顾不同教师的不同需要,给教师更大的主动权灵活安排哺乳时间。

2. B园哺乳制度的特色——"零存整取"

教师I:至于喂奶的时间,园长让我们自己考虑。她说如果你觉得你的孩子奶瘾特别大,你中途必须回去,比如说你九十点钟你必须回一次的话,每天都有喂奶时间的嘛!那你在这个时间回去,就一个小时嘛!

但是如果你觉得你的孩子奶瘾不是很大,或者比如已经加了牛奶了,不是很馋奶的,反正我们正常中午都要回去的嘛!如果你能等到中午回去,你就等到中午回去,那就帮你把这一个小时留下来,就比较机动。这样积满了8个小时,就可以给你一天假!这样的话以后比如说孩子生病呀或者干吗的,请假就方便。反正我们大部分人都愿意把喂奶的时间积在一起,灵活一点。那个时候我就是中午下班回家喂的。

B园与A园的情况不同,B园除了中午要值班的教师其他的教师都可以回家,所以B园的教师要比A园的有更充裕的自由时间。那对于同样是国家统一规定的每天一个小时的哺乳时间,B园又是如何处理的呢?园长虽然由于时间关系没有接受研究者的访谈,但从该园幼儿园教师所透露出的信息可以看出B园的哺乳制度是非常受欢迎的,因为这种时间安排更利于教师在这个特殊阶段处理好家庭与工作之间的矛盾,最大可能地缓解由于角色冲突引发的焦虑与紧张。

3. C园哺乳制度的特色——"量体裁衣"

园长C:每个老师都有自己的哺乳时间,比如说H老师,她是幼儿园的业务助理,而且也是领导班子的成员。那么相对来说,她的责任就更大些,中午她必须要在幼儿园。那我会在她来上班之前考虑一个适合她的方案。我会提前跟她讲:"来上班之前,你是不是要把孩子的生物钟倒一倒。我给你这个时间段,你看你这样调整行不行?"我觉得基本上每个人的时间还是都差不多,只不过是时间的分配不一样。比如说C老师有C老师的时间,H老师有H老师的时间,你们不在同一个时间段去哺乳,但是你们都差不多,实际上是差不了多少的。

C园是一所集体性质的幼儿园,与A园和B园相比具有更灵活的管理机制与更多的自主权,所以该园的园长就根据每位教师的实际情况和教师协商哺乳时间,为每位处在哺乳期的教师"量体裁衣",使得每位教师都能尽可能地在干好工作的同时照顾好子女。

(二) 工作量的安排

"大肚子"教师在幼儿园总会引起更多的关注,由于生理原因许多平时可以做的工作在这个时期都无法完成。对于这些教师,怎样安排她们的工作量？C园园长的做法在一定程度上缓解了教师的困难。

园长C:在教办园一个班"二教一保"是很稳定的,相对于教办园而言,我们幼儿园一个班两个老师我肯定是保证的,但半个保育员、一个保育员可能有的时候我不一定能达到。那么在有"大肚子"老师的班上我肯定是要多派人手的,比如说现在我们幼儿园两个"大肚子",一个大概怀孕六七个月,还有一个大概三四个月的样子,她们班都是三个老师。可能对于教办园来说,三个人是很正常的事情,但是对于我们而言,那一个人就是在括号之内的。比如说就像今天早上,有一个大肚子老师要到医院去,那我们班上就是一个老师一个保育员,那要是在其他班上就可能不能满足你有保育员,在教办园中她们觉得是应该的,但是在我们这里她们会觉得园长对她们是照顾的。

另外,我在时间上可以给她们稍宽松一点。比如说我们小一班的大肚子老师,就是六七个月了。那我从下个星期开始我就陆续喊她出来,比如说忙忙资料的整理呀！有一些事情找她去做,就是不会让她整天在班上啊！

在C园,C老师与H老师都是刚刚经历生育不久的骨干教师,但是前者受养育事件负面影响比较大,而后者则较小。为了让这两位教师都能在这个特殊时期尽快地走出困境,园长针对两人的不同情况采取了不同的措施。

园长C:我会根据她们生育之后的不同状态给她们不同的任务、给她们不同的担子、给她们不同的压力。

比如说就像H,她生育后的工作状态还可以,那她原来的工作量怎么样现在还是怎么样,但我相对来说就会给她多一点时间。有的老师可能一下子转换不过来,那么我会相对减轻她们的担子,但是我也会把利害关系告诉她,同时也尽可能不会让她们感觉到很失落。比如说C,去年1月份我们区组织集体舞比赛,集体舞对于小老师来说其实比较难。这个时候我就喊C,要让她觉得:在这个方面我比她们强,我在这个方面自己还是很有能力的。然后我会让她去排这个舞蹈,给她适当的压力,而且这个压力是她自己能够承受的,但是技能大赛什么的,我就不会给她参加,因为那个费时更多,压力会很大。那个我就会请别人参加。

每个教师在确定生育子女之后都会经历怀孕、生产、哺养的过程,而在怀孕期间以及休完产假再次上班期间工作量的安排是需要引起园长重视的问题。因为这两个时期是教师最需要照顾和关心的时期,怎样分配工作量才能既不影响教师的身体状况又不会过于影响教师的正常发展?如果工作量超过了教师可以承担的负荷,教师不仅不能完成而且还会影响到自身的身心健康;如果过于关注和照顾教师,又可能会强化她们的弱者心态,不利于她们发挥主观能动性和潜力。所以,园长如何设身处地地为教师着想,合理地安排教师在生养不同阶段的工作量是一件需要动脑筋的事情。

第二节 养育事件影响幼儿园教师专业成长的特点

在各方面的因素综合作用下,养育事件作为幼儿园教师个人生活中的关键事件对每位教师的影响并不完全相同,但根据对原始资料的编码,研究者发现养育事件影响教师专业成长的特点却表现出一定的相似性。

一、互动双向性

养育事件影响幼儿园教师专业成长的特点首先表现为互动双向性,研究者认为要理解这种特征需以角色扮演为切入口。角色是社会学研究中引入的戏剧术语,用以表示人在一定的社会关系中所处的地位和所起的作用。社会学将这种具有一定社会地位或身份的人所应有的行为模式称为社会角色。[1] 社会角色的扮演是指当一个人具备了充当某种角色的条件,去担任这一角色并按照这一角色所要求的规范去活动。有学者认为,如果在各种情况下角色都扮演得很成功的人,就可能过着正常的生活;相反,扮演

---

[1] 庞丽娟.教师与儿童发展[M].北京:北京师范大学出版社,2001:32.

各种角色都不大成功的人,则很可能在不同的情形下遇到困难。①

因为养育事件给教师带来的最根本的变化是母亲角色的加入,从此教师要担负起更多的家庭责任和义务。母亲角色的扮演使得教师的专业生活发生种种变化,但同时教师角色的扮演也对母亲角色产生着一系列影响,这两种角色扮演之间的影响是相互的。虽然对于教师个体而言,在不同时期这两种影响的方向和强度会有较大差异,但这种动态的影响特征是一样的。例如,某个教师如果因为前一天晚上要照顾生病的孩子没有睡觉,第二天不能像平时那样高质量地完成教学工作甚至会发生教学事故,这是由母亲角色扮演所引发的角色冲突;那么第二天因教学事故被领导批评,回家后对孩子没耐心,甚至为无端小事对孩子发脾气,则是由教师角色扮演所引发的角色冲突。人的生活是一个连续的整体,扮演母亲角色对扮演教师角色的影响也可能反过来以某种形式进一步影响着母亲角色的扮演。同理,教师角色带来的对母亲角色扮演的影响也会反过来影响着下一步教师角色的扮演。

为了更清楚地说明这一特征,以下将以 C 老师角色扮演的情况为例进行分析。

(一)教师角色扮演引发的双向性积极影响

教师 C:

由教师角色扮演引发的对母亲角色扮演的积极影响——因为自己是干这一行的,可能在这方面要敏感一点。我打算儿子 2 岁时就送他到幼儿园来,因为儿子在幼儿园这个集体中能长大,就是更能促进他长大,各方面成熟呀!觉得多上了半学期的小朋友明显地就比只上了半个学期的托班的小朋友更能干,各方面能力都比他们强,语言方面呀,自理能力呀,包括动作还有那个反应能力都比他们要强,其实他们的年龄是一样大的,但他们明显地就嫩一点。所以我觉得还是早点上幼儿园比较好。②

母亲角色扮演成功对教师角色扮演的积极影响——我不知道是不是生了孩子以后体质变好了,我在生孩子之前身体不好,经常生病。我倒觉得生了孩子以后不怎么生病了。可能跟心理有关系。以前就觉得不愉快呀,老是觉得工作累呀,烦呀,反而会影响身体,就是心情会影响身体。现在挺高兴的吧!心情比较好!我觉得就算是很累,但是整个精神状态还是比较好的。心情比较愉快,回家看看小孩呀,虽然有点累但是现在就

---

① 王宇.女性新概念[M].北京:北京大学出版社,2007:106.
② 本书作者认为该教师的观点无法推而广之。读者如果不是子女就读的幼儿园的教师,那么很可能在许多方面并不具备与之同样的得天独厚的提前入园条件。

觉得每天都很充实呀！尤其是看到我们家儿子一点一点地变化,蛮好玩的！哎呀！他今天会这个了嘛！他会怎么样了嘛！就觉得挺高兴的,也不那么觉得工作烦了。

C老师具有明显的传统家庭观念,有了儿子之后她的生活重心就完全向儿子倾斜。可由于教师角色先于母亲角色存在,所以在她扮演母亲角色的时候会不由自主地受教师角色的影响,这种影响表现的积极方面意味着她能把母亲角色扮演得更成功。在这种成功的刺激下,来源于工作的烦恼和不快很容易就被养育的幸福和乐趣所消解,在一定程度上缓解了工作压力和职业倦怠。这种由多种角色成功协调所带来的良性循环现象可以用"增加假说(enhancement hypothesis)"来解释。根据这种观点,每一个额外的角色都提供了一个新的自尊、社会赞许、社会地位和其他好处的资源。除了多个角色带来的奖赏,女性也可以使用一个角色来缓冲另一个角色所带来的困扰。一个角色中的正性或中性事件可以减少另一个角色中的负性事件所带来的心理影响。[①]

(二)教师角色扮演引发的双向性消极影响

教师C:

由教师角色扮演引发的对母亲角色扮演的消极影响——在幼儿园那么多精力都耗完了,回家后挺累的！烧饭就不要了,但是晚上要洗洗衣服吧！要稍微收拾一下。所以也不太想带小孩,可我妈带了一天后她也很疲劳。我抱着他(儿子)就抱着他,就希望他安静。其实我知道应该跟他讲话呀,念书呀,但有时候就不想说话,就抱着他发呆！然后就跟他说:"看汽车,看汽车!"然后就抱着他到窗户、门口看汽车,反正我就不想讲话！其实也就是想让自己的脑袋瓜子休息休息！我觉得说实话,反正带小孩,带自己的小孩没有带幼儿园的小孩尽责！

母亲角色扮演失败对教师角色扮演的消极影响——我觉得那个时候在我孩子那么小的时候,我能"浪费"那么多的时间在那儿忙班上的小孩,自己小孩不管。真的是晚上没事就打电话,然后跟这个说、跟那个说,他还不是走了(指幼儿转园)?！我觉得现在的家长让我蛮受打击的,我对他再怎么好,他稍微有一点点理由就走了。工作十年了,应该也算是比较有经验的老师了,一日常规该怎么做就怎么做,你叫我过多地投入太多的精力去干工作,我不太想干了。

有研究显示仅仅是妻子和职业女性的角色不会导致女性的角色负载或角色冲突,在工作角色上增加了母亲角色则产生了女性的角色压力(Barnett & Baruch,1985;

---

① [美]埃托奥,布里奇斯.女性心理学[M].苏彦捷,等译.北京:北京大学出版社,2003:273.

Ray & Miller,1994)。而且,丈夫参与照顾孩子越少,工作女性越可能体验到应激和抑郁(Hughes & Galinsky,1994;Ross & Mirowsky,1988)。[①] 根据 C 老师的反映,在家中她的丈夫由于工作很忙基本上没有时间帮她照顾孩子,主要由她和母亲来照顾儿子。所以对她而言,教师角色的扮演也有可能导致双向性消极影响的产生。

根据威廉斯·古德(Williams Goode,1960)提出的"不足假说(scarcity hypothesis)",过多的角色责任耗尽了个体本身有限的时间和精力,因而导致了应激的产生。换言之,当个体的责任超过了自己的时间和精力所能应付的或其面临着不同角色责任间的冲突时,就会体验到挫败、疲劳或其他形式的应激。[②] 正因 C 老师在各方面对自己的要求都很高,除了在工作中认真负责外,她还要力争做一个能培养出优秀子女的好母亲。所以当扮演教师角色对母亲角色产生一定负面影响的时候就会产生较强的内疚感,这种内疚感打破了教师原有的心理平衡,使教师开始质疑以前在工作中的投入和努力的价值,特别是当这种投入和努力没有得到应有的承认和报偿时,更会加剧教师内心的不平衡。在这种情况之下,教师有可能转而减少对工作的投入作为补偿来恢复心理平衡。

C 老师身上所反映的互动双向性影响只是这种特点的一种表现形式,也许还有由母亲角色扮演引发的双向性影响,但由于在本研究所收集的资料中没有明显的反映,故这里不再赘述。

二、相对隔离性

生育之后的幼儿园教师虽具有家长和教师两种身份,但从某种意义上说,这两种身份都分别兼有教育者和母亲的特质,故而有时会很自然地产生经验迁移或者情感迁移的现象。例如,有的教师在班上会不由自主地用母亲的口吻与幼儿交流;有的教师看到幼儿生病了会萌生出母亲对孩子般的怜爱;有的教师在家教女儿搭积木时会下意识地运用教学中的技巧;有的教师会运用教学中的交往策略帮助儿子扩大交际圈。但即使有这样丰富多样的迁移和渗透,教师在针对不同的教育对象(子女和班级幼儿)时也会表现出某种程度的区别对待。主要表现为在家对子女的某些教育方式一般不会运用到班级教育中来;对子女的某些教育要求一般不会施加于班级幼儿;与子女的某些交流方式一般不会用于与班级幼儿的交流。换而言之,某些时候的经验迁移和情感渗透是有

---

①② [美]埃托奥,布里奇斯.女性心理学[M].苏彦捷,等译.北京:北京大学出版社,2003:272.

条件的,不是任何养育经验都可以迁移到班级教育中,也不是亲子间的情感在任何时候都会在师生间得以表现。养育事件对教师专业成长的影响也会由于这种条件性而表现出相对隔离的特点。

教师B:

教育影响力不同——我总觉得在班上我一句话出来会影响三十几个孩子,而我对我的女儿说的话,只影响她一个人,这种波及面是不一样的。另外,作为母亲今天这样说、明天那样说,而且有时候你一句话说出来后,你可以讲:"昨天妈妈跟你开玩笑的啦!"她也知道我是在跟她开玩笑的。但是如果你在课堂上情急之下冒出来一句伤害孩子自尊心的话,你不可以说:"我是跟你开玩笑的。"因为孩子知道你不是在跟他开玩笑。一旦这个话说出来就不可以再收回去了。所以有时候这种伤害面和波及面是不一样的。

教育方式不同——在家里有时候跟女儿讲:"打屁股了,溜溜小脸。"我觉得还好,无所谓!就觉得在跟孩子玩,孩子也在跟我玩。但是在班上,幼儿和老师再亲近,她总觉得你是老师,是有一定距离的,那么你不可以跟孩子开玩笑,同时我也觉得老师跟孩子也应该保持一定的距离,否则你就没有这种教师的威严在里面,教师不能做恶神,但是你要有威严在里面,严不代表凶,作为老师不能不要求严,不严是管不好孩子的。

B老师认识到对于女儿和班级幼儿,自己的角色影响力是不同的,所以在实施教育行为时会区别对待,不会把对待女儿的方式完全运用到对班级孩子的教育中去。

教师E:

对于与儿子同样"轴"(指固执)的孩子的教育方式不同——与自己的孩子是不一样的,幼儿园的孩子你不可能打他,不可能的事情,那只有顺着他的毛摸,你不可能一直这样跟他"轴"着干,这也是不可能的事情。你只有顺着他的毛摸。

对待班级中调皮孩子的教育方式与对待儿子不同——班上肯定都有这样调皮的孩子,他经常犯同样的错误,忍无可忍了,那我肯定要采取一些处罚,比如说你今天想玩这个游戏的话就不能让你玩了,让他知道他今天犯错误了,但那种惩罚不是一味地惩罚,别人玩了,你就要比别人玩得迟一些。要是我自己家的孩子我肯定老早就打上去了。

对两种不同责任心的解释——都是一种责任心,但是这种责任心好像有点不同,反正感觉就是不一样,对这些幼儿园的孩子是一种工作上的,必须要这个样子,有一种条件去约束你、有一种规则去约束你必须要这样。但是对于自己家的孩子就是我说了算,我说怎么样就怎么样了。

E老师认为做母亲的责任心和做教师的责任心是有区别的,这种区别建立在家长角色和教师角色的差异之上。虽然她对儿子调皮时采取体罚手段并不可取,但也反映出由于教师身份的约束,对班级幼儿采取教育方式更为理智和宽容。

教师I：

对女儿和班级幼儿态度上的区别——我对班上的孩子好像还都很亲切,都很温和。但回家后对孩子很凶!

对女儿与班级幼儿教育方式的不同——反正在班上对孩子没有像这样又喊又叫,回家以后对女儿什么都来。打也打过、骂也骂过。对自己孩子嘛有点无所顾忌!反正是自己的孩子。对班上孩子还是有所顾忌的,顾及家长。比如说有某个孩子特别皮,你也不能对他又喊又叫,现在孩子也大了,他回去一说,家长还以为老师体罚了什么的。所以顶多就是让孩子到旁边站着,要么就是教育两句。家里孩子就无所谓了。

对女儿与班级幼儿的教育要求不同——对自己孩子要求比较高,但对班上的孩子要宽容一些,没有那么苛刻。

客观地说,I老师的做法是不正确的,因为这些做法反映出错误的儿童观和教育观。该教师把子女当作私有财产任意处罚,只是因为担心家长对体罚有意见而放任调皮的幼儿而没有积极设法通过合理的手段帮助这些幼儿。另外,教师I作为家长与一般家长一样对女儿有很高的期望,因此对班级幼儿的教育要求比对自己孩子低,没有了高期望自然在态度上也不会那么激进,加之顾及家长的看法,所以教师在教育方式上也不会像对自己孩子那样随心所欲。

表面上看,相对隔离的特点似乎与互动双向的特点互相矛盾,但事实上这两种"矛盾"的特点就是同时存在的。研究者认为这种矛盾的统一是由教师存在的复杂环境所决定的。虽然在幼儿园和在家庭都具有实施教育的功能,但在不同的场域这种功能会表现出不同的应用范围。丽莲·凯兹(Lilian G. Katz,1986)在讨论父母与教师角色差异问题时指出虽然教师与家长在角色功能上有重叠之处,但本质上却不相同。葛契尔(Getzels,1974)曾提出家庭与学校至少在两个方面无法相互连贯：一是范围,二是情感。在范围方面,家庭的功能范围是全面而无限度的,学校方面则是特定而有限度的。家庭的功能应全面包括家里所有的责任、义务等。换句话说,凡是与幼儿有关的都属于父母"分内的事",因此,子女生活的每一部分都属于家长的权责范围。但是,在学校里教师与儿童的关系不论是在范围、功能或内涵上都是特定而有限度的,限于一些特殊界定、非属私人性质的领域。① 另外,赫斯(Hess,1980)指出,亲子关系与师生关系的不同在于,亲子关系是直接而亲密的,不仅有爱与支持,也有愤怒和管教。② 所以很多教师都认为自己的孩子毕竟是自己的,作为家长有较大的教育自由度;而班级的孩子是别人的,作为教师只能在规范允许的范围内实施教育行为。有趣的是,作为母亲教师与一般家长一样更期望自己的孩子出类拔萃,就像格林(Green,1983)所言,父母的目标是"尽其所能地去寻找好的东西,不只对所有幼儿都好,还要对自己的子女是最好的"。对子女有着高期望本身就是一种冒险,当子女无法达到要求时,教师也会与一般父母一样焦急和愤怒,很可能会有比较极端的教育方式。而当教师在班级中碰到类似让其愤怒的情境时,绝对不会在幼儿园实施在家里用到的那种比较极端的教育方式。即使教师非常生气,也会理智地把极端的教育方式自动过滤掉。

三、阶段性

养育孩子的过程是一个漫长而复杂的过程,从怀孕开始到子女独立一般至少要经历19年的时间。从母亲的角度来看,在孩子成长的不同阶段,养育的重点也有所不同。当孩子处于婴儿阶段时,由于身体发育还很不完善、容易生病,所以更需要母亲在生活上无微不至的照顾;当孩子处于幼儿阶段时,如何提供好的教育环境,如何进行早期智力开发和习惯培养是母亲关注的重点;当孩子达到学龄开始接受义务教育之后,课堂学习的效果、课外学习的辅导以及学业成绩的提高变成了母亲新的关注点。但从幼儿园教师的角度来看,专业服务的对象大多是处于2—6岁的儿童,教育的关注点也是相对稳定的。所以在子女成长的不同阶段,养育事件对教师专业成长的影响会表现出阶段性的特点。

根据对教师访谈资料的编码分析,研究者发现这种影响阶段性的特点主要表现为以下几个方面。

(一)子女在婴儿阶段——对教师精力恢复和工作投入的消极影响相对较多

教师C:我真不知道小孩小有这么多的事情,反正多数是以生病为主。小孩不生病的时候还好,把他丢给老人带。有段时间他生病,夜里就哭了一夜呀!我和我妈两个人

---

① [美]丽莲·凯兹.与幼儿教师对话——迈向专业成长之路[M].廖凤瑞,译.南京:南京师范大学出版社,2004:165.
② [美]丽莲·凯兹.与幼儿教师对话——迈向专业成长之路[M].廖凤瑞,译.南京:南京师范大学出版社,2004:166.

就轮流抱他,然后早上就只有请假去陪他看病。你要带他去医院,而且儿童医院真的是人好多呀!我们每次拿着牌子去挂水,都是100多号、200多号,就是要等那么多的人呀!就坐在那儿等。然后一去就是一天,还要有几个人陪着。另外,孩子只要一生病,有几个妈妈是不到的?就算家里面能有十个人去,做妈妈的也要去呀!就算我今天不去,那我今天的心思肯定不在单位上。我肯定烦我们家的小孩,电话打个不停,"现在怎么样了呀?有没有挂上水呀?医生说什么呀?"肯定就是这个状态了。而且有了孩子了,你晚上带他睡觉你自己的睡眠就不好。白天就没有那么好的精力。怎么说呀!第一个是身体上精力不够,第二个是心理上压力也挺大。

对于子女处于婴儿阶段的教师,虽然有家庭人力的支持,但基本上所有的教师都有过因孩子生病心疼焦急、在拥挤的医院带孩子看病、整夜照顾生病的孩子无法入睡等切身体会。所以在此阶段养育孩子对教师最大的影响就是加重身体的辛劳,在白天难以以饱满的热情和充沛的精力投入到工作中。

(二) 子女上幼儿园期间——对教师教育观念和教育行为的积极影响相对较多

教师B:

养育女儿帮助自己确立了正确的教育价值观——现在我认为一些技能不那么重要,更重要的是一些态度和能力,这些在我有孩子之前没有认识这么深。就以老师教孩子看故事书为例吧!有时候我的想法和别的家长不一样,我不在意我的孩子把这个故事读出来了,而我想知道怎么读的。是通过他自己观察画面,然后通过你提问让他自己去反馈的?还是通过他自己观察画面和他自己理解而读出来的?还是老师把这个故事读完了,好那自己看吧!我很在意他的这个知识是怎么获取来的。我不希望老师填鸭式地教给我孩子任何东西,技能的东西我可以后来再补,但是一些能力、习惯的培养,特别是在幼儿园,能力习惯的培养是一辈子的事情。

正确的教育价值观引导正确的教育行为——我不怎么喜欢老师教一些机械记忆性的东西,像我们幼儿园有的老师会教《三字经》和古诗,我在我们班从来不教,我今天在拖地的时候听到别的班在念,我还在想:"教这个有什么用啊?教这个他根本就不懂是什么意思,他知道'商女不知亡国恨'吗?他知道什么呀?他什么都不知道!"因为我知道知识本身并不重要,但是你掌握了获取知识的方法,以后学习就会很轻松,我真是体会到这一点。我也在往这方面努力,不知道我们班的孩子行不行。

养育女儿提高了自己研究孩子的兴趣和与孩子交往的乐趣——因为家里有钢琴呀什么的,没事的时候就唱唱跳跳,动作很夸张,女儿那个时候大概在一岁,就发现她在歌唱、舞蹈这方面感觉还是不错的。就这样培养培养她,给她这样的环境,我觉得更多的是带孩子玩!基于这种状态下,我也觉得我在带我们班小朋友玩!这样关系会更加融洽一点。还有就是,有了女儿以后我觉得孩子很有趣,孩子真的是一种未解的谜,在他们身上就能发生很多很多有趣的事情,有时候悄悄地坐在孩子中间,孩子们在自己谈话的时候,我也在听,觉得好有趣哟!然后有时候我会插嘴,他们就看看我,然后就"哈哈哈"地笑。

当子女开始上幼儿园后,教师养育责任的重心有了新的变化,由先前对身体的照顾转移到对智力的开发和习惯的培养上。并且值得注意的是在这个时期,由于家庭教育对象和班级教育对象基本上都处于相同的年龄阶段,对子女研究和教育的兴趣与积极性很可能会延伸或推广到对班级孩子的研究和教育中。所以在此阶段的教师有更多的动力研究班级的孩子,有更多的机会迁移教养经验。另外,一方面,在此阶段子女的发展状况毕竟不会用完全量化的分数来考核,所以教师不用为子女的学业成绩过于操心;另一方面,随着年龄的增长,子女抵抗疾病的能力也有所增强,所以教师也不必再为子女生病而过多担心。综合以上分析,研究者认为这个时期是教师利用养育经验,以养育事件为契机改善自己教育观念和教育行为的最佳时期。

(三)子女在上小学期间——对教师的心情和工作主动性的消极影响相对较多

教师E: 儿子上了学之后那肯定就是关注学习呀!在幼儿园里面也关注,但不像现在那么关注,反正幼儿园里面玩玩,游戏当中讲讲也就算了,不是很重视的。上小学了就要更正规一些了,上小学以后就想的是学习怎么样了。反正每天回家第一件事情就是问他:"怎么样,在学校表现怎么样?学习怎么样?还懂呀?"

现在回家要看我家儿子的作业,累死了!因为儿子不要他爸爸教,说他教得不对,不信任他。每天上面的任务压下来,忙得不可开交,应付这些任务都很吃力了,可是即使上面没有那么大的压力,也不会自己给自己找事情做。但是现在辅导孩子学习就要自己给自己找事情做了!那是一种很主动的,像在幼儿园工作就是很被动的了,就是为了完成任务。

教师D: 上了小学之后课业负担会越来越重,就像我前面说的,我自己的孩子肯定就是我自己带的,不可能再指望别人。有一段时间心情特别不好的时候,儿子在学校不是很乖,然后在家里我要教育他,然后我就跟我老公讲:"那应该怎么办呢?我都快有点不知道该怎么办似的了,因为幼儿园压力很大,我都不知道该怎么办了。"

当子女开始上小学后,教师与普通家长一样受到的最大的挑战就是对孩子学习成绩无休止地操心。特别是在以考试为主要评价手段的学校教育中,考分不仅是学生的

"命根"更是家长的"命根"。当孩子成绩不理想时家长要想方设法地帮孩子提高成绩，当孩子成绩比较理想时又要绞尽脑汁地确保领先地位。当面临孩子升学考试时，这种一刻也不敢放松、一时也不敢耽误的心情会更严重，焦虑程度也更高。与孩子上小学之前比，虽然这个年龄段的孩子在日常生活上已经不那么依赖成人了，但以往的生活照顾是可以由家庭其他成员分担的，而现在辅导孩子学习的重担没有教师愿意假手他人，都要亲力亲为才放心。在这些因素的制约下，处于这个养育阶段的教师会因为养育事件而更多地受到情绪上的困扰以致对工作的热情和投入减少。

四、滞后性

上文研究者对养育事件可能造成的对幼儿园教师专业成长的影响进行了类型描述与解释，在这些影响中有的积极或消极影响是很明显可以感知到的，而有的积极影响却隐藏在教师的头脑中，不会立即被他人察觉，甚至不被自己知觉，但这些影响却像埋藏在土壤中的种子，在适合的时候就会生根发芽、破土而出；有的消极影响在教师目前的专业生活中不会表现出任何力量，但它就像一个"定时炸弹"随着子女年龄的增长而在教师后续的专业生活中成为破坏力较大的元凶。无论是积极影响还是消极影响，这种需要一定时间才会体现出效果的特点即是滞后性。

I 老师的遭遇就是这种滞后性的一种具体体现，她的女儿当初就是在她工作的幼儿园就读的，她在接受访谈时女儿上小学一年级，且是小学刚开学的时候，她与另一位教师 X 的对话反映了她现在的苦恼。

教师 X：女儿刚上学第一天，晚上回来很高兴，第二天早上起来问："几点了？"我说："6 点多了，要起来了。"女儿说："今天还上学呀？"我说："当然要上学了。"女儿就说："累死了，我还能休息一天呀？"

教师 I：我们家女儿倒没有不愿意去上学，但是就是丢三落四、不专心听讲，把我给气的呀！问她，她说："不知道！没有作业呀！"然后我再一问人家，人家说："有呀！"

对于女儿这种丢三落四的习惯，I 老师是这样反省的。

教师 I：我们家女儿属于那种比较烦人的，特别粗心，做什么事情都不会过细。然后不是今天丢了这个，就是明天丢了那个，要不就是今天老师说带什么她没带，要不就是今天作业她没做，每天就是这些东西。这几天为了她是蛮烦的。

就觉得她这个行为习惯太差，脑子里那个什么就没扭过来，她就不知道有上学的意识，还觉得上学还跟上幼儿园一样没什么区别呢！而且她的依赖性比较重，比如说在上幼儿园的时候,老师叫带什么东西,她如果忘记了,我可以帮她去找啊！我可以马上就帮她送去了,今天要带个玩具什么的,我马上可以找一个给她送去呀！或者今天要带本书,我可以马上找本书。这下可好了,到学校了她没带就是没带,我也不知道她没带。她这一点肯定是跟我在幼儿园有关系,她依赖性比较严重,但是到了学校,上了小学了,像作业,原来我在幼儿园我还知道,可以问问我们同事有什么作业,这可好了,她回去我也问不了了,她没做就是没做！很生气,这两天正在纠正她这个毛病。

从养育事件引发的消极影响来看,正如教师 I 的遭遇,因为有"靠山吃山、靠水吃水"(某位教师的原话)的便利,大多数教师都会选择把子女放在自己工作的幼儿园,这从母亲的角度来看就是一种养育行为。可与一般家长不同的是教师在这个关系网中处于比较微妙的地位。对于孩子的老师而言,自己既是同事又是家长;对于孩子的同学而言,自己既是教师又是同伴的妈妈。若教师处理不好这种特殊关系,让孩子在幼儿园成了"特殊人物",其危害在当下一般不会出现但对孩子将来的学习却有一定的负面影响。主要表现为孩子产生优越感和依赖感后其独立性和适应能力较差,特别是当孩子上了小学之后这种后遗症就会发作,教师开始不得不因此而烦恼,自然就会影响到对工作的时间投入和尽心程度。

养育事件引发的某些积极影响也同样表现出滞后性的特点。奥地利生物学家波兰尼在他 1958 年出版的《个体知识》一书中首次提出隐性知识的概念,认为人类知识应当被区分为两种:明确知识和隐性知识。明确知识是能够用各种符号表述的知识;隐性知识是人们意识到、但难以言传和难以用符号表达的知识。[①] 从养育事件引发的积极影响来看,教师的专业成长过程也是教师教育的过程,只不过当我们谈到养育事件对专业成长的影响时涉及更多的是教师的自我教育过程,在这个自我教育的过程中教师隐性知识的增长也是其专业成长的重要体现。例如当养育事件促使教师更新了思想观念时,教师只是在思想上对儿童观或职业观有了新的认识,意识到以前的某种片面甚至错误的观念对儿童发展的危害,不能立即改善自己的教育行为。但是只要这种新的观念在教师的头脑中扎下根来就一定会在将来的某个时候发挥其应有的效应。再如当养育事件完善了教师的知识结构时,教师从养育实践中领悟的实践知识与在书中学到的理论知识可以更完美地结合起来,这种结合是一个积淀的过程。在当下也许不会马上发挥它的作用,但是一旦遇到适宜的情境就会迸发出能量,可以帮助教师修正后续的专业行为,更好地促进儿童的发展。

---

① 周慧慧,冯勤超,汪长勇.隐性知识研究综述[J].价值工程,2007(12):127-130.

第三章
养育事件促进幼儿园教师专业成长的策略探析

  幼儿园教师的专业成长不仅仅是在幼儿园专业生活中完成的,也是在日常生活中渐渐完善的,因为教师在日常生活中扮演的多种角色为其洞察人生、体验人生、关怀人生提供了一种广泛的基础,而这一基础也是专业成长必不可少的土壤。艾森纳(Eisener)的研究指出,教师需要两种生活,一种是学校教育世界的生活,另一种是日常生活世界的生活。教师在日常生活世界中扮演着多种角色,特别是与子女交往的过程中,形成了对子女的多种情绪情感体验与育儿经验,这样就为自己在教育职业生活中成长、发展提供了丰富的感性基础。[①] 但教师在养育子女的同时也都从青年教师变成中年教师,虽然一般都成为幼儿园的中坚力量,可是这一时期也是教师家庭负担最重,可能受家庭负担干扰最大的阶段。根据个人职业生涯周期理论,职业生涯中期阶段是一个时间周期长(年龄跨度一般是从25岁至50岁,长达20多年)、富于变化,既有可能获得职业生涯成功(甚至达到顶峰),又有可能出现职业生涯危机的一个很宽阔的阶段。[②] 在这个特殊时期教师怎样才能有更好的专业成长引起了研究者的反思,因为既然选择了做母亲也就意味着选择了另一种人生,自己的专业成长之路也会因此而不同,毕竟做母亲不仅仅是日常生活的分水岭,也是专业生活的关键事件,这段时间的专业成长状况在一定程度上决定着教师可能达到的专业成熟度以及能否向更高阶段迈进。

  需要指出的是,本章的讨论主要从专业成长的主体——幼儿园教师的角度来分析策略,所以强调的是以教师为中心的自我发展策略,兼议园长的辅助发展策略。

---

① 庞丽娟.教师与儿童发展[M].北京:北京师范大学出版社,2001:38.
② 张再生.职业生涯开发与管理[M].天津:南开大学出版社,2003:153.

第一节 教师是自我发展的主人

幼儿园教师作为专业成长的主体,在任何时候都应该明确自己的"主人"角色,把握自己的专业成长的路向。始终都应该牢记与其抱怨生活的艰辛和条件的艰苦不如发挥自己的主观能动性,变被动为主动,因为一切皆有可能。以下从自我认识、自我规划、自我援助三个方面具体论述教师可以尝试的自我发展策略。

一、自我认识——寻找自我发展的精神动力

一个人要把握自己的命运必须建立在对自己有相当程度的了解和认识的基础之上,只有充分认识到自己内心的想法,才能更合理地设计自己的专业成长之路。可事实上建立积极的自我认识并不容易,有些教师一直机械地忙于应付各种家事和工作,没有认真思考过"我工作的乐趣在哪儿?""我为什么总在生活中疲于奔命?""我的人生价值怎样才能得到最大程度的实现?"

(一)确立对职业的积极认识

每个人对自己的职业都会有一定的认识,并且这种认识不是一成不变的。C老师在入职前很喜欢幼儿园教师这份职业,是出于真正喜欢而选择了本专业,但现在觉得这个职业只是她谋生的一个手段,甚至是一个不太理想的谋生手段,持这种消极职业观的她目前的工作状态很低迷。而B老师在入职前对本专业很不喜欢,出于各种不得已的原因选择了本专业,但现在却渐渐把这份职业当作实现自我价值的途径并乐在其中。很明显,积极地认识职业的价值和意义是教师能否自觉地进行专业成长的前提,仅仅把职业当作谋生手段的观念是很难支持教师在漫长的专业成长之路上披荆斩棘的。

研究者认为,无论当初是出于什么原因选择了幼教专业,教师只要打算继续在幼儿园工作就应该重新思考自己对职业的认识,树立积极向上的职业观,否则只是为了获得经济报酬的工作不仅是乏味的也是痛苦的。为了获得比经济报酬更重要的精神报酬,教师们应该调整思路,既来之则安之。另外,从职业特点来看,幼儿园教师这个职业还是比较适合女性的,在这个职业中女性较男性有更大的空间发挥优势,更容易取得成

绩,还能从中体会到其他很多职业难以体会到的乐趣和价值。访谈中的绝大多数教师都表示工作对于自己很重要,认为只有经济独立才能让自己在家庭中取得应有的地位。既然有些事实无法改变、有些工作必须要继续进行,那就让我们在认识到它的种种不好的同时也认识到它的魅力吧!发现职业之美会让我们专业成长之路走得相对轻松。

(二) 确立对家庭的理性认识

在访谈中,一位园长说过的一句话给研究者留下了深刻的印象。她说:"在我们幼儿园有很多事业型的人,但是一旦有了孩子以后就转成家庭型的了。"对此,我们不得不承认传统文化观念的巨大影响力。梁漱溟先生说:"任何一处文化都自具个性,惟个性之强度不等耳。中国文化的个性特强,以中国人的家之特见重要,正是中国文化特强的个性耳。"[①]在此,梁先生指出了中国文化中家文化的核心地位。中国人对待家庭的态度具有某种终极关怀的性质。终极关怀必须具备三种特征:第一,一种至高无上的价值观;第二,毫无保留的献身、忠顺和忠诚;第三,一个涵盖一切的视角和生活取向。对于家庭,中国人倾注着自己的宗教性情感。首先,对于家,人们可以毫无保留地献出自己的一切;其次,家在中国人的心中是至高无上的,是个人价值结构所依靠的基础。[②] 个人意识的觉醒、个人的幸福、个人的追求似乎与家庭的兴衰紧密相连。另外,所有家庭成员的希望都维系于子女的兴旺发达,子女养育则演变成中国人终极关怀得以实现的直接途径。由于女性在家庭中被赋予了更重要的角色,所以养育子女的重任由母亲多加承担似乎是责无旁贷。对男性而言,工作和家庭往往是截然分开的,但是对于女性来说,她却首先必须记得自己是个母亲。

"男主外、女主内"的性别分工模式已经被大多数教师同化到自己的价值观中,在这种背景下谈对家庭的理性认识似乎有些力不从心,但研究者认为也许个人的价值选择无法改变,但若过度沉浸于一种价值观念并使其成为放弃自我追求的理由就未免太不明智了。对于教师而言,一个好妻子、一个好母亲只是个人生活的一部分,而绝不应该是全部。因为从自我实现的角度来看,这些角色都是通过他人来实现自我的价值,完美地扮演好这些角色在一定程度上看就是一种"牺牲"。这不仅会给他人带来很大的压力(例如子女一定要成绩优秀,否则怎么对得起母亲牺牲工作和休息时间天天辅导功课),也会给自己背上沉重的精神枷锁(例如如果孩子成绩不好,母亲的牺牲就全白费了)。

---

① 梁漱溟.中国文化要义[M].上海:学林出版社,1987:35.
② 缪建东.家庭教育社会学[M].南京:南京师范大学出版社,1999:100.

其最大的弊端是如果他人无法给予自己应有的价值实现感,很容易使自己丧失自信并迁怒于他人,有时这种打击是灾难性的。为什么一定要通过他人的成功来找到自信呢?为什么不能多给自己一点机会来发现自己的潜能呢?我们当然要做"贤妻良母"。但这一定要以牺牲自己的专业追求为代价吗?研究者认为,能平衡驾驭多种角色的人比只胜任一种角色的人具有更高的享受幸福生活的可能性,家庭对于女性是很重要,但绝不应该是唯一。如果我们兼顾得不够好,那是因为我们的方法和策略出了问题,而不是因为我们不该兼顾。

(三)确立对角色冲突的全面认识

角色冲突是指个体的角色行为与角色认知或角色期待产生不协调状态时的内心体验。① 它包括自我对某个角色的认知与实际的角色行为之间存在矛盾时的冲突(例如自己理想中的教师角色与实际教师角色之间的差距引发不协调的内心体验),以及当自我认识到在执行某个角色与她所扮演的另一个社会角色之间出现了某些不相容现象时的冲突(例如因为执行母亲角色而无法同时执行教师角色所引起的不协调的内心体验)。

养育事件给教师带来的最明显的角色冲突就是教师角色与母亲角色的冲突。很多教师在访谈中都大倒苦水,讲述角色冲突带来的精神上的、身体上的痛苦,还有的教师在饱受折磨后明确表示"要做一个好妈妈就不可能做一个好老师""我有孩子之前也考虑过今后要争取当个名师,但现在我觉得要等到50岁之后再考虑当名师了"。这些话语虽然有调侃的成分在里面,但也可以很清楚地反映出很多教师对"鱼和熊掌不可兼得"的无奈。研究者认为,要减轻角色冲突带来的负面影响,教师首先要明白,作为一个社会人只要扮演角色就会有角色冲突存在。一般人在同一时间内都较难把两种角色都扮演好,正所谓"分身乏术",这是难以改变的客观事实。其次教师也不要过于夸大角色冲突的威力,虽然事实难以改变,但实际上只要措施得力,还是可以在一定程度上缓解角色冲突的。有时候我们深受其害更与自己的策略不当有关。

二、自我规划——确立自己的"职业锚"

如今的职场好像一片汪洋大海,作为航行其中的现代职业女性,其职业生涯是否成功将不再取决于我们的领导、家人、朋友,而要靠自己内在的罗盘和指针。幼儿园教师

---

① 王宇.女性新概念[M].北京:北京大学出版社,2007:113.

若要成功地给自己的专业成长之舟掌舵,做一个合格的船长,一定要做好自我规划,这是决定生育之后专业成长路向的关键。有了科学完善的自我规划,如同在茫茫大海中航行有了航海图,无论这条路有多漫长、有多艰辛,都有奋斗的目标和努力的方向;若没有科学的规划甚至没有规划,则只能被动地被命运操纵四处漂泊,难以到达理想彼岸。

自我规划即对自己职业生涯加以设计并在此基础上进行的具体计划。规划的过程就是不断搜索和确立自己"职业锚"的过程。职业锚是由美国著名的职业指导专家艾德加·施恩(Edgar H. Schein)教授提出来的,他认为职业生涯发展实际上是一个持续不断的探索过程,在这一过程中,每个人都根据自己的天资、能力、动机、需要、态度和价值观等慢慢地形成较为明晰的与职业有关的自我概念,随着一个人对自己越来越了解,这个人就会越来越明显地形成一个占主要地位的职业锚(Career Anchor)。换言之,职业锚就是在个人工作过程中依循着个人的需要、动机和价值观并经过不断搜索所确定的长期职业贡献区或职业定位。[①] 教师如果能有意识地寻找自己的职业锚,就可以在专业发展过程中处于主动地位,不仅知道自己在做什么,而且知道自己为什么要这么做,以及还应该怎么做。针对养育事件对教师专业成长影响的特殊性,研究者认为从以下四个方面进行规划有助于教师及时确立职业锚,并相对顺利地度过这一特殊时期。

(一)入职初期(生育之前)打好专业基础

虽然养育事件一般不会在教师入职初期发生,但入职初期的专业基础对其后来的影响是巨大的。如有扎实的专业基础作支撑,即使教师在经历养育事件后也可以尽快步入职业轨道,反之则会面临更多的困难和阻力。所以教师在入职之初就应该开始学习,在实际工作中做个"有心人",不断地积累经验,并逐渐明晰自己的特长和专业发展需要。

以下两位园长对处于该阶段教师专业成长的建议,在一定程度上说明了打好专业基础的重要性。

园长 A:年轻教师在工作这方面首先要弄扎实,该积累的东西要积累好。我觉得刚结婚的老师在结婚到生孩子这一段时间,不要有任何的往下降,其实这个时候你是最快乐的时候,也是最轻松的。你没有任何负担,虽然只是有了家庭,但是你没有拖累,你没有必要这个时候就"躺下来",你还是需要为自己今后的发展积淀更多,这样才不会在这两三年之间塌得那么多。你前面塌下来了,后来(指怀孕后)的两三年再塌下来就完蛋了。

[①] 张再生.职业生涯开发与管理[M].天津:南开大学出版社,2003:70.

园长 C：年轻老师在生育之前要加把油，不管是学习方面还是工作方面，都要更努力一些，更上进一些，多争取一些，给自己要多争取一些机会，争取机会就是要积累经验，积累一些知识，就是要打有准备之仗。我积累了一部分经验了、积累了一部分知识了，一旦机会来了，我就能把握得住。因为我真的感觉到生育之后是心有余而力不足。你看就像教师 C，在生宝宝之前区骨干、区青优都拿到了，对于我们集体办的幼儿园来说都很不错了，那么如果她没有评上区青优，现在再让她评，那就不一定能顾过来。

根据有关职业生涯的研究发现，职业锚产生于早期职业生涯阶段，以从业者习得的工作经验为基础。教师具备越充足的工作经验就越便于自己发现职业锚，对今后的专业发展也更具有指导价值。具体而言，一方面，新教师从开始工作就要不断地给自己争取各种实践机会，不怕麻烦、不怕辛苦，积极主动地在实践中学习、思考、研究，并多向有经验的优秀教师请教学习，使众人所长为我所用。还可以根据自己的特点制订切实可行的专业成长时间表，例如三年内我要达到什么水平，五年内我要完成什么目标，有了这个时间表，自己的行动就更有动力和方向，而不会在时间悄无声息流逝的同时碌碌无为。另一方面，新教师要及早开始学历进修和其他形式的理论学习，因为除了实践经验的积累，理论知识的积淀也是重要的，两种知识的学习可以帮助教师利用实践中习得的缄默知识更透彻地理解书本上的显性知识，并再次灵活地运用于实践，形成知识和能力的良性循环发展。总之，教师最好能在生育之前夯实自己的专业基础，提高自己的专业竞争力，在做一个好妈妈之前先做一个好教师。没有孩子的时期应该是教师最轻松和自由的时期，也是教师专业成长的第一个黄金时期，是有计划、有目标地给自己充电，还是浑浑噩噩地听从命运的摆布？相信每一位有上进心的教师都会做出明智地选择。

（二）选择生育的最佳时机

大多年轻教师结婚后会选择做母亲，选择合适的生育时机也必须全盘考虑。在访谈过程中，有些教师是有计划有准备地生育，有的则是意外生育无丝毫准备。很明显对于有充分准备的教师，无论是在生理方面还是在心理方面适应后续的工作情况都较理想，而没有充分准备的教师就有更多的麻烦和困难，为其后来的专业成长造成更多的阻碍。根据访谈，研究者发现以下几个方面的准备是必要的。

首先是婚姻关系的准备。家庭的稳定是以稳定的婚姻关系为基础的。当夫妻双方决定生孩子的时候他们的婚姻关系应该是良好的，因为生育一个孩子会增添许多负担，如对子女养育责任的分担、家庭人际关系的处理，还会增加很多的不稳定因素，如果没有良好的婚姻关系做准备，则很容易使家庭陷入混乱。如果夫妻关系不太好，经常有家庭纠纷,那么生孩子很可能会加重这种矛盾,也会给孩子带来不利的影响,这一系列连锁反应不仅会给教师带来无尽的精力消耗,也会影响到教师的情绪,使教师难以在工作中保持饱满的精神状态。只有当夫妻关系磨合得较好、双方都愿意承担养育责任时再决定生孩子才是比较明智的。

其次是心理准备。教师在决定要孩子之前还应有充分的心理准备,特别是要对因孩子的到来可能带给自己的困难有足够的认识。例如怀孕初期生理上的反应、怀孕后期行动上的不便、哺乳期间带孩子会影响自己的睡眠、哺乳期后孩子容易生病等。提前认识和考虑到这些困难可以帮助自己进行心理免疫,在困难出现时就不会有太大的挫折感和不适应,有利于进行心理调适。心理准备中尤其重要的是要注意到养育孩子会占据自己很大一部分的时间和精力这一客观事实,故应尽早学会更有效地利用时间、统筹安排时间,提高单位时间的工作效率。这样做能有效地应对角色冲突,将消极影响降到最低。

最后是知识准备。这里的知识主要是指与育儿有关的知识。虽然幼儿园教师的工作对象是幼儿,但是大多数教师对0—2岁儿童的保教知识知之甚少,更没有实践经验,所以很多教师在生育之后,特别是在没有富有经验的长辈或其他外部支持(如专业月子保姆)的情况下,不知道怎么带孩子。所以教师一旦决定生孩子就应有计划地进行相关的知识储备,有了理论的指导再进行实践的操作就会更顺利,也能减少"意外事故"的发生。子女养育成功,母亲才能安心工作,这是一个息息相关的生态链。

(三) 产假期间安排好休息和学习

产假是国家给生育后的女性用来恢复身体和照顾乳儿的时间,一般有三到四个月。这段时间对于教师专业成长的重要性往往被养育乳儿的迫切性所遮掩。因为是第一次做母亲,教师对新降临的小生命抱着无比欣喜和好奇的心情,这种新奇感使母亲角色凸显、教师角色隐退。另外,由于缺少育儿经验,教师一开始总会手忙脚乱,许多育儿技能都要从头学起。这一切都使得教师在一段时间内无法分配出精力顾及专业,对此可以理解。但研究者认为这些特殊性都不应成为教师在产假期间完全放弃专业的理由,教师过分地"与世隔绝"和独享清闲会让自己落后得更远。所以建议产假中的幼儿园教师在过了最初的适应期后,尽可能根据自己和孩子的作息规律合理地安排少许时间进行专业学习。如果平时的工作太琐碎未能静下心来进行反思的话,那休假的这段时间就可以去思考一些平时没想过的问题;如果平时的工作太繁重没有时间和精力从书本中汲取营养的话,那产假时间也可以些许的弥补这一遗憾。

访谈中,大多数教师都谈到产假期间除了养育子女就是休息,基本上与专业没有任何形式的接触,而这些教师也都无一例外地承认产假后上班,出现了各种程度的不适应。只有教师B谈到她在休产假时订阅了专业期刊,并时常与园长联系介入到幼儿园的工作中,而这位教师也是再次上班后适应最好,并且到目前为止专业生活状态最好的一位教师。

教师B:在家休产假的这段时间,专业上的东西一直都在关注,因为我在家订了杂志,然后在休息的期间是每个月都看的。另外,前沿的动态也在了解。因为我觉得在家里待着也无聊,又不想出去玩,出去玩觉得有点不太好意思,公公婆婆帮你带孩子,你自己跑出去玩,不太好意思。而且天天睡觉也觉得烦得很啊!

(四) 产假结束前做好托养准备和时间管理

教师在产假结束前的一段时间应该有意识地为重返幼儿园工作做准备,即托养准备和时间管理。如果等到重返工作后再着手考虑这些事项就会使教师顾此失彼,并在较长时间内陷入无所适从的局面。

托养准备首先是指教师要在上班之前确立好托养人,并使子女与其建立较亲密的关系,减少母亲的不在场给孩子带来的焦虑;其次要注意调整孩子的生物钟,什么时候哺乳、什么时候睡觉都要有规律,并尽量与自己的工作时间匹配,若实在与自己的工作时间有冲突,就应提前采取相应的措施使孩子能尽早适应;最后教师要在子女的作息时间的基础上重新安排自己的作息时间,使自己的作息时间既能方便照顾孩子又不会影响正常的工作。在这一方面很多教师都有可分享的经验。

教师A:产假期间一直都是我带,所以孩子很适应我。快要上班了一下子送到奶奶家的确是很不放心,对于孩子也是这样,他甚至在那个时候对奶奶都不熟悉,看到奶奶都哭,我就有意识地让奶奶跟他多接触接触,经常带他去玩,经常带他和奶奶在一起,就是让他有个熟悉的过程,这样就好一点,后来还是比较顺利的。

教师H:因为我们家女儿一直都是吃母乳,她不怎么用奶瓶,暑假在家里面(产假快结束前)就开始有意识地给她喂一点奶粉,你要让她适应,如果妈妈不在,饿的时候你必须要吃奶粉。你要让孩子调整时间,因为有的孩子是白天睡觉,晚上不睡。那这样的话你就没有办法休息,你必须要帮孩子调整过来,晚上要睡觉,让妈妈好好休息,因为我要上班呀!这样在7月份的时候就要开始帮孩子调整了。然后要给她适当地喂一些辅食,得让她习惯吃一些米粉呀,或者是吃一些果泥呀,让她能够填饱肚子的一些东西,因为就是喝奶的话会饿得比较快,你得让他吃一些抵饱的东西,这样的话就可以坚持到妈妈下班回来。

有了养育责任后许多教师都感慨时间不够用了,"24小时连轴转""整天都在上班"是许多教师的生活写照。诚然,从时间的量上看,养育孩子的确分走了很大一部分时间,但如果教师有较强的质性时间意识,能合理地管理时间,就不会因时间量的锐减而感到较强的挫败感和不适应。

人是在自然时间和历史时间中存在和发展的,自然时间是物理学意义的时间,它具有匀质性,任何教师都没有特权让自己的一天24小时变得更多或更少。虽然自然时间相同,但不同教师的感受却有质的差别。有的教师可以把家庭和事业照顾得有条不紊,并可以游刃有余地控制和掌握自己的时间;有的教师却总觉得有做不完的事情,家庭和事业的种种问题让自己焦头烂额。究其根本就是质性时间意识强的教师能够更智慧地管理好自己的自然时间,把握住了自己的发展节奏,使每一分钟都发挥其最大效应。

"时间管理"是从管理学中引入的一个概念,美国管理大师彼得·德鲁克认为时间管理分为记录时间、管理时间、统一安排时间三个步骤。记录时间是管理时间的基础,管理者应该备有时间耗用的记录本,及时对时间进行改正或调整;管理时间就是将非生产性的或浪费的时间找出来,尽可能将这些活动从时间表上剔除;统一安排时间是管理者在做过了自己的时间记录和分析后,科学合理地安排自己的时间。① 运用到幼儿园教师的时间管理中,研究者认为可以从以下几个方面加以考虑:首先,教师要分清轻重缓急,设定先后顺序,将必须要做的、时间最紧迫的事安排在第一位,然后依次确定任务的先后顺序,要注意的是这个顺序不能依照自己的喜好而排列,而要依据事情本身的重要程度排列;其次,要马上行动、避免拖沓,如果已经决定要做哪些工作就要立刻投入进去,不要被其他的事情干扰,犹豫不决的徘徊和等待是没有任何意义的;再次,做任何事情都要心中有计划,设定时间表、不和自己讨价还价;最后,统筹安排时间、把琐事打包,争取在做一件主要事情的时候兼顾一下琐事,不要专门抽时间来做琐事。相信这样进行时间管理,幼儿园教师兼顾教师和母亲角色就会顺利得多。

三、自我援助——突破专业成长的"瓶颈"

教师在进行了自我认识、自我规划之后还应进行自我援助,因为即使一个人有了明晰而正确的自我认识、科学而周密的自我规划,在复杂多变的环境中还是有可能遇到许

---

① 楼相梅.从德鲁克时间管理说起[N].中国铁道建筑报,2006年6月.

多想象不到的困难,很可能会因许多始料未及的因素而带来新的应激,针对这种情形,积极的自我援助要比消极等待他人救助更有现实意义。研究者认为自我援助主要包括以下几个方面。

(一) 积极调整心态有助于走出因养育事件导致的事业低谷

在访谈的过程中,研究者发现有些教师在言语中透露出经历养育事件后的灰心和颓废,许多最初的雄心壮志都已消失无踪。这个时候能否积极地调整心态是决定教师能否走出低谷的关键。

以下两位教师在面对养育带来的消极影响时,就是在积极心态的支撑下克服困难,走出了困境。

教师 H:我记得我怀孕的时候参加了一个 N 市骨干教师培训班,最难过的时候在上课,那个时候真的特不舒服,虽然是在上课,但会带点梅子,因为会觉得恶心。我还是坚持下来了,而且觉得应该去参加这种活动。因为我觉得怀孕对于一个幼儿园老师来讲影响挺大的,你想,怀孕一年,哺乳期通常为 4 个月,但其实要持续将近一年的时间,自己如果不再抓紧点的话,你都可能跟不上这个幼教的变化,特别是 N 市的幼教更新得特别快,如果有两年的时间你耽搁下来了,就很难跟得上了。所以得自己抓紧点!

教师 B:我觉得再苦、再累也比我爸我妈那个年代要幸福得多! 这样比较,自我满足感会比较好一点。还有就是不要太娇惯自己,因为现在都是 80 后的,独生子女比较多,有些妈妈怀了孕就觉得:"哎呀! 什么工作都不能干了!"其实根本就没有什么,生产生育其实都是人很正常的一步,除非你是身体实在不好,现在身体条件都非常好,营养条件也非常好,干吗要把自己惯成那个样子呀? 我觉得没有必要。而且有的时候不要把小事弄大,感觉虚得不得了。

心态是一个人在处理问题过程中所持的态度。心态不同,所采取的方法不同,会出现完全不同的结局。美国宾州大学的塞利格曼教授曾经对人类的消极心态做过深入的研究,他指出三种特别模式的心态会造成人们的无力感。一是永远长存,即把短暂的困难在时间上无限延长,看作永远挥之不去的怪物,从而使自己束缚于消极的心态不能自拔;二是无所不在,即把困难在空间上无限扩大,因为某一方面的失败而相信其他方面也会失败,从而使自己笼罩在失败的阴影里;三是问题在我,即认为自己能力不足,一味地打击自己、贬损自己。[1] 这些消极心态的表现在很多教师身上都有不同程度的体现,

---

[1] 王宇.女性新概念[M].北京:北京大学出版社,2007:240.

例如有的教师认为忙孩子是没有止境的事情,只要有孩子在,我的困难就不可能解决;有的教师认为自己的母亲角色和教师角色同样失败,自己实在没有能力都兼顾好,只能放弃在事业上的追求。

可是,拥有积极心态的人,会把生活的每一天都当作新生命的诞生而充满希望,尽管这一天可能有许多麻烦事在等着他。虽然我们无法改变人生际遇,但我们可以改变面对不幸的心境;我们无法改变生活环境,但我们可以改变面对生活环境的态度。

(二) 适当控压有助于在困难时期保持较好的工作状态

压力是一种使人感受到紧张、焦虑并产生应激反应的心理状态,但它对于人的发展而言是把双刃剑。一方面压力会激发出人的内在潜能,可以通过让这些压力转化为动力来促进自己的学习和工作;另一方面压力过大也会使人体验到过高的焦虑和紧张,不仅无利于工作的完成还会给身心健康带来隐患。所以教师在做了母亲之后更应该学会给自己"降压",不要让养育和工作的双重重担压垮自己。

1. 放弃事事完美的幻想,给自己减压

有一类教师属于"完美"型,不仅在家里要做一个超级妈妈,还要在工作中出类拔萃、胜人一筹,这样的话压力一般都会超载。表现在家庭方面,有的教师费尽心思地为子女的成长铺路,参加各种各样的兴趣班,不仅孩子忙得团团转,自己也轻松不了;有的教师对孩子的生活照顾得过于细致,使孩子凡事依赖缺乏独立性。这些教师无一例外地对子女寄予了无限期望。这从人性的角度来看无可非议,但这样的高期待也给教师带来不必要的压力。对孩子的养育一定要"完美"的想法和做法其实是一种不理智的爱,若不能摆脱这种思想的束缚,教师永远都只能是子女的奴隶。表现在工作方面,有的教师喜欢事事要强、什么都要自己说了算;有的教师什么"好事"都想揽,什么名誉都要争,也不管现在自己的条件是否成熟或是否适合。研究者认为这些不是幼儿园教师专业成长的良性表现,反而是成长的障碍。因为过分的争强好胜不仅会耗尽自己的时间和精力还可能会带来人际关系的不和谐。幼儿园教师应该把眼光放得长远些,根据自己的实际情况选择适合自己专业发展的突破口,没有必要事事争先、处处露脸,该放弃的要放弃,有的时候退一步是为了进两步。在这一点上,教师B"大事清醒、小事糊涂"的处世哲学也许对我们有所启发。

教师B:在工作中肯定也会有竞争或者意见不同的情况,只不过是真的不想花太多的脑筋往这方面去想,其实别人一个眼神、一句话你也知道她在说你什么,但是只不过我想:"哎呀!我跟她顶干吗呢?"我觉得没有意思,把时间和口舌战放在这种无谓的小事上面,我觉得没有什么意思,像人家讲的"大事清楚、小事糊涂"就行了。在这种工作状态下,我也不愿意非要出谋划策,别人安排好就行了,只要我觉得还行,能接受就行了,如果实在是违我所愿的,违反了我的原则的,那我肯定是要跟她顶的。只要不太那个的话,也不怎么太去争执。因为人的精力是有限的,你工作上忙了、家庭上忙了,这些鸡毛蒜皮的小事你再烦的话,整个精神没有放松的时候,所以有的时候装傻装呆也是一种聪明。

2. 不要自我设限,而要自我激励给自己适当加压

与"完美主义"的教师相反,还有一类教师容易给自己贴标签,认为自己的能力只能达到这样的程度,任何的努力都是白费的。这样的教师在养育和工作的双重压力下缴械投降,对自己的专业发展没有信心,丧失了前进的动力。

有这样一个实验:科学家把跳蚤放到盘子里,并用一个透明的玻璃罩住它。跳蚤往上跳,被玻璃罩挡住,掉下来,跳蚤跳了几次就不跳了。科学家把玻璃罩移走,但跳蚤也不会跳出来了,或许它认为自己是跳不出去的。这个实验告诉我们如果一个人自我设限了,就等于自己给自己贴上了标签,你的潜力就被彻底封杀了。所以,只有突破"自我设限"才能消除开发潜能的最大障碍。突破"自我设限"必须从观念开始,如果教师想要开发自己的潜能,那么首要条件就是自信,确立"自我心象"。[①] 相信自己一定可以运用某种策略、借助某种方法平衡家庭与工作的关系。有时候在困难面前退缩不仅不会让困难消失反而会让困难加大,而当你有勇气面对它的时候其实你已经成功了一半。人们常说"期望什么、得到什么",期望平庸就得到平庸,期望伟大就有可能真的伟大。因此,在这个特殊时期教师专业成长最危险的敌人往往不是由养育带来的生活重担,而是精神和心境处于一种无知无觉的疲惫状态,感动过你的一切不再感动你,吸引过你的一切不再吸引你,甚至激怒过你的一切都不再激怒你,这时你就需要更新观念进行自我激励了:世界上绝对没有不能成功的事,只有不愿意走向成功的人;成功者绝不放弃,放弃者绝不成功。

(三)养成爱学习的习惯有助于增强竞争力

如果说前两点是教师从精神和态度上进行的自我援助,那么爱学习习惯的养成则是从具体行为上进行的自我援助,变专业成长中的限制因子为非限制因子,增强自己的竞争力。

---

① 王宇.女性新概念[M].北京:北京大学出版社,2007:242.

限制因子是教育生态学的一个概念,是指会限制某个有机体侵入某一环境的可能性。根据教育生态学中的限制因子定律,不论是在个体生态或是群体生态中,不论是教育生态的小系统或是大系统,限制教师专业成长的生态因子是客观存在的。[①] 对于不同的教师其限制因子有可能不同。有的是时间管理能力差,有的是家庭关系紧张,有的是理论知识薄弱,等等,不一而足。自然界的生物对限制因子有一定的耐受幅度和适应机制,但基本上属于被动的、本能的反映,可是人具有主观能动性,可以把限制因子转化为非限制因子,这个转化的过程就是学习的过程。这里学习的意义很广泛,既包括专业学习也包括生活智慧的学习。教师若想把事业和家庭兼顾好就需要高超的平衡技巧。这种技巧很难用语言来描述或传授,它没有放之四海而皆准的统一模式,是在实践中磨炼出来的,是需要不断从自己的生活和别人的生活中领悟到的。专业学习可以不断完善自己的教育观念、提高自己的教育质量;生活中的学习可以更科学、有效地养育好自己的子女,处理好家庭关系,稳固自己的后方。学习的方法和途径有很多,书本、网络、朋友、家人、同事等等都是学习的资源,就学习而言,缺少的从来不是学习的对象而是坚持学习的行动。

第二节　家是永远的港湾

对于某一发展主体来说,如果不同环境对其角色要求一致,其所承担的角色、参与的活动以及形成的各种人际关系就有利于环境之间建立互相信任、积极定向和目标一致的关系。作为幼儿园教师,处理好家庭与幼儿园的关系是十分重要的。

一、怀着坦诚的心与家庭成员积极沟通

组建一个新家庭之后,家庭成员之间的理解和支持是双方事业发展的必要条件,对于幼儿园教师的专业成长亦是如此。但在实际生活中还是存在着很多误解。以下两位园长所反映的情况在一定程度上说明了幼儿园教师家属对幼儿园工作的正确认识是关系到教师无后顾之忧地投入工作的关键。

---

① 吴鼎福,诸文蔚.教育生态学[M].南京:江苏教育出版社,1990:135.

园长 D：家庭本身也要认识这个工作，现在很多年轻人结为夫妇的时候，他们对对方这个人、对方的工作没有做深刻的了解就结合了。有的人为什么喜欢找幼儿园老师，觉得幼儿园老师漂亮，觉得幼儿园老师会唱唱跳跳，好像多才多艺，觉得幼儿园的工作轻松。其实这与他的预计太远的话，不是成了一个障碍了吗？这就是他自己的一个错误。

园长 A：幼儿园老师把那么多的心思和心血都放在工作上，常常对自己的孩子就没有那么多的耐心了。所以她回去以后对自己孩子的态度就非常恶劣。单身的男同志经常跟我爱人说的一句话就是："你福气真好，妻子在幼儿园工作，介绍一个给我们认识。"他就讲："不要介绍了，你不知道回来以后，她什么什么样的……"有时候想想做幼儿园教师的丈夫还是很辛苦的，他要有很多的容忍。因为这与他理想的太太还是有差距的。我们幼儿园老师的丈夫经常说："你哪天回家没有事呀！你怎么有做不完的事情呀！"实际上他们也是很辛苦的。

误解虽然容易产生，但要消除误解也并非不可能。教师作为家庭与幼儿园之间的直接联系人，就应该主动与家庭成员沟通使他们明白幼儿园工作的性质和意义，了解到幼儿园教师工作的甘苦，消除对幼儿园教师工作的误解和偏见。这样有助于在困难发生时建立补充联结，并使补充联结支持主体发展，使家庭成为教师专业成长的强大后盾。

相反，有的教师没有主动与家庭成员沟通，家人对其工作不理解，关键时刻家人不能提供支持，导致家庭关系紧张。例如有的丈夫不理解妻子为什么有孩子之前脾气很好，有了孩子之后脾气却变差了；有的丈夫不理解妻子为什么对班级的孩子很有耐心，但对自己的孩子却没有耐心；还有的丈夫以为幼儿园的工作就是带孩子唱唱跳跳，很轻松自在，可现实中妻子却每天都有工作带回家做。如果他们能对妻子工作中面临的各种问题有更清楚的认识，就能体谅妻子的辛苦和反常，并能给予理解和安慰，帮助妻子缓解工作带来的压力。

二、怀着感恩的心处理好家庭中的人际关系

与其他社会关系相比，家庭中的人际关系更为密切、更具有凝聚力。亲属的支持对于教师安心工作的重要性是毋庸置疑的，但对亲属的这种支持我们是视为理所应当还是心怀感激呢？研究者认为，只有怀着感恩的心我们才能在接受别人帮助的同时也主动地为别人考虑，在别人为我们减轻负担的同时也为他人着想。例如，长辈白天带孩子

很辛苦,那么自己下班后就要多承担家务和照料孩子的责任;平时长辈照顾孩子比较多,那假期自己就应该担负起养育的重任;另外在长辈需要关心和帮助的时候,自己也要慷慨援助。只要怀着一颗感恩的心与亲属平等相待、和睦共处,就一定可以为自己的专业成长建立稳固的后方基地。

以下是一位教师和一位园长的观点,也许可以给我们一些启示。

教师B:我觉得父母养育我成人已经尽到责任了,他们没有义务帮助我带孩子,所以我很感激他们。

园长D:一个女人也要学会尊重老人,她有本事的话就能让公公婆婆爸爸妈妈都为她服务。不要等到要服务了你才想到两个老的,服务完成又把他们甩掉了。没有服务之前你想都不想她,那你只好自己去尝苦头了。现在我们幼儿园的几个中年老师,都是对公公婆婆很好的,所以婆婆都是很自愿地帮她们带孩子。我们有一个老师呢,她婆婆和她妈妈是轮流的,这个星期是妈妈带,下个星期是婆婆带。她对婆婆妈妈也是一样对待,两个都很好,这是可以处理好的呀!

第三节 园长是重要的专业支撑

前两节是从教师主体视角探讨自我发展策略,本节将从园长——幼儿园教师专业成长之路"重要他人"的视角探讨促进教师专业成长的辅助策略。访谈中,几位园长都反映,养育事件对教师专业成长产生消极影响的最明显时段是从教师开始怀孕到子女两岁之间,前后一共要持续三年时间。这段时间也是教师最困难,最需要帮助的时期。作为园长该如何作为才有利于教师尽早地走出困境呢?

一、以身作则、树立榜样,为教师提供精神支持

如何帮助教师克服怀孕带来的生理不适?如何帮助教师以乐观的心态面对由于养育事件带来的种种困难?如何帮助教师调适由于家庭和工作的冲突引发的心理危机?这些问题虽然都有具体的技巧和方法,但园长的示范作用尤为明显。

教师H:看我们园长,虽然她没讲啊!其实她当时生孩子的时候两个月就来上班了,因为幼儿园的工作也离不开她,好像一开始是来上半天吧!到后来慢慢地就是全天

了。有什么样的领导就有什么样的兵吧！所以大家也特别的自觉！所以我说幼儿园的氛围可能对老师特别的重要。

园长作为幼儿园教师群体的"领头羊"，给予教师的角色印象首先是个女人，其次才是领导。在这个女性占绝大多数的群体中，园长的一举一动也都对教师有着潜移默化的影响，同样是作为女人、同样是作为母亲和妻子、同样是在幼儿园工作，园长的所作所为往往成为教师关注的焦点。如果教师知道园长在怀孕时克服了严重的生理反应坚持在一线工作，她也会在遇到困难的时候有坚持下去的信心；如果教师知道园长没休完产假就回幼儿园上班，她就不会过多地抱怨产假太少而以积极的心态面对工作；如果教师知道园长是怎样解决家庭与工作的冲突而把生活和工作都安排得井井有条，她就会反思自己一团糟的生活和工作其问题出在哪里。所以园长若希望教师怀孕不娇气，自己首先就要不娇气；若希望教师休完产假后能以饱满的状态投入工作，那自己在任何时候都需精神抖擞；若希望教师在养育期间不放松学习，自己就应该首先做一个爱学习的园长。总之，如果园长希望教师做到八分，自己一定要做到十分，这种无声的激励在很大程度上就是对教师走出困境的精神支持。

二、体恤教师困难、给予及时关怀，为教师提供情感慰藉

G老师休完产假后调到另一个园工作，生孩子前后在不同幼儿园，有着不同的感受。

教师G：

生产前所在的幼儿园——我刚怀孕的那个时期班上就只有我一个老师、一个保育员。9月份去的时候就这么艰苦，刚开学嘛！要换教室、还要布置环境，但是我们园长就只安排了我和一个保育员。整整一个月都是这样子的，而且当时我反应还蛮严重的。经常呕吐，闻到东西就吐，而且吃东西呀什么的都不舒服！说老实话，我对这样的安排还是有想法的。但是那也没办法，我不接受也得接受。而且你说你为什么要给我换教室，我怀孕的头三个月是最容易流产的时期，并且我的反应还蛮大的。就觉得领导不是很照顾我，我说实话就觉得心里面有点不舒服吧！

生产后所在的幼儿园——我第一天来就是打扫卫生了，但是我们园长说的话就让我特别感动，她当时就跟旁边的几个老师说："你们在考虑工作的时候要注意照顾一下那些家里孩子比较小的老师，给她们的工作量要稍微少一些，让她们早点回家，让她们去照看孩子，这两天正好也没有孩子（指幼儿园的孩子），能照顾，你们就多照顾一些。"

所以,不管怎么样听了这个话,心里是很温暖的,觉得这个园长是很有人情味的。

C园园长在C老师因无法承受养育与工作的重担心生辞职之念时及时给予关怀使其打消了辞职的想法。

园长C:像当时教师C,她出现这种状况(要辞职),还有就是有各种各样的想法又实现不了,就是当她比较矛盾的时候,那我会给她更宽松的时间,早上迟点来呀,她中午回家时我多安排一个人到她班上,到下午让她早点走。

教师在体验到初为人母的喜悦之后,接踵而至的就是各种麻烦,这个时候也是教师感情脆弱、容易产生心理危机的时期。根据医学心理学上的研究,在分娩后的第一个星期里,40%—85%的女性经历了一些心理上的忧虑,其中最轻微的也是最为常见的一种形式,称之为产后忧郁(maternity blues),产后忧郁在第一次分娩后更为普遍,而且会影响女性初为人母的适应能力(Gotlib, 1998; Lamberg, 1999)。另外,约有10%—15%的女性在产后几星期内还有压抑的感觉,这种变化称作产后抑郁症(postpartum depression)。① 社会支持在降低产后抑郁危险中起重要作用。所以在教师休产假的这个时期,虽然暂时脱离了工作岗位,但园长作为教师的领导还是应该及时介入,关心教师和孩子的身体状况,给教师提供情感慰藉。同时,在教师怀孕和开始重新工作的时期应该给予适度的关心和照顾,既不让教师觉得自己过于特殊也不要让教师觉得被冷落,及时了解教师的实际困难,有针对性地给予不同的支持。有时候,园长一句宽心的话、一个安抚的动作,甚至一个理解的眼神都可以让教师驱散心中的阴霾,重拾自信。感情因素对于人的工作积极性具有不可忽视的重大作用。园长通过加强与教师的感情沟通,让教师体会到领导的关心、组织的温暖,从而可以产生对幼儿园组织的认同感和归属感,进而迸发出强大的工作动力。

三、针对教师特点设置平台,为教师提供专业鹰架

访谈中研究者发现,有一部分教师在休完产假再来上班时很难适应,无论是身体状态还是心理状态都很难迅速地融入工作中去。有些教师很明显地感觉到自己落后了,可在短时间内又无法改变现状。这样就很容易产生失落感,似乎顿时失去了前进的方向。这时,园长有责任与义务帮助教师重新找回自己。

C园长对B老师和C老师产假后截然相反的专业成长状态进行了反思,认为自己

---

① [美]埃托奥,布里奇斯.女性心理学[M].苏彦捷,等译.北京:北京大学出版社,2003:145.

给教师 B 搭建的平台比较好而给教师 C 的平台就不够,这也是造成不同影响结果的重要因素。

园长 C:

对教师 B 的反思——她确确实实给我感觉没有受多大的负面影响,而相对来讲我们几个人可能受的影响比较大一点,包括我在内!我觉得可能我给她的点找得还算正确,比如说我们现在让她负责教科研,她就可能对这个比较感兴趣。然后本科的书呀这些东西,这些词汇、这些理论的东西就能够进入她的头脑中,而我们这几个人在这个方面就不如她。

对教师 C 的反思——她在生了孩子之后的工作状态就不怎么好了,开始还跟我提过想要辞职。但她是一个很有想法、很具思考力的老师,她很想"好",但是我后来发现相对来说,我们幼儿园给予她的平台还不够,比如说她的音乐很好,但是在我们幼儿园,我就不能给她更多的平台让她在音乐方面有所施展,或者给她更多的支持。这样就让她感觉到失落感比较重,特别是再来上班以后。

我们在教育过程中要重视幼儿的个体差异性,找到幼儿的最近发展区,才能提供有针对性的教育支持。同理,园长也应力求发现每位教师的"最近发展区"并为她们提供专业鹰架。特别是在教师休完产假重新回到工作岗位的时候,应根据每位教师的特点,根据每个教师原有发展状况和现在工作状态为教师提供合适的平台,给她们施展才华的机会,帮助她们在经历了怀孕、生产、哺乳之后找到专业成长新的生长点,发现自己的价值,逐步赶上其他教师的步伐,最终重新找到自己的职业定位。教师的工作动力可能是自发的,也可能是在外界刺激作用下产生的。著名的管理学家道格拉斯·麦克雷格(Douglas McGregor)将前一种称为内滋激励,后一种称为外附激励。由内滋激励引发的内发驱力具有巨大的能量,它能使一个人自觉自愿地去奋斗。[①] 如果一位教师能借助园长搭建的良好平台,在工作中不断有所收获、不断享受到工作的乐趣,就可以进一步激发工作热情,取得最佳成效。

---

① 吴志宏.教育管理学[M].北京:人民教育出版社,2006:158.

第二部分
师徒结对与幼儿园教师专业成长

本部分研究目的旨在探寻师徒结对关系中师傅对师徒双方的专业成长、徒弟对师傅的专业成长分别有哪些积极影响,深描师徒所受影响的具体表现并深究其原因。

本部分研究中的"徒弟"是指从事幼教专业时间不长(一般是入职三年以内的教师),没有教育教学经验或教育教学经验还不丰富的新手教师。"师傅"是指由园领导安排的,旨在帮助新手教师尽快适应工作、帮助新手教师提高专业能力的有经验的教师。"师徒结对"是指在幼儿园工作中,师傅与徒弟之间建立的互帮互助的合作形式,师徒在双向合作中优势互补,协调发展,共同成长。目前幼儿园存在三种结对形式,即主配班结对、教学结对和名师结对。本研究中师徒结对的形式限于主配班结对,原因在于这种形式是幼儿园更为广泛采用的针对新手教师的培养模式。

本部分研究选取了N市20位幼儿园教师作为研究对象,其中师傅和徒弟各10位。这20位教师分别来自G区和X区的3所省级示范园。之所以选择这3所幼儿园,是因为:第一,其中1所幼儿园的师徒结对有较为悠久的历史,另2所幼儿园早在2008年就将师徒结对作为园部重点培养新教师的项目;第二,3所园都是研究者经常去观摩公开课的园所,研究者与那里的幼儿园教师较熟悉,有利于研究者收集到更多真实的信息。20位教师均在园长介绍下依据教龄结对,6位徒弟教龄在1年以内,2位徒弟教龄在2—3年,2位徒弟教龄在8—9年;1位师傅教龄为4年,其余均为12—18年,且这些师傅均为幼儿园骨干教师,除了教龄为4年的一位师傅,其余师傅都是市青优或区青优教师。研究者采取对应访谈的方式,即师傅和徒弟对应,目的是力求获取真实、丰富的研究资料。在文字表述中研究者以"A徒弟""A师傅"对应代指。考虑到感受和认识等方面可能有的差异,选取的10对师徒中,有6对师徒正在进行师徒结对,4对师徒已经完成师徒结对。

本部分研究以访谈法为主,辅之以观察法和实物分析法。

① 访谈法。研究者采用半开放性访谈对10对师徒以及3位园领导进行了访谈。

② 观察法。研究采用非参与式观察,研究者以旁观者的身份观察师徒在日常教育教学活动中的互动情况。由于时间和精力的限制,研究者观察了3对师徒的结对活动,对每对师徒各观察10天。本研究采用观察法的目的在于设计访谈提纲、验证访谈资料以及熟悉教师。

③ 实物分析法。本研究收集结对协议书、结对计划,从而辅助访谈,帮助研究者更好地理解幼儿园的师徒结对的运行过程。

第一章
师徒结对积极作用的原因探析

师徒结对是幼儿园普遍实行的一种促进教师专业成长的模式。该模式对于新手教师尽快适应专业生活，获得专业成长有很大的促进作用。此外，师傅在带教过程中也获得了进一步的成长。可以说，师傅和徒弟在交往互动中优势互补，共同成长。本章将就师徒结对为何能有效促进幼儿园教师的专业成长进行原因探析。

第一节 有关师徒结对的一般思考

一、师徒结对的产生与发展

师徒结对也称师徒制，师徒制在人类历史的长河中源远流长，早在刀耕火种的原始社会，就有其雏形，之后它伴随着人类文明薪火相传。从我国历史来看，师徒制在传统手工业、文艺等领域得到了发扬光大，"一日为师，终身为父""师傅领进门，修行靠个人"等都是对师徒制的描述。

师徒制具有鲜明的特色。其一，以"言传身教"为主要的教育模式。"言传身教"历来被认为是中华民族传统教育手段之一，口耳相传、示范指导是其主要特点。师傅往往采用语言解说和实际操作、具体示范相结合的方式来将技术特点、经验知识等传授给徒弟；徒弟要在不断地观察、模仿中学习，要在真正动手实践和不断摸索中体悟师傅的知识和经验。其二，强调亲密的师徒关系。"视师如父，视徒如子"是师徒关系的强烈体现，这种"情感效应"在知识技能的传授中发挥着积极的作用。

近代以来，随着工业化的推进、科学技术的不断发展，教育开始面向大众，并逐步普及，教师的需求也急剧增长。但由于经费短缺，师资紧张，一些国家的不少地方不得不实行一种"导生制"的教学,即由教师先对学生中年龄大、成绩好的"导生(monitor)"施教,然后由他们转教其他学生,代替教师的职责。① 这种师徒制首先在英国实施,后传播到法、美、德、意等国。从事教学的新手教师在经验教师的指导下,在不断模仿、实践中,逐步掌握基本教学技能和方法。

随着严格意义上的师范教育制度的诞生和发展,师范教育也日趋严密、系统,师资培养效率也大大提高。然而,师范教育机构由于受传统教学模式的影响,往往致力于学科体系的建构和教育知识理论抽象化的创生,忽视对中小学教师缄默知识的分析、批判和吸纳,远离中小学教育实际,致使这些知识难以运用于教学实践,从而导致中小学教师对"理论"的怀疑和排斥。② 那么,幼儿师范教育是否与其他师范教育存在同样的问题呢?研究者通过对10位新手幼儿园教师的访谈了解到一些情况。首先,幼儿师范教育没有充分激发学生的内在需要,导致学生对所学知识和理论无真实的感受和体会,对于学生来说学习更大程度上是为了考试。其次,幼儿师范专业的学习一般分为两部分,其一是理论学习,其二是技能学习。技能技巧是敲门砖,在职初期对于实际的工作帮助很大,而理论知识则有待在工作中不断体悟、融会贯通。师徒结对能够弥补职前师范教育的局限,使新教师通过师傅的启发、诱导、点拨,在实践中成长。因此,师徒结对是幼儿园培养新教师的常见培训模式,它能帮助新教师快速适应幼儿园的教育教学工作。

二、幼儿园师徒结对的概况

研究者通过查阅幼儿园师徒结对的相关文献,通过对园长、教师的访谈,对幼儿园师徒结对的基本概况了解如下:

第一,师徒结对的重点对象是入职3年以内的新手教师。与之结对的教师一般为骨干教师或优秀教师,这些教师在经验、技能、人际交往等方面都相对成熟,虽不一定年长,但往往被尊称为"老教师"。通过结对,帮助新教师尽快适应幼儿园教育工作。

第二,结对形式多样。符合本研究目的的主要有两种:① 主配班结对,即幼儿园每学期进行班级教师配备时,考虑老教师与新教师同班配合,老教师担当起全方位指导新教师的职责,从教学、职业道德、为人处世等方面给新教师以影响。② 教学结对,即新教师根据本人的教育教学兴趣或自己的专业弱项,确定一个主攻方向,与园内能补己短

---

①② 赵昌木.教师成长研究[D].兰州:西北师范大学,2003.

的老教师结对。

第三,搭配方式采取领导安排和自主选择相结合。园领导会根据本园各班的需要和教师能力特点等安排教师结对,此外,也会让教师根据自己的实际情况在全园范围内选择自己的师傅或者徒弟。

第四,管理方式包括举办拜师仪式、签订结对协议书或口头协议,以明确师徒双方的责任、义务及结对的具体内容与要求。

第二节 师徒结对积极作用的原因

一、主观意愿:师徒专业成长的前提条件

这里的主观意愿是指师傅愿意教,徒弟愿意学。如果徒弟不乐意、不情愿向师傅学习和请教,而师傅也不好为人师,对带徒弟的积极性不高,对自己的教学专长亦有所保留,会致使许多师傅教师的宝贵经验不能与徒弟分享。同样师傅也失去了与徒弟共同探讨、共同成长的契机。

(一)师傅理解徒弟并愿意教

师傅 A: 那个时候没有结对,你就是看,别人也不说,没人告诉你。比如说你搞个墙饰,怎么这么不好看啊,没有人说要我去参照一些书,没有人和你说。还有就是平行班,平行班是一个班老教师和一个班年轻教师同时备课,因为那个时候平行班的课基本上是差不多的,我们两个人一起备课,然后我就去问这个老师"你这周准备上什么内容的课呢",你碰到的老师比较开放一点,她会告诉你。我碰到的老师比较保守,她不想把这些东西告诉你,她就告诉你"就在这本书上,你自己去看"。一开始去的时候,不好意思请她给我看看,我就想了解一下她的备课方式,但是我能感觉出来她不愿意把东西给我看,那我就自己找,也锻炼自己的独立能力。因为我自己觉得当时别人是拒绝我的,所以在这些方面我愿意告诉她(指徒弟),我清楚她缺什么,需要什么,我该给她什么样的指导和帮助。她会比我幸福一些。

师傅 G: 到一个单位跟什么样的师傅还是很重要的,有的师傅可能不愿意教,像我的徒弟对我的评价,我可能是很满足的。古话讲"教会徒弟打师傅",有的老师就不愿意

教,让你自己看。现在是信息时代了,你不教人家,人家自己也会悟到的,也会学到的,只不过,你在教人家的同时,自己也能学到东西。有的师傅会有所保留,毕竟大家都是同行,自我保护。

每一位优秀的教师都是从新手教师逐步成长起来的,在这个过程中除了要依靠教师自身的主观努力,还需要其他优秀教师的帮助和支持。A 师傅在回忆自己的成长经历时表达出一定的无奈和不悦,其原因在于自己作为新手教师在有困难和需要时老教师不愿帮助自己,这段被拒绝的经历使她在成为师傅后深深理解徒弟的心理需要及实际需求。可以看出,A 师傅对徒弟现在的需求有着感同身受的体验,在情感态度方面,自然而然愿意帮助和指导徒弟。此外,G 师傅对于带徒弟的认识较为开明,认识到师傅教师拿出"看家本领"倾力教授,也能使自身获得学习的机会。由此可见,师傅"愿意教"是师徒真诚合作、智慧交融的首要条件。

(二)徒弟佩服师傅并愿意学

徒弟 D:老师非常的严格,对自己严格,对别人严格,不收家长的任何礼物,以身作则,这让我很敬佩,所以我感觉我们的老师作风很好,很严格。

徒弟 H:以前在学校知道要关注孩子,但是怎么关注呢,从孩子的言行举止啊,这些是师傅教的。我觉得她对孩子很有办法,比如有的孩子害羞啊躲到屋子里,她就陪孩子做做游戏,孩子就愿意出来玩了,很佩服她。还有就是,我感觉我在集体活动坐下来的时候把握得还是比较好的,感觉是能带动起孩子的,但是在户外或者生活环节感觉并不是特别有序。然后我去模仿她,她怎么让一部分小朋友在自由状态下,还能把另一部分小朋友安顿在椅子上,这一点上也是挺佩服她的,所以会去模仿她。

徒弟 G:她带我的时候是她最苦的时候,也是她最出成绩的时候,因为她碰到技能技巧大赛,她爸爸得了癌症,她又要考区青优、市青优,那个时候她还谈恋爱,她还自考一次考四门,有很多顺利的也有很多不顺利的事情在她身边,总之,那个时候她是很辛苦的,我们就想她是怎么挺过来的,我们觉得她是钢铁战士,从我自身来讲很佩服她,也愿意向她学习请教。

从 3 位徒弟教师的访谈中发现,徒弟都提到"佩服"自己的师傅,无论是组织教育教学的能力,还是迎难而上的专业精神,抑或严于律己的高尚师德,师傅的个人魅力都无一例外地深深地吸引着徒弟,激发着徒弟的学习热情。

二、建设性的师徒关系:师徒专业成长的基础

封建传统的师徒关系表现为师傅独唱主角、占据不可动摇的主导地位,徒弟言听计从、视师傅为权威。这种关系是控制和被控制、模仿与被模仿、传授与学习的单向不平等关系。但研究者在对访谈资料编码分析中发现,师傅和徒弟的身份角色已不同于以往,师徒之间的关系表现为平等对话关系、合作伙伴关系。正是在这样的建设性关系的基础上,师傅和徒弟才能各自发挥优势,互相取长补短,实现共同成长。

(一) 平等对话关系

师傅 A:从我个人来讲,我觉得分进来的都是同事,不管她是多大年龄的。因为老师是有成长期的,过了成长期她就是你的同事,所以你没有必要那样高高在上,没必要把自己当作师傅,你和徒弟是平等的,把徒弟当作同事,就是这样一种关系。

徒弟 A:她不是高高在上的,而是以同事的身份与我相处,一开始我进班的时候她也是以同事身份称呼我,不是你是我徒弟,你要干吗干吗,而是以平等对话的方式与我交流,不管是讲教案还是什么她都是以一种我能接受的方式,而不是以你必须听我的口吻和师傅的口吻给你提建议。

徒弟 D:以前觉得老师就是老师,学生就是学生,规规矩矩的,学生尊敬老师。现在看的话,像朋友一样。当然了,老师永远都是我最尊敬的,但不要让我感觉很严肃啊,高高在上,并不敢靠近。我觉得现在的师傅像朋友,很亲切,我有什么不懂的地方可以问她,我有什么问题,她也会给我指出来,但不是很严厉的批评。在这种轻松的氛围下,我可以学到很多,并不紧张。

师徒之间不是指导与被指导的上下级关系,不是高高在上与屈居其下的关系,而是以"同事""朋友"的身份相处,徒弟的自尊和自信在平等对话的关系中得以建立,徒弟的好学和好问在轻松愉快的氛围中获得支持。

(二) 合作伙伴关系

徒弟 A:虽然她是我的师傅,但我们也是个团体,她给我的任务要认真完成。当你和她的观点有矛盾的时候,比如说你设计一节课,她听完之后说还可以用别的方法,但是你不到黄河不死心啊,她就说,"没关系,反正是在班上,不是开课,你可以试你的方法,看效果",有的时候是她说得对,有的时候是我说得对,她也会接受。我们的观点、矛

盾是可以解决的。

师傅 I：我现在带她，我对自己有个要求，她不是园部给我的，是我自己给自己的。我们两个人带一个班，光我自己带好还不行，要我们两个人都带好这个班级才是好的。所以，我觉得自己有责任和义务要帮她尽快地去掌握带班、教学等。也让她感觉到自己也是这个班的主人，要尽快地适应工作，适应幼儿园这个环境。

师徒搭班，共同组建、组织并领导一个班集体，共同对班级负责、对幼儿负责，体现出合作伙伴关系。A 徒弟在与师傅的合作中，也会在教育观念、方法方面存有分歧，但在合作伙伴关系下，师傅不是急于让徒弟接受自己的观点和看法，而是根据现实的教育情境和幼儿的发展状况，让徒弟在实践中摸索尝试，尽量减少对徒弟的控制。不再是传统的命令与执行关系，代之以师徒双方在教学实践中的交流与合作。I 师傅对徒弟的责任感来自对班级的责任感，双方共同致力于班级的建设和幼儿的发展。师傅对徒弟的责任意识，为徒弟的专业成长提供了良好的外部支持。

三、有效的沟通：师徒专业成长的催化剂

"人类沟通的本质是人们之间的信息交流与传递。"①通过沟通，人们或保留观点或改变主意。充分沟通也是师徒交往的必要条件。研究者发现，师傅在双向沟通中处于相对主导的地位，表现在师傅的态度、沟通方式和策略极大地影响着双方沟通的质量，最终影响到良好的师徒关系的建立和完善。

徒弟 B：她人好，特别有耐心，从来不凶我。我做什么不对的，她都是坐下来心平气和地和我谈。因为她性子慢，她慢慢和你讲，哪怕我第二天没做到，她也会把昨天的话再和我重复一遍，她绝不会说："我这么给你讲，你为什么做不到？"她不会责怪我的。

师傅 B：有的时候不是你讲一遍她就能做到的，那就和她多重复几遍也无妨。她也有坚持自己想法的时候，这也是很正常的，也是她的一个优点，那就让她去做。你和她讲"不好"，她没有体验到，不知道"为什么不好"，绕路子，慢一点也是可以的。很多事情要实践了才知道。

徒弟 F：我这个人一直自卑，如果是用命令性的语言提出来的话，我的心理会受到影响，会影响我对这个职业的看法，影响我的信心。还好，她不是一个难沟通的人，如果

---

① 周晓虹.现代社会心理学——社会学、心理学和文化人类学的综合探索[M].南京:江苏人民出版社，1991:273.

是那种很严肃的老师,我可能会觉得比较难相处。她很开朗,也体谅我,我真正做得不行的时候她会帮助我、提醒我,让我明天改进啊、加强啊,给一些指导性的意见,我觉得都是善意的。

师傅 F: 师傅要注意措辞,因为别人劳动也很辛苦。师傅提醒提醒或者用另一种方式来讲,要讲策略。批评人不能太多啊,注意措辞,尽量尊重她的一些想法。可以试试你的方案,你再试试我的方案,自我感觉一下,自己说课的过程中,先说服自己,可以接纳我的意见也可以不接纳。按照你的意见实行的话会是什么样子,多试试多问问,让她自己去体会。

研究者与上述两对师徒的谈话让我们意识到:首先,师傅要抱着尊重、包容和体谅的态度与徒弟真诚沟通。其次,交谈过程中,师傅应注意自己的措辞、技巧,在策略上多采用提醒、鼓励的方式而不是批评、命令的方式;和性格内向、自卑、敏感的徒弟进行沟通时,更应采用比较婉转的方式表达自己的意见。最后,耐心沟通,不勉强徒弟接纳自己的建议,允许徒弟通过实践对比、体验、领悟。这样,徒弟才易于接纳建议,提高专业水准。

四、个性投契:师徒专业成长的润滑剂

高玉祥(1989)认为,"个性"是人的心理倾向、心理过程的特点、心理特征以及心理状态等多层次的有机综合的心理结构。人的能力、气质和性格是个性的心理特征,这些特征并不是孤立存在的,而是在需要、动机、兴趣、信念和世界观等个性倾向性的制约下形成的有机整体。[①] 访谈中不少教师都谈到自己与师傅(徒弟)在个性上的相似或者迥异,对彼此心里感受的影响,进而影响到"学习""指导""合作"过程中的情感体验。

徒弟 A: 我和师傅的性格呢不是完全相似,但在某些方面有相似的地方。她是那种风风火火的,这点我们很像,有什么事情必须一下子干完。

师傅 A: 我感觉她现在也蛮急的,我说你不要学我啊,她说,"不,我天生就这样"。她做事也比较快,不是慢手,所以就慢不起来。因为每个人的个性不一样嘛,像我的个性比较外向,喜欢说,她也喜欢说。平时开开玩笑,情感上可以互相安慰。她虽然小,她也能给我情感上的支持,不是她小,就没有情感上的依赖,还是有一个情感上的支持在那儿的。

---

① 高玉祥.个性心理学[M].北京:北京师范大学出版社,1989:11.

徒弟B：我是个急性子，有什么事就要讲出来，不能藏在心里。还需要别人的鼓励，总是打压我，我就没积极性了，手足无措了。我觉得遇到师傅这样的人蛮幸运的，如果我自己很着急，又遇到很严厉的师傅，我会崩溃的。她人很随和，是个慢性子，特别有耐心……这样我们在性格上能合得来。我觉得性格能合得来很重要的。

师傅B：她的个性偏急，但做事情比较专注。我呢不是急性子，她有什么事情没做完或者做得不好呢，自己就特别急，那我就告诉她要稳。

师傅与徒弟在气质和性格方面的相似或互补，有助于彼此关系的发展。A师徒的个性比较相似，表现为开朗、健谈、行事迅速不拖拉，可谓合作投缘。而B师徒则比较互补，B徒弟个性直爽、急躁，需要他人及时的鼓励、支持，B师傅亲切、随和、有耐心，符合B徒弟的心理需要，可谓合作默契。

五、良好的幼儿园环境：师徒专业成长的保障

幼儿园教师专业成长依赖于制度、环境、园所文化以及教师的内在动力等多种因素的协同作用，故师徒结对对师傅和徒弟专业成长的积极影响在很大程度上得益于幼儿园良好的环境氛围。参与本研究的教师来自N市的三所省级示范幼儿园，这些幼儿园能够为师徒结对活动的开展提供较好的发展环境。

（一）幼儿园的环境氛围

徒弟A：我们幼儿园整体的氛围非常好，园风是很正的，园部考核教师时，一方面看你的业绩，另一方面看你的工作态度。我觉得现在的我和刚刚工作时的我完全是不一样的，不管是理论方面，还是带班这些，我很庆幸能在我们园。它有很浓的学习氛围，园长更多考虑的是教师的专业成长，和你谈的时候也是希望在几年中把你打造成什么样的老师。我们园不仅重视你把课上好，而且还让你大胆地去想、去设计。每个老师都给你支持，你需要帮助的时候可以去找任何一个老师，她都会把知道的东西全部告诉你。

师傅A：我们园现在是开放性课程嘛，其实教师的观念在变，整个领导层啊都在变。原来的时候什么东西都抓得很僵，每一句话都要抠得那么细。但是，现在就会根据你个人的特长，你能发挥到什么程度就发挥到什么程度，反正你尽力教就可以了，反正没有必要把自己当作师傅，也没有必要认为自己有多不能干。我们领导讲，师徒结对，不像人家一样签这个合约啊，你们是"事实婚姻"，没有结婚证的那种，以后你们就在一起了，这个班随你们怎么搞。

师傅 E：我们园的特点呢，园长和老师之间的关系是比较民主的，像伙伴一样合作、商量，绝对不是有很多的架子，用权力压你。我们幼儿园整体的风气是比较民主的，老师们处事上也是直截了当的，不和你绕弯弯。我们园长对老师就是你好我们说，不好我们也说，但是背后向来不说的。所以老师的成长环境比较童真一点，这种氛围是比较浓的。有这个气氛以后呢，大家喜欢在一起研讨一些事情，研讨的氛围比较浓厚一点。

无论走进哪一所幼儿园，我们都会感受到它所具有的独特风气，这种独一无二的氛围源于有形的制度文化和无形的观念文化。如果幼儿园有一套科学的考核制度，其整体氛围是民主的，即园长和教师之间以及教师和教师之间的相处方式是态度友好、直截了当的，那么师傅和徒弟之间就能够坦诚相见，师徒关系就体现出民主和平等。幼儿园的观念文化即幼儿园环境中特定的思想意识、价值观念等常常是无形的却又无处不在的，它会对幼儿园教师的观念和专业精神产生影响。值得借鉴的三所幼儿园的观念文化特点有：观念开放，相信每对师徒、每位教师都有闪光点，确立专业成长目标；园风正派，师傅大胆带教毫无保留、徒弟虚心好学敢于创新。

（二）园长对师徒结对的管理规划

园长 A：近年来，教师流失比较多，新教师需求相应增多。为了使新教师快速成长起来，我们针对新教师的问题采取了措施。首先，帮助她们了解园纪园规和一些常规管理；其次，会给新教师安排师傅，形成师徒结对，让新老教师互帮互助。师傅一般是骨干教师、优秀教师，经验比较丰富、个性随和一些的。今年我们把两对师徒安排在同一个年级组，这样有利于师傅之间、徒弟之间相互学习、相互沟通、相互竞争。同时会对徒弟定期（每学期）考核，不定时听课，定期对师傅培训指导。对于在一个班级内的师徒呢，我会释放权力给她们，充分地信任她们，我就说"这个班就交给你们了"，就是说要鼓励她们，搞出自己的特色。

园长 B：无论对于师傅还是徒弟，园长都要从她们自身的专业成长角度考虑，帮助她们规划职业生涯。第一个是给她们搭平台。我们园每学期会组织不同领域的教学观摩活动，这学期是科学，上学期是体育，再上一个学期是心理健康等。每次观摩的时候都给她们很多机会，让师傅和徒弟在一起商量这些问题，为她们搭建一个教学活动平台。青年教师要尽快成长，要上区骨干、区青优，那么会让师傅出面帮徒弟磨课，徒弟做出东西给师傅看，这也是一个平台。第二个是给师徒一定压力。师傅要保证徒弟到期要上骨干、上青优、上学科（指各级学科带头人），一个一个按顺序来，徒弟要有进步。我会提前跟她们讲，你今年的目标是什么；要提醒她们，你该学什么就学什么，你们有什么困难就说,我们来协调。园长只能是宏观调控,为她们服务,去帮助她们。第三个要让她们有一种荣誉感。我经常说给你们任务就等于给你们光荣,没有任务就没有光荣。比如说,经常给她们出师的机会、讲课的机会,她们也有一种荣誉感,有了荣誉感,责任心、进取心会多一些。另外,我们在师徒配对的时候会考虑师傅和徒弟的个性、特长等,尽量做到互补一些。

园长在管理行为中表现出来的心理品质和行为特征,隐含着管理者的人性假设和思维方式,体现了一种行业规范和解决问题的基本理念。它们是无形的,却主导着幼儿园内部特定的人际环境和心理气氛,并进而对教师的精神面貌产生潜移默化的影响。A、B两位园长对于本园师徒结对的管理规划具有以下值得借鉴之处:在物色师傅时优先考虑性格随和的教师,师徒配对时考虑师徒性格的互补;站在教师的立场,对师徒两者的专业发展都有整体规划并提供相应的平台支持;对师徒结对施以计划管理的同时还施以弹性管理,体现在给予适度压力,创造相互竞争、相互学习的环境空间,给予师徒共同管理班级的空间。

第二章
师徒结对促进徒弟专业成长的表现及策略探析

幼儿园教师专业成长是一个长期过程,需要经历一系列的发展阶段,新手阶段是必经的第一阶段。刚刚从师范学校毕业的新教师初到幼儿园,要经历一定时间的入职适应期。几位徒弟用"不适应"来概括在这一时期的整体感受。例如,从学校到工作环境转变的不适应;从受教育者到教育者身份转变的不适应;作为新教师融入教师集体中的不适应;从理论到实践的不适应;从懒散状态到忙碌状态的不适应。这一系列的"不适应"使新教师无所适从。在这样的情况下,如果园内能有一位称之为"师傅"的老教师给予及时的全方位的指导,那么将有利于新教师有一个良好的职业生涯开端。因此,师徒结对的积极意义首先表现在对于徒弟教师专业成长的促进作用中。

第一节 师傅引领下的徒弟专业成长

一、师傅引导徒弟树立专业精神

教师的专业精神是指教师从事教育专业所需要的特定的职业信念与道德品质,是教师基于自我期许而表现出来的充分信念、高度热情和不懈追求的风范与活力。[①] 通过对访谈资料的分析整理,研究者发现,师傅的专业精神直接影响到徒弟专业精神的建立和完善。师傅将自己在多年的教育教学实践过程中,通过自我体验和内化所形成的品质以直接或者间接的形式影响徒弟专业精神的建立和完善,这种影响主要表现在师德方面,集中体现为"敬业"和"爱生"。

---

① 袁锐锷.教师专业化与高素质教师:经验、理论与改革实践[M].广州:广东高等教育出版社,2007:58.

（一）同等对待日常教学和公开课

徒弟A：大学的时候上音乐课我们老师放了一段录像，里面就是我师傅的一个很好的活动《×××》。我知道音乐课是可以这样上的，有韵律、带小朋友玩，所以就对我师傅很崇拜。后来工作了，看到她也去别的地方开课。我一直以为开课是作假，虽然目的是好的，要把自己最好的一面展现出来，但一开始我就想会不会有不真实的地方。进了班以后我发现我师傅的每一节课都是这样做的，她真的是把音乐理念性的东西和课程本身合在一起，不是说有人来看我的课我就准备得很充分，她把日常教学的每一节课都当作开课，她不管下面有没有人看，对她来说都是一样的。在这节课上哪些必须是让孩子了解到的就一定要教到，我就觉得不是作假，很佩服她。那么，看着她的样子，我也尽量把日常的教学当作开课一样认真对待，不是说要开课了才去搞好的东西让人家看，开课本身和日常的带班教学应该是一样的。虽然要做到完全一样对我来说还比较难，但我尽量这样尝试着去做，在日常教学中去体会什么是适合幼儿的好的教学方法和策略。

许多研究者认为公开课在实践形态上已经被异化，质疑公开课的组织过程和实践价值，认为公开课变成了教师的"表演课"，违背了"教学研究的道德准则"。[①] 徒弟A曾经也认为公开课是作假，开课的目的是教师把自己最好的一面展现出来，其中存在不真实的情况，但是和师傅搭班之后她发现师傅不仅在观念上而且在行为上把日常教学和公开课同等对待，教学的重心永远是幼儿的需要和发展。由此，徒弟A改变了对公开课的原有看法，并且在教学实践中也以师傅为榜样，认真对待每一节课，通过行为细节提升对教育理念的认识。

（二）对待工作尽职尽责、细致认真

徒弟E：我觉得师傅是把什么事情看得都比较淡的人，就是做好自己本职工作就行了。她的这种态度影响到了我，我也是这个样子。我的工作能力、教学方式和她比较接近，工作态度呢也比较像她，比如对工作尽职尽责、踏踏实实，人生态度啊或多或少都会受她一些影响。

徒弟I：我师傅在工作态度方面呢是相当认真的，她做事很严谨，比较细心，对孩子的照顾方面也是无微不至的。因为她工作年限比较长，经验相对丰富，我觉得不论是教学这块还是家长工作方面，她做得都很细致，每件事情都做得尽善尽美。我工作时间不

---

① 杨琳.公开课：宁要真实的缺陷，不要虚假的完美[J].小学校长，2004(2)：22.

长,经验不多,在工作细致、细心这一块做得不是很好,和她相比我觉得自己差好多。我师傅也注意到我这方面的缺点了,她会时常提醒我要注意啊或者怎么做会比较合适,现在和实习或者刚开始工作的时候相比进步了不少,粗心大意的毛病在慢慢改变,但还是需要时间。

教师责任是社会及其群体对教师个人职业角色的期望,教师对这种期望的认同与承担就是教师的责任感。① 教师责任感集中表现在对待工作的态度方面。徒弟 E 和徒弟 I 的师傅们对待工作有着强烈的责任意识,具体表现为尽职尽责、踏踏实实和细致认真,很明显,师傅良好的工作态度对徒弟产生了潜移默化的影响。

(三) 对待幼儿公平公正、不偏不倚

徒弟 A:我看我的师傅,觉得她带班的时候对每一个孩子是公正、公平的,就是说她让每个孩子都体验到公平,对每个孩子是一视同仁的,不会因为你很聪明,你很漂亮,你的家里条件很好,就另眼相看。有的老师可能认为家长不好,我就对你孩子不好。我师傅不是的,她不管家长是什么样子的,她只会看孩子的面,不会看家长的面。在她看来,孩子的发展就是最好的证明,当然她也会和家长沟通,争取家长的信任和支持。她也会和我谈到这方面的东西,但是无论是从她做的还是从她说的,我都能感受到她真的是对孩子无私心的,没有说为了什么什么要对哪个好一些啊,没有的。这也很让我佩服,我觉得是蛮难的,一开始的时候我可能因为哪个小孩可爱,多逗逗他什么的。现在呢,通过这么长时间与师傅的搭班接触,我觉得对待孩子公平公正很重要,在这方面我也学到了很多。公平地对待每个孩子,帮助他们成长、看到他们的进步,让我体会到了成功感。

师傅 A:我没研究过用什么方法带徒弟。从个人角度来讲,你带班的时候要有良心。这个良心就体现在你如何对待每一个孩子,最重要的是要公正、公平。然后她就会看到你对每个孩子是公正的,并不是你长得漂亮、聪明或者有什么背景,可能我会对这样的孩子更严格,那我就要告诉她(指徒弟 A)我为什么这样做。那么她来带孩子也是这样的,因为两个人在一起会互相影响。

虽然教师面对的教育对象不是整齐划一的,幼儿之间存在着诸多差异,但是教师必须公正地对待他们。这里所说的公正是指"教师在教育学生的态度和行为上,公正平等,正直无私,不偏袒,不偏心,对待不同相貌、不同性别、不同智力、不同个性、不同出

---

① 叶澜,等.教师角色与教师发展新探[M].北京:教育科学出版社,2001:55.

身、不同籍贯、不同亲疏关系的学生,一视同仁,按照党的教育方针,满腔热忱地关心每个学生,热爱每个学生,从每个学生的不同特点出发,全心全意教育好学生"[①]。徒弟 A 从师傅身上感受到了一名幼儿园教师所应具有的那种对待幼儿公平公正、一视同仁的职业美德,并且在教学实践活动中获得了感悟、愉悦及成就感。

二、师傅帮助徒弟强化专业成长动机

强烈而持久的职业发展动机预示着职业生涯的长久和完美,而教师职业发展初期的动机水平直接影响到教师专业成长的持久动力系统的建立和完善。在幼儿园教师入职工作的前几年,师傅可以帮助徒弟初步建立和强化专业成长的动机,具体表现为胜任工作的自信心和驾驭工作的平常心。

(一)建立胜任幼儿园教师工作的自信心

徒弟 G:我当时刚进幼儿园的时候,就觉得幼儿园和我想象中是不一样的。我想象中在幼儿园会很开心啊,每天唱唱跳跳,玩一玩,孩子们很早就放学了,我们就回家了,我不知道幼儿园这么麻烦,真的觉得幼儿园和我想的一点都不一样。我那个时候不是因为孩子考幼师的,不知道为什么就考幼师了。经过师傅的指导,我每天做这些事,她帮我提高一点,然后慢慢自己熟悉掌握幼儿园的这套东西,慢慢觉得不那么麻烦了。所以,我觉得和师傅结对以后对幼儿教育的看法是有变化的。从一开始我觉得心目中有个幼儿园,有个幼儿教育,等我来了以后发现又是和我想象中不一样的幼儿园和幼儿教育。跟师傅结对以后我慢慢地改变了对幼儿教育的陌生感,我觉得自己是可以做好幼儿园工作的,可以对孩子进行比较好的教育,是这样一个过程。

自信心,是对自己能力的充分估计,是人们成长与成才不可缺少的一种重要的心理品质。个体的自信心绝不是在封闭的自我意识中自然而然地形成的,其形成过程受他人的评价、态度等影响。如果新手教师在师傅、同事的帮助和领导的关心下,通过自己的努力能够顺利地度过适应期,就更有可能对自己的教学工作充满信心,更有可能激励自己迅速成长;如果新手教师未能得到必要的帮助,则会延长对教学工作的适应过程,引发强烈的职业焦虑,导致专业动机下降,甚至离开教师职业。徒弟 G 在师傅帮助下,逐渐熟悉、掌握了幼儿园的工作流程,适应了幼儿园工作的环境,对幼儿园及幼儿教育

---

① 王正平.人民教师的道德修养[M].北京:人民教育出版社,1993:228-229.

有了实践层面的认识和了解,走出了对幼儿教育的陌生感和自我的孤独感,从而对自己能否胜任幼儿园教师的工作表现出了自信。

(二)建立驾驭幼儿园教师工作的平常心

徒弟 F:青年教师有些急躁,但你丝毫看不出老教师的急躁情绪。以前我和师傅搭班,印象最深的就是她带班的节奏很稳。比如这个星期我上下午班,她上上午班,我看她带班完以后感觉真舒服;换了我上上午班,她上下午班,早上我很急的,下午我看她不紧不慢的就告诉自己明天一定要不紧不慢的。可是你不知道急是什么意义上的,我师傅说"带班心态要放平和,不能急的。比如给孩子上课,如果你自己急的话,孩子根本听不下去,不可能跟着你。哪怕这课再怎么无趣,你都要给自己信心上下去,把孩子稳住"。我看她在组织各个环节过渡的时候,也不是按部就班地到什么时间就做什么,我开始就是很急,一板一眼的,节奏总是处于紧张的状态,孩子不听话就更急。现在呢,不像以前那么急躁了,比如,孩子流鼻血了,以前我都是怎么反应的呢——"啊!流鼻血了怎么办啊?"现在呢,我都是——"来来,看看怎么样?把这个手抬起来!"不紧不慢地把血止住,不让它太严重。

幼儿园教师不仅要负责教育教学,而且还要注意到半日活动的系统性和流畅性,其中各个环节的过渡就显得格外重要。新手教师虽然经过实习,但实习期间由于专业水平有限,往往关注的重点是一个具体的教学活动的组织,很少有时间斟酌如何组织实施半日活动、如何应对突发事件。因此,在职初期,新手教师由于经验的缺乏以及急于求成的心态,在组织半日活动时更容易表现得无序甚至混乱。但师傅带班时的稳妥和游刃有余往往能给缺乏经验的徒弟良好的示范,帮助她们以一颗平常心驾驭工作。

三、师傅帮助徒弟增强保教能力、丰富保教经验

幼儿园的教育对象是 3—6 岁的幼儿,其生理发育和心理发育都处于未成熟阶段,这决定了幼儿园教师的工作性质是"保教合一",即保育和教育在幼儿园中都是教师要关注的重点。无论对幼儿生活的照料还是常规教学活动的组织,都需要教师投入极大的耐心和爱心,更需要教师具备必要的专业知识、专业能力和丰富的保教经验。师傅教师的保教经验与其知识、信念、价值观以及特定的保教情境有着密切的关系,通过师徒结对这种方式,徒弟可以有针对性地学习和积累保教经验,并通过实践—反思—实践来进一步提升保教能力。

(一) 丰富保育经验、提高保育效果

1. 丰富生活照料经验,做到细致周到

徒弟 I: 老教师是怎么看孩子穿衣穿鞋子的呢？她们是一个个扫过来就知道了,但是我自己就不是这么回事,我也这样一眼看过去,可是好几个人是反着的,为什么都一个月了,孩子起床还是会出现问题,到底出在哪里？她说"不要以自己很浅的经验去判断每一个孩子""对孩子的保育照顾一定要细致、周到,不能糊里糊涂的,好像是怎么样就可以了,你的观察能力没有老教师那么强,一眼扫过去是不行的,而且孩子的鞋子差不多,裤子也很复杂,还有人多、忙,一分心就走神。你凭什么断定鞋子是对的？一定要肯定自己看到某样东西确保就是对的,要有根据,哪怕是麻烦一些,把孩子的脚抬起来看脚底板"。我就知道了起床可不是一个简单的流程,一定要盯着每个孩子,关注孩子,不能确定孩子是否穿着正确那就只能逐个检查,尽量学她做事细致,眼里面要有孩子。

幼儿的自理能力较弱,需要教师特别的照顾和帮助,需要教师能及时发现幼儿在穿衣、穿鞋、喝水和如厕等生活细节方面的问题。徒弟作为新手教师一方面任教时间短,经验有限,另一方面没有过养育经历,"想不到"孩子需要什么样的照料,因此她们对幼儿生活照料的重要性和要求不是很清楚,保育效果也往往不尽如人意。师傅不仅工作经验丰富而且很可能已身为人母,对幼儿需要的理解更加准确,可以说她们对徒弟的提醒和帮助能有效弥补徒弟在保育经验方面的不足。

2. 丰富常规教育经验,避免安全事故

徒弟 E: 对于小班的孩子她就不停地讲安全。年轻人刚进去(班级)是不由自主地要快,很刻板地遵循时间段,赶时间,不是很灵活。到了环节转换的时间点,可能这个时候孩子很兴奋,危险的因素就存在,打闹的现象多。她就跟我讲要让孩子安静下来,主要是常规的培养,慢慢就知道了,不着急,不要这个时间段就要干这个事情。她看到我工作有什么问题了,她就及时和我讲,小班的时候她就和我讲安全最重要了,帮孩子养成一个很好的常规习惯,让孩子知道自己什么时间干什么事情。

徒弟 J: 托班要注意细节方面的特征,我记得特别清楚,师傅说作为一个托班老师一定要"眼观六路,耳听八方",孩子呢无论是个子还是年龄都很小,不管是在室内还是在室外,一不留意就不知道哪去了,而且孩子有爬,往柜子里钻的习惯。她说你一定要"眼观六路,耳听八方",尤其在狭小的地方容易出安全方面的问题,抓到碰到都不好,家长都很宝贝自己的孩子,因此哪怕眼睛在看着这个小孩,耳朵也要听到周围的小孩,比

如你看到哪个小孩有抓人、打人的意向了,你要大步子过去先把他的手抓下来再说,再慢慢说,就是光用嘴说是不行的。

很多徒弟在谈到师傅对自己的帮助时,几乎都涉及师傅善意提醒自己要尽量避免意外事故的发生。安全事故是幼儿园教师最不愿意看到的,但新教师由于经验不足、考虑不周,有时候还是很难避免一些事故的发生。师傅以一个过来人的身份,时刻提醒、叮嘱徒弟要注意孩子的安全问题,帮助徒弟有效地对幼儿进行常规教育,同时锻炼徒弟"眼观六路,耳听八方"的洞察力以及对幼儿可能发生安全问题的预见能力。

(二) 增强教育教学能力、提高教育水平

1. 学习根据幼儿的特点和需要组织实施教学活动

徒弟F:

师傅指导开课过程——我记得那次开课,她从来都没有这样很有意识地给我讲过课,她看我试教,我上了一节小班的课,是X老师听的一节课,像背教案一样,很紧张,站位也不清楚。试教完以后,我的感觉很差,觉得很丢人。那天回来以后,她没有一字一句按照流程来说我的课,她让我首先端正思想。"你带小朋友上课,要想象着带他们做游戏,就是跟他们一起玩,你不要想着上课、教案啊什么东西,小班的特点是情境化的,你要创设这样的氛围,包括老师的指导语也需要拟人化的。"她就跟我讲,比如"今天天气真好啊,看太阳公公朝着我们笑呢,我们跟太阳公公打声招呼"……像这样的话以我的思维是想不到的,我会说"今天我们来学一个游戏,游戏叫什么名字呢,游戏怎么玩呢",按照教学过程讲。那天我试了一下,真的感觉很不错。她还说,"你回去想还有什么是拟人化的,要想方设法把小朋友带入情境",回去我就想更多的方式。因而,那次开课对我来说意义重大,我知道了怎么样才是给小朋友上课,那是和大人的方式完全不同的。

对师傅指导过程的认识——我觉得这第一次指导让我受益匪浅、能举一反三,她不是像其他老师那样单单就这节课、这个活动是什么,怎么组织,第一步、第二步、第三步怎么做来教,她首先是端正你的思想,要从小班孩子的特点入手,所有的教具、组织形式要跟着孩子的反应,孩子的需要去设计、去组织。

现在的教学情况——我自己以前上课是教案怎么讲我就跟着教案走。但是现在我会推翻教案,不是全部推翻,是部分调整,可能由于条件原因不能完成,我就想用其他方式达成,利用其他的材料和教具完成,我只要达到目的就行了,达到教学目标就行了。

比如说,中班孩子喜欢猜谜,中班上学期的时候很多活动会以猜谜的形式开展;小班孩子喜欢手偶,很多活动会经常以拟人化的表演开展。

新手教师在组织实施教学活动时,对教案的依赖性很大,很难使自己关注到幼儿的特点、需要和表现,同时对教学活动的组织实施缺乏一定的灵活性。而教学目标无法实现或者在教育实施过程中遇到突发情况等都有可能给她们带来消极的体验,产生挫败感,从而影响其以后组织教育活动的信心。师傅能够有针对性地指导徒弟,比如,指出教育方式要根据幼儿的年龄特点采取情境化和拟人化的手段,让幼儿主动学习,让徒弟意识到幼儿才是教学活动组织实施的中心。

2. 培养教学反思能力,学会发现教学中的问题并解决问题

徒弟A:一开始的时候,我师傅上课,我看课,她问我:"你知道我这样上课的目的是什么吗?"我以前是不会考虑的,后来她问多了,我知道她为什么了。为什么她在这时把教具收起来,原来是为了保持孩子的注意力,哪怕一个眼神、一个站位都是不一样的。后来我上课,我师傅也会问:"你是怎么想的?""你自己设计的这个环节是为哪个目标服务的?"她让我说说想想,而我自己是不会想的,教案写好就不会想的,她一问你,你会想。我会发现这不是这节课的重点或者这个环节应被省略,平时的时候会觉得教案蛮顺的嘛,她一问会发现教案有问题,她会给我建议,比如教学的方法,比如孩子失控了你怎么样让孩子以最快的速度安静下来。

徒弟E:在教学方面呢,做教具的时候她会问我这些教具该怎么用,我很茫然。刚开始的时候书上有什么教具就按书上的做。她有自己的想法的时候和我说,她想做个什么样的教具问我合适不合适,我说那我先做一个吧,让孩子试一试,如果不合适的话我们再来改。有的时候她讲我做,我做的时候不明白的就去问她,然后慢慢就知道了要怎样做,就是说她给你很多动手、动脑思考的机会,我想可能是她带徒弟的方式。

任何教师的专业成长都离不开教学反思,即要善于在学习和教育实践中总结经验,找出存在的问题,不断调整自己的知识结构和实践方式,以达到专业成长的质的飞跃。新手教师由于不注重也不勤于反思,就有可能扼杀自身的创造力,阻碍其专业的可持续发展。美国学者波斯纳(G. J. Posner)认为,没有反思的经验是狭隘的经验,至多只能形成肤浅的知识。只有经过反思,教师的经验方能上升到一定的高度,并对后继行为产生影响。在师徒结对过程中,师傅通过提问的方式让徒弟在他人以及自身的教育实践中学习反思、勤于反思,及时总结或者发现教学的得与失,并加以纠正、完善,不断改进自己的教学策略,提高自己的教学反思能力,形成自己的教学风格,加快自身的专业成长。

四、师傅帮助徒弟提高人际互动能力

库利认为:"人性是逐渐形成的,并不是与生俱来的;没有共同参与,他不能获得人性,而人性会在独处中衰退。"米德认为是互动产生了自我,自我必须在社会过程中、在互动中才能得到解释。① 作为社会中的人,教师也是在与他人的交互作用中开展教育活动并实现自我发展的。教师与他人的互动表现为与幼儿的互动、与家长的互动及与同事的互动。从一定程度上来说,教师尤其新教师的人际互动能力对于教育教学效果及专业发展都具有重要的意义。

(一) 与班级幼儿的互动

1. 与幼儿建立情感关系

徒弟 F 谈到了在入职初期自己并不知道如何与幼儿建立关系,但在师傅的指导下逐步建立起与幼儿的亲近关系并认识到这种做法对于幼儿情感方面的意义。

徒弟 F:新生来了以后,孩子的爸爸妈妈会带着孩子摸一摸、玩一玩啊,熟悉一下教学环境、包括幼儿园和老师。她(师傅)会告诉你怎么组织孩子,你可以走过去轻轻摸摸他,问他"你叫什么名字啊,自我介绍一下",让孩子有一种亲切感。因为孩子一开始对老师是陌生的。像这些一开始我都不知道,后来我才知道首先要了解孩子、要亲近孩子,这样孩子才能信任老师,孩子和老师之间要建立这种情感性的联系,毕竟孩子到了一个陌生的环境他是害怕的,需要老师情感上的安慰,让孩子感到老师也是妈妈,就是这种感觉。

安斯莉和安德森在研究报告中(1984)指出,教师或其他养护者与幼儿之间的关系是一种教育者与被教育者的关系,但有时可以被视为如同儿童与父母之间那样的一种情感依赖型的关系。② 师幼关系如同亲子关系,以感情为纽带。对于刚刚入园的幼儿来说,与教师之间的情感关系更显得格外重要。幼儿离开父母来到幼儿园,某种程度上意味着幼儿要摆脱对父母的依赖并逐步独立起来,这对幼儿来说是一种挑战。教师要代替父母的角色,给予幼儿情绪安慰和安全保障,通过行为和语言与幼儿进行互动。新教师由于年轻、经验缺乏,有时在与幼儿的互动中并不能体会到幼儿情感上的需要,不能与幼儿建立良好的情感关系。师傅工作多年有丰富的经验,而且多数也养育过自己

---

① 郑杭生.社会学概论新修(第三版)[M].北京:中国人民大学出版社,1994:54.
② 刘晶波.国外学者关于师幼互动问题研究的文献综述[J].早期教育,2000(13):22-23.

的孩子,因此她们对于与幼儿互动过程中情感性关系的把握更加准确、细致,通过经验传递的方式可以影响到徒弟与幼儿互动的效果。

2. 树立适宜的教师权威

徒弟 A:小孩子很聪明的,他能看出谁更强势一点。他知道我是才来的,他更清楚哪个唱主角。师傅说:"孩子很聪明的,他会欺生。"我是笑嘻嘻的,讲话呢也是温柔的,孩子真不把你当回事。老教师给新教师一个威信真的很重要的,我师傅就帮我维护一个老师的威信。如果中午我值班,孩子不睡,动来动去,她就说:"我没有值午睡,没有发言权,你来说,今天谁表现最好?"就是让所有孩子都知道我说话是有分量的,把我往前推。还有像上课,因为自己备课比较粗,一个大的环节下来,有些东西不会想那么细,导致我上课了不知道怎么往下接。在我比较难堪、窘迫的时候,师傅会帮我维护作为老师的权威。在小朋友面前老师就应该什么都会,你在孩子的心目中是什么难题都能解决,就算你解决不了你可以提供他一个方法,每个人都有知识欠缺的地方。那怎么办呢?教师和孩子都回去上网查,查完之后教师要给孩子一个反馈,这是我从她身上学习到的。

师傅 A:我觉得一个新老师刚来工作的时候,老教师一定要帮新老师树立威信。孩子是会欺生的,尤其是大班的孩子这个特点很突出,他能看出谁是主角,谁有决定权。他就不听小老师的话,他知道我是这个班的老师,她是才来的。可能我在的时候还好一点,一开始新老师在的时候,他们洗脸我会上紧箍咒啊,慢慢就知道要听新老师的话了。就是老老师要把新老师推到前面来,让所有小朋友也知道,帮她树立威信,不能我冲到前面,什么都我来。我觉得这样非常重要,可以给新老师一个自信,因为新老师发现孩子不听她也急,孩子呢看你越急越开心。

本研究第一部分曾提及,在幼儿园师幼互动中,教师与幼儿之间的互动主要表现为非对称相倚型互动。这种互动类型极大地体现了教师的权威,当然牢固的教师权威不仅有其必然性,还有其必要性、适宜性。教师权威有益于帮助幼儿建立起稳定的生活和学习秩序。[①] 但处于入职初期的新手教师一般会在常规管理、教学活动等过程中受到幼儿的"挑战",对这些教师而言,既要做到对幼儿施以情感性的关爱,又不以绝对的权威身份要求幼儿,实在不是一件容易的事。但师傅在徒弟班级权威的建立过程中能起到至关重要的支撑与启示作用。

---

① 刘晶波.谈师幼互动中教师的权威及其限度——兼作对《升旗手的诞生》一文的回应[J].学前教育研究,2005(1):53-55.

（二）与家长的互动

1. 取得家长的信任和支持

徒弟 A：家长工作对于我们新老师来说特别得难做，因为家长不信任你啊，他们觉得你年龄小，没有经验，所以家长们愿意找老教师谈。一开始的时候我只能看着师傅和家长们谈话，我在旁边听，看他们都说些什么。后来我师傅说你的家长工作也要尽快抓，我说不知道和家长聊些什么，师傅说"要想取得家长的信任，你必须能够举出孩子很多的事例，解决孩子的问题之后，告诉家长你是怎么想的，你是怎么分析他的孩子的，但不能乱说，你说的应该是和家长想的是一样的"。我就按照师傅说的，记住每个孩子每天的表现了，什么方面进步了，然后试着主动找家长谈，家长慢慢觉得这个小老师很关心我的孩子嘛，说得也很对，也愿意和我谈孩子了。我觉得首先是他们信任我了，他们才愿意和我交流孩子吧。现在班级、园部里面开展什么活动需要家长帮助的时候，家长也愿意配合我、支持我了。

师傅 A：家长工作难做。你碰到好说话的家长还好，碰到难说话的家长就很困难。家长工作对于新教师来说就更难了。我这么多年工作总结出来，作为一个老师你要让家长信服于你，你必须能够举出这个孩子很多的事例，解决他很多问题以后，告诉家长你是怎么想的，你是怎么分析他的孩子的，他只要发现你观察他的孩子，他就没有意见，和他平时观察的、想的是一样的，不是乱讲，他就会自然而然地相信你。作为师傅还要帮助她，在家长面前宣传她——"她挺能干的""这个是我们××老师做的，漂亮吧"。因为家长了解我，家长不了解她，我只能通过这些东西向家长们传达她很能干、很优秀。

家长工作是幼儿园教师专业生活的重要组成部分，教师通过家长可以了解他们的教育取向和教养态度，使得家园合作能够顺利开展，从而为幼儿的成长发展创造和谐一致的环境。但在家长眼中，新手教师较为年轻，缺少育儿经验，所以他们更倾向于与老教师沟通交流。通过师徒结对这种方式，徒弟不仅可以近距离地观察师傅是如何与家长互动的，而且还能得到师傅进一步的指导，减少盲目的摸索。

2. 锻炼与家长的沟通交流能力

I 师傅回忆了自己身为徒弟时的情景——我们班上有个小姑娘，她可能是到了一个新环境，因此比较兴奋，对什么都好奇。我觉得她很可爱、天真、讨人喜欢，很吸引你去注意她。在下午家长来接孩子的时候，我讲到孩子在活动中的一些情况，从我的角度说呢，我是个新老师，我喜欢她，关注了她，就想说给家长听。但是新老师没什么经验嘛,没太考虑到家长是不是能接受,你的出发点是这样子,他(家长)感受到的可能是"你在说我的孩子不好",但是从我当时的能力来讲我可能想不到那么多。我记得那次小朋友都走了以后,师傅和我说:"和家长交流要察言观色,你要看他的反应,看他感兴趣不感兴趣,看他对你的话题反应是什么样子的。有的家长可能认为你在说他的孩子不好,他心里面会觉得不开心,会觉得老师不喜欢他的孩子;有的家长可能在和教师交流的时候发现孩子的问题,想如何帮助孩子。有的时候你和家长讲得太多了、太具体了反而起不到什么效果。"她和我讲"你是没有发觉后来家长有点站不住,老想走开,可能碍于面子不好意思走开,家长有点不是很满意了"。哦,我想还有这样的情况,那时候自己想不到的,老教师会从她的角度分析给你听,帮助你做家长工作,提高你判断事物的能力,指导你以后遇到这样的事情该怎么做。我现在家长工作开展得还不错,可能很大得益于师傅的指导和帮助。

人与人之间的互动是以一些背景知识和基本规则为基础的,如果忽略了这些知识、违背了这些规则,互动就不能顺利地进行下去。师傅I在自己刚开始工作时就有幸得到了师傅的指导,很快认识到:想与家长进行交流,光有愿望还不够,还需要具备一定的沟通交流能力,要了解家长的所思所想,丰富与家长的"共同语言",从而提高沟通的质量。

(三) 学习与同事的友好互动

徒弟A:刚来的新教师是不知道怎么和其他教师打交道的,师傅会和你说你和别人有分歧或者别人提出的要求有难度了,你要明确地和人家说,但是要以人家能够接受的方式说清楚,这样彼此之间不会有多大的成见,并且说话要有艺术、要真诚。还有就是老师之间不搞过度亲密,大家都是同事,正常的交际是必要的。她给我提了一些建议,她把她的经验跟我说说。

幼儿园是一个相对完整独立的环境,除了作为教育对象的幼儿,其他教师、保育员、园长等都是教师人际交往的主要对象。与同事的友好互动是教师专业生活的重要组成部分,互动的方式、沟通的技巧决定了教师的人际关系是否和谐,进而影响到专业发展资源的获得。刚刚步入工作岗位的徒弟在与同事的互动方面缺乏经验,尤其是当与其他教师产生意见分歧时不知道如何正确处理。但在师傅的及时指点下,徒弟学习换位思考、学习与不同价值取向的同事求大同存小异,知晓与同事的交往要以诚相见,但也要保持适度距离,避免了因人际交往不顺而产生的不必要的烦恼和顾虑。

第二节 师傅引领徒弟专业成长的策略

一、激发专业成长动力

(一) 日常工作中赏识徒弟

徒弟 A：我师傅评价我的时候说"我能看到你在努力，我能看到你的转变，没上好没有关系"，她是从你的角度鼓励你，她把自己的经验介绍给你，你一下子就知道怎么办了。当你用一个新的、开放的方法的时候，她会鼓励你，鼓励我就会强化我，其实我的那种方法是无意识的，但她一鼓励就强化了。有一天我无意识地做了一件事情：有个小朋友不会回答问题，一般情况下我会让他坐下来，但是那天我说"没关系，你试一试吧"，那个小朋友就肯说了。我师傅就说："你这句话说得好，孩子对自己也是有要求的，当他没有十足把握的时候他会害怕，那这个时候你给他一个支撑，试一试他就敢说了。"

师傅 A：我们之间的关系是比较民主的，不是压制。她做得好的我都会鼓励、表扬，因为这样她才会有斗志。做错了也没关系，只要改正就好了。像我们班挂的这些东西，因为我们个子高，从来没有考虑到挂东西还要用钩、叉子，我们往板凳、桌子上一站就够到了，她个子矮，够不到就借助工具，比你还要爬上爬下的快啊，你要慢慢发现她的优势。她蛮聪明的，你一鼓励她，她就有热情了，老打击她，她就不想干了。她做得不好的，我就和她讲啊，今天你做的什么什么不好，但是就事论事，不是对她的人而是对这个事情。

从徒弟的发展角度来看，师傅的赏识对于增强徒弟的自信心非常重要。师傅在评价徒弟时，从徒弟的立场出发，顾及徒弟的情绪和心理承受度，尽量以积极正面的鼓励为主，减少消极的评价，激发徒弟的内在动力，减少其自卑怯懦心理，为徒弟的专业发展打下良好的基础。

(二) 关注并疏导徒弟的工作情绪

情绪是一种复杂的心理现象。从形式上看，情绪既具有独特的主观体验色调，又具有鲜明的客观外部表现。从功能上看，情绪既具有适应性和有用性，又具有动机性和组织性,以及交际功能和社会化功能。① 情绪影响着教师的工作心境和状态,当徒弟有消极情绪体验时,师傅适时适当地予以情绪梳理,能够给予徒弟情感上的安慰和支持,满足徒弟心理上的需求。

徒弟 C:刚来的时候,三个园长都看出我有问题,情绪有问题,整个人也很消瘦,上班拖拖拉拉,园长找我谈话,说我的精神面貌很差。回来后,师傅和我坐在一起谈话,我把自己遇到的困难和她讲,她开导我。当时我很感动,我不知道在别的幼儿园会不会这样,老师们很真诚和我谈话,站出来帮我,告诉我"情绪状态不能带到工作中来,或者是把这件事情完全处理好再来工作,不然整个人是吃不消的"。她隔几天就和我谈一次,让我更感动的是她看了我的备课本之后,会给我写很多的话,不是备课的东西,而是调整我心情的东西,比如会写"祝你每天开开心心地来上班",就是这种贴心的话,感觉很温暖。后来,我换了居住的环境,经过暑假的调整,慢慢接受了现实,找到了工作的状态。

师傅 C:新老师刚工作会遇到这样那样的问题,可能有工作方面的,也会有生活方面。她刚来的时候呢工作状态不是很好,我觉得她好像蛮吃力的,状态不对就和她谈谈,她工作之外呢还在学习其他东西,这样呢工作就会吃不消的。所以我想应该让她了解到她自己现在不是学生了,要摆正工作和学习之间的关系。工作是不能出现问题的,出问题就不好办了。

新手教师从学生过渡到教师常常伴随着大量的压力,如缺乏自信、个人生活与专业要求之间存在冲突、面对压力措手不及,等等。面对现实的冲击,新手教师有着强烈的心理需求,渴望获得心理支持,比如,来自他人的关心、有倾诉对象、能得到应对压力的技能和策略等。师傅对于徒弟的指导不仅是一个教育过程,更是一个情感过程,通过心灵的对话,使徒弟获得心理上的关怀,减少情绪波动,排解消极情绪,从而获得专业成长的精神动力。

(三) 突发事件中帮助、指导徒弟

徒弟作为新手教师面对教育教学中的突发事件常常会不知所措,如果处理不好突发事件,就有可能成为专业成长中的拐点,影响今后专业发展的方向。如何积极地帮助徒弟从事件中吸取教训,而不是盲目地责备徒弟,F 师傅的带教策略或许对我们有启发意义。

---

① 乔建中.情绪心理与情绪教育[M].南京:江苏教育出版社,2001:4-5.

徒弟F：我们幼儿园在另外一个地方过渡的时候，活动场地是硬地面。我带小班孩子在上面玩小汽车的游戏，有个孩子头撞地了，好大一个包。家里面就一个孩子，家长肯定心疼得不得了，所以我也紧张得不得了。她（师傅）就很镇静，首先问孩子怎样了，给孩子处理伤口，给家长打电话来幼儿园，都是同步进行的。当时我被吓坏了，想着这下完了。过后她找我谈话，我记得她说："家长有时候并不在意孩子在幼儿园里学到多少东西，只要孩子是安安全全、开开心心的就行了。老师在户外组织孩子活动时眼里面一定要关注到所有的孩子，而且要求要明确，要反复强调该做什么、不该做什么。"通过这件事情我就有安全意识了，即使我跟别人说话，哪怕是保健老师来送药时我和她讲孩子的情况，我的眼睛也是看着每一个孩子的。

面对已经发生的意外事故，师傅帮助徒弟分析了幼儿安全的重要性，提高了她的安全意识，并帮助其反思在组织户外活动时教师的教育要求要明确到位，要时刻关注到每个幼儿。这有助于徒弟对意外事故进行正确的归因，并从中吸取教训，避免同类事故的再次发生。

二、搭建专业成长平台

（一）发现徒弟优势，给予锻炼、学习机会

徒弟E：开家长会，一开始她（师傅）管教学活动，让我讲一些专题，她觉得我美术挺好的，她提示我要讲什么。一开始我哪知道要讲什么，而且看那么多家长也很紧张，她就说"那你讲专题吧，美术吧，怎么指导孩子画画、折纸"。

徒弟A：师傅发现我哪方面有特长，会积极帮我去争取机会，她会到园部帮我找老师。我师傅在音乐方面是强项，但是她不参加美术教研组，她觉得对我这方面的指导不到位的时候，她会和我说你去请教×老师。有的师傅会因为徒弟去请教别的老师而不高兴，我师傅不会，她会和我讲："你去请教×老师，这个老师是美术教研组组长，你去和她学，把她喊到班上来，大家一起讨论商量。这是很好的方式，因为术业有专攻嘛，你去吸收每个人的精华。"

师傅专业方面的直接指导能力并不一定十分全面，某种意义上说，师傅为徒弟担当"鹰架"的功能更为重要。师傅力求根据徒弟的特点、在徒弟原有发展状况和目前工作状态的基础上为徒弟提供合适的平台、给她们施展才华的机会，帮助她们找到专业成长的生长点。

(二)帮助徒弟争取参加教研活动的机会

幼儿园教研活动的实质是通过研究立足解决学前教育实践中的实际问题,不断提升教育教学工作的质量,使幼儿与教师共同获得更好的发展。① 绝大多数幼儿园教师都十分珍惜参与教研活动的机会,但参与教研活动会受到一些客观条件的限制,师傅若能为徒弟争取机会,徒弟便能得到更多的锻炼。开公开课和加入区教研组、市教研组是师傅最常推荐给徒弟的教研活动。

1. 积极争取开公开课,在实践中磨炼

徒弟A: 比如说到外面开课,师傅帮我争取了一节课,我就和我们园长一起备课,上完大课之后心理的承受能力就不一样了,你在上课的时候会表现得轻松镇定,不那么害怕,心理素质加强了。

师傅A: 我跟她们(园长和主任)讲一定要给她机会开课。因为我们也会和主任讲,谁会动脑筋啊,谁怎么样啊。主任也会问"这孩子怎么样啊",我们会说她的优势在哪里,主任会把课题给她、给她开节课。那么这种机会我不争取的话,不会落在她头上。你要把她推出去,不推出去人家怎么知道她好呢?每个人的优势不一样,但是有机会了就让她展示一下,对她个人来说是有好处的。她数学课开了两次吧,一样的课对不同地方的人开,第二次开的就好得很。

徒弟E: 师傅很信任别人,会给年轻老师很多机会。这学期外面的很多园长、领导来我们园观摩,因为她们都是内行,内行看门道嘛,当时就放到我们班,就像个班本活动一样的。她说:"你来开课,以你为主,你去想,去和主任谈,有什么困难或者需要帮助的我来帮你。"就是说很重要的机会让给我们,她说你们年轻人多锻炼锻炼,对以后评职称有好处,她从各个方面去考虑。

师傅E: 俗语说"懒妈妈养个勤快的女儿"。其实我带徒弟呢,就是让她们做事情,我说的东西不代表她们就能接受,就能领悟,你真的是要让她们去边做边学,别担心她们做错什么事情,太呵护了对她们的成长反而不利。我的方法呢,就是给她机会,让她去尝试。我们都知道开课是非常锻炼人的,那我就鼓励她多开,也向园长推荐她去开课,像这次的观摩活动我就让她来做。毕竟她工作有些年头了,实力是具备的。

公开课是一线幼儿园教师专业成长过程中必不可少的经历,它为幼儿园教师提供了展示才华、发挥才能的舞台,是促进教师专业成长的催化剂。受访的几位徒弟都谈到

---

① 顾荣芳.学前教育诊断与咨询[M].大连:辽宁师范大学出版社,2002:104.

了公开课对自己专业成长的影响。然而开课的机会有限,除了依靠自己的努力争取,师傅的推荐起了很大的作用。师傅从徒弟长远发展的角度考虑,让徒弟在实践中磨炼,为徒弟创造了发展的空间。有关公开课(研究性教学)对教师专业成长的影响将在本书第三部分详细论述。

2. 积极争取加入区教研组、市教研组,发挥专业特长

徒弟G:师傅给我的机会蛮多的。我工作第一年的时候,区里面有教科研组嘛,应该是骨干教师才可以参加,后来发现我对电教方面很感兴趣,她就推荐我去,她自己就放弃了。像进区教研组,有的老师工作四五年了都进不去,它不是培训班是教研组,区骨干、工作五年以上才能进。在这么多年轻人中,我是第一个莫名其妙地进去的,你年限不够、资历不够是进不去的,它是做教科研、做研讨的。我进那个组学的是蛮多的,(没进教研组)以前我最怕评课,我说讲什么啊,后来才慢慢知道就是这样子,是这么一回事,还蛮锻炼人的,每个人都要讲,要讲一圈,讲讲然后就会了。这个机会我还是印象很深刻的。

师傅G:新教师的成长是需要空间的,作为师傅就应给她锻炼、学习的机会。我记得有一次,我到区电教组,那个时候Z老师做教研员了,我和她说:"我不去了,让我徒弟去。"她说:"她怎么能来呢,才工作几年啊?"我说:"当初你不也是把市科学组的名额给了我嘛。我觉得我这么多事情也忙不过来,耽误工作,既然她的状态很好,不如给她一个平台,你可以让她先旁听。"现在呢,她的电教好得不得了,与那时的学习是分不开的。

幼儿园教师在幼儿园工作一段时间后,幼儿园会为他们提供一些参加区教研组、市教研组学习的机会。区教研组、市教研组的学习是由区、市有关教研人员组织的,参加对象一般是区、市各个幼儿园的骨干教师或者是后备骨干力量。师傅强有力的推荐能够使徒弟获得难得的学习研讨机会。在与其他优秀教师一起分享、交流、对话的互动过程中,徒弟的专业能力得以提升。

(三) 释放权力,支持徒弟独立承担活动组织

徒弟E:家园活动之前,她告诉家长怎么去做。家园活动真正开始的时候她就把我推出去了,告诉我"你是主持"。她把家长、场地联系好了,刚开始的时候活动内容是她来讲,慢慢我知道这个套路了。下一个家园活动让我自己来设想,我来组织,她就慢慢脱手了。刚开始的时候是她组织一半我组织一半,孩子比较多呢,就她带一半孩子,我带一半孩子。像包饺子啊、表演啊,就让我来做,她就退下来了;节目怎么安排啊,海报

怎么张贴啊就让我自己搞了。她很信任我,也很谦虚"我画画不好,你去画吧",她慢慢脱手。

师傅 E:我带徒弟是手把手地从最基本的教起,不是我没有新的观念,而是要教她最基本的东西,让她学会走路,然后慢慢放手。师傅也要学着退位的,不能永远冲在前面。至于以后她再怎么发展,我觉得不需要告诉她,她有她的想法,说多了你会把她束缚住了。我觉得还是要发挥她的特长吧,比如说她的美术很好,那班上关于美工的一些工作让她来做,其实她的自信心就是这样慢慢建立起来的,所以有的时候我愿意在后面支持她,觉得她有需要了我再来帮她。

人的成长有阶段性,当师傅看到徒弟的成长变化时,根据徒弟的成长需要,释放自己的权力,尝试"退位",减少对徒弟的呵护。师傅采用渐进式的带教方法,从协助到"脱手"逐步过渡,其最终目的是让徒弟独立组织各种活动,使其产生主人翁的意识,徒弟因此在自己的职责范围内,自主设立目标、选择方法、解决问题。这样有助于徒弟增强工作责任感和自尊心,并提高其组织能力、策划能力。

(四)给予徒弟适度挑战

徒弟 A:师傅也给我挑战。"KX"(一套教材)搞了一个全国性的培训班,上课的老师都是很有经验的。师傅把我推到前面,你备不好课、上不好课是很有压力的。那会儿我在幼儿园搞教研都会抖抖霍霍的,在那样一个大的场合上课是有担心的。我觉得支持和挑战是相对的吧,她给你挑战也是给你支持,给你一个锻炼的机会。

徒弟 H:挑战也有,像区角游戏,我觉得挺有挑战性的,因为有些东西我不懂,师傅让我做,我不懂但可以问她。比如说,"糖糖店"怎么排,桌子要怎么排成一个样子,像装饰的东西我能做,里面要放哪些东西、准备哪些材料啊就要问她。

师傅对徒弟给予支持的同时还应给予徒弟适度的挑战。适度的挑战对于徒弟的专业成长来说是有积极意义的,是另一种性质的支持方式,它迫使徒弟在压力中感受向前发展的动力,萌发自我发展的意识,并通过亲身实践摸索自行解决问题的方法和途径。

三、设计专业成长框架

(一)言传:反思诱导

徒弟 A:师傅会问你一天当中看到了什么,你觉得这样做的目的是什么,这样做有什么好处。我觉得这些问题都是相通的,是一种方法。我们老师指导新教师都是把新教师往前推,先问你看到了什么,你对你自己的东西肯定是印象最深的。她再说她为什么做,会说你没有看到的东西,你会更关注,而不是她说一大堆,你当时听得明白,过后什么也记不住了。

师傅 A:每天下来我们有个交流的过程,有时是在孩子午睡的时候,有时是下班的时候,也是对她一天的工作进行个回馈和总结。一般是我先让她说说今天的感受,她会说哪些不足啊,哪些方面不知道处理的合适不合适,当然还有她看我怎么做的一些想法。我呢会根据她说的问她一些问题,让她有个反思的过程,让她更明确要关注什么。比如为什么要提醒孩子漱口,为什么这段时间要塞毛巾,像这些都是细节的东西,需要提醒她。她在初期不知道怎么办的时候模仿我是可以的,但还要明白我为什么这么做。

徒弟在模仿、追随的过程中,需要对自己的实践进行反思,这样徒弟不仅可以学习到师傅的教学技能、技巧,而且能学到教学实践中蕴含的理念、原则。只有这样,徒弟才能真正领会蕴含在师傅的教育教学行为中的实践智慧,才能够把师傅的教学精髓和带班技巧学到手,并在学习的基础上形成自己的个人风格。师傅的反思诱导避免了徒弟的机械模仿,是增进徒弟认知、体悟、反思的有效方式。

(二) 身教:榜样示范

师傅不仅通过口头传授的方式给予徒弟指导,还以身体力行的方式给予徒弟示范,其优点在于"身教以防言教之苍白无力"。

徒弟 A:她是身体力行地在教我,当我不知道怎么做的时候她就像一个例子、一个榜样,不是像书本上描述的东西,而是直观的、可看见的东西。她操作给我看,就像一个是文本的,一个是视频的,很多东西是语言文字无法记录的,光看文本的东西没有用,必须要看直观的。

徒弟 B:如果她立刻上来做一遍,你再模仿一遍,你就会知道你自己刚才做的和她做的两者之间有什么区别。我印象最深的是念了一首儿歌,好像是"大拇哥二拇弟"那首儿歌。我念了一遍,孩子们没有反应。师傅上了,一句一念,而且每念一句整个身体移位,所有孩子都能看她一眼,一移位,孩子的注意力全部集中到她这边来了。然后她念完一遍说:"你再念一遍,按我的方法念一遍。"当我再念一遍的时候发现,所有的孩子的眼睛都看着我的手,我就有种成功感。因为第一次念的时候就我一个人,没人理我。第二次通过她的直接指导,我就知道我的缺点在哪里了。以后举一反三,语言活动、音乐活动我就知道要移位,特别是小班的孩子一定要和她们有近距离的接触。所以,我觉得师傅的示范指导特别好。

师傅 B：她上课时一般我不会打断她，让她继续讲下去，让她有自己感受和调整的过程，课后会问她："你觉得哪些地方做的感觉不太舒服，为什么呢？"什么时候会冲上去呢？就是她们刚来控制不了孩子，一些像探索性的活动会乱，她说了孩子不听，没有效果，我就要冲上去了。或者她讲课时孩子一点反应也没有，比如说她教小朋友念儿歌，这种语言课是要有声音的控制和动作配合的，她一开始的时候是做不到这些的，那我会打断她，让她看看我是怎么组织的，给她一个示范，让她体会。

师傅的"身教"具有直观性、及时性和针对性，这不仅使徒弟在对比中看到了差距，而且使徒弟领悟到了什么是适合幼儿的教学方法，并在以后的教学中举一反三，从而提升徒弟的教学组织能力。

第三章
师徒结对促进师傅专业成长的表现及途径

师徒结对作为一种传统的培养新教师专业成长的模式，其研究关注点已不仅仅涉及新手教师，还关注到了老教师在带教过程中的发展变化，通过"老带新、新促老"的形式实现新老教师的共同成长。通过对研究资料的分析整理，研究者发现，"师徒结对"中的师徒关系已不再是单纯的"一对一"的"传、帮、带"，而是一种基于协作条件下的平等、共赢的关系。师傅是平等中的首席，是合作中的引领者，同时也是结对过程中的受益者。师徒在较长时间的人际互动中建立了相互学习的共同体，师傅与徒弟对话的过程使师傅有机会对个人的观点进行反思和修正，矫正潜意识中难以察觉的成见，不断突破既有的教学信念和行为，在持续的自我更新中实现专业发展。

第一节 师傅在指导徒弟过程中的专业成长

一、增强自我发展意识

教师的自我发展意识是教师专业结构中的重要因子。具有自我专业发展需要和意识的教师，才可能成为一个"自我引导学习者"。教师的自我专业发展意识按照时间维度可以包括三方面：对自己过去专业发展过程的意识，对自己现在专业发展状态、水平所处阶段的意识以及对自己未来专业发展的规划意识。[①] 在师徒结对事件的刺激下，幼儿园教师自我发展意识的增强既包括对自己过去专业发展的深刻反思，也包括对将来发展的规划。具体表现为学习的主动性、反思意识和水平的提高两个方面。

---

① 叶澜，等.教师角色与教师发展新探[M].北京：教育科学出版社，2001：240.

(一) 学习的主动性提高了

师傅G：你带别人首先自己要有水平，自己要学东西啊，有压力促使自己不停地要学，压力变成一种动力。因为我这人要求高、要完美，所以比较累。人家喊我师傅，我不能"误人子弟"，有很多事情我也不明白的，但我去请教别人，或者我们一起共同探讨。我经常和徒弟讲的话就是我们一起共同探讨，我说我也是个年轻人。

师傅H：怎么讲呢，就像经常说的"给人一杯水，自己要有一桶水"，我觉得在指导她的时候还需要一些理论，特别是在指导她开课、说课啊，想给她一些理论，那我自己首先就要先学习一下，之后才能给她，和她交流。

"师者，传道授业解惑也。"师傅为了能更好地指导徒弟，给予徒弟理论知识和实践经验，迫使自己不断地去学习、去钻研，去追寻新知，更主动、更积极地向书本、向他人学习。

(二) 反思的意识和水平得以提高

师傅B：我们带徒弟要改她们的备课本、改目标。我自己在写的时候呢，备课目标可能感觉就这么几条，但是语言组织啊各方面是不太在意的，因为自己是明白的。但是给她改呢就要清楚了，怎么让语言的组织比较明确，她一看就比较容易明白，这方面就会多思考一些。还有活动过程，过程中可能会有什么样的调整啊，也要给她呈现出来。有的时候呢，我也会通过这个过程发现自己的一些问题，整理一些自己的经验。其实她们的一些想法也蛮新奇、好玩的，也会让我思考、借鉴一下。

师傅G：我比较深的感受是，怎么样让人家听懂你的话。你不带徒弟的时候是不会想这方面的，怎么让别人能够听懂你的意思，并且在她的水平上有提高，我觉得这方面对我来说是个锻炼，也是个挑战。在带徒弟的过程中，一开始我说的话我以为她理解了，可是在工作里还是会出现问题。后来我就想是不是我自己没有表达清楚以至于她不理解，所以我就不断地反思，自己如何能让她理解我的意思，用什么样的语言、什么样的方式容易让她接受，或者应该举什么样的例子能够帮助她，当她再遇到类似的问题时能够想得起来。可能每个人对教育理论、经验都有不同的看法，但是我怎么样把我已有的东西通过她能听懂的方式让她接受，然后在她的水平上提高。这是我在那时一直在想、一直在反思的问题。

在《民主主义与教育》一书中，杜威多处谈到了什么是思维。他指出："所谓思维或反思，就是识别我们所尝试的事和所发生的结果之间的关系……思维就是有意识地努力去发现我们所做的事和所造成的结果之间的特定的连接,使两者连接起来。"在杜威看来,反省思维是求知的最好方式,它是"对任何信念或假定形式的知识,根据其支持理由和倾向得出的进一步结论,进行的积极主动的、坚持不懈的和细致缜密的思考"[①]。杜威所讲的思维也是反思,它是改善教师教学行为、促进教师能力发展、提升教师专业素养的有力手段和有效途径。在师徒结对的过程中,师傅不仅是在培养徒弟的教学反思能力,帮助徒弟学会发现问题、解决问题,而且自己也通过各种途径提高了反思意识和水平。这主要表现为师傅主动地回顾、检查、诊断自己的行为表现和前期经验,有意识地将习以为常的缄默知识转化为可以理解、运用和交流的显性知识。可以说,师傅在促进徒弟反思的同时,自己也借此机会进行了教育教学经验的反思,并提高了与他人的协同反思能力。

二、提升互动合作能力

幼儿园班级组织有别于中小学的班级组织,其组织结构中的责权关系更为明确集中,责权传递和实现过程中的矛盾和冲突较少。充当管理主体的保教人员作为统一的整体对幼儿实施影响,必须同心协力、协调一致,否则任何一方管理的疏忽都会造成损失。而作为管理者之一的新手教师在班级管理、教育教学环节等方面缺乏经验,与其他老师的配合能力也有限,因此对老教师来说,就要主动发展与新手教师的合作能力以及帮助新手教师与保育老师之间形成搭班中的默契。

师傅 I:你和一个有经验的老师在一起搭班能很快形成一种默契,和新老师搭班呢,你要指导她、培养她,就得想用什么样的沟通方式能更好地指导她,还要给她示范,能让她参考,同时培养自己和她的默契程度。新老师不像老教师有那么强的驾驭全局的能力,对于她出现的问题我的反应要快;而且老教师需要配合的话会交代得很清楚,而她(新老师)需要有人配合的时候,我自己要很快速很默契地配合她,这样也锻炼了自己和别人配合的能力。

师傅 F:新老师会出现方方面面的问题,她出现的问题可能不仅影响她个人带班,影响到组织的某个活动,还有可能影响到和保育老师的配合。如果她总是有问题,保育老师总在后面帮她收尾的话,保育老师就会有意见。还要帮新老师和保育老师,让她们之间配合默契。你要做好另外一个老师的工作,要开导她安抚她,要有沟通的能力。

---

① [美]约翰·杜威.民主主义与教育[M].王承绪,译.北京:人民教育出版社,1990:133.

为同一个班级工作的主配班教师为了完成共同的目标需要彼此协调,形成必要的默契。由于新手教师对工作不熟悉和缺乏经验,那么师傅在与徒弟的互动过程中,就要主动了解其想法、水平、能力,并及时用合适的语言和行为示范、指导。同时,师傅还要协调徒弟与保育老师之间的关系,协助两者在班级工作中形成默契,建立班级管理的良好氛围。

三、开阔视野、更新知识结构

(一) 打破思维定式和惯有行为模式

师傅 C:她们(徒弟)刚刚接触幼教工作,不像我们工作很多年了,需要新的东西来刺激。老的老师可能观念太陈旧了,有以前的框框框着自己。我觉得现在需要自己像海绵一样去吸收新的东西,才能创新,和她们在一起有个思维碰撞的过程。

师傅 B:我想师徒之间的关系,除了引领,还有就是双方的共同成长、互相促进,师傅也可以从徒弟身上学到很多东西。像她(徒弟)很有朝气,那种朝气体现在与孩子交往方面,孩子很喜欢她,年轻老师容易和孩子亲近。我们呢,带了多少年下来了,感觉自己的棱角被孩子磨平了,觉得要把班级常规抓抓好,(对孩子)就严格一点,这可能已经习以为常了。所以在这方面,我们也会学到一点,培养与孩子的亲近感,试着改变一些原有的想法,既要与孩子亲近一些,也要抓好常规的管理。

在长期的专业实践中,教师凭借着已被证明有效的知识、技能和信念形成了自己的"舒适地带(comfort zone)",即教师熟悉的观点、习惯和行为模式。日常教学中的专业发展大都以教师的"舒适地带"为基础,对教师原有专业模式加以检验和微调。[①] 老教师在常年的工作中累积形成了一些工作模式和思考习惯,在这些已有框架下对教育情境具有较多的控制感,因而可能很少尝试改变现有的状态。而来自徒弟的一些观念、想法和信息会刺激师傅并影响到其观念和行为的改变。

(二) 尝试新领域、学习新内容

师傅 E:在和徒弟沟通的过程中,徒弟会提出一些新颖的想法。现在的年轻人对电脑等接触的多,比我们运用得好,她会有更好的灵感闪现,她会开拓你的思路,选材的范围就会很宽泛,会觉得她的想法很不错,自己就去看一看探索一下,或者向她请教一下。

---

① 转引自王文岚,尹弘飚.课程改革中的教师专业发展:取向与策略[J].江西教育科研,2007(2).

对于我来讲,我会想到原来这样是可以做的,那样也是可以做的,从而纳入我自己的知识体系当中来。

师傅 G:在带她的过程中也在改变我自己。我觉得遇到她很开心,以前的一些想法比较刻板,她刚刚毕业,充满热情,思想也比较活跃,其实有些想法是要互相磨合、慢慢达成一致的。我在慢慢修正我自己,一个人只要在地球上存在一天,就是在不断成长、不断变化,我们说小孩在成长,大人怎么成长呢,大人的阅历不断地丰富。和年轻人在一起成长很多,我们总是固有在一个圈圈里可能接触不到社会新的理念、思潮什么的,但是年轻人呢如同新的血液,和她们互动、交流,你就改变了,从死水变成活水了,其实这是个教学相长的过程。比如说做一个主题活动,她想的是一些服饰、美容啊,她说我们可以开个美容店啊。这个创意是我想不到的,会问她怎么开啊,既跟得上时代潮流,也符合孩子的特性。我能发挥我的特长,她能发挥她的特长,这是一种很好的状态。

《礼记·学记》较为完整地阐述了"教学相长"的内涵:"学然后知不足,教然后知困。知不足,然后能自反也,知困,然后能自强也。故曰教学相长也。"在教师的职业生涯中,教和学各有其重要意义。作为教师不仅要善于教而且要把教学作为自己学习的途径。师傅一方面为徒弟传授经验,另一方面也因徒弟的蓬勃朝气、探究意识和创新能力而得到启发,从而更新自己的专业结构。

四、增强班级责任意识及管理能力

(一) 增强责任意识

角色是对于处在特定地位上的人们的行为的期待,是社会群体或组织的基础,他必须按照社会对他的角色期望行事,否则他就无法得到社会的认可。[①] 依据角色行为理论,教师一旦成为"师傅"就必须履行师傅的责任和义务,既要传道解惑,也要为人师表;既要帮助徒弟尽快适应现有的教育教学工作,也要让徒弟在新教师群体中脱颖而出。

师傅 F:作为一个班组长,既要对徒弟负责也要对班级负责,班上出现大的问题,我要从保护她、保护孩子的角度出发,我要先站出来承担一些责任,完了之后和她细致地谈她的问题。责任感更强一点,而且需要面对的事情还要多一点、压力大一点。

---

① 《心理学百科全书》编辑委员会.心理学百科全书[M].杭州:浙江教育出版社,1996:1874.

比如，领导下的任务，我是第一个知道，然后安排大家做事情。首先你自己要有一个策略步骤，然后才能分配。以前做配班的时候很多事情是不用我去操心的，只要是主班老师分配给我的事情我做完就行了，现在不一样了，我要主动去做、去想，想着怎样把班级搞好，我觉得是在锻炼自己驾驭全局的能力……作为师傅我有责任为她树立一个榜样，以身作则，不能说把自己坏的影响带给她，所以更加严格要求自己了。她有问题了或者需要帮助的时候，我要主动地帮助她，比如说她刚来工作的时候有一段时间工作状态不是很好，我就和她交流，了解她为什么情绪不是很好，要及时帮她调整。

由于幼儿园师徒结对的活动一般在同一个班级内开展，这种新老搭配形式意味着老教师要承担更多的责任，不仅要履行师傅的角色即指导徒弟的日常工作，还要当好班主任即负责班级的全面管理。身兼双重角色的老教师面临着更大的压力，如果她们能积极应对这些压力，比如，强化自己的责任意识、严格要求自己、以积极主动的心态投入到所有工作中去，那么压力就能转为自身专业成长的动力。

（二）提升管理能力

师傅D：你和别人谈事情的时候你肯定要对这个事情有所了解。我教她们做家长工作的时候，要对这个事情有个全盘的考虑，自己要做到周到、细致，很多为人处世、家长方面的工作都要和她沟通。班上的整体规划对自己也是一个挑战，要计划在前，我才能和她沟通。如果我自己没有计划，乱七八糟的，就没有办法和她沟通，你一会给她个事，她会感到处于忙乱的状态。

师傅B：年轻老师专注精神是有的，但是兼顾能力就显得不足，她能想到一个点，但想不全整个面。等到她能独立带班了，当上师傅了，就有机会锻炼了。我的兼顾能力、带班的这种整体的规划、管理能力就是当师傅的时候培养起来的。以前做徒弟和配班的时候很多事情是不用我去操心的，只要是主班老师分配给我的事情我做完就行了，没有机会去主动想那个事情要怎么做，还有什么该做的。当了师傅有机会去锻炼、去体验，因为你是主班老师，又是师傅，自然而然你就要考虑得多一些。从大的方面来讲像班级的一学期的整体规划啊，小的方面呢一个主题活动的安排、计划啊。当然有的时候很烦，很多事情都要想到，想到这个，马上还要想下一个。所以，我想师徒结对呢，除了引领，还有就是双方的共同成长、互相促进。

教师的成长是有阶段性的，从徒弟到师傅，从配班教师到主班教师，伴随着角色的转换，能力与经验方面的专业要求也在不断提高。对于身为主班教师的师傅来说，不仅要有丰富的学科知识和保育教育经验,同样还需要有班级管理的知识经验及组织、策划能力,必须彻底改变自己原先担当配班教师时的依赖、等待心理,学习灵活应对多变的班级情境,提高运筹帷幄的能力。

第二节 师徒结对促进师傅专业成长的途径探析

一、教学反思提供成长契机

老教师在长期的实践工作中积累了丰富的教育教学经验,从而形成了自己特有的教育理念和教育教学行为。但是,老教师相对较少反思自己的实践,可能的原因有:首先,幼儿园琐碎事务多,工作量巨大,教师一天工作下来已非常疲惫,少有时间反思自己的教育理念和教学行为;其次,教师工作多年形成了惯有思维方式和工作模式,对幼儿园里的一些现象已习以为常,不愿意多花时间尝试突破自己的"套路"、反思整理自己的教育经验。而在带徒弟的过程中,由于新教师缺少经验,不可能仅仅通过观察、模仿就完全领悟老教师每一个教育行为背后的理念或意图,这就常常需要老教师把自己的缄默知识转化为显性知识,以理论和实践相结合的方式传授给新手教师,可以说,这迫使老教师对自己多年的工作加以总结和甄别,在肯定和否定自己的过程中,寻求工作的动力和方向。

师傅J:师傅对自己平时工作中一些程序方面的经验是心里面知道,而要把这些告诉徒弟就需要提炼。你用什么样的语言告诉你的徒弟,用什么样的案例分析你的经验,其实对自己的成长是很有帮助的。有时候觉得自己平时一贯坚持的工作没有总结也就过去了,一旦你总结了,有反馈了,哦,会觉得可能我自己在这一方面并不怎么样,或者察觉到自身的不足,或者觉得自己这方面还行,对自己是一种肯定,对自己业务能力方面是一种帮助。也就是说,我认为师徒结对不仅是徒弟的成长过程,对于师傅也是一种成长的过程,分析自己在哪方面做到了,哪方面还有成长的空间,哪些忽略的地方需要去关注。

幼儿园教师教育的对象是身心尚未成熟的儿童,如何根据儿童的兴趣、需要、特点实施适宜儿童发展的教育是值得不断探索的,换句话说,教师的工作是极具创造力和想象力的,没有固定不变的具体目标和一成不变的教育手段,而且没有一种措施适合集体中的所有成员,也没有一种教学策略永远是最佳的。教师只有不断研究新情况、新环境、新问题,并不断地反思自己的教育教学行为,才能不断适应、促进教育工作,使教育、教学工作有效地展开。①

二、在学习共同体中分享教育智慧

学习共同体是指一个由学习者共同构成的学习团体,彼此在学习过程中进行沟通、交流、分享学习资源,共同完成一定的任务,在成员之间形成了相互影响、相互促进的人际关系,最终促进个体的成长。② 每一位资深教师都有值得新手教师学习的专长,而新手教师刚从师范院校毕业,掌握一些最新的幼儿教育理念,或者也具有某方面的特长,那么双方在相互观摩、思想碰撞、对话交流的过程中,可以共同提高教学智慧。从某种程度来说,师徒组成的学习共同体有利于双方优势互补、协调发展。

师傅 D:师带徒并不一定谁是谁的师傅,谁是谁的徒弟,它更多的是互相学习的过程,每个人都有长短,可能你在这方面比别人好一些,方法多一些,可能你的另外一方面不如别人,这是个相互学习的过程。所以,作为师傅来讲,既是经验的提供者、分享者,也是学习者。我现在没有把我自己作为师傅来看,在我看来至少要在工作十年以上才能作为师傅,我还不能叫作师傅,但是在能够提供经验帮助的地方我会给她帮助,在她身上能够学习的地方我也要去学习,因为教育的工作是个不断累积的过程,你在和别人分享的时候自己也有一个再学习的过程,你只有学习到更多了,才有可能帮助经验不如你的人。

师傅 F:我们大的方向是不同的,我主攻电教方面,首先我要先往电教方面靠,自然理性的东西可能就会多一些,技能方面要求要高一些,对小朋友的把握更理智一些。她参加的游戏组,相应地对游戏接触多一些,在电教方面她学得不是非常的好。你要看每个人的兴趣在哪里,她对游戏的兴趣好像更多一些,平时就多组织孩子们下下棋,讨论讨论游戏的情节啊,使游戏更细致些,发挥想象的更多一点,游戏过程中出现的问题如何去解决,她研究的就多一些。那我参加的是电教教研组,可能对游戏的东西我还理解不到位,我可能只停留在我以前参加的那个游戏组的水平,现在游戏方面的东西可能发展得更快一些了,我还没接触到,可以从她身上再吸取一些,就是反

---

① 刘捷.专业化:挑战 21 世纪的教师[M].北京:教育科学出版社,2002:252.
② 徐丽华,吴文胜.教师的专业成长组织:教师协作学习共同体[J].教师教育研究,2005(5):41-44,15.

过来向她学。

  幼儿园教师的专业成长一方面要依靠教师自身的努力,另一方面还需要充分利用外部资源和现有条件不断地向他人学习。教师教育的策略与风格的形成与改进,更大程度上依赖于"教学文化"或是"教师文化"。正是这种文化,为教师的工作提供了意义、支持和身份认同。[①] "尺有所短,寸有所长",每位教师都有一定的优势和劣势,需要通过向他人学习来弥补自身的不足或者使自己更加完美。在学习共同体中,师傅可以通过互动交流、资源共享来积极吸取徒弟的优点、学习徒弟的专长。

---

① 参见教育部师范教育司.教师专业化的理论与实践[M].北京:人民教育出版社,2003:30.

第三部分
研究性教学与幼儿园教师专业成长

本部分研究目的旨在论证研究性教学促进幼儿园教师的专业成长的可能性,分析研究性教学促进幼儿园教师专业成长的必要条件和途径,并阐述其具体的表现。

本部分研究中的"研究性教学"是指以开展有效的幼儿园教学活动为目的,以幼儿园教师的教学实践以及其他教科研人员的观摩、研讨、教师自我反思和集体反思为手段,深入研讨幼儿园教学设计与活动组织。

本部分研究采取的具体方法如下:

观察法:研究采用非参与式的观察法,以深入了解研究性教学的过程。研究者以非参与者的身份进入研究现场,对幼儿园教师实施的教学活动展开观察,并参与研讨过程,对幼儿园教师进行研究性教学工作的整个进程,包括教学的准备、教学的实施、教学之后的反思与研讨等等进行深入了解。

访谈法:研究者对幼儿园教师进行正式访谈,是为核实观察的事实与访谈的内容是否有差异,并通过对14位幼儿园教师(即教师 A、B、C、D、E、F、G、H、I、J、K、L、M、N)进行半开放性的访谈,了解幼儿园教师对研究性教学促进自身专业成长的理解,以期从中了解研究性教学是如何促进幼儿园教师的专业成长,以及促进作用的具体表现。

实物分析法:通过对幼儿园教师教案、教学日志和反思日记的分析,更清晰地了解教师对教学反思的全过程,明确研究性教学对幼儿园教师专业成长的促进作用。

本研究采取质的研究中关于强度抽样和目的性随机抽样的方法确定研究对象。强度抽样即是说"抽取具有较高信息密度和强度的个案进行研究",目的是为研究的问题提供非常密集、丰富信息的个案。① 本研究中选取研究性教学活动比较多的两所幼儿园进行观察,以期望对本研究提供更多的资料。教师A、B、C、D、E、F、G来自同一所园,教师H、I、J、K、L、M、N来自另一所园。目的性随机抽样是指"按照一定的研究目的对研究现象进行随机抽样",因为参与研究性教学的幼儿园教师很多,研究者根据研究的实际需要,选取不同教龄的幼儿园教师实施的研究性教学活动进行研究,以保证研究的信度。本部分研究中,教龄1—3年以及4—10年的教师各有4位,教龄10年以上的有6位。

---

① 陈向明.质的研究方法与社会科学研究[M].北京:教育科学出版社.2000:106.

第一章
研究性教学促进幼儿园教师专业成长的路径分析

研究性教学是一种"实践反思—同伴合作—专业引领"的教研模式,这样的一种模式,让教学研究不再是一种炫耀,不再是教师评优的资本,也不再是教师赛课的手段,而是真正促进幼儿最优发展和教师专业成长的重要方式。研究者通过访谈资料的整理分析得知,研究性教学的公开性促使幼儿园教师更加细致地准备教学活动,进行更加深入的探究、更加细微的反思。研究性教学的实践性符合幼儿园教师的学习特点,能够满足幼儿园教师专业成长的需求,可以更有效地促进幼儿园教师的专业成长。研究性教学的多方参与性,让教师的工作方式由孤立走向合作。它凝聚着集体的力量,吸收各方所长。研究性教学本身的特点和研究性教学中的重要他人所发挥的积极作用,都使研究性教学促进幼儿园教师专业成长成为一种可能。

第一节 公开性使研究性教学成为促进幼儿园教师专业成长的可行途径

社会心理学的研究表明,他人在场对个体的行为具有促进作用。心理学家特里普利特(N. Triplett,1898)最早以科学方法揭示社会助长现象。他通过实验研究发现:他人在场或群体性的活动,会明显促进人们的行为效率。科学社会心理学的创始人奥尔波特(F. H. Allport,1924)在哈佛大学领导了一系列有关他人在场对个体绩效影响的研究,并最终提出了社会促进的概念。社会助长(social facilitation)也称社会助长作用,指个人对别人的意识,包括别人在场或与别人一起活动所带来的行为效率的提高。① 即是说他

---

① 金盛华,张杰.当代社会心理学导论[M].北京:北京师范大学出版社.1995:396.

人在场的情况下,个体的行为会更加的积极主动,个体的行为也会更加有效。研究性教学是公开性质的教学活动,是一种结伴进行的教学活动,也是一种有"观众"参与的教学活动,这个时候教师往往会感觉到一种社会压力,进而工作态度更加认真,工作的积极性更高,而这些都构成教师专业成长的前提条件。

一、研究性教学促使幼儿园教师的探究更加深入

研究性教学的公开性直接牵涉到对教师教学水平的评价,甚至影响到领导或者团体对教师全方位素质的肯定,因此执教者会精心准备,可以说用"台下十年功"来展示"台上一分钟"。教师这种深入探究的过程需要更多的时间和精力,需要幼儿园各方面的支持。

教师 L:平常的备课呀基本上是一样的,但是没有研讨课那么精细。当然也会结合现在孩子的情况有些变动的,但是不会像研讨课那样把每个细节考虑得那么细。

教师 A:这种课一般领导是比较重视的,所以指导的会多一点。

教师 K:我就觉得它(研究)是引领着我们,让我们的头脑不断清晰的过程,对我们的专业成长还是很有帮助的。当然我们也会不断地混沌,就是说脑子可能塞的东西太多之后消化不了,有的时候脑子是模糊的。但是模糊一段时间之后,研讨课中老师们再讨论的时候就会感受到这个东西确实是很有用的。比如说标准策略刚开始提出来时就是不太理解,但是你上研讨课你就会去想怎么用它,就是不断探索吧,你会觉得这个东西在你的教学过程中是一个很好的工具。就觉得研究让我的头脑、思路更加清晰了,我知道向着一个什么样的方向去努力。可以说,探究的过程本身就是一个发现问题、产生困惑、解决问题的过程,就是一个成长的过程。

可以说在研究性教学中,大到幼儿的前期经验、教学设计的合理性、教学材料选择的适宜性以及教学环节的有效性,小到教师的教态、语态、站姿等各个方面,教师往往都是斟酌再三的。不可否认,幼儿园教师在日常的教学活动中也有研究,然而有限的时间和精力往往会让这种研究变得稍显单薄。研究性教学本身具有的公开性使得幼儿园领导非常重视,有了领导的支持,教师对教学活动探究的时间也会更加宽松,探究场所会更加宽阔。在此过程中,教师思维被不断地激活,知识被不断地建构,这些都有益于促进幼儿园教师的专业成长。

二、研究性教学促使幼儿园教师的反思更加细微

杜威在强调教师教育中的"知性方法"时,即强调教师"反思"的重要性。研究性教学实际上是一个同"反思性情境"对话的过程。教师反思的是自己设计的教学活动,是教师教育教学实践中遇到的一些事情。研究性教学中教师通过对教学活动的洞察,发现教学活动中的问题与不足,并通过各种途径来解决现有的问题,从而使教学活动更加合理。"对经验的事后反思提供了纠正错误概念和补充理解不足之处的机会。作为一个积极的、严格的和分析性的过程,反思过程对学习质量是关键的。"[①]研究性教学本身包含教师的反思过程,教师通过反思教学活动,更加明确自己是怎么做的、为什么这样做、做得正确与否,如果用另外的一种方法可否解决现有问题……在反思过程中,教师通过回忆、分享、解构,提升自己原有的经验。

教师 J:一般反思也是凭自觉吧,但是研讨课之后肯定是有反思的。比如说活动《滑稽的人》,让孩子用比较夸张的手法来表现人的五官、眼睛啊。课后我反思,在绘画过程中要表现这种滑稽必须让孩子去体验。有的孩子表现得不是非常夸张,可能是因为我的环节中缺少了体验。我觉得体验非常重要,后来就想可以让孩子用哈哈镜体验,就是要"哟,这个眼睛怎么能变这么长啊,鼻子一起拉长了"这种样子,体验完了之后可能效果会更好的。

美国著名学者波斯纳认为:"没有反思的经验是狭窄的经验,只有经过反思,经验方能上升到一定的理论高度,并对后继教学行为产生影响。"[②]由此可见,经验是教师专业成长的一个重要方面,而教学经验只有在教学研究过程中才能得到,反思在教学研究的过程中也随处可见,没有对教学的反思,教师的经验只能停留在某一个阶段。研究性教学的公开性让教师对其加倍重视,其中的"磨课"过程促使教师进行反思。不论是活动前的反思、活动中的反思,还是活动后的反思都对教师有所助益,教师能够在一次次的反思中积累经验、提升经验,获得进步,促使教师成为"反思性实践家"。

[①] [美]戴维·H.乔纳森等编.学习环境的理论基础[M].郑太年,等译.上海:华东师范大学出版社,2002:31.

[②] 王春燕.直面教师专业成长的基础:实践性智慧[J].幼儿教育(教育科学版),2006(3):28-31.

第二节 实践性使研究性教学成为促进幼儿园教师专业成长的有效途径

成人教育理论指出,成人学习是实践性导向的,学习是为了改进实践。幼儿园教师更大程度上是在实践中建构自我和更新自我的。正如布迪厄(Bourdieu, P.)所言:"实践活动是一种时间化的行为,在这个行为中,行动者通过组织调动过去经历的实践,对以客观潜在性状态深藏在现存事物中的未来进行实践预感,实现了对直接现实的超越。"[①]在实践中,幼儿园教师更能发现教学过程中的问题和自身存在的问题,能够超越自己,实现自己的专业成长。研究性教学是一种教育教学实践,它的这种实践性本身切合了幼儿园教师学习的特点,这就让它成为促进幼儿园教师专业成长的一种有效途径。

一、研究性教学能够满足幼儿园教师专业成长的需求

教师 E:我希望我的教学能再提高一些,能在教学方面做得更好一些。同时我也希望能够得到更多的指导和帮助,就是说一种提升吧,一种经验的提升,帮助我们提升自身的经验。我们就跟孩子一样,我们也有经验,我们这种经验不知道怎么更好地跟理论相结合,我们需要一些这方面的帮助。

教师 I:相对于其他的来说,我是比较喜欢研讨课,因为这种课可能是从教师本身的实际出发,它把理论和实际都结合在一起。这些教研活动,可能给你一些新的想法。然后对于开这节课的老师来说,其他教师能够改变你的一些观点,或者能够找出你一些本身没能察觉的问题。

"成人学生通过社会实践活动已明显地感到自己专业知识的贫乏和与社会需要的距离,他们为'完善自我'、为缩短个人智能与社会需要的距离自发地产生了一种求知欲望,即对知识的需要心理,这是一种十分强烈的'自我促动'和'个人卷入',是自发产生的一种需要的'内驱力',进而形成'目标导向行为'。"[②]成人学习有一个重要的心理特

---

① [法]布迪厄,[美]华康德.实践与反思:反思社会学导引[M].李猛,李康,译.北京:中央编译出版社,1998:183.

② 张艳萍,李海.成人学习心理与学习方法[M].哈尔滨:哈尔滨工程大学出版社,2003:24.

点是他们自我实现的需求非常强烈。幼儿园教师在实践过程中同样有强烈的学习需求和成长需求,在不断的教学实践中意识到自己的教学水平需要不断提高,并且需要有人帮助自己提升经验,使理论与实践联系得更加自然。在研究性教学的实践中,幼儿园教师能够在他人的启发引导下对理论有更加深入的理解,在实践的磨合中对理论有更加深刻的领悟。从这个层面上来讲,研究性教学本身的实践性和社会性能够满足教师专业成长的需求,进而能够有效地促进幼儿园教师的专业成长。

二、研究性教学对幼儿园教师的教学实践具有较强的针对性

教师K:我觉得这样的形式(集体参与观摩,然后研讨)应该还是比较科学的吧,因为有的时候光讲理论,不结合实际的话,针对性不是很强。有了这个观摩活动,就能够就这个活动当中出现的一些问题、一些闪光点去分析,然后辐射到每个人,这样的话,还是比较科学的吧,比较有针对性。

成人学习的需求来自实践,其目的是改进实践,他们在学习过程中往往希望得到更多的实践指导。幼儿园教师在专业成长过程中也是抱着一种"学以致用"的态度,希望得到的不是空洞的理论,而是与实际工作有联系,让教育理论更好地指导自己的实践。研究性教学是针对某一个教学活动的研讨,重点是对教学活动存在的问题和闪光点的讨论,这种有针对性的探究和讨论其实质是针对幼儿园教师的教学实践的,是关注幼儿园教师的学习特点的。正是研究性教学具有的这种"契合性",使之成为幼儿园教师专业成长的有效路径。

第三节 合作性让研究性教学成为促进幼儿园教师专业成长的最佳途径

研究性教学聚集了各种人员优势,是多方参与的活动,其中必然有教师之间的合作。可以说,参与研究性教学的集体是幼儿园教师专业成长的沃土。个体的认知是有限的,在与他人的交流合作中,在专家的指导下,教师能获得更深层次的思考。研究性教学就是这样一个平台,它为教师提供一个各抒己见、互相交流学习、以集体的智慧来促进个人成长的平台。研究性教学对教学活动进行研究,探讨过程中有着教师之间心

灵的交流、思想的碰撞,教师在这个共同体中,走向对话、交流与合作,并分享彼此的看法。这样的学习过程是一个群体共享的过程,每个人在其中都发挥着自己的角色功能,同时也在与他人的交流中汲取有用的知识、经验和技能等,建构自己的价值观。可以说,研究性教学的合作性促进了教师工作方式的转变,让教师从个体中走出来,进入一个研究的群体中来感悟智慧的升华。

一、专家的参与让促进作用更加有效

教师 M: 我更喜欢有专家给我们指导,因为专家能发现问题并能就问题来说问题。专家可能在理论上知道得更多啊。如果说幼儿园自己做的话,可能没有专家这种权威。每个人都畅所欲言,没有一个标准,不知道谁对或者谁错。

某次研讨,对 M 老师组织的教学活动中的一个具体环节(用水粉笔表现粗细不同的线条)进行了讨论。针对两位教师提出"其实可以用一支笔来表现粗和细,让孩子知道细笔也能表现粗线条,粗笔也能表现细线条"这一看法,M 老师和专家都做了回应。

教师 M: 我先考虑的是,一支笔也是能表现的,比如说找个粗笔表现"面",比如这样竖着画也能画出来是粗的,侧过方向画出来就是细的。但是我在试的过程中发现不是很明显,就用了两支笔。

专家: 其实我非常赞同 M 老师的这种做法,就是用粗笔来表现粗线条,用细笔来表现细线条。因为她今天的活动主要是欣赏,这就意味着她后面的活动是为理解线条本身去服务的。所以,你就不需要探索用一支笔来造出粗线、细线。我建议可以把它放到另一个活动中,就是用同样一支笔造出不同线条的线。我觉得下一次课可以把它的重点放在帮助孩子探索这个上面。就是说在这节课里面,从提供材料来说我觉得这样(两支笔)就可以了,这样就减轻孩子的负担,就是把它的重点放到欣赏上面去。……另外,一节课上很难完成太大的目标。

"专家引领"通常指的是具有教育研究专长的人员,通过他们的先进理念、思想方法和先进经验引导并带动第一线教育工作者开展教育实践探索、促进教师专业发展的活动形态。教育研究专长的人员既包括教育科研人员和大学教师等专业研究人员,也包括一线的专家型教师。相对一线幼儿园教师而言,专业研究人员具有较为系统的教育理论知识和专业研究素养,视野比较开阔,掌握较多信息,在"登高望远"方面具有一定的优势。[①]

[①] 郑慧琦,胡兴宏.教师成为研究者[M].上海:上海教育出版社,2004:198.

研究性教学是专业引领模式的教研,专家在幼儿园教师专业成长中扮演着重要的角色。M 老师对于教学活动中的问题有自己的理解,但是当其他教师质疑时,她对于"用一支笔还是两支笔来表现粗线条和细线条"的认识只是停留在表面形式上即"发现两种表现方式不明显",经专家指点,意识到这个问题的关键涉及教学活动的目标是否符合幼儿的能力水平、活动过程是否紧紧围绕活动目标。这样的提示让教师更加明确自己应该如何正确地处理教学活动中出现的同类问题。可以说在幼儿园教师专业成长的道路上,专家往往被幼儿园教师视为"知识的权威""先进观念的引领者""科学诊断家"和"角色的楷模"。专家参与研究性教学,教师获得的理念能够更加先进,习得的知识能够更加精确,专业成长的方向能够更加明确。

二、园长的参与让促进作用更加明显

教师 C:有时候自己是不想试教的,但是领导是一定要求你试教的。然后发现问题,就改,不要让别人去给你提过多不应该犯的错误。我觉得试很好,试是对自己的一个提高。

教师 D:研讨课的机会一般是园长给的,园长找你开,你就开。而且只有在研讨课的时候,园长才帮你一字一句斟酌,就是我讲的从环节到细节,到你讲的每一句话,到你的表情,到你的动作。

园长是幼儿园的组织管理者,她执行园长的职能、享有一定的权利,同时她也有义务满足幼儿园教师的需要。在研究性教学中,园长首先是以组织管理者的身份,其次是以专家的身份进入到教师工作中的,她具有让哪些教师进行研究性教学的决定权以及如何进行研究性教学的建议权。事实上,园长给予教师进行研究性教学的机会就是为教师提供专业成长的契机;园长在研究性教学中的监督作用让教师更加认真以利于朝着理想的方向发展;园长对研究性教学的高度重视、全面引领及具体支持能让教师的研究更加顺利。

三、同事的参与让促进作用更加强劲

教师 N:你平时自己在班上上课的时候不会有这么多的人帮你去分析,当你上这个课给大家看的时候,就会有很多的人帮你看,其实你获得了大家更多的帮助。而且都说旁观者清嘛,你上课的时候往往发现不了自己的问题,一些你根本就没有注意到的问题,其他老师发现了并向你指出的时候,我想这个也是我们所期望听到的或者看到的。

教师 E:一般自己找不出自己的毛病,而在研讨课中别人会指出你的毛病。我上完课后,觉得挺好的,但实际上问题有很多。当别人提出来以后,你才会反思自己的问题,并在这个过程中一步步成长起来。

研究性教学是多位教师群体参与的一种教研形式,教师在研究性教学中能够得到更多同事的帮助,同事对其专业成长有着重要的作用。因为教师个体在专业成长的过程中,往往会由于个体思维的局限性而受到阻碍。"在追求职业角色的教育准备期间,甚至在此之后,在常规性的从事职业活动时期,个别人的工艺知识的确在实际使用过程中增加和改善了。但关键问题是,增长的极限,受到某个具体个人的个人知识的限制。"①当一线的幼儿园教师作为旁观者时,他们对教学实践中的问题能够看得更加清楚,他们会用另一种思维来分析教学活动中的问题,而这些问题往往是作为执教者的教师意识不到的,"行动者的观点会随其在客观的社会空间中占据的位置的不同而发生根本的变化。"②因此,教师要获得专业成长,就需要具有开阔的胸怀,开放的心态,在群体中谋求发展,在群体中获得专业成长力量。

---

① [波兰]兹纳涅茨基.知识人的社会角色[M].郑斌祥,译.南京:译林出版社,2000:21.
② [法]布迪厄,[美]华康德.实践与反思:反思社会学导引[M].李猛,李康,译.北京:中央编译出版社,1998:11.

第二章
研究性教学促进幼儿园教师专业成长的过程分析

第一节 研究性教学促进幼儿园教师专业成长的必要条件

彼得·圣吉(Peter M. Senge)提出学习型组织(learning organization)的五项修炼：自我超越、改善心智模式、建立共同愿景、团队学习和共同思考。[①] 该理论为教师共同体的确立提供了有力的基础,同时,明确了一个学习型组织必须满足一定的条件才能够真正让组织和个体都得到发展。研究性教学是幼儿园进行的一种教研活动,是通过建构学习型组织帮助幼儿园教师专业成长的过程。研究性教学促进教师专业成长是可行的,但并不是所有的幼儿园教师都能够在研究性教学中获得专业成长,也不是所有的研究性教学都能够促进幼儿园教师专业成长。研究性教学中的个体和组织都必须满足一定的条件,才能最终真正促进幼儿园教师专业成长。研究者通过资料的分析和整理发现,研究性教学必须有一种优越的组织环境来保障幼儿园教师顺利成长;教师个人也必须具有一定的专业素质和研究素养,才能在研究性教学中得到切实的成长。

一、理想的环境是幼儿园教师专业成长的摇篮

个体是在与环境的互动中获得成长的。与研究性教学相关的个体成长的环境系统

[①] [美]彼得·圣吉.第五项修炼——学习型组织的艺术和实务[M].郭进隆,译.上海：上海三联书店.1998：7-10.

主要有：幼儿园的研究氛围、研究性教学中教师与同事之间的关系、幼儿园的资源供给、教师个体所处的整个的组织、机构和文化、亚文化背景。这些系统的综合作用影响着教师的专业成长进程。其中，研究氛围是影响幼儿园教师专业成长的基本保障，幼儿园本身的资源条件会从某种程度上影响教师的专业成长，一个和谐的、合作性的组织环境的构建是幼儿园教师专业成长的必要条件。

（一）和谐氛围是幼儿园教师专业成长的基本保障

教师 H：我们团队特别好，不管领导还是同事，都特别帮助我。今天早上，先走的几个老师说："今天祝你成功啊！"然后又过来一个说："今天放松心态，不要太紧张啊！"今天遇到园长时她说："哎哟，越长越漂亮了嘛。"这些话让你心里感觉好温暖啊！你觉得有人在关心你，有人在帮你。你看今天示范的那个 L 老师，昨天晚上我跟人家说了一声，我可能要你示范，可能不需要，但她今天真是很配合我。大家这么鼓励我，这么支持我，给我提不足，给我提意见，我就特别期待下一次的科研。我们幼儿园也是非常好，我一进来就感觉到了，老师们有什么说什么，从来不避讳。她发言，她对你的这节课进行评价就是为了你好，为了你能更好地进步，真的是很好。我觉得在这样一个环境中我也能够成长得更快吧。

教师 M：刚工作的时候，研讨活动不是这样的，上课很有压力的，觉得上不好就是被批评。但是现在研讨的氛围比较轻松，也不会因为你上得不好别人就会认为你怎么样的，我还是比较喜欢研讨的氛围，在这种氛围中我上课的时候还是比较轻松，我也能够得到别人比较诚恳的意见。我们这个氛围就是说不是我跟你好就怎么样，我们每个人都是就课论课，不是针对人的。我觉得这是非常好得，这样我们大家才能一起成长，共同进步。

在学校内部，通过教师之间的合作，促成某种教师文化或学校文化，营造一个积极向上的"学习社区（learning community）"，可为教育素质的持续提升提供一个较之单个教师努力更为可靠的基础。[①] 幼儿园友好的团队氛围和坦诚的研讨氛围对教师专业成长是极其重要的。友好的团队氛围让教师感受到温暖和幸福，继而产生"非常愿意争取科研机会，非常期待提升自己"的需要；坦诚的研究氛围使教师更加认同教师团队，继而更加积极主动地工作，期待在专业上与团队共同成长。

---

① 王建军.课程变革与教师专业发展[M].成都：四川教育出版社，2004：4.

(二) 多方资源是幼儿园教师专业成长的有力外援

教师 E：首先，领导的支持是很重要的，领导鼓励你，支持你去学习（指研究性教学活动）是很重要的。然后，幼儿园的硬件、软件的支持，比方说我想开展计算机方面的研究，幼儿园不提供这方面的设备，你就没有办法开展。还有相关学习，比方说一些专家的理论指导，听一些讲座，这些都很重要。最后，就是家人的支持，比方说我，我要进行公开课教学，星期六、星期天都要加班，平常晚上搞到很晚，家里人就必须帮你带孩子呀，家人的扶持也很重要。所以一个老师如果想成功的话，需要很多方面的扶持，不是你自己一个人能够成长起来的。

教师 J：我觉得非常好啊，我想哪个老师有我这么幸运啊，哪一个老师，有专家——乖！——这么经常给你指导！真的是很少很少。我上次跟××老师去浙江的时候，有很多外地的老师也去那边，就是为了听××老师的讲评或者是介绍，简直就是拿她当"super star"！她这么经常地给我指导，我觉得太难得了，我觉得现在这样子是非常非常幸运的……

教师的专业成长过程需要各种各样的支持，外界的支持为个体的发展奠定了一定的基础。幼儿园教师的专业成长道路上，需要幼儿园和家庭在精神和物质方面的多种支持。园长的情感支持为幼儿园教师专业成长提供了心理支撑，必要的物质支持是幼儿园教师进行研究性教学的基本保障，专家引领为幼儿园教师专业成长提供宝贵外援，家庭的人力资源成为幼儿园教师专业成长的有力后盾。这一切都促使幼儿园教师更好更快地成长。

(三) 发展性评价是幼儿园教师专业成长的动力因素

专家在研讨中对教师 A（工作 1 年）所组织活动的评价：今天第一位老师我看了非常高兴，虽然她说她自己心灵的眼睛是闭着的。但是作为新老师来讲，这个老师已经非常不错了。在上课的时候，那个眼神就是"我跟你一起玩"，所以作为一个小老师今天表现是很好的。但是我们是希望，一个你要把难度降下来，难度降下来你就不会有那么多的负担……

园长在研讨中对教师 N（工作 15 年）活动的评价：今天 N 老师的课秩序感是比较好的。但是我们说对老教师的要求可能要提得更高，就是你既要跟音乐很符合，又能用很幽默的方式在秩序感上培养孩子，这是我们要关注的问题。今天 N 老师是有点凶，没有在一种优雅的环境中培养孩子的秩序感。

教学活动的评价是研究性教学中不可缺少的一部分。"发展性教师评价制度是一种新型的、面向未来的教师评价制度。它不仅注重教师个人的工作表现,而且更加注重教师的未来发展和学校的未来发展。在实施发展性教师评价制度的过程中,让教师充分了解学校对他们的期望,培养他们具有主人翁精神。它根据教师的工作表现,确定教师的个人发展需求,制定教师的个人发展目标,向教师提供日后培训或自我发展的机会,提高教师履行工作职责的能力,从而促进学校的未来发展。"[1]研究性教学如果能够针对不同阶段教师的特点、从教师的实际情况出发对教师做出评价,就能够让评价不仅说明教师专业发展的状况,而且有利于改善教师目前的工作状况,让其获得进一步的成长。只有这样的一种评价存在,教师才能在研究性教学中获得真正的发展。案例中对于教师A的评价就是基于她1年的工作经历,这样的评价不仅能够让教师获得成长的动力,而且也让她认清自己的工作表现以及专业上需要进一步完善的地方。而对教师N的评价,则是基于她有丰富的工作经历,所以评价者提出了更高的要求,让教师能够认清自己可以进一步成长的空间,而不是只作为他人的榜样停滞不前。

(四)研究的适度性是幼儿园教师专业成长的有益条件

教师C:教师做研究是需要时间的。我们平常带班没有那么多的时间来做研究的,要研究我就回家去,占用我下班的时间。像我们有个老师她经常上研讨课,她很忙,她喂奶时间都没有了,全部扑在教班级孩子上,就是很辛苦很辛苦。就这种情况的话,当所有事情都凑到一起的时候,肯定会心情浮躁的。如果你觉得你这段时间比较放松,没有什么压力,你好像看什么都比较顺;你如果这段时间有压力,你好像看什么都不顺。我必须想我这个事情应该怎么做,那个事情应该怎么做,我就没有时间看我的孩子(指班级幼儿),不能为他们多思考些什么。

教师G:我觉得压力主要是来自这种研讨课,就是教科研方面的,主要是精力不够。要是太多了,比如说一个星期三四节的课,老师的负荷量是很大的。反正研究太多的话就会分散精力吧,就会把它当成任务,当成压力。

每个人在处理所参与的各种关系时,都带有价值观、需要、技能、工具以及焦虑的倾向。[2]在进行研究性教学的过程中,也有自己的价值观、需要和焦虑等种种倾向。研究性教学的公开性让教师对于教学的准备更加精细,探究更加深入,这就容易使教师的精

---

[1] 王斌华.发展性教师评价制度[M].上海:华东师范大学出版社,1998:114.
[2] 周晓虹.现代社会心理学名著菁华[M].北京:社会科学文献出版社,2007:322.

神处在一种紧张的状态中。同时,在研究性教学的研讨过程中,各种意见的交织也会生成一种群体压力,让教师强烈地感受到压力的存在。适度的压力对个体的行为有促进作用,而过度的压力往往会阻碍个体的发展。如果研究性教学过多就容易让教师长期处在焦虑、紧张的状态中,也可能使教师因为精力有限而不得不放弃潜心钻研,从而使研究性教学失去"研究"的特质,对教师的专业成长形成阻碍。因此,研究性教学只有适度才能真正促进教师专业成长。

二、良好的专业品质是幼儿园教师专业成长的源泉

教师个体在其专业成长中起着决定性的作用。建构主义理论认为学生是学习的主体,知识是学习者在社会文化背景下主动建构的。布朗芬布伦纳(U. Bronfenbrenner)认为个体不仅是发展的结果,也是发展的塑造者。个体通过自身的特点、天赋和技能、气质等影响着自身的发展。[①] 可见,教师的主体性是教师专业成长的根本原因,而教师的主体性很大程度上受教师个体特点的制约。本研究发现,只有教师具备了良好的职业素养,具备了一定的研究能力,研究性教学才能对教师产生促进作用,让教师在研究性教学中摒弃陈旧的教学理念,改善原有的教学策略,获得更多的教与学的知识。

(一) 常态下的教师

1. 好学、好问、好反思的专业人格品质

教师F:我觉得我是反思型老师。虽然我现在都工作15年了,但是我觉得我的心态还像一个刚工作的老师。不管是年轻的老师还是老老师,遇到一些问题我都会向他们讨教讨教,而且他们说的我觉得我还是能听进去的。有些老师,不像我们那个年代,也可能是因为个人素质,就感觉自己很好,自己什么都懂。其实我觉得真正要抱着这样一种做教科研的态度,教师应该和幼儿一样,都保持一种纯净的心态,就是要学习,要不断让自己学习。

教师H:我现在也是通过自考本科不断地补充自己的理论知识。比如说组织音乐活动,音乐活动有欣赏、歌唱、游戏、韵律,这四个方面怎么设定活动目标,还要根据幼儿的年龄特点去设计过程。而且每种活动都有不同的侧重点,侧重点是什么、常规是什么、应该怎样建立。还有就是小孩在活动过程中表现出来的种种情况,到底怎么把握。

---

① 杨丽珠,刘文主编.毕生发展心理学[M].北京:高等教育出版社,2006:59.

到底容着他这样做是好的呢,还是不要他这样做……好多好多的细节,好多好多的疑问。靠我以前学的东西已经不能解决了,还要靠班上老师带,去问这些领导啊,问同年级的,不同年级的,组里组外的老师,都要去问,自己悟,然后再问。

"一个教师无论他在哪一个教育领域都应该有可能晋升到最高一级的机会,而这也只应取决于他的个人品质。"[①]教师的专业品质决定着教师进一步的成长。热爱学习的品质能让教师具有强烈的学习欲望和想法,在学习中进一步成长;不耻下问的品质让教师在研究性教学中能够主动寻求他人的帮助,能让教师获得更多的知识,开阔视野;好反思的品质也能够改善教育教学的成效,改进教师的教育行为,促进教师专业成长。教师只有具备了这样的一些品质才能投入到教学研究中,投入到深入的思考中来改进教学,完善自身。

2. 较强的职业规划能力

教师 K:就觉得整天蛮累的,很累。现在孩子也比较多,首先一日生活方面就已经比较累了,然后你还要坚持不懈地去培养孩子良好的习惯,而且这个习惯的养成是需要坚持的,需要很长时间的,每天都要做很多的引导。再加上教科研的任务,就觉得关注的点很多,包括我自己的专业素质的成长,怎么样把我们吸收到的一些观念运用到实践当中去,对实践中遇到的一些问题进行调整。我想这都是对自己要求比较高的老师感受到的压力。

教师 M:我觉得工作,就是说现在做了年级组长,事情比较多。就需要我自己不断地做一些东西来提升自己,因为你作为年级组长,开研讨课的时候肯定是有压力的。只有你在班上踏踏实实做一些东西,看到孩子的成长,才会促进自己的成长。就是说我做了以后才有东西去说,我才能有这种理论或者实践的支撑去指导别人。

教师 M 做了年级组长以后对自己未来的工作有了一些规划,她认为自己应该有更加出色的教学技能来适应年级组长的角色要求。教师的职业规划就是教师对自身职业生涯的系统地计划过程,包括教师对于自己作为教师角色的一种自我规定、自身发展的目标设定以及对如何获得成长的自我设计。有了职业规划,容易让教师的工作满意度更高,工作持久性增强。职业规划也会对教师产生一种心理内驱力,从而成为推动个体发展的源泉。对自身专业要求较高的教师在工作中的进取心更强,反之,教师抱着"混日子"的心态,对自己的工作没有任何追求,也就不能激起其专业成长的动机。正如教

---

① 联合国教科文组织国际教育发展委员会编.学会生存:教育世界的今天和明天[M].北京:教育科学出版社,1996:258.

师 K 讲到的对自己要求比较高的老师都能够感受到工作中的压力。有压力才有动力，如果教师对工作没有要求，没有较强的自我约束力，对待研究性教学也同样不会认真，也就很难在其中有所收获。

3. 良好的心态调节能力

教师 K：我觉得心态要平和，很多事情都是因为自己的心态发生了改变才会适得其反吧。我知道自己的心态会存在一些问题。比如说在平常、日常活动当中，因为心态比较平和、比较放松，活动的效果会更好。但是在开课当中，当你心态发生变化的时候，有些时候比如说比较急躁，急于想完成一些目标的时候就会发生一些变化。比如说像我昨天那个活动，就是这样的，可能太想做好，太想表现得好，有时候就是不太放松，就会引起一些负面的影响吧。

教师 N：现在作为音乐组的教研组长，上课肯定是有压力的。作为我来讲，我肯定是想把每一节课上得比较好，但是我这个人还好，也会自己放松，我对我自己说没关系的，这次不好还可以下一次再来。虽然对自己有这样的安慰，但是所有的准备工作我都要做足，压力有的时候是自己找的。像我们这个幼儿园还好，主任不会给你那么多的压力，但是有压力的时候，你当然想自己能上好一点。

心态是个体的心理活动状态。个体的心理状态好，心理上才能获得平衡，才会平和和满足；反之，就会焦虑烦躁。好的心态可使人快乐、进取，消极的心态则使人沮丧、缺乏主动性。因此，只有具有良好的心态和自我调节能力，才能愉快地工作，才能从积极的角度来思考问题，才能用一种乐观的态度来面对工作中的各种压力，并在处理压力和接受挑战中获得成长。有的老师有时就是因为没有调整好自己的心态，导致教学活动的效果受到影响；有的老师因教研组长、师傅等角色要求（要求自己成为他人的榜样），内心承受着更大的压力，需要用"自我安慰"的方式来进行适当的调节，以期能够在轻松的状态中进行研究，在平和的心态下进行教学，进而实现"教—学—研同期互动"，提高教学质量，与幼儿共同成长。

4. 正确的专业自我认知

教师 A：我觉得作为一个新教师，你说理论吧，你以前学的，也谈不上什么高深的理论，因为毕竟不是系统的，就是这方面讲过一点，那方面讲过一点，有时候你根本联系不上去。说实践吧，你也不行，总觉得需要学的太多了，没有哪些方面是你觉得自己擅长的，你觉得比别人好的，就是你时间比别人多，然后你的精力也许比别人旺盛一些，毕竟没有孩子，没有家庭，你要忙的就是工作。像我回家连衣服都不用洗。除了你要干的事情没有别的事情,你有的就是时间就是精力,你干好工作就好了。其他,我觉得你至少不应该觉得你自己就多了不起、多棒!那都没有必要。不是说多学吧,就是你的位置应该摆得很低,你不要觉得,我是本科生,别的老师是中专生、大专生,你就觉得别人不如你。其实我觉得别人比你强得太多,你除了本科学历比别人高,没有别的。

自我认知也称自我意识,是个体对自己存在的觉察,是个体对自己以及自己和客观世界关系的一种意识,包括对自己的行为和心理状态的认知。它在个体社会性发展中处于中心地位。[①] 教师的专业自我认知是个体对自身专业状态的认识。教师有正确的专业自我认知,是获得专业认同的前提,也因此才能具有对其职业生涯和工作情境未来发展良好的期望,也才能更好地规划自己的职业生涯。从教师A的表述中能够感觉到,正确的专业自我认知有助于端正工作态度、虚心地向其他老师学习。

(二) 研究中的教师

1. 较强的研究意识

教师M:我上一节课肯定要收集大量的资料,自己首先理解了你才能去教孩子,不能有概念性错误的。首先自己对"点、线"这一块肯定要有一个了解,这是什么线,那是什么线;然后专家再给我一些指导,那又是一个提升。

来自教师N的反思笔记——

活动前的自我反思:① 关注打击乐活动中的乐器音色的对比与变化;关注常规性乐器与非常规性乐器的音色关联性。圆舞板——铅笔敲击金属盒;沙球——抖动一次性桌布。② 关注幼儿在打击乐活动中的小组配合(幼儿呈现出什么样的配合状态,教师可以给予什么样的提升)。今天,幼儿呈现出的是有的有指挥,有的没有指挥。因为前面集体演奏的经验,幼儿小组合作中按照节奏型的音色对比进行了分别的配合,这种配合只是小组合作中的一种。其实小组配合的方法还是非常多的,例如:幼儿操作同种乐器,发出不同的声响效果,进行轮流演奏也是一种方法。③ 指挥动作的多元化积累问题。我希望丰富的指挥动作能给幼儿一个暗示,让幼儿知道我们的身体动作也是可以来指挥大家演奏的。④ 断顿节奏中快、慢不同的节奏,让幼儿的节奏感得到进一步的发展与提升。幼儿能否在后面的自主合作打击中合拍演奏,对于他们的节奏能力有一定的挑战。

困惑:有指挥和无指挥的小组合作在不同的幼儿群体中都会存在。当我面对这样

---

① 陈永明.现代教师论[M].上海:上海教育出版社,1999:191-192.

的情况时,一般只要幼儿之间可以配合演奏,我没有硬性的要求。但是曾经有老师说:有指挥的和没有指挥的演奏水平不一样。但是应该怎么看待幼儿出现的无指挥演奏和有指挥演奏乐器的过程呢?

从教师 M 的陈述中可以看到她强烈的研究意识,她在准备教学活动时能够有针对性地查阅相关的文献资料,尽量传授给幼儿正确的知识,她这种不断探索的行为让我们感受到她的研究意识。所谓研究意识是指勤于思考,习惯于在思考中实践和在实践中思考,研究意识与主动学习的意识是相辅相成的。[①] 意识具有调控功能,有意识参加的活动才能让人的实践有目的、有计划地进行。教师有了研究的意识,才能让研究更加有目的,进而养成研究的习惯,让研究性教学更加有效地促进幼儿园教师的专业成长。从 N 老师对于一个音乐活动的反思也可以看出她对这个活动的深入的研究,她的这种研究意识让我们深感敬佩,强烈的研究意识也让教师对于该活动的方方面面考虑得更加周到,在教学实践中更加有针对性地解决问题,在研讨中收获更多。

2. 端正的研究态度

教师 B:教学当然需要研究了。其实一节好的活动课,它给幼儿的东西还是很多的。你要不断想怎么样把你认为好的东西传递给幼儿,怎么样让幼儿易于接受,你就得好好研究你传授给他的方法,你这个活动的安排什么的,我觉得肯定是需要研究的。

教师 F:教学需要研究。教学是实践,你在实践过程中就会发现一些问题,就需要去研究。要不然,问题还是问题,你做了十几年以后,一点提高都没有,就是所谓经验性的,就是不断解决问题以后提升的东西。研究如果效率比较高的话,就能够开展一个有效的教育教学活动,让自己有所进步。

教师 J:幼儿园教学当然需要研究。在研究中自己各方面都会有所发展,就是说我们的思想观念、经验不断丰富,能转化为理论上的一些认识,对下一次的教学也会有所帮助,孩子也会有更高的发展。

态度决定一切,端正的研究态度是教师认真进行研究性教学的前提。上述三位教师对教学研究的价值都做了充分的肯定,认为研究可以促进教学,只有研究才能使自己获得专业进步,使教学活动更加有效,进而促进幼儿健康成长。可以说,这样一种研究态度是教师进行积极的研究性教学的前提,是教师的研究激情得以保持的一个根本原因。

---

① 顾荣芳等.从新手到专家:幼儿教师专业成长研究[M].北京:北京师范大学出版社,2007:1.

3. 积极的研究行动

教师 H：从自己这方面讲，就是说这周要开科研了，准备好音乐，准备好材料，什么都得准备，椅子怎么摆，人数怎么选，人数是多少，男女比例应该是多少，音乐谁帮你放，要不要示范，然后你的程序怎么样的，怎么导入、怎么教授，好多好多事情。在"熬"这节课的时候，抠环节的时候，那个过程真是很漫长，修改呀，什么空白区啊，这个方案不行，那个方案来，就是很痛苦，非常折磨人。然后整夜睡不着觉，最近两夜，睡着了又醒了，再怎么也睡不着了，感觉一直在亢奋，一直在折磨，心里一直在搅。睡觉的时候一直在唱，无法安宁。所以我就一直在调整心态，看看自考书上面老师的因素有哪些，老师的心态如果调整不好是不行的，就安抚一下，然后继续睡。一上完课感觉好轻松啊！感觉这种过程，这种煎熬，这种探索的过程特别爽。我特别想争取下一次的科研机会。虽然很难过，好多过程我感觉很难过，但是最后我感觉我很有成就感。我碰到很多问题，但是我发现了，而以前是——"哦！我就觉得这样上挺好的。"什么都看不见，有什么漏洞，什么都不知道，大家提出来后，不停地补，慢慢我就知道了，就成熟了，就成长了，更加熟练了。

行动的主动性、积极性是指个体发自内心的行动，而不是依赖外部力量推动的行为品质。在研究性教学中，教师如果只有研究的意识和正确的研究态度，而没有积极的研究行动是不会促进教师专业成长的。实践出真知，教师只有真正地投入才能在研究中有切实的体验、有所成长。教师 H 对于研究性教学体验之深刻，正是基于她的一种积极的研究行动，在"煎熬"中度过，才能在探索中进步。

（三）对话中的教师

1. 主体的积极参与

教师 J：光靠指导是不够的，我觉得自己首先要有一些想法和思路，不是说别人把思路都给你，我首先要把教案写好，自己先收集资料，自己也要认认真真准备。另外，别人给我指导的东西我要内化（言者特别强调），我下次就不出现同样的错误了。

教师 I：当时我就讲我很想摆脱用笔来造型的这种方法，园长就讲了，其实你不用笔画你还可以印，比如说这个纸团你想印一个仙人棒，长的，就印印，就是用这个小的面来印出这个大的面。其实她不是说用报纸，她是说用印的方法。我回去就想了一下，我觉得可能这种用小的面来造出这些大的面的话，对孩子来说非常难。首先你要有一个轮廓在里面，你要造出一个非常长的椭圆形的东西，或者一种形象，然后你才能去印一些东西。所以我改了一下,用报纸,就用报纸来团出它的这种造型,这样相对来讲比较容易点。

建构主义认为,学习不是一种刺激——反应的现象,它需要自我调节以及通过反思和抽象建立概念结构。"问题不是通过反复机械地学习所谓'正确'的答案而得以解决的,若要聪明地解决某一问题,就必须将问题看作是自身的问题,也就是说,你必须将问题视为阻碍你朝向目标推进的一个障碍。"[①]这里主要强调了学习者的主动性,只有学习者积极参与到学习中,才能将问题解决。教师 J 深刻地体会到,只有教师个体积极主动地探究,积极主动地反思,积极主动地吸纳,才能在研究性教学中有所收获。同样,在跟其他老师的对话交流中,教师只有积极参与其中,才能真正领会他人的建议,才能将研究性教学中获得的知识经验内化,才能深刻领悟教学的真谛,才能在以后的教学中举一反三。正如教师 I,首先是她主动提出"摆脱笔造型的方法",然后园长给她提建议,在此基础上她进行了自己的主动建构。在整个过程中,教师是主体,她用自己的知识经验,通过自己的思考来设计教学活动。可以说,在这个过程中教师是主动参与到研究性教学中的,是用自己的行动一步一步解决问题的。

2. 较强的观点采择能力

教师 L:我的这个活动给大家看了,大家肯定会有一些建议、一些想法,但是这些建议和想法到我这里,我是进行价值筛选的。我觉得这些建议比我现在的好,那我会进行调整。有的时候,因为每个班的孩子是不一样的,其他老师并不了解我们班的前期是怎么样的,所以我这样做,比如说我是有目的的,我觉得这样做是应该的,那我下次还是会坚持我的这种做法,并不一定是她说这样我就这样,她说那样我就那样。上次数学课,她们给我提了两点,一个是写数字,她们说这个时候不应该让孩子写数字;还有一个是让孩子一边画,一边数。对于写数字,在小班他们每个人其实都开始写学号了,我觉得现在孩子能做到的,我可以让他做,并不是说很吃力很吃力。如果说我一个任务布置下去,20 个孩子没有完成,那我就不会再要求这个任务,因为孩子他没有完成,没有办法。如果我一个任务布置下去,32 个孩子有 30 个孩子能完成,那我肯定会坚持。因为这说明它符合大部分孩子的年龄特点,所以即使那天有老师提出了科学性的问题,我回来还是让他们继续写。

教师 L 在听到他人的意见时没有轻易地顺从,而是进行了自己的"价值筛选",这样的筛选是基于运用她原有的经验——小班的幼儿会写数字,这样一个积极的思考过

---

① [美]莱斯利·P.斯特弗等编.教育中的建构主义[M].高文,等译.上海:华东师范大学出版社,2002.12.

程也是教师进行观点采择的过程,它让教师能够综合考虑各种因素,将教学活动改善得更加合理,更加有效地促进幼儿发展。尚茨(C. U. Shantz, 1983)认为:观点采择(perspective-taking)表现为一个过程,它是一个人依据我们关于人类行为的一般知识,结合可以从直接的情景中获取的任何具体信息,对在一定情景中突出的角色特性的意义作出猜测的过程。[①] 对话中的个体必须具备观点采择能力,才能够合理地进行自我建构。成人参与学习时,其原有的经验是丰富的,这些经验可能是一把双刃剑,它是成人学习的基础,同时也可能阻碍教师对于他人观点的接纳。如果教师在与他人对话过程中能够对其观点进行适当的合理的采择,就能让研究性教学对幼儿园教师专业成长的作用发挥得淋漓尽致。

第二节 研究性教学促进幼儿园教师专业成长的方式

研究性教学具有合作性,它通过对教学活动进行充分的讨论,用理论对教学活动进行分析、解剖,由此激发教师对实践问题做出多样化的理论解读,使教师体验、品味其中蕴含的教育理念,获得经验或吸取教训,进而反思自身的教育教学实践,学习借鉴别人的优点,找出自己教学中的误区,逐步树立新的教育教学思想,并进一步运用到新的教育教学实践中。在这一过程中,教师的成长是各方面的,教师通过所听、所想、所学及所做,不断进行专业自我更新。

一、研究性教学为幼儿园教师扫除专业成长的障碍

幼儿园教师具有实践性知识,通过不断积累教育教学经验而提炼出自己对教育教学的认识,在此基础上形成一种"惯例性"的教育教学行为。这种"惯例性"的教育教学行为也就是教师在教育教学过程中习惯化的行为,教师在同一个情境中用模式化的方法来处理问题的行为。这样的行为一旦形成,教师在自我反思的时候往往会陷入自身模式化的误区,如果没有他人的提醒和指导,教师就只能"身在此山中"而成为迷惑的"当局者"。而其他教师在观察教师的行为时,能够站在旁观者的角度,以专业的视角来

---

① 沈烈荣.学龄前儿童观点采择的发生与发展[D].武汉:华中师范大学,2004:11.

解读教师的行为,并有针对性地提出更深刻的问题,帮助教师解惑,从而共同更新专业理念。实践共同体中的经验是镶嵌性的,共同体中每一个人的经验组成一个大的经验脉络对个体发展产生影响。个体和共同体建构了一个嵌套的互动网络,个体通过将共同体的实践个人化而转变并维持着共同体,而共同体通过提供个人机会和促成个体适应共同体的文化来转变和维持个体。① 研究者发现,研究性教学中教师是作为集体中的个人存在的,教师的一些想法、一些观念相互影响着,并且通过各种方式促进教师的专业成长进程。

(一) 答疑解惑,开通专业发展的道路

教师 N 在研讨过程中提出的困惑:昨天我在准备的时候其中有一个环节运用了自制乐器,我当时对自制乐器的音色效果问题有些考虑。今天我就特别要说一下沙球的问题。我昨天试验过好多种方法,但感觉今天沙球出来的声音还不是非常好,声音有点闷,闷在那里面。

教师 N(访谈中):选自制的材料的时候,我就是想自制材料的声音能够更贴近沙球的声音,但选了好多种都没有选到非常合适的。当然×老师讲铁罐会更好,当时我就想铁罐那么大,小孩子抓不住的。但是,她讲得确实很有道理,从材质上说它是好的。但是从我来讲,我选的时候其实我考虑到这个了,但是孩子不好控制,所以我想干脆以后就不要自制的。

教师在设计教学活动的时候也会有一些自己不能解决的问题,研究性教学的合作性和互动性提供给教师抛出困惑、寻求众人帮助的机会,从而使问题在研讨过程中得以解决。教师 N 在研讨过程中就提出了自己对于自制乐器的一些疑惑,其他教师针对疑惑给出了建议,让该教师对于今后如何选择教学材料有了更加明确的认识。

(二) 指点迷津,引导专业水平的提高

教师 E(访谈中):一般自己找不出自己的毛病,我上完以后,觉得挺好的,可是问题有很多,当别人提出来以后,你才会反思自己的问题。在这个过程中才能一步步成长起来。

教研员(观摩后的点评):这个活动总体来说是很好的。但是作为一个骨干教师,我

---

① [美]戴维·H.乔纳森等编.学习环境的理论基础[M].郑太年,等译.上海:华东师范大学出版社,2002:35.

觉得应该在教育机智上做得更好。活动中有一个孩子他说露珠是方的,其实露珠本身并不是方的,这是一个科学性的问题,教师没有进一步追问,就容易造成对其他孩子的误导。

教师 E(教学活动结束,教研员点评后):我觉得这个活动我对孩子抓得还不够,就是对孩子的及时反应反馈,我觉得我应该在教育机智上做得更好。有一个孩子说露珠是方的,其实我明白他的意思是说露珠所在的叶子是方的,但是我明白了,其他孩子不一定明白。我应该追问为什么露珠是方的,但是我那天没有追问。我觉得在教育机智上还欠缺一点。那节课我要是再改进的话,可能对孩子的反应方面要抓得更多,就是孩子提出的问题老师要及时抓得住,抓得住孩子的思考。

教师 E 进行的是语言教学活动,在活动过程中一名幼儿说到"露珠是方的",教师自己凭借经验能意识到该幼儿所表达的意思,因而忽略掉了追问环节。通过教研员的点评,该教师意识到集体教学中应该关注知识的科学性和幼儿的接受程度,意识到教学中对全班幼儿的引领还不够到位。可见,其他教师的指点迷津,有益于教师察觉到原先不易意识到的问题,并明确如何解决问题,这为教师专业成长指明了航向。

(三) 集思广益,增强专业更新的力量

教师 J:研讨课之后大家有一些讨论,提一些建议,我觉得这些建议对自己有帮助,像头脑风暴一样,每个人的想法都说出来,然后就是不断地碰撞,跟别人碰撞的时候,你自己也会有一些新的点子出现,你不碰撞的话不可能有新的点子,比如说有一个话题,你讲出了这种方法,他讲出了那种方法,大家在不断地碰撞当中会有更深入的想法。

教师 H:我们教研组组内经常讨论,就比如我一开始把这个音乐搞出来的时候,给我们组内每一个新老师说课的机会,就是把自己的想法说出来。所有的人理解了,赶紧上来操练一遍,就看你的语言能不能让所有的人都听明白。这样练一次,说完之后再把这个展示出来,是在磨课。然后老师会讲"这个舞蹈有什么问题""我在跳的时候这个舞蹈有什么问题,怎么改进",反正大家会为你这个活动一起讨论,一起出谋划策。

群体动力理论认为群体是一个整体,群体中每个成员之间,都会有彼此交互影响的作用,群体中每一成员都具有交互依存的动力。教师集体智慧发挥的一种方式就是通过集思广益,群策群力,在思维的相互碰撞中产生灵感,在相互的启发中萌生更多的想法。个人的思维是有限的,在团体的力量之下,教师的思维能够更加敏捷,思路也会更加开阔。研究性教学通过集思广益的方式让参与其中的教师各抒己见,帮助教师解决问题,帮助教师进一步提高。

（四）启发诱导，打开专业成熟的智慧之门

孔子说"不愤不启，不悱不发"，任何学习活动都要建立在个体自觉需要的基础上，应当充分调动其主动性和积极性。研究性教学中教师如果具备了主动性和积极性，受到启发诱导的效果则是非常显著的。启发式教学一般用在对于学生的教学中，指教师在教学过程中根据教学目标和学生学习的规律，从学生的实际出发，采用多种方式，尽可能调动学生的学习主动性和积极性，进而启发学生的创造性思维，促使学生生动活泼地学习的一种教学指导思想。对于教师学习共同体，这些方法也会起到同样的效果。前文①中的教师 I 本来是想摆脱陈旧的教学方式，但自己没有想到用什么方式，正是在其他教师的提示下，教师 I 豁然开朗，想到"用报纸拓印的方法来让孩子画画"，打开了智慧之门，有了新的灵感，有了教学的创新。

（五）精神鼓励，为专业成长提供动力源

教师 H：今天老师们给我的鼓励对我的影响真是太大了。我跟你讲，如果是你的话，人家说"不行，到底是新老师，不行"，你会有什么感想？你下次还愿意接科研吗？像我的话大家这么鼓励我，这么支持我，给我提不足，给我提意见，我就特别期待下一次的科研。我争取在下一次把这次提的不足，去给它实现，然后下一次又有什么不足，然后再下一次再实现，我一层一层就提升上去了。老师的技能也就提升上去了，就这样子。

教师 H 也提到鼓励让她获得了成长的动力，而消极的评价可能会让她产生一种自我否定，可能会造成工作中的消极被动，对研究没有任何的热情。梅奥认为人的思想和行动更多的是由感情而不是由逻辑来引导的，小组的合作、小组的感情超过了效率的逻辑；工作条件和工资报酬并不是影响劳动生产率高低的首要原因。② 因此，让教师在研究性教学中得到心理的满足是使教师获得专业成长的一个主要方式。社会心理学认为，低代价高报酬容易让个体得到心理的满足，产生行为的动机，反之则可能阻碍个体的行为。研究性教学是教师付出了高代价的一种活动，如果教师不能得到精神上的鼓励，那教师对研究性教学很可能会失去信心和兴趣。

（六）敲响警钟，消除职业生涯的绊脚石

教师 L：他们一直提到教学节奏的把握，这个问题是我昨天想的一个问题，节奏其

---

① 见本章第一节中"对话中的教师"。作者注。
② 孙耀君.西方管理思想史[M].太原：山西人民出版社，1987：294.

实是我的一个老毛病、老问题。昨天的研讨也算是给我敲响了一个警钟吧。昨天活动之后我就说"这个活动第一个环节太长了,有点拖沓了"。那我觉得他们的研讨对于我的帮助是:第一,我如果灵活一点的话,欣赏完"点",好,今天我们就用"点"来欣赏,后面我们就不欣赏了,这个我觉得是一个方法;第二个,提前的话,我那幅图还是"点",但我不要那么多的"点",我可以把那幅图画简单一点,其实就节约了时间。线也是的,我不要那么密,那么细,我画简单一点它也会很美,这是我想的,其实我有两个策略可以调整。

教师 L 在长期的实践中形成了一种习惯,即"往往会延长教学活动的时间",而这种延长是由于"拖沓",她的习惯性思维方式对进行教学活动形成了一种限制。教学研讨让她更加清楚地意识到这并非一个好的教学习惯,实践中需要警觉,要将自己的性情系统建设得更加完善。布迪厄提出惯习理论,其中惯习至少有两个特征:其一,惯习是结构化了的结构,它使人们的行动具有历史的规范性,保证了行动的流畅和高效,但它也对人形成了某种限制;其二,惯习是建构性的结构,它强调人们行动时的变化,行动并不是轨道上的列车,人有行动的能动性和创造性。[①] 用布迪厄的惯习来解释教师的教育实践行为,就是教师在教学过程的日积月累中形成了自己的教学习惯,可以说这样的一种习惯形成之后就像模型中硬化了的水泥块,很难打破。同时,教师也在实践中不断塑造着自己,不断超越着自我。而这样的一种型塑,这样的一种超越不仅仅在个体实践中存在,在教师与他人互动的过程中也同样存在。研究性教学中教师自己的领悟以及其他人的提醒都是促进教师专业不断更新与进步的有利手段。

(七) 引领提升,加快专业进展的步伐

研讨中的专家发言:这个活动目标"感受线条的粗细、疏密等",我觉得这里还要补充一下我们的基础知识,比如说线条本身有粗细吗? 我们回答是肯定的——"有"。线条本身有疏密吗? 我们回答是否定的——"没有"。这是一个科学性的问题。这里就有两个问题,一个线条本身所具有的,还有一个就是线条的排列组合的问题。

教师 M:我们看理论的东西,有的时候可能就只看书面的语言,不能很好地理解。有这种科研活动,就有专家能给我们理论上的提升。……比如 K 老师就是学美术的,做一些研究,所以她讲解了以后我就更清晰了。对于线的本身形态和线的组合分得更加清晰了。

[①] D. Swartz. Culture and Power:The Sociology of Pierre Bourdieu[M]. Chicago:The University of Chicago Press,1997:103-114.转引自涂艳国,王卫华.论教师的教学惯习对教学机智的影响[J].教育研究,2008(9):53-57.

教师 M 在研究性教学过程中经过自己的探究、自己的学习已经掌握了有关"线"的一些知识,专家的引领提升给了她一种豁然开朗的感觉,也让她深感自己对于知识的领悟是不够到位的,需要专家的引领,需要他人的提升。与儿童的发展相仿,教师在发展过程中也需要他人在适当的时候给予一定的扶持,以助其进步。研究性教学中,专家或者园长如果结合教师已有的发展水平为其提供鹰架,就能让教师获得更高层次的发展。

(八)讲解传授,为应对专业挑战提供支柱

研讨中 K 老师就色彩知识进行了指导:我说一下色彩的分配问题。我们对颜色要有一个基本的知识的理解。颜色要分成彩色和无彩色两大类。彩色就是我们讲的红橙黄绿青蓝紫,就是那个色轮。无彩色就是指黑白灰,但是它一样叫作彩色。事实上我们让孩子学习黑白装饰画的目的就是让孩子对于没有彩色的画,如果用颜色的三要素来说就是没有彩度的,但是它同样有明度、亮度在里面有所了解。所以这就是没有彩度的这样的一个颜色。那么在装饰画里,在彩色里面同样也是可以分成同种色、类比色和对比色三部分,这是一个搭配问题。所谓对比色,是指我们看到的色轮上在一条线上两端的颜色,比如说橘黄色和蓝色,绿色和紫色……

教师 L:K 老师讲了很多色彩方面的知识,这个对于我来说都是要学习的。我曾经想过,把她讲的东西进行一些整理,我想我可以整理一下。

通过 K 老师讲解色彩知识,教师 L 受益匪浅。讲解传授作为最基本的一种教学手段,在学习者的学习中起着重要的作用。尽管处于专业成长不同阶段的教师有着不完全相同的专业动机和专业需求,但都有继续获取知识的需要。比如,新手阶段的幼儿园教师为了赢得领导、同事、家长的认同,需要获得各方面的知识和新的教育观念;成熟阶段的幼儿园教师需要不断充实自己的专业知识和技能以适应自己作为师傅或者教研组长的角色,为新老师或者其他的老师做出榜样。研究性教学中的讲解传授给教师提供了一个支柱,进而从容应对专业挑战。

(九)监督促进,为提高专业素养提供助推剂

教师 D:平常的话,课不是很严谨。但是像这种研讨课,相比较而言,各个方面还是很严谨的。凡是研讨课上的多的老师,上课都好。

教师 F:一般像这种课的话首先你在思想上不敢松懈吧。你像 RF 老师来看课的话,就是害怕她提意见,就踏踏实实、认认真真准备。人就怕认真两个字,你只要不松懈,认真做,总会有收获的。

监督是指一个人或事物对其他的人或事物进行监管,其本身具有制约和促进作用。态度是根据经验而组织起来的一种心理和神经中枢的准备状态,它对个体的反应具有指导性的或动力性的影响。① 研究性教学中的公开性以一种监督的方式,通过转变教师的工作态度进而改变教师的行为。研究性教学可以说是一种非权力性的社会力量监督,它通过扮演促进者角色的专家和同事让教师的工作态度更加认真、教学研究更加严谨,激励教师不断拓展自己的专业知识、提升专业技能。

二、研究性教学为幼儿园教师提供专业成长的阶梯

教师专业成长不仅需要内部的动力,而且需要外部的支持,外部的支持力量会推动教师不断成长,也就是说,教师的专业成长需要机会,如果教师无法获得专业成长的空间,教师的专业成长则很困难。研究性教学提供给幼儿园教师一个专业发展的机会和平台,教师可以在这个舞台上展示自己的才华,挑战自己的智慧,发挥创新的潜力,获得比日常教学更深入的探究机会。

(一) 提供展示的舞台,让教师在他人认可中建构专业自我

教师 H(工作 1 年):这次活动主要展示了我的教学风格,就是和小孩交流的风格。我要让他们看到我和小孩之间的距离很近,我和小孩之间的交流是很亲和的。因为我不知道小孩会出现什么情况,我会努力从我教师因素想,用我的情绪去带动他们,激发他们,用我的语言声调、表情、笑容,或者对视,去跟他们交流,使他们愿意和我一起玩。我就想让他们看到我上课不是那种很斯斯文文的,或者是很发狂的,或者是怎么样的。我想我大方向应该是这样的,我性格也是这样的,所以大家可以看到我的教学风格是什么样的。

教师 A(工作 1 年):那天试教,领导在旁边看了说我那天表现还是不错的。那天的教研员,我的教案是提前发给她的,她看我教案,在每个环节后面都写上"比较好",她说"我看你教案还是挺好的"。得到他们这么多的认可,我心里挺高兴的。就想着以后怎么么样学习能够把我自己比较欠缺的东西弥补过来。

这两位老师都是新老师,她们得到他人重视和认可的需求是很强烈的,这种需求是

---

① 转引自周晓虹.现代社会心理学:多维视野之中的社会行为研究[M].上海:上海人民出版社,1997:241.

否满足也关系到她们今后的成长。正是通过研究性教学这样一个平台,教师有了展示自己教学风格的机会,有了让大家了解自己的机会,满足了受尊重的需要,这为教师今后的专业发展铺平了道路。

(二) 提供挑战的平台,让教师在追求卓越中突破自我

教师 K:以前的打击乐配器都是现成的,《金蛇狂舞》没有完整的配器,也算一个挑战。就是完整的设计一个打击乐活动,存在很多的不足之处。通过昨天的研讨也让我学到了很多。

教师 M:我本来是不同时出示四幅图的,是一幅一幅出示,然后我讲解,这样我知道我要说什么。园长建议可以同时出示,就说"你喜欢什么?"我觉得可以尝试,这对自己来说也是一个提高。你要能接住孩子的球。"你最喜欢哪幅图啊?"后面是没有一点点我预期的东西,我不知道孩子会说些什么。比如说有个孩子说我最喜欢这幅,它像火车道或者像马路一样的。你没有预期他会说到什么,你临时要想起来有的马路是怎么样的,你要随时接到孩子抛过来的球,对老师挑战是非常大的。你能及时反馈,也是对你的一个提升。

教师 M 设计的是一个美术活动,如果是日常教学活动教师也许会根据预设实施,而在研究性教学中,教师 M 听取他人建议设计了开放式提问,感受与日常教学不同的教育情境,获得了一个锻炼自我、提升自我的机会。正是研究性教学为教师带有创造性、革新性的专业行为提供支持性平台,让教师敢于"接孩子抛过来的球",体验生成课程,在挑战中获得一种成就感和自我效能感。K 老师也是在研究性教学这个平台上,在挑战新的教育情景中不断突破自我,完善自我,让自己的专业能力得到了进一步的提升。

(三) 提供创造的机会,让教师在追求完美中战胜自我

社会心理学有关理论认为他人在场对个体的行为有促进作用。研究性教学是脱胎于教师的日常教学但又不同于日常教学的实践。因为他人在场,教师会产生一种心理压力,同时也会让教师思考更多的问题,激励教师有更多的想法。由于他人在场,教师在行动上会更加重视,所以也会积极地准备。幼儿教育是保教并重的职业,这就决定了幼儿园教师的工作繁杂,如果没有外部的压力,教师也许不会那么精心地准备一节课。访谈中教师提到"像平常的活动是有教案的。这个是没有的,是自己设计的",原因在于平时教师很想自己设计一些教学活动,但迫于工作的繁忙,只会根据园本教材稍做调

整。只有面临研究性教学时,教师才会自己设计一个全新的教学活动。从这个层面来说,研究性教学作为一个外部因素,给了教师一个自己精心设计教学活动的机会,从而发挥自己的专业创造能力,释放专业创新的潜力。

教师 G:我喜欢上我自己设计的课,但是平常就是有园本教材,我们也没有时间去搞这些。以前我们的方法是把这些常规作为要求直接提出来,就是硬性的要求,要一个一个排队走。有了这次研讨课,就是说把这些常规作为游戏,变成孩子自己的,让他们自己去领悟。

教师 I:平常,我们有教材,然后你可以进行一些调整,调整完了之后你可以准备一些教具,还有孩子操作的一些东西。研讨课的话才会有一些创新的活动设计。像我今天这节课,其实是我们教材上没有的,是我自己设计的。很简单,就是想从孩子的生活经验中寻找一些美的东西,因为我们说美术,不仅要发现美,而且要创造美。让孩子感受生活中的美我觉得是比较贴切的,或者是离他比较近的一些东西。你说大师的画给他去欣赏,他怎么看,怎么也体验不到大师作画的那种心情、那些想法。所以基于这点,我当时就觉得用报纸很好玩,可能我是基于这点想改变他的这种画画的方式,摆脱比较传统的用笔画画的这种方式,我希望他探索画画的材料,让他自己想一想,"哎,没想到报纸也能画画",甚至我可以引导他用笔筒、用滚出来的东西、用刷出来的东西去画画。

教师的专业发展还常常发生在教学行为中——当教师产生创造性的主意和教学的方法并进行大胆尝试时,教师就在这样的机会中成长。[①] 教师 G 自己设计了一个安全教育活动,她认为用游戏的形式来组织一个关于常规的集体教学活动,让幼儿自己领悟,是一个创新,而这样的创新是因为有研究性教学这样的一个平台才激发出来的。教师 I 也借助研究性教学这样一个舞台,施展着自己对于幼儿画画的方式的创造。她们都直言如果没有研究性教学,是没有时间深入研究如何更有效地进行常规教学,没有时间全力探索怎样改变传统的画画方式以引导幼儿发现生活中的美。研究性教学给教师提供了创造的机会,教师在体验自我创造时也渗透着一丝欣喜。可以说,研究性教学是对集体教育机构的幼儿园教师教育创新潜力的一个释放,让教师在研究性教学这个舞台上施展着自己的才华。

(四)提供习惯的场域,让教师在实践探究中提升自我

教师成为研究者是教师专业化的一个趋势,而研究性教学为幼儿园教师全面提高

---

① [美]约翰·尼莫.着眼于潜能的教师观:一个幼儿教师专业成长的理论框架[J].早期教育(教师版),2008(2):17-20.

研究素养提供了广阔的时空。在教学中学习、对教学进行反思,从而增进实践性学识,使理论知识与实践知识更好地结合,让教师更加深入地研究教学。教育是一种具有高度的复杂性、情境性、丰富性的实践活动,教师只有在实践活动中才能得到长足的发展。可以说,教师的专业成长立足于教学活动,服务于教学活动。教师可以在自身的研究过程中体验教学的复杂性,体验教师职业的"回归性、不确定性、无边界性"①的特征。只有在教学研究中,教师才能更了解儿童、了解自我、了解教学工作。研究性教学渗透了教师对于教育教学研究的整个探索过程,其中包括教学细节的把握,教学知识的理解,以及教学常规的掌握等。这样的研究本身促进了教师的反思,使教师成为研究者。

教师 J: 平常上课没有那么细致的。那是一节音乐律动课,在开课之前,我想这个步骤我该怎么做就更好了,就是抠到非常的细,如果孩子有这样的反应我怎么办,如果孩子有那样的反应我怎么办,我走哪条线。就是说有很多的预设,都想得非常周全,然后开完之后我自己的感觉就是,"哎呀,一节课要开得成功真的是要非常细致地去准备"。就是说你讲的每一句话,你环节怎样过渡,就比如老师的语态、老师的一些动作,还有动作你不能做得太过于夸张,你也不能太收敛,你怎么样做得适合那个度,每一件事情都要考虑得非常细致。

研究性教学是比平常的教学活动更深入的教学实践过程,"抠"的过程其实是教师活动前的预设,预设过程让教师更加明了教育环节该如何过渡,教学常规又该怎样建立。

以下是教师 A 对于某研究性教学材料的准备过程,从中可以看出教师对教学活动的深入探究。

教师 A: 刚开始是定了一个《有趣的管子》的活动,我觉得蛮好玩的,觉得管子,平常用的也多。我们班收集的管子比较多,就想到试一试哪些东西可以穿过管子,比如树枝、铁丝等,我觉得蛮好玩的。我觉得孩子们玩球的时候总是把小球穿到插管里玩,然后那天他们就用球塞,有个小孩说,"老师,堵起来了,堵起来了",就说那个管子被堵上了。我和 F 老师商量,就决定做这个活动。原来教案上面,用到的材料比较多,有大米、黄豆好多东西。教案最后落脚点好像是设定幼儿知道这个管子是空的,知道黄豆和大米都能过去,就是知道管子是"通"的。刚开始设想用 3 种管子,一个是吸管,一个是鱼缸里面那个虹吸的管子,还有一个是洗衣机的管子,都是长管子。我想用喝饮料的吸管,小孩子都有经验,都能讲出来;洗衣机的管子家里都用到,就是虹吸的管子好像小孩

---

① [日]佐藤学.课程与教师[M].钟启泉,译.北京:教育科学出版社,2003:213.

子看到的比较少。然后我本来打算是让幼儿发现这些管子都是空的,里面可以流水出来,然后落脚是下水道,教育幼儿不能把东西乱扔进去,这样会堵住。但又想到小孩子完全不懂下水道是什么意思。虹吸呢,我自己试了一下我自己都吸不出来。……后来我还是想到哪个装进去哪个装不进去,感觉比较有意思。正好他们那时候玩的滑梯,有个蓝颜色的圆筒,后来我们就往滑梯那儿靠,就想到用网球塞进管子就跟滑滑梯是一样的,就这样通过去。后来又拿了红豆、红枣。本来想用花生的,因为红枣肯定进不去,后来就用了绿豆、红豆、红枣,这下就有堵的和不堵的区分了。第二天就是红豆还是有堵的,横着进去的,有堵起来的,但一晃就下去。后来第一个活动环节就变成认知通畅,第二个活动环节变成大小的比对,小的过去,大的过不去,如果再大的东西就要更粗的管子。再后来说到各种各样的管子,并让家长准备。有的孩子带来的是水管,还有的带来塑料管。

最终的教学活动过程呈现

1. 和吸管一起玩

＊教师带领幼儿和吸管一起玩:看一看,吹一吹气,对着吸管内部讲讲话,用手指穿一穿……

＊教师小结:"我们可以从吸管的这一头看见另一头甚至更远的地方,可以感觉到嘴里的气吹到手上,可以感觉到讲话的声音从管子的一头传到另一头,手指也可以穿过去,那这是为什么呢?"(管子是通的。)

2."吸管滑梯"的游戏

＊教师说明游戏内容。"今天啊,有些宝宝来到这里,想坐一坐吸管滑梯,你们愿意帮一帮它们吗?是哪些宝宝呢?绿豆宝宝,我们和它打声招呼吧!绿豆宝宝!"

＊教师边说边示范操作。"绿豆宝宝要从吸管的这一头滑到那一头,然后落在小盆里。看,绿豆宝宝滑过去了!"

＊请幼儿进行游戏。"现在请小二班的小朋友轻轻起立,带着自己的吸管朋友去后面的桌子上玩玩这个吸管滑梯的游戏吧!"

＊教师提问,按表格进行统计。"刚才我们玩了吸管滑梯的游戏,老师这里有一张统计表,现在我们一起来看一看哪些宝宝顺利地通过了滑梯,好吗?"

＊教师出示花生和红枣,请幼儿再次玩"吸管滑梯"的游戏。"还有花生宝宝、红枣宝宝也来啦,它们也想玩玩吸管滑梯,可以吗?"

＊教师提问实验结果,完成统计表。

3. 引导幼儿讨论,迁移经验

教师引导幼儿讨论。"为什么绿豆、黄豆能穿过去,而红枣不可以呢?"

*教师总结:比吸管口小的物体能过去,比吸管口大的不能钻过去。大小适合的东西才能到吸管滑梯里去玩。

教师 A 组织的是一个"和吸管一起玩"的活动,可以看出,教师 A 对教学材料的选择经过了认真的反复的考虑。她经过亲自探索和询问,发现喝饮料用的吸管、洗衣机的管子以及鱼缸里虹吸管作为教学活动的材料,都是不符合小班幼儿的年龄特点的。而如果是日常教学,教师很有可能对于教学活动只是做一些稍微的调整,而不会探究得那么细致。可以说,研究性教学提供给教师 A 一个亲历研究过程的机会,她在这样的研究中更加了解幼儿,更加明确什么样的材料是适合幼儿的。研究性教学提供的这样一个场域,让教师不断实现着专业超越。

第三节 研究性教学促进幼儿园教师专业成长的作用分析

一、作用方式的潜移默化性

教师 B:这样的研讨课收获还是蛮多的,比如,儿童科学活动应该怎么组织,有哪些要领,包括哪些方面,还有在组织科学活动时应该注意哪些方面,组织的时候有什么策略什么的。但是如果说我想再上哪次课的时候用到,真没有这样想过,可能下意识会用到。

教师 I:我觉得风格可能是个人的风格。比如说有的老师是非常开放的风格,或者有的老师是说话比较严谨的,或者是有的老师是说话比较逗趣的,可能不是说你想学就能学会的,但是可能会慢慢吸收一些他们的东西,或者是针对自己的不足慢慢地去改进。

"支持我们思考和行动的很多观点是在没有积极参与的情况下直接进入我们大脑的,我们甚至没有意识到我们已经接受了这些观点。"[①]无意识是人的一种心理活动,它普遍存在于我们的日常生活中,是人在当时的情境中无法体察和了解到的。研究

---

① [英]大卫·特里普.教学中的关键事件[M].邓妍妍,郑汉文,译.石家庄:河北人民出版社,2007:69.

性教学对教师的影响有时并非单刀直入式而具有某种渗透性,参与的教师今后可能会无意识地运用研究性教学中所获得的教学知识和技能。教师的风格是教师在长期实践中积累获得的,虽说与教师的个人性格、气质等因素有关,但在与其他教师交流的过程中,教师会不自觉地向榜样或者是自己比较欣赏的教师学习,这个过程中,教师就获得了一些良好的职业素养的潜移默化。这也就是研究性教学对教师专业成长的隐性影响。

二、作用范围的辐射性

教师 A:像园长他们经验就非常丰富,他们用词就比较准确,就像"愿意""尝试"。一开始我的这个目标改的不是很多,她们(指某同事)改的就比较多,一开始她是讲"乐意合作",后来她们讲"乐意"对大班要求非常低,得改成"能"或者"会",后来我说,"啊?这样啊!"虽然不是我上课,但是在看别人备课,听他们讲评的时候,我觉得对自己的专业上都有很大提高。

教师 B:在讨论中发现这样的一个设置,可能是别人经过思考后设置的,然后在操作中发现问题,然后大家通过讨论帮她,反正相互作用得都挺多的,不管对听课的老师,还是上课的老师都是一种提高。因为可能自己一个人在教室里面搞,你可能不能想那么全面,你拿出来之后,大家帮你分析分析,感觉思路会开阔一点吧。

研究性教学是教师集体研讨的模式,研讨中先进的观念、良好的教育教学策略等会辐射到在场的所有老师而不仅仅是执教的教师,让参与者或多或少都有所感悟,有所成长。研讨本身是所有参与者互动的过程,是各种思想交锋的过程,教师在这样的互动交锋中学习正确解读执教教师的行为,再通过其他教师的想法,来反思自己的观点,进而达到资源共享、群体成长。

三、作用效果的渐显性

教师 D:研讨课中经验是可以迁移的,其实这就是一种模式的迁移。比如我们在教学活动的时候,跟孩子共同设计一种调查表,下次活动中我们就会套用这种调查表,这是内容的迁移。如果说你公开课的时候,园长帮你备课的时候,你知道哪些提问是有效的提问,哪些提问是无效的提问,或者哪些提问是有明确的转向性的。你在以后上课的过程中也会对孩子的提问进行筛选,这个提问对孩子是不是有效的,如果是有效的你就问,如果没有效果的话就撤掉。

教师 N: 幼儿园所有的教科研活动我觉得都是指向于日常教学活动的,也许为了这个教科研活动你会准备很长时间,但是所有的活动你拿过来看看都是可以指向日常教学的。你日常教学中怎么对孩子说话,怎么请孩子去,过渡语言怎么做到简单明了,给孩子的什么东西是适宜的、什么东西是不适宜的,都可以指向日常教学的,这些东西你都可以带出来,就是说可以普及到,都可以迁移到。

教师的专业成长不是一蹴而就的,是一个由量变到质变、潜移默化的过程。研究性教学促进教师专业成长的效果可能不会马上全面显现出来,教师在研究性教学中获得的观念、知识、技能等在日常教学活动中的反复运用,使日常教学活动更加有效,从而实实在在地促进教师的专业成长。研究性教学促进教师专业成长是一个长期的过程,它发挥的作用是长效的。研究性教学中的所有收获对教师的整个职业生涯都是有益的。

四、作用程度的深刻性

教师 H: 我觉得看别人上,还不如自己去上一次,看别人上三次,不如自己上一次来得更深刻。自己更能看到自己哪边短,哪边还不好。那个体会太深刻了! 自己就是当事人,自己当时处理的那个过程,在过程中出现什么意外的事情,怎么处理,该怎么随机应变,该怎么办。看别的老师上,就感觉特别的顺。其实自己上的时候的心理感受,跟看别人上的时候的心理感受是不一样的。有一次实践经历,我觉得比看别人三次或者五次的感受还要深。以前参加教科研活动就是看别人,在那记呀记呀,本子也记得很认真,记得好厚好厚的,但几乎都没有翻过。

教师 J: 虽然说有时候经常开课会有一些辛苦,但是肯定会有成长的,印象会很深。反正我觉得看别人开是一回事,自己开又是一回事,因为自己开始就是说比较粗的,然后把它搞得比较细致,这是需要工夫的,是需要花工夫去琢磨的。还有开完了之后,可能也会有自己没有预料到的地方。如果看别人上课,可能是我自己比较注意的问题我看得比较清楚,我自己没有注意的问题可能我看得不是很清楚。

杜威(1916)曾提到"个人在共同的活动中分享、合作或参与到什么程度,社会环境就有多少真正的教育效果。通过参与共同的活动,个体接收了学习活动的目的,逐渐熟悉了方法和内容,获得了所需要的技能,并满怀激情"[①]。成人学习中的真实体验是非

[①] [美]雪伦·B.梅里安编.成人学习理论的新进展[M].黄健,译.北京:中国人民大学出版社,2006:68.

常重要的。在真实的情境中,成人能够切身感受到所拥有的知识、技能和能力的价值。在实践情境中,教师将过去的经验与现在的经验相联系。研究性教学是教师身体力行的一个过程,其中深入的探究、认真的反思都让教师有着深刻的心理感受,教师对于在研究性教学中收获的经验之记忆也是非常持久的。研究性教学的经历构成了幼儿园教师专业成长道路上的关键事件,在教师专业成长的道路上留下了深刻的印迹。

五、作用强度的个体差异性

教师F:在幼儿园这些教研活动中收获是否大我觉得跟自己是否愿意学挂钩,而不是做什么活动。如果之前没有这种能动性的话,再好的活动你也不一定去。因为状态好坏决定了你教科研活动吸收的效果怎么样。

教师J:自己也要认认真真准备(研究性教学),另外,别人给我指导的东西我要内化,我下次就不出现这样的错误了。如果自己没有积极性、主动性,还是不会有什么效果的。

建构主义认为,人的学习是个体主动建构的过程,是从个体已有的经验出发,经过个体的主动筛选,新旧经验交互作用、改造、丰富和充实原有经验的过程。从这一角度看,学习者的主动性和积极性是至关重要的。研究性教学对教师专业成长的促进效果如何,也取决于教师主体的性格、认知结构等因素。有的教师在遇到认知冲突时会选择顺从他人,有的教师则会经过理智的筛选来同化他人的观点。因此,研究性教学对于不同教师专业成长的作用是有差异的。幼儿园教师个体因素是其专业成长的根本因素,直接决定着其专业发展水平和专业发展的空间。

第四部分

幼儿园骨干教师、专家型教师的关键事件

第一章
幼儿园骨干教师的关键事件

本章旨在通过对幼儿园骨干教师专业成长过程中关键事件的研究，找出影响幼儿园骨干教师专业成长的一些主要因素，并探寻骨干教师成长的特点，为幼儿园新手教师和其他教师的专业成长提供借鉴。

本章研究中的"骨干教师"是指"具有较高的业务水平、一定的业务专长、较强的教科研能力和实践反思能力，且组织、沟通能力较好的一线优秀幼儿园教师"。具体来说，其内涵包括以下几点：① 幼儿园教育教学工作的一线教师，业务水平相对较高。② 在幼儿园教学的某个领域或某些领域具有一定的业务专长。③ 积极参与园内外教科研活动并能独立承担一定的科研任务。④ 具有一定的组织、沟通能力，能够协调班级、年级与幼儿园之间的关系，也能处理好自己与幼儿、家长、同事及园长的关系。⑤ 具有较强的实践反思能力。⑥ 在幼儿园工作满5年以上，具有区级以上骨干教师的称号。

本研究主要采用了访谈法。开放式的深入访谈可以帮助研究者通过倾听骨干教师们的声音，了解对幼儿园教师专业成长产生重大影响的关键事件。

本研究选取了南京市三所示范园的9名骨干教师作为研究对象。[①] 在确定研究对象之前，研究者首先对园长和教师进行了访谈，了解到她们心目中的"骨干教师"的特点并将本研究中的"骨干教师"的概念和内涵做出了上述规定。三所幼儿园中的两所园是研究者经常前往进行教研活动的园所，研究者与那里的幼儿园教师比较熟悉。9名幼儿园骨干教师中7名来自省级示范幼儿园，2名来自市级示范幼儿园。虽然两种类型园所的人数比例并不相当，但这也正反映了幼儿园的一种真实现状，即市级示范幼儿园中具有区级（及以上）骨干教师称号的人很少，而省级示范园里这样的教师很多。9名被访谈的教师的基本情况见表4－1。

---

① 原访谈10人，但有1名访谈对象在第一次长达一个半小时的访谈中表示在她的专业成长过程中没有受到关键事件及关键人物、关键时期的影响，她所提供的资料不能为本研究所用，所以研究者没有对她的访谈资料进行整理。作者注。

表 4-1 访谈对象的基本情况

教师	学历	工龄/年	职称	最高荣誉	参与的教研组	职务
M	大专	10	小一	区级骨干教师	区电教组	教研组长
N	大专	17	小一	区级骨干教师	—	班长
O	大专	19	小高	区级骨干教师	数学教研组	班长
P	本科在读	18	小高	区级骨干教师	—	年级组长
Q	本科	13	小高	区学科带头人	—	班长
R	本科	14	小高	市优秀青年教师	园科学组	组长
S	本科在读	7	小一	区级骨干教师	—	年级组长
T	本科在读	8	小一	区级骨干教师	—	园工会主席
U	本科在读	17	小高	区优秀青年教师	市美术组	班长

第一节 幼儿园骨干教师关键事件的类型和要素分析

"骨干教师"一词在我国教育界广为使用,但对其确切含义却是仁者见仁、智者见智。《教育大辞典》对"骨干教师"的定义是"业务能力和学术水平较高,在教育、教学和科研工作中起核心作用的教师"①。但这个定义仍然是笼统和模糊的,缺乏衡量"业务能力和学术水平较高"以及"在教育、教学和科研工作中起核心作用"的依据。李云翔(2003)认为幼儿园骨干教师是"在一定的幼儿园教师群体中,被大家公认的、具有较为丰富的幼儿教育经验,并对一般教师具有一定示范作用和带头作用的幼儿园优秀教师代表"②。

王丽琴认为,在日常词汇运用中至少有三种不同意义上的"骨干教师"③,研究者通过与一线幼儿园教师、园长的对话以及相关资料的查阅,印证了王丽琴的观点,第一种是资格认定与奖励意义的"骨干教师",即由政府及相关部门根据一定的评选与认证标准,通过严格的考核程序最终认定,并颁发相应的证书,提供一定的奖励,同时也提出相

---

① 顾明远主编.教育大辞典第二卷[M].上海.上海教育出版社,1990:14.
② 李云翔.幼儿园骨干教师的成长与培养研究[D].大连:辽宁师范大学,2003:2.
③ 王丽琴.走近骨干教师的生活世界——一种社会学分析[J].教师教育研究,2005(1):51-55.

应的义务要求等。这个意义上的骨干教师类似于一种非正式"职称",需要相应的制度、条例加以规范,在一些地方已经形成了上下衔接的体系,共同构成了教师队伍的职级"金字塔"。例如南京市某区的幼教系统就明确地将幼儿园教师的荣誉称号由低到高区分出"区骨干教师""区青年优秀教师""区学科带头人""市骨干教师""市青年优秀教师""市学科带头人""省级骨干教师""特级教师",除区骨干教师外,一旦获得其他的荣誉称号就可以得到相应的待遇,原则上只有获得了前一级的称号,才有资格申请后一级的称号。研究者认为这种意义上的骨干教师是一种行政上的称谓,用于学术研讨并不十分恰当。第二种是继续教育与培训意义的"骨干教师",即由有关组织根据当前形势和具体目的开办相应级别的培训班,由学校根据名额、学科及学校的实际需要派送相关教师参加。这些骨干教师不仅是各种层次骨干教师培训班的学员,也往往成为第一种骨干教师的后备力量。幼儿园教师在申请区骨干教师之前一般也都参与过一段时间的培训班学习,这是很多申报骨干的幼儿园教师一个重要的砝码。研究者认为此种意义上的骨干是第一种的延伸,他们都可能因为种种原因拥有骨干教师的称谓而并非园内的教科研主力,因此这也不是本研究想要找寻的研究对象。第三种是实际工作意义上的"骨干教师",即中小学和幼儿园教学、管理、科研等岗位上的主力军、业务尖子,他们往往承担着繁重的课务,肩负着比普通教师更多的工作压力,也展露出了高于普通教师的工作业绩与业务才华。通过研究者与幼儿园园长的交谈,研究者发现园长心目中的骨干教师多是第三种意义上的。一般新教师进入幼儿园工作2—3年的时间,园长就可通过她们各方面的表现看到她们将来可能的发展水平,对于比较优秀的新教师,园长会寄予更高的期望,也会给她们提供更多的发展机会,推荐她们参加骨干教师培训班就是其中之一。这些新教师中的佼佼者凭借着自身优良的素质再加上幼儿园提供的各种机会很快就成了实际意义上的骨干教师。这些教师可能正在参加骨干教师培训,可能已经获得骨干教师称谓,也可能什么都没有,但她们一定是幼儿园内教学、管理、科研等岗位上的主力军。根据幼儿园园长、教师和其他专业人员的建议,本研究所选择的研究对象尽量兼顾具有"骨干教师"的荣誉称号以及在幼儿园切实发挥了"骨干"作用并为园内教师所认可两方面。

幼儿园骨干教师的专业成长历程虽然不完全相同,但具有很多相似之处,对教师专业成长产生影响的关键事件、关键人物和关键时间都呈现出一定的特点。以下研究者将分别对幼儿园骨干教师关键事件的类型和要素进行描述和分析。

一、幼儿园骨干教师关键事件的类型

通过对访谈资料的编码、分析,研究者将幼儿园骨干教师的关键事件分为两大类型,即常态关键事件和非常态关键事件。常态关键事件是指教师专业成长过程中通常都会经历的事情,这些事情看似平常,但是对幼儿园教师专业成长的影响却很大。从形式上看,常态关键事件可能是某一件事情,也可能是某一类型的事件集合体。非常态关键事件则主要是指对教师专业成长影响重大的突发事件,通常以单个事件为载体。

(一)专业生活中的常态关键事件

1. 师从老教师——成长的起点

中国台湾学者周淑卿认为无论对专业理论是否持肯定态度,初任教师皆十分仰赖资深同事在某些技巧上的传授,也多认为资深同事的经验较专业理论更适合于解决实际问题。许多初任教师逐渐强化"理论与实际之间有差距""教育工作惟经验是赖"的观念,而将初任时期的重心放在一些教学技巧的模仿上。① 教师 Q 谈到初到幼儿园时"总是觉得学校学到的东西在我的工作中是没有办法运用的"。本研究中的 9 名幼儿园骨干教师中有 6 名都谈到了她们在职初期向老教师的学习对她们专业成长的影响重大,这些教师认为向老教师学习是她们专业生活的真正起点。教师 M 谈道:"一开始我跟的那个老师挺好的,刚刚进来的时候,业务水平就是她带起来的。"教师 M 的这句话基本概括了所有幼儿园教师的成长感受。

教师 Q: 在一日环节过渡上,她(老教师)教了我很多很多。她的带班经验很扎实,很细致。像最简单的一个例子,那时候我们带小朋友下楼,一个一个跟好,排好队下楼,30 个孩子下楼,我会带着孩子往前跑,不管后面。她就跟我讲,她说你应该往前走三步,回头看一步,而且脸应该转过来,你应该倒退着走,孩子应该面对着你。就是很细致的。包括我们上下楼梯的时候,教会孩子上楼梯靠右边走,下楼梯也靠右边走,遇到有人下楼梯的时候应该学会避让,就是说这些东西是在学校里面学不到的,基本上没有这样的教学方法。一日生活中教会孩子生活习惯的养成、行为习惯的培养、规则意识的培养,这些方面都是她教给我的。还包括在跟孩子交流的时候,像我们以前知道都是要弯下腰来跟孩子讲话,她说这还不够,还应该蹲下来,要眼睛跟孩子平视甚至还要低一点。

---

① 周淑卿.课程发展与教师专业[M].北京:九州出版社,2006:4.

童眼看世界是不一样的,你也应该有儿童的眼睛,就是这些细致的东西全是靠她教出来的。

幼儿园教师的工作是烦琐的,对一名初到幼儿园的教师而言如何组织好一日活动,包括一日环节的过渡,如何和孩子进行交流是她们必须要学会的事情。Q教师在初到幼儿园的时候特别茫然,感觉到师范学校里所学的东西在工作中没有办法运用,她坚信幼儿园教师的工作主要靠经验的积累,因此她非常注意向搭班老教师学习。

教师R:刚进幼儿园时带我的老师身上很多东西在影响我。就比如说她对孩子的一些态度,她的一些观念,对家长的一些态度。她对孩子很亲切、很温柔,对孩子的特点把握得还是蛮好的。不过我觉得她始终有一个不足就是,我觉得她有的时候对孩子实在是太温柔了一点。因为我觉得可能作为一个老师来说既要让孩子喜欢你,适当的时候也要有一定的威严在那儿。我自己的感觉就是老师还是应该有一种权威在那里。我跟她搭过好几年的班。因为孩子是比较会钻空子的,就是说好像Q老师好欺负的样子,有的时候不太好把握。

教师R也谈到自己在入职初期向老教师的学习对自己的影响,老教师的观念、态度以及对孩子特点的把握都在影响着她。教师R在肯定老教师对她的专业成长所带来的正面影响的同时也谈到了自己在辩证地吸收老教师的优缺点。她认为对孩子过分温柔会让孩子"钻空子",因此她在工作中就会刻意地留意这方面,对孩子的要求严格一些。

2. 教研活动——成长的支点

幼儿园教研活动的实质是通过研究立足解决学前教育实践中的实际问题,不断提升教育教学工作的质量,使幼儿与教师共同获得更好的发展。① 对幼儿园骨干教师专业成长影响较大的教研活动形式主要有以下几种。

(1) 研究性教学

研究性教学是每位幼儿园教师专业成长过程中的必然经历,不同性质和级别的研究性教学对教师个体的意义也会有所不同。无论是年轻的骨干教师还是资历较老的骨干教师都认为研究性教学对她们的专业成长非常重要。

教师S:不要怕,不要怕自己开不好课,不要怕自己做不'好'!没有人十全十美的。你有什么开不好的,你这一次开不好了,你拿出来开了就是一节成功的课。……业务水平成长快了,对你整个人的提高,包括你的带班能力的提高,都有很大、很大的帮助。

教师R:我觉得有一点很好,幼儿园让每个老师都去接受其他老师的建议,就像交

---

① 顾荣芳.学前教育诊断与咨询[M].大连:辽宁师范大学出版社,2002:104.

流一样,就是每个班都开放,然后每个班都有老师去观摩活动,完了以后这些观摩活动的老师会给你提出一些问题,你去解答,这种方式我觉得对老师的促进真的是蛮大的。

教师 U:教研活动对老师的教学实践非常有帮助,不能说是哪一次。像我们市组里都会轮流来开课,这次你开,下次我开。我开完以后大家都来评这个活动,一个解剖、一个分析,这样的帮助是很大的。就是大家的智慧就集中在你一个人身上了,你就会感觉一下,哎,提高了一点点。有的时候你自己想我先怎么上,我再怎么上,有时候当局者比较迷,完了以后全市那么多美术方面专家、老师,对这个方面很有研究的老师来给你指导,你就会发现,对,原来这个课的开始就该这样,在美术活动中怎么样运用指导语进行指导,怎么样教师没有教的痕迹,但同时我又把教育内容隐含在里面了。或者我们应该怎么样去学习这样的范例,都会有最新的教给你。……公开的观摩活动对老师的成长也很有帮助,你一个人上课,大家替你诊断。还有就是说去听人家的课。不是说你听完课就算了,你听完课回来还要写反思,其实就是把自己的思路整理一下。

教师 H:我记得有一次,让我对全区开一个散文的活动,当时我工作才几年吧。然后就是有一个教研员,我记得那堂课是从心理角度切入的,完了以后她先是鼓励我,她跟我说你这堂课上得蛮好的,但是还有一个就是下次在跟孩子说话的时候不要太着急,可能要把更多的机会让给孩子,让他们自己来说。哦,当时我就觉得可能我在日常的时候也会有这样的情况,太急于想把自己的想法给孩子了,没有给孩子更多的空间,给他们说的机会。当时她跟我讲了以后,我当时就觉得受益蛮大的。

研究性教学对于教师专业成长的积极影响已在本书第三部分中做了详细论述,这里不再赘言。以上对几位教师的访谈内容则进一步说明研究性教学过程中集体评课,对教学进行解剖、分析、反思,提出改进建议等一系列做法,也十分有利于幼儿园骨干教师的专业成长。

(2) 区教研组或市教研组学习

教师在幼儿园工作一段时间后,幼儿园会给他们提供一些参加区教研组或市教研组学习的机会。区教研组或市教研组学习一般是由区或市教研员组织,其对象一般是区或市各幼儿园的骨干教师或者是后备骨干力量。本研究中的 9 名骨干教师都不同程度地参与了区教研组或市教研组的学习。①

教师 S:让我成长得最快的时候是让我去参加区组学习,青年教师培训班,师带徒。

---

① 这里的"不同程度"是指有的教师加入了区或市固定的教研组比如科学组等,而有的教师则是不固定地参与某教研组的部分教研活动。教研组的学习与上文提到的"研究性教学"相比,研讨的教学内容往往更集中一些。作者注。

就是每个班有个师傅带几个幼儿园老师。比如说我参加的是音乐组,这个老师在音乐方面很有研究,来带我们的音乐组。我就觉得出去学习对我的业务水平的提高是很快的。我以前不知道音乐课怎么上,我现在知道音乐课怎么上了。比如打击乐活动,平常我就自己弄些乐器给小孩打击,出去学习以后我就知道图谱怎么画,节奏是几个故事情节,然后怎么给小孩训练音乐的常规,怎么给孩子进行打击乐的前期铺垫。

教师U:我参加市美术组,因为美术是我比较喜欢的领域,而且一直也都在研究,我觉得我们教研组内开展的活动,人与人之间的交流是非常重要的,对你的事业是有很大帮助的,能形成自己的特色。因为你不可能样样都好,你对一个方面有思考有想法就是有自己的特色吧。而且我觉得美术组里面这种好的学习氛围也是很快乐的。如果我觉得这是一件快乐的事情,我愿意去尝试,换一种心情换一种心态,我觉得工作起来可能更加的轻松一些。

教师S认为参加区组学习阶段是她成长最快的时期。教师S所在的幼儿园曾经比较闭塞,很少与外界沟通,更谈不上外出学习,整个幼儿园的教研水平都很低。教师S在区青年教师培训班得到各领域优秀教师的指导,教师S认为那些指导教师都是"各个领域方面的强手"。参加培训班的学习提高了教师S的业务水平。教师U认为参加有着良好的学习氛围、人际氛围的市美术组能够发挥她的长处,做自己喜欢做的事情,有利于形成自己的教学特色。

3. 科研活动成长的助推器

科研活动除了具有和教研活动相同的实质外,还特别含有寻找教育科学的客观规律、发展建设教育科学理论体系的目的,在研究程序与技术方面对教师也提出了更严谨的要求。[①] 每个幼儿园都可以进行一定的教研活动,但并不是所有的幼儿园都能进行科研活动。因为科研活动的难度更大,对教师的要求更高,常常需要专家的引领和支持。

教师M:我参加了K老师搞的西洋画教学,我参与了这个课题的研究。然后就学习,经常到X幼去听课,到各个幼儿园,还有那个S实验,S实验的中国画是特色,X幼的水粉画是特色。经常出去学习,然后N师大的一个W老师也经常来,K老师也经常来,我就每个星期五,就是定好了星期五我就要开课的。……因为我参加了K老师的这个国家级课题,对我自己的成长有很大的帮助,他们在搞这个课题的时候,观摩多,讲座也多,参与培训也多,自己在这个方面的提高很快,理论和实践都提高得很快。自己

---

① 顾荣芳.学前教育诊断与咨询[M].大连:辽宁师范大学出版社,2002:131.

感觉到,唉,上课上出来的效果不一样,所以就很有自信,非常有自信。

参与西洋画课题研究有利于教师 M 专业成长的原因有以下几点。首先,教师 M 有了经常外出听课、学习的机会。在参与课题期间,教师 M 获得了到其他具有绘画特色的幼儿园观摩的机会,这有利于她提高教学水平,形成自己在美术方面的教学特色。其次,除了经常外出向他人学习,教师 M 自己也要经常性开展美术方面的公开课,N 师大 K 教师、W 教师每周的现场指导,将教师 M 的理论学习与自身实践有机结合,促使教师 M 理论水平和实践能力的提高都较快。最后,当教师 M 获得较高的美术教学效能感后,变得越来越自信。

不少幼儿园教师在最初参与科研活动时是一种被动的参与,迫于某些需要而进行相关的学习和科研。相比之下,本研究中的教师 O 在参与科研活动的时候更具有主动性。教师 O 和配班教师因为承担了幼儿园的一项任务而与 N 师大的 Y 教授有了接触,一次偶然的机会,Y 教授建议她们搞一个自己的主题,于是教师 O 和她的另外两位配班教师一起开始探索本班的课程体系。

教师 O:2002 年,我开始接触整合的课程了,虽然前面也有做,但没有做得那么彻底。从我看别人的课程,然后慢慢进入到能够建构我们自己班的课程。……每天从早上 7 点到晚上 7 点的这个工作量是很大的,大家都是自愿的,回去以后整理资料。然后再想第二天的活动,每一天你都是在高速运转,你几乎没有个人生活。我觉得那三年,我们所有的人基本上是把个人生活都放弃了。你不得不,你也是心甘情愿地放弃一些东西。那段时间你做得很投入,你没有办法不让你自己投入,但是不是像别人所说的你整个就没有个人时间了呢,也不是。……你再回过头来看你自己,那时候你就是所有的精力都耗在了这本书上,耗在了这本课程上,耗在了所有的主题上,耗在了所有的孩子上。然后你就不能承受任何一点外来的压力。……你每天会觉得自己很累,拖着疲惫的身体回家,我那个时候任何家务都不做,回家以后就是躺在床上想课程建设。

对教师 O 而言,进行课程研究、出版专著的过程也是她专业成长的过程。首先,这次的课程研究是研究整合课程,这与教师 O 之前接触的单领域的课程有所不同,需要教师 O 和她的团队相互合作,将个人擅长的领域融合到整个班级的课程中来,建构班级的课程体系。其次,建构课程的过程,也是教师共同研究、学习的过程。参与课程研究的教师 Y 回忆到:"一般产生争议的时候可以尝试一下,比如两种方案,大家不能够决定的话,我们就会都试试,有的时候教师 O 就会根据她的经验,如果没有她的话效率就会比较低一点。"当三位教师在课程研究中遇到问题的时候,她们通常采用的方式是把大家的方案都尝试一下,但是有时为了节约时间,她们也会根据教师 O 的经验做出选择。在不断尝试、不断改进的过程中,三位教师不仅掌握了研究的方法,她们的科研能力也相应得到了提高。最后,一个班级的几位幼儿园教师能一起出一本书,这也许是很多幼儿园教师想都不敢想的事,而教师 O 和她带领的团队却做到了,并且在书出来以后得到领导和同行的充分肯定①,这奠定了教师 O 在幼儿园的学术地位,是她从教生涯中值得骄傲的事情,增强了教师 O 的专业信心。

4. 参加比赛

新教师进入幼儿园后一般都会参加各种比赛,小到园内的新教师技能技巧比赛,大到参加市、区的比赛。一般来说,比赛对于年轻教师的影响远远大于老教师,比如本研究中的教师 S。

教师 S: 对我的成长比较重要的就是参加区组的竞赛,那是 2004 年的 5 月份。因为我们幼儿园从来没有人去参加过,本来幼儿园内部举行了一个比赛,我是拿了第四名吧,成绩不是特别的好。在园里的成绩不是很好,叫我到区里面去比赛,首先从了解《纲要》方面准备了一下,然后就比赛。准备了一些东西,也挺激动,去了以后才发现只要去了就有奖,我得了二等奖。哎呀,我就想既然有奖我就尽全力,因为我们幼儿园从来没有人去过。先要在片里面比赛,我们属于大专院校片,我的成绩那时候也不算太好,因为从来没有出去比赛过,没有这种经验嘛,然后片里面我是最后一个,我比我们另外的老师要晚一点,但毕竟要考虑到每个幼儿园的名额问题,我们幼儿园派了我,一共七个人,我属于第八名。我想就拿个三等奖就算了哎,但是还好,拿了一个二等奖。这个事情是对我帮助蛮大的。

教师 S 之所以认为参加这次比赛比较重要是因为:第一,幼儿园从来没有人参加过区里的比赛,她是第一个,第一个外出参加比赛肩负的是幼儿园的重任,自然很有责任感。第二,在片里的比赛成绩不算太好,但是也进入了决赛,以前没有经验,这次比赛给了她一次体验比赛的经验,这个"第一次"令她终生难忘。第三,以为只能拿个三等奖,结果得到了二等奖,这对于她是一种肯定和激励,让她感到自己原来也可以做得不错。鉴于以上几点,教师 S 认为这次的比赛对她帮助很大。同样是比赛,同样是获二等奖,这一次的获奖让教师 S 感到了荣誉和骄傲,另一次获奖却给教师 S 的心里留下了不愉快的阴影。

教师 S: 有一次青年教师技能技巧比赛,我得了一个二等奖回来,其实我心里面很

---

① 本书作者顾荣芳教授曾应邀参加了教师 O 幼儿园所在辖区的教育管理部门专门为教师 O 及该园召开的课程建设经验交流会。作者注。

高兴,我得了200块钱,我回来我们园长就跟我讲,"你看,有付出就会有回报,所以还是要好好地做"(音量明显的降低,表情很严肃,表现出不高兴)。你觉得这种话讲得心里还难过啊?这是在表扬我呢,还是说我以前做得不好?现在给你一次机会,你该好好表现。你想想看,她讲这种话我还难过啊?其实我们园长心里面也很高兴,但是给我这种感觉。不像现在,现在比赛回来了,开会也讲,我们那时候开会没有人讲,没有特别地去讲,因为我是我们幼儿园第一个得到奖的人,那还没有什么特别的吗?我心里面感觉还是有一小阵子不高兴,我觉得园长对我很不好。其实我听了她的话也没什么感觉,就觉得我拿了奖回来了,你们也就这个表情,没有说对我有多高的评价。不仅我,包括他们都没有想到我会得到一个二等奖。作为老师来讲,你也有荣誉感,对不对?你应该在全园隆重地表扬一下,但是没有。不像现在,现在就很重视了。作为领导,用奖金来鼓励老师也是很重要的,精神上鼓励是一回事,物质上的鼓励也是需要的。对于我们这种幼儿园的老师工作积极性方面估计没有人家教办园的老师好。要想调动我们幼儿园老师的积极性,说难也不难,说简单也简单。人家老师没有十分的付出也不可能有十分的收获。不像人家公办园、教办园的老师,回家还要设计这个,设计那个。

教师S参加青年教师技能技巧比赛获得了二等奖和200元的奖金,当她满心欢喜地回到幼儿园,园长的一句话打击了教师S高昂的兴致,让教师S觉得很难过。教师S认为教师是有荣誉感的,过去幼儿园对于获奖的教师没有任何精神和物质的奖励会降低教师工作的积极性。同时她也提到了公办园和教办园教师的工资差距对教师工作积极性的影响,也反映出教师S对于目前的薪资水平的不满。如果说参加比赛对于像教师S这样的年轻教师来说主要意味着奠定园内地位、得到他人认可的话,那么对教师R这样的资深教师而言,参加比赛对她们的促进作用更多的在于过程,而不是结果。

教师R:生小孩之前我参加了B区的"雏燕杯"比赛,我觉得那次也挺磨人的。(笑笑)雏燕杯是B区对幼儿园的一个像选拔赛一样的比赛,综合素质,各方面的。那一次是特别难,就是除了有文本的考试,还有活动的设计,还要看你现场的活动,还有一个像现场的答辩一样的,她给你几个问题。但是那次对我的促进还是蛮大的。因为为了那次活动我们也做了很多准备,平时活动也准备得好,就是一些理论上的学习,确实也学了很多东西。人就是这样,通过一个活动要有一个促进或提高。

对于教师R来说,参加"雏燕杯"比赛给了她一次进行理论学习的机会,在准备的过程中,她觉得自己学到了很多东西。可以说幼儿园教师的工作是很烦琐的,尤其像教师R这种在幼儿园工作已经十几年的教师,很少能有机会静下心来进行理论的学习,如果教师放松对自己的要求,就很可能被幼儿园琐碎的工作牵扯掉全部精力。而教师

R作为一名已经比较成熟的骨干教师,能够从每一次的比赛获得进步实为难能可贵。

本研究中的教师P工作快20年了,对于教师P而言通过写论文参加比赛"迫使"自己将理论学习与实践反思结合起来,成为促进其专业成长的一个外在动因。

教师P:对个人来讲也有一点促进,我通过写东西,我要去想啊,想自己经历过的一些事情,以前没有去想的,现在全要把它记下来。为了写东西,我要去回忆,原来这样去做啊,发现自己有的东西还是比较好的。有的东西跟理论上不是结合的,但是你是做了。

5. 职阶变化

学校教育系统内新的职阶系统的逐步确立,是促使今天的教师谋求专业发展的一个重要原因。作为学校系统的一部分,职阶系统在几乎所有的完善的学校系统内普遍存在,但确立职阶的标准并不相同。根据中央职称改革工作领导小组1986年颁布的《中学教师职务试行条例》和《小学教师职务试行条例》,我国目前学校系统中最常用的标准是年资加专业能力的分类方式:教师入职三年后,依其年资和专业能力,经过考察,分别隶属"三级""二级""一级"和"高级"。由于在目前的职阶体系下专业能力考察的标准较为模糊,只要有规定的教学年资,大部分教师都能够在比较年轻的时候晋升到"高级",也就是职阶系统中的最高级(由于入职年龄较小,相当数量的小学教师更在三十岁左右就成为小学高级教师)。[①] 据研究者了解我国幼儿园和小学的教师职阶评价系统是统一的,而且由于幼儿园对教师的初始学历要求不高,很多幼儿园教师都是17岁、18岁从幼儿师范学校毕业就到幼儿园工作,因此在她们还在二十几岁的时候就能获得小学高级教师的职称。学历对于幼儿园教师评职称也有一定的影响,比如中专毕业的幼儿园教师在一年后评职称只能评小学二级,要再过5年才能参与小学一级教师的职称评比,而大专毕业的幼儿园教师在工作一年以后就能获得小学一级教师的职称。这样也就不难理解为什么有的幼儿园教师工作年限长,但是依然只有小学一级教师职称,而一些工作仅七八年的幼儿园教师已经获得小学高级教师的职称了。可以说这样的职称评定系统在一定程度上推动了幼儿园教师个体不断寻求专业成长,提高学历。但是很多教师都认为评职称是一个水到渠成的事情,通常只要他们的工作年限到了,就都能评上小学高级教师,包括初始学历为中专学历的教师,只不过她们要比别人多花5年的时间停留在小学二级教师的位置。因此,这样的职阶制度对教师谋求自身发展的激励作用渐渐被淡化,一种新的体现教师专业水准的评定制度成为推动教师专业成长的动力,

---

① 王建军.课程变革与教师专业发展[M].成都:四川教育出版社,2004:61.

如许多地方教育部门和学校管理层开始评出"(各级)骨干教师""学科带头人""星级教师""首席教师"甚至"特级教师",等等。这似乎发出一个重要的信号,那就是教育界开始越来越谋求一种新的、以专业素质和专业能力为主要衡量标准的、不设"上限"的(发展性的)职阶系统,学术界的"专家型教师""学术型教师""研究型教师"等新名词的涌现和普及,也印证了这一现象。

在访谈教师 O 的时候,她明确提出对教师的评比分为两种,一种是外部的制度的评比,比如职称的评定,另一种是内部的专业的评比,如她出了一本书,别人对她的肯定。教师 M 谈到对自己专业成长的近期规划时说道:"如果明年能上得了小高呢,那就更棒。我要是明年上了小高,上了小高以后开始冲区青优,哎,一步一步来。"为了能够评上小学高级教师,获得区青年优秀教师的荣誉称号,教师 M 一直在进行一些课外的学习,现在正在准备进行本科在职的学习。可以说获得更高一级的职称和荣誉称号已经成为推动教师 M 继续获得专业成长的一个强大动力。

应该说教师 M 和教师 O 在自己的专业成长道路上都是比较积极的,他们有强烈的自我专业发展的意识,想要获得某一方面的成就,得到大家的认可。相比之下教师 P 的成长则显得有些矛盾,一方面她不甘落后想要把工作做好;另一方面因为幼儿园条件的限制以及自身的成长起点不高又表现出一定的盲目性。评为骨干教师在一定程度上帮她解决了这种冲突,成为推动她寻求专业成长的一个外在动因。

教师 P:评上骨干教师以后更知道要做些什么。你要知道你要做到哪些,那有条条杠杠,然后每年要考核,要写论文,然后要什么什么。倒是没有特意地想要做得更好,但是总是不能落后,总是这样想,因为一直工作就是这样,没有觉得自己有多大变化,在教育理念或者方法上,或者观念上的改变可能多一些。

评上骨干教师以后,教师 P 从以前的不知道要做些什么和怎么做,变为知晓作为一名骨干教师所担负的职责,在对照和落实区里对骨干教师的考核要求的过程中,教师 P 获得了专业的成长。教师 P 的想法非常朴素,仅仅是"不能落后",这种平稳的心态一方面促使她不得不寻求专业的成长;另一方面也可能导致她的专业成长很难达到一个新的高度。难以设想,如果以后没有更高等级的职称评定,那么教师 P 是否会进入专业成长的高原期。

幼儿园教师工作几年后,幼儿园通常会让她们独自承担一些任务,担任班组长就是其中重要的一项。对于入职初期的教师而言,从配班到主班也是一种职阶的变化,这也在一定程度上促进了幼儿园教师的专业成长。教师 N 曾经多次因为和主班教师关系不和而导致班级工作无法正常开展,园长让她担任班长使她学会了如何组织和协调一个班级。

教师 N:那个时候年轻的人都没有当班主任,像我当班主任,可以说园长很重视你了。……我知道在这个幼儿园当班主任是一种荣誉,有这种感觉。就等于说你要统筹一个班,那个时候我已经有一定的能力了。那个时候专业知识,包括上课的技能,在音乐上我已经能自己独立开课。我那个时候已经能独立带班了,但是说独立当班主任,这就是一个很大的挑战。当班主任这个任务就大了,那你在班上,很多人跟班主任老师处不来。……因为我那个时候已经当了班主任,我的忍耐力是最强的,我就想千万不要吵架,千万不要生气,千万不要让人家觉得我总是不行。我当时这么想,我就什么都忍住了。

从教师 N 的讲述中我们看到她把当班主任这件事看作是幼儿园对她的肯定,她认为这是一种荣誉。虽然她认为自己独立带班、独立开课已经没有问题,但是独立当班任对她而言仍然是莫大的挑战。当她作为配班老师和他人一起工作的时候她总是处理不好和班主任教师的关系,从园长那里研究者了解到教师 N 曾多次跑到园长办公室要求园长给她换班主任教师,但是当了班主任之后,教师 N 学会了忍,学会了统筹班级和与同事、家长的沟通,学会了凡事以大局为重。可以看出当班主任事件的确锻炼了教师 N 的组织沟通能力。

(二)家庭生活中的常态关键事件——养育事件

布尔曼等人的研究指出,对生活事件的控制与个体的情感、态度有某种联系,当人们以较为积极的态度对待生活事件时,他们倾向于认为自己具有左右或控制这些事件的能力;处于积极的情感状态也会提高个体适应生活事件及其压力的能力。赖克和左特拉的研究指出,当人们从事自己选择的、认为是积极的活动时,他们会对生活事件和自己的生活品质持乐观态度,并认为前景仍将是美好的。[①] 养育事件几乎是每一位女性都要面临的问题,本研究第一部分已做深入阐述,在此仅就养育事件对幼儿园骨干教师专业成长的影响作一简要的印证性论述。

园长 D 认为,对幼儿园教师来说"养育绝对是一个关键事件,这个事件处理好了,那专业上自然就会成长得很快"。园长 D 的话道出了养育事件的两面性:如果处理得好,养育事件可以促使幼儿园骨干教师获得更快的专业成长;如果处理得不好,养育事件也会阻碍幼儿园骨干教师的专业成长。

---

① 《心理学百科全书》编辑委员会.心理学百科全书[M].杭州:浙江教育出版社,1995:1910.

1. 养育事件阻碍幼儿园骨干教师专业成长的步伐

园长 A：如果等到这些孩子(幼儿园教师)结婚成家有孩子，将近有孩子的三年你是没办法的(指促进其成长)，她自己也是没办法去发挥拓展自己的，因为毕竟家庭孩子的拖累，必须要等到孩子三岁了，她才能够有个再冲刺，有这样一个过程。

可见，养育事件迫使幼儿园教师不得不在一定时期内(通常 3—4 年)放慢专业成长的步伐，而且并不是所有的幼儿园教师都能在孩子三四岁以后很快回到工作中寻求职业生命曲线的第二次高峰，有的教师在经历养育事件之后将重心完全转移到家庭，对工作不再像以前那么积极，长时间停留在专业成长的高原期，因而很难获得新的发展，教师 P 就是这样的一例。

教师 P：我现在就觉得比较累，不会想到做得更好。你可能会想我怎么不求上进，我觉得我做得已经挺多了，然后我觉得我不想再追求那么多。为什么，因为我还有一个孩子，因为我知道你要想发展，你必须要付出很多。……可能大家觉得我怎么不求上进，我觉得不是这样的。

教师 P 认为自己现在不想做得更好并不代表着她不愿追求进一步的专业成长，最根本的原因是她要照顾孩子，为了让孩子获得更好的发展，作为母亲的她必须付出更多的时间和精力。而她认为自己的精力是有限的，所以她不得不选择牺牲对工作的付出来成全对家庭的付出。可见，如果处理不好养育事件，幼儿园教师的专业成长步伐必将受到阻碍。

2. 养育事件给幼儿园骨干教师带来成长的契机

教师 M：我怀了孕以后，因为孕妇首先要心情好，孩子生下来才能健康，我就一直抱着这个理念，整个怀孕期间保持心情愉快，然后在自己班上遇到问题的时候就想为了孩子不要生气。你怀孕别人对你的态度也会不一样，你怀孕以后很多事情，别人就会很和蔼地去对待你，反正怀孕以后你总觉得你周围全是好人，真的。因为原来也不总是和周围的同事讲话，上班的时候不是本班的老师我一句话都没有的，但是怀了孕就不一样了，许多老师会来关心你——"哎呀，你还有反应啊？"就是你熟悉不熟悉的都来问你一下子——"哎呀，最近好像肚子又大一点了。"她们也会把以前孕育的经验传授给你，跟你做一些交流，你就觉得，哎呀，她也关心我，她也关心我。我总觉得怀孕那年周围全是好人，那一年特别幸福，我就觉得特别骄傲。然后，原来跟我搭班的老师在别人的眼里是一个比较难相处的老师，一开始跟她搭班的时候，她也会经常到主任那边告状，这种事也会有。自从我怀孕以后，我就不拿那些事情当回事了，以前总觉得她坏得要命,在主任那里背地里说我坏话。怀孕以后我也坚持带班,因为我们家先生也不在家,我一个人在家也无聊,而且大班的时候,那些孩子跟我也特别的好,他们知道我怀孕以后都很关心我,都很照顾我,有些孩子从家带水果来给我吃。我带班的时候我就跟他们讲,我说"不能吵啊,吵了以后,我肚子里面的小宝宝听到了他就会踢我,踢我就会肚子疼",孩子们都特别好,就是平时走路都轻轻地,就是很会关心人的那种。那些孩子也给了我信心,所以我坚持上班,一直坚持到我七月份生孩子。就觉得啊,来上班也是一件快乐的事情,怀孕的时候看到班上的孩子这样对我,看到其他老师这样关心我,心里就感觉特别好,不知道为什么。另外一个班的一个别人都认为不好相处的老师也跟我讲,"你看现在多好哦,整天笑眯眯的,每天看到你都是笑眯眯的"。反正以前也为事情跟她计较,后来也不计较了,跟她也没什么好计较的,完了以后,你要说这样行就行。然后有的时候也会经常去问问她,以前的话,我要做事情,我从不问别人。怀孕之后有什么事情我都自己做完了以后会经常问问别人,看看别人什么意见,"你说呢,你说这样行不行啊?"她就会觉得你尊重她了,你的态度不一样了。当时别人说你整个人不一样了,我自己就感觉是不一样了啊。……一直到我生完孩子,因为孩子小,也顾及不到那么多,反正上班时候我还是保持一贯作风,认认真真去上课,上完班以后,因为我要赶回家照顾我的孩子,那一段时间,虽然也接了公开课,但也不是很多。主任有的时候也会顾及,哦,她孩子小,我们尽量不安排她加班啊,不安排她什么什么的,一直到我孩子上托班。

通过教师 M 的讲述,可以明显地感受到她从怀孕到生完孩子这段时间里所发生的变化:从容易上火到总是保持愉快的心情,从不愿与别人交流到乐意与人交流,从斤斤计较到宽待他人,从工作不征求他人意见到经常询问他人看法……这一切都因怀孕而来,且保持至今。访谈中,教师 M 始终面带微笑,幸福之感溢于言表,研究者深受感染。与此同时,虽然教师 M 在孩子 3 岁之前也减少了公开课和加班的时间,但园长对她的整体评价是:"教师 M 生完孩子以后不一样了,整个人都不一样了。非常注意家长工作,在跟家长沟通、协调这方面进步很大。"

教师 R 和教师 S 明显感觉到在生完孩子后幼儿园给她们提供了更多开课的机会,促进了她们的专业成长。在经历养育事件之后,教师 R 不断地参加一些区青优、区学科的磨炼,提高了她各方面的能力;教师 S 也参加了区体育组,她认为"一个参加区组,一个对外开课,就成长起来了"。她还提道:"女人做妈妈以后要比不做妈妈成熟,责任心方面变化比较大。"教师 N 认为在经历养育事件,成了母亲之后,她更能体会家长的心情。

通过对 9 名幼儿园骨干教师专业成长过程中的常态关键事件的描述和分析,可以看出这些事件对幼儿园骨干教师专业成长带来的影响既有积极的也有消极的。积极影响主要有四个方面。第一,师从老教师、开公开课和经历养育事件有利于年轻教师业务水平的提高。幼儿园教师在师从老教师的过程中,通过老教师的指导和帮助能够在短时间内实现由学生角色向教师角色的转变,适应幼儿园的教育教学。在与老教师合作共事的过程中,通过对老教师教学行为、人际交往行为等的观察和模仿,自己的实践知识和带班经验得以丰富,组织日常教学活动的能力得到了锻炼和提高。尤其是教研活动中的公开课为幼儿园教师提供了接受他人意见和建议的机会,让教师个人和群体发生思维碰撞,创造了反思的机会。养育事件引发幼儿园教师对自己原有儿童观的反思,同时因为母亲角色的增加让她们在与家长和幼儿交流的时候更加得心应手,再加上幼儿园为经历养育事件的教师提供的一些成长机会,这些使教师无论是在教学上还是人际交往上都有了质的飞跃。第二,参加区或市教研组学习让幼儿园教师有机会与其他幼儿园的教师、众多专家等接触,开阔了视野,在提高教学水平的同时也逐渐形成了一定的业务专长。第三,参加科研活动有利于幼儿园教师提升实践知识和内化理论知识,科研能力的提高推动幼儿园教师成为研究型教师。第四,从配班教师到主班教师,从普通教师到骨干教师、青年优秀教师、学科带头人,一系列的职阶变化激发了幼儿园教师的专业成长意识,推动她们不断寻求自身发展。而产生负面影响的常态关键事件主要是养育事件,养育事件在一定程度上延缓了幼儿园教师专业成长的步伐,如果教师能够采取措施积极应对,她们往往能在养育事件之后获得专业成长的第二次高峰,反之,如果将家庭置于工作之上,那么这些幼儿园教师的专业成长将很可能停滞。

(三)专业生活中的非常态关键事件

非常态关键事件是指在幼儿园骨干教师的专业成长过程中发生的一些突发事件,这些事件发生突然且延续时间短,通常在发生之后不会重复发生。虽然这些事件的发生"转瞬即逝",但依然令幼儿园骨干教师难以忘记,这种现象即所谓的"闪光灯效应"。很多幼儿园教师都记得那些非常态关键事件发生时的场景和细节,甚至记得当时说过的每一句话。

1. 人际关系冲突

人际关系冲突几乎存在于人与人之间的所有关系之中。它的结果可能是负面的、消极的、破坏性的,也可能是正面的、积极的、建设性的,关键在于人们对它的处理。已有的调查研究表明,人际敏感、忧虑、焦虑、敌对是教师中常见的心理健康问题,如果任其发展,势必影响教师身心健康和人际关系状态,最终导致教师的工作质量和生活质量的下降。[①] 本研究中的3位幼儿园教师都认为人际关系冲突事件对她们的专业态度和动机的影响是巨大的。教师的专业态度和动机是教师专业活动和行为的动力系统,它涉及教师的职业理想、对教师专业的热爱程度、工作的积极性能否维持(专业动机)和某种程度的专业动机能否继续(职业满意度)等方面的问题。

(1)配班教师之间的冲突

幼儿园教师的工作是复杂而烦琐的,她们每天既要关注幼儿在园的饮食起居,还要准备教育教学;既要了解幼儿整体的发展状况,还要关注个别幼儿的特殊需要。因此,与中小学教师相比较,幼儿园里相互搭班的两位教师之间的合作以及带班教师与保育员之间的合作就显得尤为重要。也正因为幼儿园配班教师之间的关系在客观上需要更加紧密和默契,所以如何处理好同事之间的关系,是很多幼儿园教师工作中的一个大问题,同事之间的冲突事件往往令她们记忆犹新,对她们的专业成长产生着重大影响。

教师M:我的第一个低谷是在入职三年以后。带我的老师做副园长了,她就要离开现在这个位置。然后就换一个老师进来,就是在和那个老师共同处理问题的时候,因为缺乏和同事之间良好的沟通,包括一些客观的原因,再包括一些乱七八糟的事情在里头就没有处理好,没处理好以后这件事情就闹得蛮僵的。其实那个老师比我有经验,比我年纪大,就是说在性格上,她与我原来的那个老师截然不同,她性子比较急。关系一下子就没有搞好,后来她也一生气就离开我们班了。离开我们班以后对我自己也是一种打击,就觉得跟别人怎么就处不好呢?因为这就是一种同事关系,因为你要上班,你不可能一个人在带班,后来她走了以后全班所有的重任都在我一个人的肩上。然后我们班原来的那个老师又回来带课,她仅带课,带完课她就走,后来只要我来上班了她就走,我不上班了她就在。所以我整个上班的时间特别长,压力特别大,情绪上也不是很好,总觉得好像别人也不理解。那段时间就是第一次低谷。这个低谷持续到那届大班毕业。……当时也没有考虑到太多,只不过现在想想,好像那个时候有些太年轻气盛,那个时候也没有考虑到。反正,管他呢,我自己做好自己的事情就行了,就这一个想法。现在回过头想想,唉,当时也是没有考虑到别人的想法,没有考虑到别人的意见。觉得怎么会当时就跟她处不好了呢?我们现在是很好的朋友,不知道当时为什么就没有处好。(笑)很奇怪。唉,现在我们关系也很好。

---

① 陈爱平.教师的人际关系[M].长春:东北师范大学出版社,2001:8.

在教师 M 工作三年以后，她遇到了专业成长中的第一个低谷。她分析了产生冲突的原因：一是因为缺乏和同事之间良好的沟通，以及其他一些客观的原因。二是因为在性格上，新配班教师与原配班教师截然不同，新配班教师性子比较急，教师 M 很难在短时间内适应。三是教师 M 没有考虑到别人的想法和意见。可以说一个到幼儿园工作刚三年的教师是刚刚度过生存期的教师，以凯兹的观点来看，这个阶段的幼儿园教师已经从关注教学转到关注与同事之间的交流，关注本专业领域内的一些新发展。教师 M 在这个时候与同事发生冲突正好与她想和同事建立友好关系的期望背道而驰。这次事件对教师 M 造成的影响是多方面的：首先，教师 M 受到了打击，不知道自己为什么和同事处不好关系，内心苦闷。其次，教师 M 也意识到了幼儿园教师的工作需要配班教师的配合，当配班教师离开班级以后，所有的重担都落在她一人身上，她不得不延长工作时间。再次，同事关系不和睦也极大地影响了自己的情绪。

教师 N：那个时候年轻的人都没有当班主任的，像我当班主任，园长可以说很重视我了。结果我带了那个班以后我觉得那个小孩（指年轻教师）不服我，其实现在人家跟我成了很好的朋友。小孩（指年轻教师）性格很强，因为她原来是跟另外一个老师搭班，那个老师当副园长了，就要我到他们班去，要我当班主任。我是资历不够，我在这边带的大一班，当时我是很想把他们班做好，因为他们班的小朋友很懒散，很多问题。然后我好像是说了什么，我说我希望这个班我来了以后能更加有活力。我是这样想的，因为我是一个很有活力的人，一直以来都是这样子的。然后跟我带班的小女孩就很辛苦，她心里就想"把自己看得那么高"，然后她就不跟我配合，不配合以后我就很难受。因为你能感觉得到她的这种不配合，看到她在做东西的时候，你问她："你在做什么啊？我来帮你。"她就说："不用，你不会。"我就想这个小姑娘对哪个都好，为什么就对我不好啊？然后天天都是不跟你交流，没有交流。但现在她对我非常好，也非常肯定我，非常非常肯定我。当时我就难过啊，伤心啊，然后我就不想带班了。就是说我觉得很多东西都要在相互尊重的基础上，别人不尊重你，你明显能感觉得到。当然这是跟你的能力有关系，这个"社会"（指幼儿园）上的人都是女生，她们都很厉害（指专业水平等综合素质）的，对不对？你知道自己差，园长又命令你要当这个班主任，班主任的各项工作要比各方面的压力大多了，孩子又很小，丈夫又在外地，我自己都心力交瘁，然后又生病了。……等于说我第一次当班主任实际上是失败的，当了半个学期就回去了。我就想我再也不想来上班了，就这样子。就一直病、一直病，实际上是心里头不畅快，真的是这样子。然后就恨这个女孩，这个女孩真不好。退出去很长一段时间都对她的印象非常差，但现在回过头来看看她，我觉得很好的。（呵呵）她都永远不知道我有过这样的想法。但是我们现在的关系就是非常好、很亲密,我蛮欣赏她,她也觉得我蛮有想法的。

教师 N 在一开始介绍自己的时候就说到自己是从 J 省调到南京的,也谈到自己原来的教育观念和现在幼儿园的不同,因此她认为自己来自一个落后的地方,她始终对自己的能力不自信。第一次做班长本来是给了她一次找回信心的好机会,但是因为配班教师的不配合,她感到很难过,心力交瘁,直至生病休息了一年。可以说这次的同事关系冲突给她带来的不仅仅是生理上的创伤,也给她的专业成长带来较大的消极影响。

陈向明认为中国人的自尊主要取决于个体与家庭、群体和社会的认同,而这种认同是在一定的人际关系中体现出来的。因此,个人价值的实现在很大程度上取决于个人与群体中其他人的关系。个人如果能够很好地协调和其他成员的关系,得到群体的认可,就能获得自尊和自爱。① 教师 M 和教师 N 与配班教师之间发生的冲突事件无疑让她们感觉到了受挫的人际关系,当她们感受到自己不能被群体中的其他人认可的时候,她们的自尊也在一定程度上受到了伤害。

(2) 教师与园长之间的冲突

幼儿园的园长一般都是从一线教师成长起来的,因此她们和教师之间有种特殊的感情。既像领导一样指导教师的工作,又像长辈一样关心教师的生活。一位园长说:"在我眼中,实际上她们(年轻教师)还是一个正在成长的孩子,尽管我比她们大不了多少。"但是园长就是园长,她们不同于普通教师或者长辈。费孝通形容中国社会是一个差序格局的社会,在差序格局中社会关系是逐渐从一个一个人推出去的,是私人联系的增加,社会范围是一根根私人联系所构成的网络。② 在这个社会网络中,中国人具有强烈的结构和群体意识,群体中的他人(特别是权威)的评价是一条重要的衡量自我的标准。在幼儿园里,园长作为幼儿园教师关系网络中的"权威",她们对幼儿园教师的评价将直接影响幼儿园教师的自我评价。虽然幼儿园教师与园长发生冲突的事件很少,但是一旦与园长发生不愉快,给教师个人生活和专业成长造成的负面影响将是不可估量的。

教师 M:那次是开区里的计算课,计算课不是我的强项,但是作为计算课还是一个环节、一个环节的下来,在上课的过程当中,一开始觉得自己还蛮有自信的,整个过程下来以后出现了一个问题。先是按照颜色归类,归类就是红色的跟红色的放一起,蓝色的跟蓝色的放一起,然后再做一个颜色的标记。但是在做颜色标记的过程中,因为我们班

---

① 陈向明.旅居者和"外国人"——留美中国学生跨文化人际交往研究[M].北京:教育科学出版社,2004:328.
② 费孝通.乡土中国 生育制度 乡土重建[M].北京:商务印书馆,2017:32.

孩子当时在学习颜色的晕染的技能,所以在那次课上就出现了一个标记用两种颜色来表示的问题。当时我们在课堂上也研究了这个问题,这个标记用两种颜色表示那么别人能看得懂吗?看不懂,那请你来做一种颜色的。但当时主任(M 老师所在园所将园长称呼为"主任")就看到了出现了这个问题,然后课后就来跟我谈。说孩子出现这个问题就说明你要求没有交代清楚。当时我就不同意她的意见,我觉得孩子学习的过程就是经验不断累积的过程,在错误中学习,然后再去纠正错误,尝试错误的学习也未尝不可。但是就是让她知道结果以后,在错误的过程中来学习,我觉得她印象会更深刻,这个地方她做错了,她怎样去做一个新的,做一个正确的出来。我就觉得我的目标达到了,我的目标完成了,但是主任不是这样认为的,主任就认为你这堂课怎么会出现这样的问题,你没有跟小孩交代清楚,你强调不能用两个颜色做标记,我不认可这种说法。就为这件事情跟主任争起来了,主任就觉得"你看,她在狡辩",在跟另外的老师说这个事情的时候就讲"她在跟我狡辩,作为一个年轻老师不虚心地去学习,在遇到问题以后,她在狡辩,就是不够谦虚"。后来,也是这节课,好像是第二个星期,又来了一批人,还是我上这节课;然后换了一批人来,主任的意思就是还让我来上。当时我就提出了反对意见,我不愿意,既然说我上不好的话,我就不上,我就有抵触情绪,我那个时候还真的蛮厉害的,现在回头想想,我还蛮厉害的。我说我上不好,你换其他人上。主任说不行,就要你上,然后找了其他的老师来看我上,然后有一些环节也找了其他的老师来帮我备。但是我不认同她,我很坚持,我觉得我这么上没有错,然后就为了这件事情,首先在主任面前就扣了蛮大的分,然后给她留下的印象就是"你看,自以为了不起,一点都不虚心学习",然后有开课的任务的时候也没有分配给我了。当时就觉得蛮伤心的,觉得一开始主任很喜欢自己的,怎么突然一下子就不理我了,当时就有这个想法。……然后我就对幼儿园的工作不那么热情,不那么像以前一样认认真真地去做啊,那段时间在情绪上也不是很那个,重心好像转移了,转到家庭去了。……然后我就一直陷入低谷了,陷入低谷了我就一直没有声音了,你也看不到我在幼儿园特别忙碌啊,特别怎么样也看不到了,然后就把这种东西带回家了。在幼儿园完不成的事情呢我就经常带回家做,不在幼儿园做。以前好像在人家眼里都还忙忙碌碌的,很那个的,后来突然一下子就好像没声音了,唉,看不到了的感觉。

在参与科研活动部分已经提到教师 M 参与了 N 师大 QY 老师的课题组,在教学上已经很自信了,但这次数学公开教学后与园长发生冲突将教师 M 所有的自信和骄傲全部击溃,让她再次跌入专业成长的低谷。教师 M 坚持认为"孩子学习的过程就是经验不断累积的过程,在错误中学习,然后再去纠正错误,尝试错误的学习也未尝不可"。而园长认为孩子在做标记的时候出现问题是因为教师没有事先交代清楚,没强调不能用两个颜色做标记。其实教师 M 和园长两个人的说法都是有一定道理的,但是当时教师 M 并不认同园长的观点,并且拒绝接受第二次公开课的任务,也因此将她和园长的冲突推到了极点。其实后来教师 M 也意识到自己当时处理事情的方式是欠妥的,她说:"其实那节课,如果是现在来讲的话,出现问题的话,我会换句话讲,说'唉,主任,你看我怎样去调整会更好一些呢?'换句话讲,那主任说你可以这样调整,然后你再调整课的时候,可以做一些改动,既保留了她的意见,也保留了自己的意见,综合一下,跟主任谈谈'如果这样子改,或者说如果这个过程再加一个什么东西,你看会不会更好一些,或者怎么样?'主任就会觉得,'嗯,是个成熟的孩子'(笑)。否则她就觉得这个孩子太不成熟了,别看她这样子,吃苦是蛮能吃苦的,就是不能接受意见,脾气太暴躁,当时就觉得在处理问题上面太那个。"

教师 M 与园长发生冲突后,感到自己在园长心目中的印象被大打折扣,从原来很受园长喜欢到不再有公开课的任务。当教师 M 感受到了园长的冷落以后,她的工作积极性明显降低:对工作不再那么热情、认真了,工作的重心也发生了转移,她用"一直陷入低谷""突然没有声音了"来形容她当时的工作状态。

(3) 教师与家长之间的冲突

我国《幼儿园教育指导纲要(试行)》明确指出"幼儿园应与家庭、社会密切配合,共同为幼儿创造一个良好的成长环境。家长是幼儿园教师的重要合作伙伴。应本着尊重、平等、互惠的原则,吸引家长主动参与幼儿园的教育工作"。与家长交流幼儿在园的情况是每一位幼儿园教师的职责,也是保证幼儿园教育教学工作得到家长支持的重要条件。当幼儿在园表现出不良行为习惯时,教师常常会主动和家长交流,希望得到家长的配合。教师 M 在发现班上小朋友行为不当的时候就采取了主动与家长交流的方式,但是没有想到两次的交流都很不愉快,甚至发生了冲突。

教师 M:我带第二轮的时候,有个孩子特别调皮。因为我们小班的时候有一堂认识兔子的课,我们就在班上养了一只兔子,不是圈养的,是放养的。我当时就是想让它和孩子之间建立一种良好的友谊,兔子就在孩子身边跑来跑去,让孩子们把它当作班级的一员来对待。我觉得大部分孩子能做得好,看到小兔子的时候虽然也很高兴,但是也不至于会伤害到它,喜欢它更多一点。但是那个孩子有一天把兔子的腿给撕断了。为了这件事情,我就跟她的家长做了交流。当时,她爸爸就把我讲得眼泪水直流。他就觉得你是一个新老师,你现在是不是也没有经验?!你教师不是也要成长吗?!你就拿我家孩子作为你专业成长的试验田一样。你要想办法,你不要老是跟我讲。你跟家长反映这个有什么用呢？我把孩子送到幼儿园，你老师有责任教育他，教育的责任在于你。我就觉得（家长）很不配合，我当时就觉得很难过，这是第一件事。第二件事就是当时我们的房子还没有改造，房子的质量不是很好。有一次，有个孩子钻到老师的库房里去了，当时有一个库房专门放老师的东西，在一个小的楼梯间的底下，他钻进去了。他找到了锤子，就在那里面敲敲敲，敲掉一大块墙皮。那天我就准备跟他家人再谈一次，看他家人能不能配合一下，或者商量这个问题该怎么解决。因为孩子在幼儿园出现的问题，我作为老师肯定要跟你家长交流，那天等来的不是他的爸爸，是他的公公。他公公说他是个教授，我也不知道，态度也不好。不好了以后，他就很护那个孩子，护了以后呢，我就觉得我和他之间的交谈没有办法进行下去。然后我就讲，我说那这样子吧，我想跟他爸爸再谈一谈，或者跟他妈妈再谈一谈，我们今天就这样吧，你把他接回去吧。然后我就进教室了，进教室的时候我就下意识地把门关了一下。因为不是正常时间来接的，他就先走了，我的意思就是关上门继续我的教学。不知道怎么来了一阵风，"砰"一下，门关上了。我当时没在意，我就走到我们那个配班那边，我正在跟我们配班讲："哎呀，跟那个爷爷讲，怎么也没有讲下去。"就在这个时候，他推着门，怒气冲冲的，把门"砰"一下就撞开来了，指着我的鼻子就骂，"你算什么东西呀，你不就是一个小老师吗？我告诉你我还是教授呢，你居然敢这样子跟我讲话。"(M老师很生气的样子，同时用手指自己的鼻子，语气很重，应该是在模仿当时的情形)就是怎么的，他就指着我的鼻子，就是这个手啊，你就能感觉得到。有什么了不起啊！当时我的眼泪就哗哗地流出来了，当时我没有讲任何话，我说你对我有什么意见，我请你去跟主任讲。后来我就把他带到主任那边去了，他就向主任投诉去了。他的意思就是说我关门重了，小老师了不起的样子，傲气得不得了，把门关那么重。干吗，甩我啊？他就是这个意思。(M老师语气又一次加重了，显出生气的样子)然后那天晚上我没有处理这件事情，我就回家了。回家一个晚上我没有睡觉，我就为这件事我一个晚上没睡觉。第二天主任找我。我心里其实特别委屈，我觉得我一心想他的孩子好，结果就得到这种待遇，心里特别委屈。后来主任找我谈，主任当时一句话就是"你能接受你就接受，你不能接受你也要接受，因为他是家长，你是老师"，当时我听了这话，我说"我不能接受"。我虽然是老师，但是我有我的尊严，当别人指着我鼻子骂的时候，我虽然没有讲话，但是从我内心来讲，我觉得我的尊严失去了。而且当着那么多孩子的面，他指着我的鼻子就骂，我觉得我还是不太能接受，为了这件事情，我请了一个星期的假。心情好一点了以后才来上班。后来孩子的爸爸妈妈来跟我道了歉，说老人家好像太激动了，从此以后再也没有让老人家来过幼儿园。当时我也讲了，可能那天我也是态度不好，从此之后我再也没有因为这个孩子的事情跟他家人做交流。有了前两次的经验我就下意识地避免,如果有什么问题,我就让班上的其他老师去讲,尽量避免这种直接的冲突。……尽管我说那个门肯定不是我推的,我也不是说一定要使脸色给你家长看什么的,但是,因为各方面的经验不足,语言也不一样。人家都讲"一句话能把人说笑了,一句话能把人说跳了",就是这个意思。那一次的家长工作给我留下很深的印象。因为在前一个三年,家长对我的评价是非常好的,我有这个自信,我跟家长的关系也很好,没想到在这个地方栽了一个大跟头,所以对我的刺激也很大。

从教师 M 的讲述中我们了解到之所以这两次家长工作对她来说记忆深刻首先是因为她带前一届孩子的时候,她跟家长的关系很好,家长对她的评价也是非常好的,她也相信自己能够处理好与家长的关系。但是这两次的家长工作不仅没有得到家长的配合,反而被家长当面质问,让教师 M 感到满腹委屈,自尊心受到了伤害。自尊是一个人衡量自我价值、自我成就的一个主观尺度。在中国群体主义文化取向影响下,人们倾向于将自尊与群体中其他成员的认可联系在一起,如果她们不能得到社会的承认就会感到自尊心受挫。在与家长发生冲突的事件中,教师 M 感到自己不能得到家长和园长的认可,因而自尊心受到伤害。教师 M 在遭到家长质问时觉得不仅丢了自己的面子也丢了幼儿园教师群体的面子,所以她当场就流下了眼泪。强烈的情绪意味着强烈的记忆,情绪触发的激素变化有助于解释为什么令人兴奋或震惊的事件总能使我们牢记于心并念念不忘。教师 M 在回忆与家长发生冲突的事件时,语调突然提高,表情也严肃起来,当说到被家长指鼻子质问时,自己的手也同时比画,研究者能感受到她强烈的情绪反应。在第二次冲突事件之后教师 M 请了一周的假,这无疑打乱了她的工作计划。她从此之后再也没有因为那个孩子的事情与家长做交流,这可能是她想要减少冲突的一种策略,但同时也反映出这件事情给她内心所造成的负面影响。

教师 M 认为这两次家长工作是她专业成长过程中的关键事件,不仅仅是因为事件给她带来的消极影响,更重要的是该事件之后她开始慢慢学会总结,从事件中她吸取了宝贵的经验和教训,这体现出她具有寻求自我专业发展的意识。教师在自我专业发展需要和意识的前提下才可能主动寻找学习机会,才可能明确自己到底需要什么、今后朝什么方向发展以及如何发展等,才可能成为一个"自我引导学习者"。教师具有自我专业发展意识并且了解教师专业发展的一般阶段理论,那么他就会对自己的专业发展保持一种自觉的状态,有意识将自己的专业发展现状与教师专业发展的一般路线相比照,将追求理想的专业发展变成自觉行为,及时调整自己的专业发展行为方式和活动安排,以至最终真正达至理想的专业发展。①

教师 M:从那件事情之后,我就开始慢慢注意我自己的语言,原来我就是告诉你你的孩子什么、什么,很直接,就觉得我给你反映的问题一定要重视,我给你反映的一定是正确的,我讲的肯定是对的,或者是心理上的感觉在跟他讲这件事情。……在家长工作上跌了一个大跟头之后,就自己开始爬起来,开始慢慢地琢磨,琢磨这个问题该怎么去解决,后面的问题该怎么去处理。……现在再想想,如果用现在的这种经验去跟他交流的话,也不至于会发生这样的事。因为很年轻,不会从家长的角度去考虑问题。如果你是家长,你高高兴兴地去接孩子,被老师一句话,你家孩子怎么、怎么、怎么,你心里什么感觉呢?特别是爷爷奶奶辈的,他们更疼小孩,更爱小孩,小孩的这种缺点虽然他们也知道,但是他们能看到孩子的好更多一点。我当时就不能理解,但是现在我肯定很能理解的。

两次与家长发生冲突之后,教师 M 开始反思自己与家长交流的方式。通过反思,她发现自己与家长交流时只注意到了教师的权威,而没有考虑到家长的感受,没有站在家长的角度考虑问题。在总结经验和教训之后她提出"如果再出现这样的问题,那我就要换一种说话的方式,因为和家长交谈,当时我还是没有经验,说话要有艺术性。在反映问题的时候你要有艺术性在里边,你既要让家长觉得,嗯,这孩子今天是做错了,还要让他觉得老师是在关心我们。不能说我向你反映这件事情就是说这个孩子坏得不得了,这样家长他肯定也是接受不了,你肯定要讲,他在其他的方面,你看他还是不错的。比如说在吃饭方面啊,自主能力方面啊还是不错的,能看出来你们已经用了心在教孩子,但他是不是还需要再进步呢?那怎么才是进步呢?遇到这种事情我们该怎样处理呢?用一种指导的方式去,而不是用一种告状的方式去讲这件事情。当时我说话的方式肯定也有问题"。

2. 教学事件

教师 H:我工作第三年的时候,一个小孩在花坛上走,他自己掉到小花坛里面去了,出来的时候被绳子绊到,下巴磕到地上了,去医院缝了两针。他家长非常气愤,跑到我们班上来,质问:"怎么回事啊?怎么回事?"(模仿家长很生气的样子)因为平时你跟他接触他都是很温和的,当他儿子出了事,缝了两针以后他冲到我们班上来第一件事就是"怎么回事?怎么弄成这样的啊?"我当时一愣,因为我没有看到过家长这样子。完了他就跑来兴师问罪的样子,我就蒙掉了,我不知道该怎么跟他讲。当时我们配班老师挺好

---

① 叶澜,等.教师角色与教师发展新探[M].北京:教育科学出版社,2001:240.

的,她知道我没有经验,她说"实在不好意思,孩子是做好事,他是捡球的,没想到出来的时候自己被碰到了"。(模仿家长口气)他又说我来看看,跌成什么样子了?一看,哎呀,不得了啊,然后就开始兴师问罪……配班老师又把幼儿园买的东西给他,说"不好意思啊,这是营养品",才逐渐地缓和了一点。缓和了一点,他就说"哦,下次注意啊!"好像领导一样地跟我讲,我永远记得他讲的那句话"下次注意啊!"当时我就想,这个孩子的安全真的是非常的重要,平时你做得再好,他摔破了或者是怎么样,那家长肯定会找你兴师问罪。所以,以后的工作来讲,更多的就是关注,首先是要在安全的基础上,然后再开展教学,因为幼儿园毕竟保教工作是最重要的。

教师 Q: 我刚工作第二年的时候,班上有一个小朋友,当时是中班,在爬那个通天架,其他小朋友都在往上爬,我跟他讲"你也爬",他说"我不敢,我很害怕"。我就说"啊,你真的很害怕啊!那我扶你一下"。我就扶着他爬上去了,当时我很骄傲,我心想我多理解他哦,他很胆小,我帮了他一把,然后我就跟一位老教师讲了这件事情,她说"你根本没有发现真相,他根本就不怕,不信你看啊"。她带班的时候我就发现那个孩子蹬蹬蹬就爬上去了。然后我就问了这个老师什么原因,她说"你只是很在意去问他是什么想法,但是你并没有观察到他平时的行为,你只是凭借他的回答"。就是我们很多形式上认为问他想什么,他说想什么,你就认为他在想什么了。其实并不是这样,她说这个孩子是一个比较敏感的孩子,他希望得到你的关注,所以他说他不敢爬,希望你能扶他一下。然后你扶了他,他就很满足。事实上他并不是不敢爬,他在这方面不是弱项,他是能够爬上去的。反过来讲,我就想我过多地注意了这种对孩子形式上的理解,就是我感觉好像我问了你了,就是理解你了,但并没有注意本质上的理解。事实上本质的理解是靠一种长期的教学经验的积累,还包括很敏锐的观察,就是能够很敏锐地观察到这个孩子日常的行为。哪怕我的眼睛在看着另一个孩子,但是我能观察到这个孩子的不同寻常的行为,或者根据他点点滴滴的行为知道他这时候在想什么。我觉得那一次对我的触动特别大,我了解到要了解孩子的需要并不是靠问,而是靠很多的观察。这么多年下来,我觉得更多的是要去看孩子的行为。他跟老师之间的谈话不一定是真实的,他有时候会迎合老师,或者说有时候他受某种情绪的影响,他回答得并不完全正确。更多的靠观察日常生活中,他跟其他小朋友交往发生的一些事情。还有他在同一个事情上面,在不同的情形下有哪些态度,我现在希望经常能够看到这个。没事的时候或者说我自己不带班,因为自己带班的时候能看到一些,但是并不能很客观地看到很边缘的一些,有一半的孩子我都看不到。我不带班的时候我就坐在教室里面,耳朵听小朋友之间在讲什么,我就坐在中间,哪怕我不跟他们玩。我做我的事情,但我坐在他们边上,就听到他们在讲什么东西。然后看到他们跟别人之间发生一些什么行为,然后我自己再想想看,跟以前的对照一下,分析他们的这个行为。

教师 H 在幼儿园工作已经 9 年了,回忆起 6 年前的事情她依然显得很激动,当说到孩子摔伤后家长到幼儿园兴师问罪的时候,她的表情严肃起来,同时右手也在不停地上下比画,反映了她当时激动的情绪。教师 Q 在工作的第二年尚属于职初期教师,这时的教师坚信书本上的理论"要倾听孩子的声音,才能真正了解孩子",因此在工作中以此为准则。当听到孩子说很害怕,不敢爬通天架时,教师 Q 毫不犹豫地选择了扶他一把,并因此而骄傲,认为自己是理解孩子的。但是搭班老教师的经验之谈改变了教师 Q 的教育观。教师的教育观、儿童观和教师观从属于教师的教育理念。教师的教育理念是指教师在对教育工作本质理解基础上形成的关于教育的观念和理性信念。作为分析教师专业发展的一个维度,教师的教育信念反映的是教师对教育、学生以及学习等的基本看法,它形成之后,在一段时间内保持相对稳定。教育信念在教师的专业结构中位于较高层次,它统摄着教师专业结构的其他方面。因而,教师教育信念系统的改变是一种较深层次的教师专业发展。

从上可见,幼儿园骨干教师专业成长过程中的非常态关键事件的影响主要有三个方面。首先,因为非常态关键事件通常是突发的,幼儿园教师对此没有准备,因而很可能在短时间内给教师带来一定的负面影响。教师 M 用三次低谷来形容与同事、家长和园长之间发生的冲突正说明了这一点。其次,通过对人际冲突事件的反思,幼儿园教师认识到了自己人际交往中所存在的问题,吸取了人际交往失败的教训,学会了在与人交往的过程中"换一种说话方式"。再次,教学中的突发事件虽然发生时间短暂,但是对幼儿园教师教学观、儿童观以及教师观的影响通常即刻生效,且因为"闪光灯效应"的缘故对教师的影响也是深远的。

二、幼儿园骨干教师关键事件的要素

(一) 关键事件中的重要他人——关键人物

有关"关键人物"之内涵已在前文文献综述中阐释。在对幼儿园骨干教师的访谈资料进行编码整理时,研究者发现这些老师不仅认为存在对自身专业成长影响较为重大的关键人物,而且关键人物主要指向师傅(带教自己的老教师)、园长、幼教专家以及配班教师。

1. 师傅——幼儿园骨干教师专业成长的引领者

师徒制是我国中小学和幼儿园普遍实行的一种教师专业成长模式,该模式被广泛使用的主要原因是师徒制实行的"传""帮""带"对新教师适应专业生活,获得专业成长有很大的促进作用。叶澜认为,已有的研究显示实习生或初任教师最初教学时一般总要自觉或不自觉地选择某一位教师作为认同的对象和教学行为的基本参照。① 一些幼儿园为了促进新教师的成长,往往会指定一个有丰富经验和业务专长的教师(通常是主班教师)作为师傅,有的幼儿园虽没有正式的"拜师收徒"仪式,但是"师徒结对"的模式是大家默认的。本研究中的大部分教师都谈到了刚进幼儿园时师傅对其专业成长的引领作用。

首先,师傅带领教师走上专业成长的道路,将一些实践性知识传递给教师,提高了教师的带班能力。实践性知识是教师内心真正信奉的、在日常工作中"实际使用的理论",支配着教师的思想和行为,体现在教师的教育教学行动中。实践性知识通常呈内隐状态,基于教师的个人经验和个性特征,镶嵌在教师日常的教育教学情境和行动中,深藏在知识冰山的下部。② 教师 H 认为开始的时候是师傅将她领进专业之门的,她从师傅身上学到了很多东西,包括对孩子细致入微的照顾以及其他一些带班的经验。教师 Q 认为师傅在一日环节方面教了她很多细致的东西,包括孩子生活习惯的养成、行为习惯的培养、规则意识的培养等。

其次,师傅对教师的帮助和鼓励成为推动教师不断追求专业进步的强大动力。教师 N 在初到幼儿园时总是感到底气不足、课上不好,她认为只有师傅带着她备课,帮她事先推敲以后她才能发挥得很好。教师 E 在一次公开的半日活动之后,师傅对她的评价和鼓励对她至今仍有影响。

最后,师傅的儿童观、教育观也对教师有着重要的影响。教师 Q 曾经认为尊重孩子就应该在与孩子交流时弯下腰,但是师傅告诉她童眼看世界是不一样的,教师应该有儿童的眼睛,教师在与孩子说话时应当保持和孩子的视线平行,甚至比孩子还要低,因此教师与儿童说话时应当是蹲下来的。教师 R 也谈到自己刚进幼儿园时师傅对她的影响,包括"她对孩子的一些态度,她的一些观念,对家长的一些态度"。她说:"我觉得 Q 老师身上确实有很多值得人学习的地方,确实是一个我非常欣赏的老师。不管是做人啊,还是工作啊,还是学习啊,还是生活啊,我觉得可以说是一个比较完美的人。她很

---

① 叶澜,等.教师角色与教师发展新探[M].北京:教育科学出版社,2001:313.
② 陈向明.实践性知识:教师专业发展的知识基础[J].北京大学教育评论,2003(1):104-112.

多东西对我的影响还是蛮深的。"

由于本书第二部分已就师徒结对对幼儿园教师专业成长的积极影响做了分析,这里就不再就"师傅"这一关键人物作过多论述。

2. 园长——幼儿园骨干教师专业成长的支持者

从新教师的入职培训、师傅的安排、各种学习机会的提供以及不同层次教师不同发展平台的提供等都需要园长统筹安排。教师 N 认为园长让她当班主任体现了园长对她的重视,她用"知遇之恩"来表示园长在她专业成长中的重要作用。教师 M 很在乎园长对她的看法,当她与园长发生冲突以后,她感到自己在园长心中的分数被大打折扣。

园长的个人魅力对教师的影响也很大。教师 R 认为她所在幼儿园的园长就是在用自己的行为默默地影响教师,园长自身爱学习、爱思考的习惯对她影响很深。同时园长与 R 老师交流会让她觉得很舒服,使她很快明白自己应该怎么做。

园长是幼儿园教师专业成长的坚强后盾。当教师成长遇到问题的时候,园长总是能够给她们以有力的帮助和支持。当作为幼儿园电教组组长的教师 M 在感到电教专业知识储备不足时她便会向园长提出外出学习的要求,而这每每能得到园长的准许。教师 R 认为她害怕在公开场合讲话更多是因为担心自己做得不够好,对于教师 R 表现出的"怯场"行为,园长没有责备,而是不断地交流、不断地鼓励,并在公开课前让她反复试教并指出优点和不足、提出改进建议,终于教师 R 能够大胆地在众人面前展示。

对于园长的重要作用,园长们也持肯定态度。园长 A 谈道:"在她们(幼儿园教师)遇到困难的时候,在她们最需要帮助的时候,我们就是要站出来帮助她,这个时候你千万不能去看她的笑话。我觉得她们就像一个孩子,孩子这个时候刚好需要老师给她调理一下,帮她去提升一下,那我确实会给她帮助。"

3. 配班教师——幼儿园骨干教师专业成长的合作者

对于在园工作 5 年以上的骨干教师来说,朝夕相处的配班教师对其专业成长的影响也是有目共睹的。因为幼儿园工作强调的是保教结合,某一个教师的力量往往很难兼顾所有幼儿的需要。本研究中的研究对象所在的幼儿园在班级教师与保育员的配备上有的是"两教一保",有的是"三教一保"。本研究中的教师 N 和教师 H 正好同在一个班级,对她们的访谈是在不同时间单独进行的,两位教师都分别提到了对方在自己专业成长中的重要作用。

教师 N:我就觉得 H 教师很好,可以说她是我们后面的人(指教师 N 先于教师 H 进园工作),但是她这种为人处世我从她身上学习了很多,所以我觉得专业成长的道路上她对我是有影响的。我觉得她有一点很好,就是她很稳定,也很自信,其实她的业务能力你现在想起来也不是很拔尖,技能技巧都不拔尖,但我觉得她很稳定,作为一个老师来说,她带班也很严谨,而且她善于学习新生事物,非常想把班级做好。我跟她的搭配不仅是我们俩感觉舒服,其他人也都非常肯定你们两个的搭配,觉得我们两个一个理性,一个感性。我说我们俩为什么在一起没有发生矛盾,没有说你看不得我,我看不得你,实际因为我虽然很感性,但是我非常想要理性;虽然她非常理性,但是她非常喜欢感性。就是说我们俩属于相互吸引。而且她能力蛮强的,可以说她如果是一个骄横的人,她就会认为你作为班主任,你还经常忘记这个忘记那个。从来都没有过这样子。所以我认为她是一个懂得欣赏的人,懂得跟别人合作的人。她教会了我很多。我就重新在这个时候反思,想我以前的道路对别人很容忍,如果发现她做得不好,我就默默去把它做好,为什么一定要告诉她,讲人家干什么呢?对不对,就不应该去讲人家。就说你这个事情做得不好,难道我就能做得很好吗?你容忍了别人,别人就容忍你,就是团队相处的能力是从她身上得出来的。这点我觉得是学她的很多。……虽然她小,但是从本质上来说,她也利用了我,我也利用了她,我利用了她这种工作非常稳定的状态,她给了我力量。她利用我的是什么呢,她利用了在外面的交际能力,就是你把外面摆得非常平。所以说半年中,我们做了很多工作。……这一轮小班的时候,H教师也去找园长,我也去找园长,我们两个就一拍即合在一起。这三年来,可以说班上是太平无事,家长说我们"在享受中工作,在工作中享受",真是每天一进幼儿园大门,心情就好。一进门就开心,一进门就开心(反复强调)。从小班开始我们就制订了很多周密的计划,我们做什么做什么。那个时候有的班级一开始就轰轰烈烈,但是我就确信我跟她的组合是绝对很黄金的,我们俩还是稳稳当当,一个学期做什么,做什么,可以说慢慢地做。我会很热切,这个事情怎么样,我可以想好多计划出来,我会想得非常美。我觉得她最可贵的就是把我想得天花乱坠的东西变成可以操作的东西,真的是本事。……她很严谨的,H教师是非常严谨的,天天不迟到不早退。我不是的,我会早一下、晚一下(笑)。我可能今天早上来迟了,急急忙忙冲到班上来,到晚上我就会很晚回去,她就是准点上班,准时下班。她很准时,然后班上的孩子也一定要准时,这一点我非常支持。她在班上搞了好多,让小朋友不准迟到,不准什么,我就觉得非常好,我觉得这就是我的一个缺点,现在有一个人来这样做,我觉得是应该的。别人都认为她带班是稳重有余,激情不够,但是要我觉得呢,她非常有激情,她非常想要有激情。班上有时候讲一些小朋友的事情,要怎么爱护小朋友,她说一遍以后,我觉得还不够,就马上上去说。她也不会认为我抢了她的话,我就马上上去说,说得小孩就眼泪汪汪。我心里就会想,恩,我的感染力还蛮强的。其实她能力还是蛮强的,她对孩子很稳,孩子也是非常爱她的,但是班上的家长显然是更亲近我的,这是肯定的。但是她也从来不会说你抢了我的功劳。她觉得,外部的事情你要做,内部的事情我要做,她就觉得这点是很自然的。

教师 H: 我觉得对于一个教师的专业成长来说啊,搭班的老师非常重要,就是合作的老师。我觉得不仅是专业成长,就是其他任何工作,合作都是非常重要的。N 老师现在就在讲,我每天是在享受我的工作,因为我工作我很快乐,即使我的工作很多,一天要做很多的事情,备课啊,要写啊,但是我至少心里没有这样的负担,我觉得到了这个班上我想说什么我就说什么,我有自己的建议就跟另外一个老师去交流。我们俩有什么分歧,我们可以互相商量,找出最好的结果,就是你支持我,我也支持你。就是相互支持的那种,然后遇到什么事情的时候,你(教师之间)形成了这样一种班级的氛围以后,家长也能够感受得到。因为看到你们两个任何事情都是有商有量的,不是说好像你不跟我讲,我不跟你讲。家长是完全有这样的感觉的,她觉得你们做什么事情都是一个整体,任何事情出来了以后,两个人说话的口气都一样。……N 老师她很热情,她的这种情感啊,跟孩子的交流,我们俩真的是互相在学,她经常跟我讲,很多你制定的规则,我都是在享受你的规则。……我就觉得跟她一样,跟她搭班的这几年啊,大家都在享受工作。就是说你在工作上觉得很开心了,班级的事情有商有量了,同伴之间互相接受这种好的观点啦,还有这种比较好的方法呀。对自己的教育方法来说也是很有用处的。所以她就讲我们两个可能都是比较爱学习的,你看我们俩都是从彼此身上在学。我们俩也经常标榜自己,觉得自己班上的小孩很好啊,觉得我们班的小孩什么什么地方做得比较好。然后我们就想为什么呢?然后又反过来想,就经常去反思,反思对于教师来讲真的是很重要。你说做得好,那为什么做得好,那是因为我们做了什么样的事情,那下次我们遇到这种事情的时候我们可能更多地采用这种方法。你长期跟一个老师搭班,你觉得很开心,很快乐啊。……我就觉得跟 N 老师搭班的三年,有了前几年的基础以后,可能更多地在这三年得到了发挥。因为可能前三年更多的是打基础的时候,是学习的过程,可能这三年,我们两个人互相帮助,互相商量,相互学习,到了这三年可能更多的是发挥的时候。我刚才讲了,我们两个人在任何事情上都是有商量的,而且因为一个班级是一个整体,我们把一个班级作为一个整体。我们两个人在遇到任何事情的时候首先是商量,然后是策划,然后再一起付诸行动。就是觉得很多的成长就是一种团队的配合,因为一个班级就是一个团队。在这个班级里,不是说你个人做到什么了你就是最好的,也不是说她做到什么她就是最好的,而是说你们两个人一起合作,双剑合璧,才能达到最好。而且你们相互配合好了,家长对你的认可也是很重要的,也是一种激励。

教师 N 认为搭班的教师 H 对她影响最大的方面是在为人处世上面,在访谈中教师 N 多次谈到与其他班级教师之间发生的一些冲突给她带来的消极影响,包括不想工作了、想回家休息、很难过,等等,而在谈到教师 H 时她脸上的表情明显地轻松了很多,充满着喜悦。可见,配班教师之间的相互影响是明显存在的,尽管这种影响有时是积极的有时却是消极的。通过对 9 名幼儿园骨干教师专业成长过程中的关键事件的分析,研究者发现通常相互配班的两位教师在需求利益、能力特长、性格气质、思想观念等方面相辅相成而形成人际吸引时,她们之间的合作能够达到最佳效果。

4. 专家——幼儿园骨干教师专业成长的指导者

作为一名幼儿园教师,除了师傅、园长及配班教师等他们天天接触的人在其专业成长中发挥着重要影响外,与各种专家的接触也是促使她们获得快速成长的一个重要原因。对于幼儿园一线教师而言,专家既包括大学教授也包括幼儿园的专家型教师。

教师 O:我觉得我比别的老师幸运,我觉得大家机会都是均等的,我的幸运是我遇到了专家,不同类型的专家,包括后来遇到 Y 老师,我觉得都是我的机遇。你人生的不同阶段跟不同的专家合作对你的作用是不一样的。这就是一个递增的过程,当你做得好的时候,当别人看到你做得好,她就会带人来看。当时就是 RF 老师请 YP 老师来看,然后慢慢地他们两个开始介入我的课程,后来就跟 YP 老师也合作,跟 RF 老师也合作,班本课程就那样就建立起来了。

教师 U:我觉得跟专家的对话是最重要的,应该叫典型事件,触动是最大的。有的时候会让你感觉到,哎,原来还可以这样想。有些时候我觉得幼儿园老师不能说眼界比较窄,只能说工作还是比较琐碎,她去看一些理论层面的书籍的时间就比较缺乏,所以说就局限了她这种视野。像 Y 老师他本身就在这个领域里去转、去看,他获得的都是最快的、最新的、最上位的东西,最直接的就是他告诉我们什么理念。

与大学教授的接触是在教师 O 工作 7 年以后。根据教师专业发展阶段论,这一阶段的教师大多处于专业发展的成熟期,职业志向水平相对较高,愿意尝试新挑战。据园长介绍,教师 O 当时处于一种焦虑状态,遇到问题往往会不知所措,但与专家的接触让教师 O 接受了更多理论的指导,真正走上了研究型教师发展之路。专家的引领加上自身的努力,教师 O 很快便获得明显的进步,也因此有了与更多专家合作的机会。这些都为教师 O 后来进行班本课程研究打下了坚实的基础。同样,教师 U 也充分肯定了专家在其专业成长方面的直接引领作用。

除了大学教授的理论指导能帮助一线教师迅速成长外,与经验丰富的幼儿园专家型教师的接触也对一线教师的成长起到重要作用。

教师S:我觉得对教师专业成长来说,可能就是向专家去学,经常走出去看看。我们原来有一个音乐组,音乐组当时聘请的是YX老师,就是专门搞音乐的,她原来是N市S园的一个园长。包括你上音乐课的时候打击乐的一个手势,或者是你的一个眼神,她在看你的活动的时候都指导得特别地细。我觉得这个老师非常平易近人,遇到问题她不会是用很多的理论来指导你,她就是告诉你,这个时候你应该采取什么样的教学方法,完了以后让孩子怎么样。当时你就是觉得听了她讲话以后,哎呀,真的是耶!我就记得有一次大班上集体舞,因为我们以前只知道去上,不知道很多细节,就教学来说就可以给孩子很多暗示。当时她就讲了一种戴手腕花的形式让孩子分清左右。我们因为刚开始研究,也不是很深入。那天我正好就是开这个集体舞的课,她跟我讲你这个环节啊什么的都是蛮好的,但是你有没有发现孩子老是分不清这个左这个右,她说如果这个时候你提供一个手腕花,这个效果就不一样了。哎呀,当时我就恍然大悟,是这样的,真的是这样的。然后呢,不仅是通过你自己去实践,其他老师在上的时候,YX老师对她的指点对你来说也是非常有益的。你在上课的时候,她细到什么程度,就是细到一首歌小孩子什么地方换气,她都告诉你。"这个时候换气,你会觉得很舒服,孩子也会觉得很舒服。"我们也是接受了很多讲座、理论的这种指导,完了以后就觉得实践的这种指导比听理论更好。因为理论到实践还有一个过渡、消化的过程。像音乐活动中,你这个细节处理得好的话,孩子学得就很轻松,你教得也很轻松,大家都很轻松。

教师S认为在幼儿园工作10年左右的教师在教学上已经胜任之后,就希望能有一点突破,希望让孩子更快地、更轻松地学,让自己的成长道路更有意义。但仅靠教师个人和园内其他教师的帮助很难达成这个目标。具有丰富教育经验的外园YX教师提供的指导既具有针对性又十分细致,比起单纯理论指导更容易理解和接受。因此YX老师让教师S印象深刻。

通常幼儿园骨干教师对教育问题的思考相对于其他教师而言会更加深入,她们对理论的需求也会更加迫切。如果专家能到园对有特殊需要的教师进行指导,则能帮助教师突破专业成长的"瓶颈",让她们获得新的发展。当然这与骨干教师自身要求积极成长是不可分割的,如果骨干教师自己没有问题意识、缺乏专业发展动机、不善于将专家指导与自身实践相结合,那么即使有机会倾听专家讲座、参与专家组织的课题研究,从中获得的收获也是极其有限的。

(二) 关键事件频发的阶段——关键时期

教师的专业成长过程是一个持续渐进的过程,但整个过程中,依然会有一些时期是教师成长相对较快的时期。本研究通过对幼儿园骨干教师的访谈,发现关键事件发生的时期往往也是教师专业成长的关键时期。关键时期,顾名思义系指关键事件发生的敏感期,教师内在专业结构多在这一时期发生改变,即教师专业发展多在这一时期产生。① 通过对访谈资料的整理和编码,研究者发现幼儿园骨干教师专业成长的关键时期印证了米索所说的三个时期。

1. "外在"关键时期

(1) 幼儿园升级时期

本研究中的教师 P 和教师 S 来自同一所幼儿园,教师 P 见证了幼儿园从一所闭塞的、名不见经传的普通幼儿园发展成为优质园直至现在的市级示范园这一过程,教师 S 经历了幼儿园从优质园升级为示范园的过程。幼儿园的升级无论对于教师 P 这样的老教师还是对于教师 S 这样的新教师都产生了重要的影响。

教师 P: 当时创优质园那一年,2002 年,就是 Z 老师,她看了我的课,因为我们幼儿园的水平一般,她也没讲多少,她就觉得不够放,放得不够开,对于孩子这个教育观念还没有完全转过来。然后她就建议领导,她说我的课还是很有条理的,就让我参加她的一个才开的心育班,就是区里面的心理健康的班。学了一段时间,然后她就让我参加那个心理健康教育研究小组,我们这里就我一个去,也有跟我们差不多的幼儿园的,大多数是比较好的幼儿园的。当时就觉得自己差距多大哦,可能那一回就有一点点打击。那时候我们幼儿园太闭塞了,就觉得自己好像不如别人。他们一个能说,能说出东西来,另一个做得也很好,就觉得自己怎么什么都不会,就拼命做,每次作业都还比较认真。Z 老师也蛮好的,她没有觉得你学得不认真或者什么,还是比较认真。就是你看别人上课,然后自己参与进去,不一定做得很好,但我参与了就有收获,回来以后我就觉得自己进步很大。可能观念不会那么快就转变过来,但是至少已经有这个意识了。当时我是我们幼儿园第一个走出去学习的,后来慢慢就多了。因为幼儿园升级了,区里它就来关心你,希望你好啊,会给你幼儿园更多的机会。然后我就参加了两年半吧,不停地去积累资料,觉得收获蛮大的。这在我的专业成长的过程中是一个机会。

幼儿园创优质园为教师 P 提供了专业成长的机遇。首先是教师 P 有了对外开公

---

① 叶澜,等.教师角色与教师发展新探[M].北京:教育科学出版社,2001:308.

开课的机会,也就有了接受其他教师建议和指导的机会。其次是幼儿园的升级必然要求教师素质的提高,教师 P 也因此有了外出学习的机会。在参加区里学习的时候,教师 P 感觉到自己的差距,从此更加发奋努力。

与教师 P 同在一所幼儿园的教师 S 也谈到,在幼儿园创优质园的两年里,为了迎接领导的视导,她通过不断对外开课得到了磨炼。创示范园期间,她参加了区体育组,对她的专业成长也有很大帮助。教师 S 认为经常开公开课和参加区组的学习提高了她的业务水平和带班能力,这段时间是她专业上获得最快发展的时期。

(2) 幼儿园健全教研制度时期

当一所幼儿园已经达到一定的水准并获得外部的基本认可之后,其通过教科研提高幼儿园的整体水平而获得新发展的需求会更加强烈。因此,幼儿园健全教研制度的时期也是幼儿园教师专业成长的一个关键时期。

教师 O:幼儿园开始健全整个的教科研制度,以前基本上没有什么课题。你知道一申请课题就要搞教科研,搞教科研你就必须要请专家,就能够接触到不同层次的专家,也会接触不同层次的老师。幼儿园开始大搞教科研,对外活动也很多,那三年可能是我这一生开课最多的三年,几乎所有的课我都在开,几乎平均到每个星期都要开一到两节课……然后 HH 老师把 RF 老师带过来了,搞健康教育,那时候 N 师大出了一本领域教材,就是最早的那个教材,五大领域的教材,蓝面的。那时候为了验证课程,HH 老师和 RF 老师还有 HJ 园长她们联合在我们幼儿园做了一个基地,那也是每个星期开课,每个星期开给 G 老师看。……然后我进到市组,因为你要市区交流嘛,然后你参加的各种课题,幼儿园所有的课题我基本上都介入。

教师 O 所在的幼儿园作为南京市的省级示范园,要健全科研制度、进行教科研,自然会请专家指导。教师 O 就是在这个过程中承担了大量对外开课的任务,接触了不同的专家,得到了专家的指点,在专业上获得了飞速成长。

幼儿园升级与健全教科研制度时期作为幼儿园教师专业成长的外在关键时期,为幼儿园教师提供了专业成长的机遇。但是机遇就像一匹奔驰的骏马,只有做好充分准备并有实力的人才能够抓住缰绳,驰骋万里。骨干教师在面对成长机遇时不仅要有先前的经验做准备,而且要更加认真负责、积极勤奋,这些因素为她们进一步的成长奠定了基础。

2."内在"关键时期

(1) 入职初期

入职初期一般指教师上岗的头几年,是教师在学校系统中的社会化时期。"符号互动论"认为,教师社会化是教师在师范院校及任教学校的教育实践中,经由同伴互动、重要他人的参照影响,建立和发展健全的自我观念和角色的过程。① 这时,新教师会尽力争取得到认可。

教师 Q:我的家庭教育是很传统、很保守的,我父母对我的要求是你只管学习,两耳不闻窗外事,就是这个样子。很乖,我从小到大都是很乖的孩子,所以我从学校到工作的过渡很不适应,转不过来,没有人再来告诉你你应该怎么做了,要靠你自己去领悟了,完全要你去主动学习。我们以前是被动学习,包括在幼师里面的那种学习。那时候学习就是这样,老师教你什么,然后我们就背什么,背完了以后考试,考试得高分。出来了以后到工作单位发现一点用都没有,你的高分跟你的能力是完全不符合的。我们那个时候总是觉得学校的这个东西在我的工作中是没有办法运用的,就很苦恼这个方面。……刚进幼儿园的时候我经常晚上急急忙忙地想跑出去跟同学聚聚,但是带我的这个老教师就认为这个时候应该是学习阶段,你不应该急急忙忙跑出去玩,所以她就认为应该是留在班上,做做东西,以这个工作为主。所以我们这个方面冲突比较大。因为那个时候我就住在幼儿园里面,后来我同学来找过我一次。因为她喊我,我总是说没时间去,然后她就来找我。她来找我的那一次这个老师就问她了,她说这个同学你叫什么名字,你在哪里工作。然后就说她年轻人啊还是应该以工作为主,像你们还年轻就应该多学,你们单位里面的老师就不教你这个吗?你们成天都没有什么事,就在往外跑吗?后来我同学就跟我讲我再也不来找你了,从那以后就再也没有同学来找我了(笑)。然后我慢慢也就习惯了,没有同学来找我,我这边也走不掉,就开始在班上多待待,多待待,就习惯这个样子。我觉得我整个第一年都很压抑,就是说很困难,非常地累,然后心情也很不好。从第二年开始,我开始有意识地跟这个老教师说,就不再像以前那样,她说什么我就是什么了。我觉得我自己在反抗她,就是在生活上面。在工作上面我是很听她的,我觉得她的工作经验是非常非常好的。在生活上面,我开始跟她讲,一早提前上班我就跟她讲下午要出去,下班我就要走。她第一次是同意我的,第二次她也同意我,我自己在注意这个分寸就是我不是一个星期每天都出去。先开始我一个星期出去一次,然后过了大概有两三个星期以后我就开始一个星期出去两次。我不晓得我当时是怎么想的,我可能当时觉得我不能太明显地去违背她,我想这样违背她,她也会不高兴的。所以我想我还是稍微慢一点,不要这样子。……过了一段时间以后,那个老教师可能也在逐渐地适应了,觉得我出去也正常了,她就没管过我这件事情。……所以到第

---

① 阮成武.主体性教师学[M].合肥:安徽大学出版社,2005:141.

二年,我开始出来跟我的朋友交流。然后在平时的工作中间我也是尝试有意识地出一点主意,说一说,她(老教师)这个人其实是很好的一个人,她对我也很好。只是我们俩观念是不一样的,所以我在第二年的时候有意跟她聊天。我想我应该主动地跟她聊天,我不能等她跟我讲的时候我才讲,所以我就主动跟她讲,说我怎么样,我同学怎么样玩的。我想拉近跟她的距离,这就是我刚才讲的跟人相处的关系。……后来聊了之后她也跟我聊,跟我聊她的家庭啊,她的生活啊,谈话内容就不再局限于工作上面。这是一种人际交往的策略。然后慢慢放松以后,工作上面我就开始放松,我就开始跟她讲这堂课我想怎么上,出点主意以后,我觉得她也可以认可我的想法。我觉得第二年我们两个都轻松一点,这个放松下来的结果就是我工作上面就更主动一点,我觉得即使她在我旁边我上课也自然,该讲的也讲。然后她批评我我也不是很难过。……调节了一年,到第二年的时候才调节过来。

刚刚入职的新教师无论是人生发展还是专业发展均面临着一个全新的阶段,这一阶段的突出特点是"骤变与适应"[①]。教师 Q 在从一个师范学校的学生转变为一位幼儿园教师时感到不适应,正是因为她体验到了一种与原来作为学生时的情况截然不同的新的局面,从而发生了角色冲突。从以前的受老师喜欢、做事总是得到他人的认可到工作中得不到师傅的认可;从以前的爱说话到工作后没有人可以交流;从以前的凡事总有人告诉她应该怎么做到后来的什么都需要自己去领悟;从原来的被动学习到工作后的主动学习……教师 Q 用"工作上不顺心""内心痛苦""憋闷""人格上压抑""觉得要崩溃"来形容自己当时的感受。教师 Q 在不得已的情况下采取了"顺应"老教师的策略,第二年开始又采取了与老教师主动沟通的方式,逐渐与老教师改善了关系,也逐步适应了幼儿园的工作。

(2) 工作三年以后

工作三年之后的教师正处于能力建构期,这一时期的教师努力提高教学技能和才智,不断建构新的方法和策略。

教师 H: 我觉得我自身有一个突飞猛进的提高的时候是在我工作三年以后,那个时候就是我跟师傅已经三年了,我带过了小、中、大班,这时候我就跟 L 老师搭班了。因为 L 老师有很多的想法,我跟她在一起的时候就经常会有思维碰撞,很多事情她都很有点子,当时我们班就会有很多跟别的班不同的活动,很多新的创意都是从我们班开始的。……我个人觉得跟 L 老师搭班的时候是我成长最快的时候。因为她有很多的想

---

① 叶澜,等.教师角色与教师发展新探[M].北京:教育科学出版社,2001:277-302.

法,不是我强加给你的,她的想法出来了以后,第一她会让我很服她,第二,她会征求我的意见,就是让我觉得很多能力能够得到发挥。还有就是她的一些想法,对我的专业成长来说可以说是比较重要的帮助。

从教师 H 的讲述中我们可以了解到她之所以认为那个时期是自己专业成长的关键期是因为有了前 3 年的工作积淀,感到自己的能力能够得到发挥,当然这一切与她遇到的关键人物教师 L 是分不开的。

3."个人"关键时期——生育以后

本书第一部分已就生育事件对幼儿园教师专业成长的影响做了分析,这里仅借用访谈中教师的感想说明生育事件发生之后的一段时期是幼儿园骨干教师专业成长的关键时期。

教师 S:生完孩子回来是我飞速成长的时间。

教师 R:我觉得生完小孩的那几年确实成长快。因为从幼儿园的角度来讲,可能会有一个培养目标什么的。从我自己的角度啊,还有幼儿园的培养相结合,当时确实是给了我很多的机会。给了我很多开课的机会,活动的机会,所以我当时觉得提高还是蛮大的。然后我就不断地参加一些区青优、区学科的磨炼。……后来生完小孩来以后,我不太清楚幼儿园对一个老师的培养具体是怎么样的,但是我感觉应该是在有目的地培养我。是我的感觉啊,因为当时确实是在有目的地培养我。我感觉每一次活动以后(园领导)都会跟我交流,然后我自己也会做一个反思,我觉得这样我的成长确实是有很大的进步。

园长 S:如果一个教师要在工作上稳定下来,那么应该是在她生完孩子以后,等孩子三四岁或上幼儿园以后。那时,对幼儿园教师的要求不一样了,她们的机会也多了。

第二节 幼儿园骨干教师专业成长的特点分析

"至时,别作经画,水到渠成,不须预虑。"(苏轼)幼儿园教师的专业成长是一个连续的动态过程,在谈到自己是如何成为骨干教师的时候,老师们大多用了"水到渠成"这个词。老师们之所以用"水到渠成"来形容自己成长为骨干教师的经历或许与目前我国幼儿园骨干教师的评定和选拔通常采用"教龄＋专业"的方式有关。一般来说,幼儿园教师在幼儿园工作满一定的年限(通常是5年),专业上达到相应的要求(包括职称、公开课和论文发表数量等达到标准)就可以参加骨干教师的评选。然而,并不是所有的幼儿园教师工作到了一定年限都能成为骨干教师。根据访谈资料,研究者深切地感受到本研究中的老师之所以认为她们成为骨干教师是"水到渠成"还有另外四个原因:第一,幼儿园为她们提供了良好的成长环境;第二,认真做好每一件事是这些骨干教师的一贯作风;第三,强烈的责任意识和主动进取的专业精神是促使她们不断寻求专业成长的内在动因;第四,学习与反思是她们走向成熟的具体方式。

一、良好的幼儿园环境:幼儿园骨干教师成长的沃土

环境是任何有机体生存、发展必不可少的条件,环境对人的发展的影响表现为提供了多种发展的可能性,同时也做出了一定的限制。① 幼儿园骨干教师的成长必然离不开幼儿园工作环境的影响。参与本研究的幼儿园骨干教师大多来自省级示范园,这些幼儿园能够为教师的专业成长提供较好的发展平台。相比之下,来自市级示范园的教师所面临的成长环境相对较差,教师的成长相对缓慢。

教师P:那时候的幼儿园跟外界没有什么联系,然后教学各方面几乎没有人管,也不能出去学习。刚来上班,这个地方是没有什么要求的,可以不备课。你把班带得好就行了,你就是愿意上课就上课,那时候我们才来,每天都要教小朋友上课,就是以技能为主的,哪讲这些教学方法。

教师H:我们幼儿园我进来那一年就创示范园,省示范。当时因为刚从学校出来,没有什么对比。进来了以后以为就是这样,反正就跟着做。……幼儿园对我们青年教师这块抓得紧得不得了,每年都要抓青年教师的专题。一开始研究游戏、计算还有就是美术。因为现在搞园本课程,不像以前,我们刚开始的时候还搞五大领域,五大领域可以让新老师了解各个课程怎么上,最基本的模式是什么,然后才能够在此基础上再探索。

从两位教师的讲述中,我们看到两所幼儿园情况迥异:一所幼儿园对新教师没有任何要求也没有什么学习机会,另一所幼儿园要求新教师通过专题训练,熟悉并掌握幼儿园教育教学工作。可以说教师P入职初期的专业成长一定程度上受到了所在幼儿园落

---

① 叶澜.教育概论[M].北京:人民教育出版社,2003:222.

后封闭状况的限制,而教师 H 所在园为其专业成长提供了积极进取的环境。

骨干教师的成长之所以能够"水到渠成",在很大程度上还得益于幼儿园对教师专业成长的整体规划和支持。几位参与本研究的骨干教师都提到了这一点。

教师 Q:我想幼儿园在培养骨干教师方面,前五年就是一个预备阶段,就是积累你的一种风格、带班经验,还有就是一种指导的经验加到你身上来。然后大概到了四五年之后开始让你承担一些独立的任务,比如让你当班组长了。在这个独立带班的过程中,再交给你一些科研的任务,类似于像开课的任务也比较多,更多地让你承担这种开课的任务。还有比如说让你参加一些区级的课题组,你加入进去就可以吸收一些其他幼儿园的经验,然后经过这段时间我想就属于更高层次的一种锻炼了。基本到七八年的样子,骨干教师应该就培养出来了。

教师 R:因为从幼儿园的角度来讲,可能会有一个培养目标什么的。也是从我自己的角度,还有幼儿园的培养相结合,当时确实是给了我很多的机会。……我不太清楚幼儿园对一个老师的培养具体是怎么样的,但是我感觉应该是在有目地地培养我。

教师的专业成长是一个持续发展的过程,不同的成长阶段教师面临的成长问题会有所差异,如果幼儿园能有针对性地给处在不同阶段的教师提供不同的发展机会与指导,那么教师的成长将会更加顺利。研究者认为教师 Q 这里所谈到的在教师不同的成长阶段幼儿园会让她们承担不同的任务、参加不同的活动就是幼儿园对教师专业成长的一种较为适宜的指导和支持。教师 R 认为在她生完孩子的几年里,幼儿园给她提供了比以前更多的成长机会,包括开公开课的机会、参加其他教研活动的机会以及给她提供的参加区青优、区学科的评比的机会。这些对她获得进一步的专业成长具有极大的促进作用。

二、认真做好每一件事:幼儿园骨干教师的一贯作风

教师 R:幼儿园对我的重视让我觉得我应该把这件事情做好,我觉得这个是很重要的。……我觉得像幼教这一行,可能跟老师的聪明不聪明没有多大的关系,我自认为不是很聪明的那种人,应该说跟老师的态度有关系。就是说老师平时能够认真地去做每一件事情很重要,尤其是带班的时候。还有就是说幼儿园交给你的事情不管是重要的还是不重要的,每件事情都认真地去做。

教师 P:我喜欢自己把自己的事情做好。

教师 S:我也不晓得什么压力不压力,就知道什么事情要我干都要干好!我不会去

想太多,我明天要做什么,我今天要做什么,我能做什么我就做什么!

幼儿园教师的工作是相当琐碎的,每天除了要组织教育教学还要料理幼儿的生活,正是教师如何对待这些琐碎事情的态度决定着她们最终能否走进骨干教师的行列。教师O认为:"别人来看你的课要看到你成长。如果每次来看你的课,你都是同样的毛病、同样的问题,专家、老师她都不愿来看你,慢慢地你自己就把很多机遇都给抹杀掉了。"为此,每一次的公开课,教师O都会牺牲休息时间认真准备,进而有机会在教科研的道路上接触越来越多的专家。也正是这种"能做什么我就做什么"和"什么事情要我干都要干好"的平常心,让教师S成为所在园目前最年轻的骨干教师。

三、专业精神:幼儿园骨干教师专业成长的内在动因

教师专业精神是指教师基于对教育重要性的认识,深刻理解教育工作的本质而形成自己的教育观念和理性信念,从而激发自身对教育事业的责任意识、主动进取和创新奉献精神。教师的专业精神是其教育人格和伦理的核心,是做好教师工作的内在动力因素。[①] 虽说专业精神是一个相对抽象但又蕴含着丰富内容的概念,但研究者明显地感受到参与本研究的幼儿园骨干教师主动进取的专业精神和对本职工作强烈的责任意识。

(一)主动进取

"进取"意为努力向上。它主要由成就动机、自我发展目标定位和对周围事物的关注程度等构成。[②] 幼儿园骨干教师通常在初到幼儿园的时候就已表现出具有较为强烈的进取欲望,虽然这种欲望不一定能尽快实现。

教师N:那个时候觉得蛮郁闷的,因为永远啊,开课的事情轮不到你,好像园长很不相信你,觉得你很没有能力。

教师O:那个时候幼儿园开课的话,你觉得也不会轮到你,因为你太年轻了,一般幼儿园都让那些有经验的老师开课。你有一个积极要求上进的心,但是你觉得任何关键性的课跟你都没有关系。……然后你就觉得自己一年又一年,那时候你会发现别的幼儿园跟你同届的同学她已经开始成长了,会很着急。

两位教师的这种复杂心情是入职初期教师的普遍感受,一方面他们渴望尽快适应

---

① 张燕.幼儿教师专业发展[M].北京:北京师范大学出版社,2006:34.
② 万琼华.试论高校女教师的进取意识[J].湖南社会科学,2002(3):130.

幼儿园的教学工作,得到幼儿、同事和园长的认可;另一方面她们又感到自身实践知识储备不足,理论与实践脱节,具有一定的挫折感。虽然幼儿园会给新教师一些锻炼的机会,但"公开课"这种关系到幼儿园声誉的"大事"很少与新手教师结缘。但无论如何,两位老师的进取心表露无遗。

除了在入职初期表现出较强的进取欲望,这些骨干教师在以后的成长过程中依然表现出追求专业成长的稳定性和持久性。傅道春认为稳定而持久的职业动力是优秀教师与一般教师最大的差异。他认为一个教师的职业动力系统包括其职业价值观、职业理想、职业动机等部分,它决定了教师从事教学行为的内在动力和方向,是其工作积极性的源泉。正是优秀教师在需要、理想和信念等方面都表现出良好的特点,才能推动他们在教书育人的工作中不辞劳苦,取得卓越的教学和教育成果,并为其他个性品质的发展创造有利条件。[①] 研究者发现这些骨干教师心目中通常都有一个"好老师"的形象,而这个形象往往成为她们追求专业成长的目标。

教师 R:我心中的好老师的形象应该是幼儿非常喜欢的,又能够非常好地把握好他们的特点,跟家长之间的关系或者交流合作上面也应该是很好的。这些我觉得都还好,还有一点就是说跟同事之间应该是互相促进、互相提高的那种。我觉得一个好老师不仅仅是能够把自己的班级管理好,还有一个就是说能够给一些年轻的老师做一个榜样和示范。我在其他老师心目中是一个好老师,就是我想要达到的那种状态。

教师 Q:自身来讲的话,从我进幼儿园的第一天起,我就觉得最起码很具体的细节上面的,不是说工作上面,要达到什么。具体到细节上比如说我跟小朋友之间要形成一种比较温和的师生关系,我能够了解孩子的一些心声,孩子也能够理解我,我希望能建立这种关系。还有就是我希望照顾到每一个孩子,哪怕到了今天我还做不到这一步。但这个是我对我自己的要求。

(二) 责任意识

教师责任是社会及其群体对教师个人职业角色的期望,教师对这种期望的认同与承担就是教师的责任感。[②] 具有强烈责任意识的教师通常能在日常工作中用教师职业的伦理规范严格要求自己。艾森堡(Eisenberg,1975)认为,"当一个工作团体对其服务对象的权责或影响力愈大时,伦理就愈重要"。联合国教科文组织在 1966 年的"关于教

[①] 傅道春.教师的成长与发展[M].北京:教育科学出版社,2005:38.
[②] 叶澜,等.教师角色与教师发展新探[M].北京:教育科学出版社,2001:55.

师地位之建议"中指出"教师应被视为是专业,这种专业是一种要求教师具备经过严格而持续不断研究才能获得并维持专业知识及专门技能的公共业务;它要求对所辖学生的教育和福利具有个人的及共同的责任感"。幼儿教育的对象是年幼的儿童,因而也更需要幼儿园教师用专业的伦理规范要求自己,以此对幼儿负责。每一个真正具有责任感的教师,都会用自己对教师和教育的理解,明确自己的责任,并在特定的教育情境中尽心、尽力、尽责。

教师 Q:现在在带班的过程中始终保持这一点,无论家长的要求是什么样子,我要看你家长的要求对孩子的发展有没有意义,有发展意义我就做,没有发展意义我不能说为了配合家长我就同意你。

在幼儿园教师的专业成长过程中,常常会遇到教师 Q 遇到的这种问题。例如:"六一"儿童节的时候,家长对教师 M 提出让自己的孩子表演某节目的要求,教师 M 首先考虑的是如果让这个孩子参加表演,对她的发展是利大还是弊大。当她意识到那个孩子表演能力弱且自尊心强的时候,她选择的是婉言拒绝家长的要求。这个时候教师 M 的行为表现出她在运用专业的伦理规范进行自我调控。伦理规范是鼓舞、支持从业人员依其专业判断采取最有利于服务对象的行动方式(即使这种做法不为服务对象所赞同),而不是采取讨好服务对象的行为方式。① 教师 M 和教师 Q 选择以是否有利于幼儿的发展为标准来决定是否满足家长要求的行为正是她们尽力对幼儿负责的一种表现。

除了对幼儿表现出强烈的责任感,这些骨干教师通常也认为她们对幼儿园是负有责任的。这种责任意识成为促使她们在工作中更加努力的另一种推动力。

教师 R:当我在"维燕杯"获一等奖的时候我并没有觉得自己的压力会更大一些,我觉得除了我个人的努力,幼儿园也给了很多的帮助,活动前的一些培训啊,活动设计也给了很多帮助。我觉得这些不仅仅是个人的东西,还有更多是团体的东西在里面。然后慢慢地一层一层,到了每一层以后就觉得压力特别大,我觉得到了这一层,我如果做不到,就不太称职,真的。我认为我既然到了这个层级,我就应该发挥我的作用,就应该能够把很多东西做得更好。

教师 R 认为自己参加比赛之所以能够获奖离不开幼儿园给她的帮助,离不开幼儿园集体力量的支持。她觉得自己在享受着幼儿教师权利的同时也担负着对幼儿园的责任。要做一名称职的教师,要发挥自己作为骨干教师的作用的朴素想法成为推动 R 教师进一步成长的动力。

---

① 叶澜,等.教师角色与教师发展新探[M].北京:教育科学出版社,2001:250.

四、学习与反思:幼儿园骨干教师专业成长的主要途径

(一) 学习为幼儿园骨干教师的成长固本培元

教师是一个特别需要学习的职业。通过持续不断地学习,以改变自己的知识结构和从教能力,这是教师专业生活的重要组成部分。

教师 Q: 我们开始很自觉地去看别人的东西,发现自己的弱点,然后把人家的东西再搬回来,用到自己身上。

教师 U: 在幼儿园里面也没有什么光辉的事情,但是跟不同的老师相处都会有所收获,有的时候像跟你搭班的老老师啊,老的保育员啊,她们以前都是当老师的,她们经验非常的丰富,因为年龄在那里,所以有的时候比如怎么跟家长沟通啊,她们的这些方法都是比较好的。我觉得都有很多值得我学习的地方。在这些老老师身上,比如说细致入微地照顾孩子、吃苦耐劳的精神啊,这些点点滴滴的事情看在眼里,对自己也是很有帮助的。

从幼儿园教师的工作内容来看,从每天早上迎接第一名幼儿入园到晚上送走最后一名幼儿,从组织教育教学活动到一日生活环节的过渡,从幼儿园环境的布置到学具教具的制作,从与幼儿的相处到与家长、同事的沟通……这些内容看似简单,但对于新手教师而言却并不容易。向他人学习尤其是向老教师和其他同事学习通常成为骨干教师们适应工作的首选策略。

教师 N: 我学了别人很多,比如我学了那个老师跟孩子保持很亲密的关系,我想学习 W 老师讲话慢一点,Z 老师那种跟家长、跟孩子相片的亲和力,然后像 M 老师呢,我在她身上就学到很多上音乐课的技巧,包括她对孩子的一种欣赏。

主动向他人学习难能可贵,主动学习不同老师的不同优点以完善自我更为可贵。教师 N 在访谈中列举了她向老教师 W 学习的一个例子——

每天下午,我记得小朋友起床的时候她就去抱孩子,这个叫"梅花鹿",那个叫"小草莓"。然后小孩子很甜蜜地享受她的爱。她就说"小草莓",然后小孩就很高兴地"哎"。她问:"今天你睡着了没有?"然后说"你真乖",就去亲人家一下,说"你今天好漂亮啊!嗯,太神气了"。每天都是这样,就看到她是很自在地去进行这样一个交流,我在旁边看到,就觉得怎么像电视里面的人一样,就觉得她很美,有这样的感觉。后来我想我要是懂得了这个原理的话,我会比她做得更好。

通过对教师W的观察，教师N发现了教师W与孩子之间的关系犹如"童话"般美妙。教师W给孩子的每一个可爱的昵称、温柔的拥抱以及甜蜜的微笑都足以让孩子们感受到幸福和温馨，教师W因此非常受孩子欢迎。现在教师N在日常生活中都以"儿子"和"女儿"称呼班上的孩子，而孩子们也都在快乐地享受着这份来自教师的特殊的爱。

除了在生活中向老教师和其他同事学习，这些骨干教师还试图通过其他途径来完善自己理论方面的知识，从而达到实践知识和理论知识的有机结合。

教师U：我觉得经验还是蛮重要的，但是还是要有一些其他的东西。比如说理论方面的知识啊，其他领域方面的学习啊，这些都很重要。经验很重要，但是你看现在这种日益变化的知识，这种现代化的工具，如果你仅仅是停留在经验的积累上面，那是肯定不行的，或者说有点慢了。人要不断地去学习，这对你的成长也是蛮重要的。

为此，参与本研究的骨干教师无一例外都在工作后参加了各种培训和学习，不断提高自身学历。幼儿园内部的各种培训，市、区的各种教研学习等都是幼儿园骨干教师完善自我的有效途径。

（二）反思让幼儿园骨干教师的成长走上快车道

杜威在《我们怎样思维》(1933)中把"反思性思维"定义为："对任何信念或假定形式的知识，根据其支持理由和倾向得出的进一步结论，进行积极主动的、坚持不懈的和细致缜密的思考。"叶澜等认为，教师的反思可以分为两种类型：一种是指向教师专业行为与活动的反思，它的作用是直接促进教师改进专业行为，提高教学成效；另一种是指向教师的专业成长过程，这种反思把教师自身的专业成长作为对象，它以改进教师的专业结构为主要目标。[①]

教师U：随着工作年限的增加，你去不断地反思，你会尝到一点甜头，你会觉得这样走得快捷一点，会觉得这是一种乐趣，是价值的体现，会觉得这样也蛮好的，让你工作起来觉得得心应手，让你工作起来更方便、快捷一些。

教师U的反思指向自身专业成长的过程，参与研究的其他骨干教师的成长更多得益于她们对日常专业生活中一系列事件的反思。

教师Q：我记得那时候我每天下来都要写一篇日记，就是从早到晚每一个环节都要过一遍。我那时候很困难，带班非常非常难，从理论到实践这一步特别的困难。我心情

---

① 叶澜,等.教师角色与教师发展新探[M].北京:教育科学出版社,2001:316-317.

一般是这样子,我会这样想,我今天很难过,我今天又说错一句话,比如说跟小朋友说"看我",这个"我"是不应该说的,应该说"看老师",这个"我"就显得太过于自我中心了嘛!

教师 M:要经常反思,包括教育教学、活动之后,你这节课上完之后你要有反思,这节课你上的效果怎么样,你在哪一个环节感觉自己发挥的作用很好,你觉得这个地方我上到这里感觉特别好,孩子一下子都明白过来了,哪些地方是讲了以后孩子达不到的,要进行及时的反思。……在对待孩子的时候,因为有调皮的孩子,你今天是这样去教育他的,你明天换一种角度去教育他,看看这两种一样不一样,这也是一种反思。要经常学会反思。然后在做事情的时候要经常去想想以前有没有遇到这样的事情,以前是怎样去做的,现在可以怎样做。经常反思才能得出经验。

可见,通过反思,教师能够把专业生活中的日常事件转变为有利于自身专业成长的关键事件。

第二章
幼儿园专家型教师的关键事件

本章研究目的旨在考察哪些事件和人物对幼儿园专家型教师的专业成长产生了重大的影响,以及为何会产生这些影响,从而了解专家型教师专业成长历程中的重要影响因素,以便为促进幼儿园教师成长为专家型教师以及专家型教师的自我更新、自我成长提出建议。

本研究中的"幼儿园专家型教师"是指掌握了丰富的教育教学的实践经验和较为深厚的理论知识,具有自己的专业特长和专业见解,有敏锐的洞察力、创造力、反思能力及较高的科研能力,能够艺术性地处理教育过程中的突发事件的幼儿园教师。本研究界定的"幼儿园专家型教师"的操作定义是:从事幼儿教育工作 15 年以上、职称为高级教师[①]、曾获"市学科带头人"或"市优秀青年教师"及以上荣誉称号并受到园内外幼教同行认可的幼儿园教师。[②]

本章研究主要采用访谈法、实物分析法以及文献法。通过对相关文献的梳理,本研究厘清了"幼儿园专家型教师"的内涵并对其进行了操作性界定;通过对 7 位幼儿园专家型教师的访谈,深入了解在其专业成长的各个阶段所遇到的关键人物、关键事件及其重要影响;同时,本研究收集这些教师的教学日志、所发表的文章、书籍以及相关媒体对她们的报道并进行实物分析,从而辅助访谈,帮助研究者更好地理解受访的教师。进而通过对访谈资料的整理、编码,分析专家型教师的关键事件、关键人物的类型及其影响。

---

① 在我国,幼儿园没有自己的职称评定体系,一般采用小学的职称评定体系,但曾经一度也允许幼儿园教师参评中学教师的职称,因而这里的"职称为高级",既包括小学高级教师也包括中学高级教师。作者注。

② 在研究初期,研究者曾试图将本部分的研究对象限定为 1960 年之后出生的幼儿园专家型教师,因为考虑到这批教师进入幼教领域工作时已是"文革"结束、改革开放开始,与当前的时代背景更为接近。然而真正进入实践一线去寻找研究对象时才发现这样的界定太过理想化,1960 年之后出生的专家型教师实在少之又少。因为专家型教师的成长也需要一个过程,需要时间的积淀,最终,研究者放弃"出生于 1960 年之后"这一界定标准,将适合本研究目的的所有年龄段的专家型教师都纳入研究视野之中。作者注。

第二章 幼儿园专家型教师的关键事件

本研究采用"目的性"抽样的方法选取幼儿园专家型教师。在具体操作过程中,采取"专家推荐"的方式,即请N师范大学学前教育系的T教授、Z教授、K教授及G教授推荐她们心目中的幼儿园专家型教师,最终依据这4位与幼儿园一线教师有密切接触的教授的共识以及本研究关于幼儿园专家型教师的界定,共选取8位幼儿园专家型教师作为本研究的研究对象,但因其中一位教师身体原因而最终确定为7位。

在7位教师中,5位年长的专家型教师基本上是20世纪60年代毕业进入幼儿教育领域工作,现均已退休,但仍在幼儿园进行指导工作,继续发挥自己的作用;另外2位年轻的专家型教师都是20世纪80年代初毕业,目前均已走上园长岗位。以下是这7位老师的基本情况。

教师V:女,小学高级教师,本科学历。1983年毕业于某幼儿师范学校,后由组织分配至A幼儿园工作至今,现任A园园长,兼任某音乐学科研究小组的负责人、中国音乐家协会奥尔夫专业委员会会员。她参与编写了6本音乐教材、教师指导用书以及1部幼儿园课程建设方面的著作,另在省级期刊以及核心期刊上公开发表论文数十篇,荣获"某省优秀教育工作者""全国优秀教师""某省特级教师"等荣誉称号。

教师W:女,中学高级教师,大专学历。1960年毕业于某师范学院附属幼师,后由组织分配至B幼儿园工作至2002年退休,现任某幼儿园顾问,某师范大学客座教授,某省学前教育学会副会长。主编、参编幼儿园课程方案、幼儿用书20余种,在省级期刊及核心期刊发表了百余篇教育论文,荣获"某省三八红旗手""全国教育系统劳动模范""某省特级教师"等荣誉称号。

教师X:女,中学高级教师,本科学历。1961年毕业于某师范学院学前教育专业,后由组织分配至C幼儿园工作,直至1995年退休,退休后仍坚持幼儿教育领域的工作。现任某民营幼儿园顾问,兼任中国学前教育研究会的常务理事、某省幼教研究会的秘书长,学前教育领域某一权威杂志的编委。在省级、核心期刊上发表数十篇论文,荣获"某市托幼工作先进工作者""某市三八红旗标兵""全国巾帼建功先进个人"等荣誉称号。

教师Y:女,中学高级教师,大专学历。1962年毕业于某师范学院附属幼师,后由组织分配至D幼儿园工作,1991年调往另一所幼儿园工作,直至2000年退休。现任某市一知名幼儿园顾问,探索0—3岁亲子教育课程。她从1979年便开始进行独生子女课题的研究,此研究成果获得好评。撰写了数十篇论文,多篇文章结集出版,在全国、省、市区获奖,曾获"某市劳动模范""全国优秀教育工作者""某省特级教师"等荣誉称号。

教师 Z：女，中学高级教师，大专学历。1963年毕业于某省幼儿师范学校，后分配至 E 幼儿园工作直至退休，现为某师范大学兼职教授，某师范大学客座教授。从1978年开始，她便开始在幼儿园进行教育实验研究，其有关幼儿园园本课程的著作获得了某省人民政府首届基础教育成果一等奖，另在核心期刊发表50余篇论文，荣获"全国教育系统劳动模范""全国三八红旗手""某省特级教师"等荣誉称号。

教师 II：女，中学高级教师，本科学历。1982年毕业于某市幼儿师范学校，后由组织分配至 F 幼儿园工作至今，目前兼任某省陈鹤琴教育思想研究会理事，某省特教幼教研究所特约顾问，某市幼教专业委员会副秘书长等职务。曾主编、参与编写幼儿园课程方案10余种，在省级、核心期刊发表数十篇论文并多次获奖，曾获"某省教科研先进个人""某市优秀教育工作者""某省特级教师"等荣誉称号。

教师 III：女，中学高级教师，大专学历。1956年毕业于某师范学院附属幼师，之后由组织分配至 G 幼儿园，1975年调往 H 幼儿园工作，直至1993年退休，退休后仍担任一些幼儿园的顾问，进行教研指导工作。主编、参编多套幼儿园数学课程方案，在省级期刊、核心期刊等发表数十篇文章，荣获"某省特级教师"荣誉称号。

第一节 专家型教师关键事件的总体特征

一、专家型教师关键事件的类型

（一）专业生活关键事件与社会生活关键事件

虽然研究者认为对专家型教师专业成长产生重要影响的关键事件可能发生于教师生活的全部领域，但研究者实际研究中没有收集到专家型教师私人生活中的关键事件，而只收集到专家型教师专业生活以及社会生活中的关键事件，其中又以专业生活中的关键事件为主。专家型教师专业生活中的关键事件主要有专业学习、教科研活动、专业评比、教学磨炼、幼教干部点拨以及幼儿园环境影响等；社会生活中的关键事件主要是"文革"事件。

在没有受访者主动提及其私人生活中的关键事件的情况下，研究者就"养育事件"对其专业成长的影响进行了询问，专家型教师则普遍表示"养育事件"对其专业成长并未产生很大影响，相反是因为工作而对自己的家庭照顾不足。谈到其中的原因时，她们表示"我们那一代人可能和现在的人有一些差别,我们那时候受到的教育就是要全心全意地去工作,全心全意地为(幼儿园的)孩子,而且确实是工作是第一位的,对自己家庭的照顾没有现在好,比如我们的孩子很小就会做家务,以解除我的后顾之忧"。的确,年长的专家型教师在生养孩子时正处于20世纪六七十年代,"坚持全心全意为人民服务"是当时青年人的行为准则,"向雷锋同志学习"[①]更是当时一个响彻大江南北的口号,社会主流文化所倡导的正是个人对社会的贡献,强调工作第一。这一社会文化背景不可避免地影响到教师个人的价值观,使得她们将更多的时间、精力投入到工作中。两位年轻的专家型教师生孩子时虽是20世纪90年代初,但无论是工作压力还是生活压力都小于现在,加之两位老师的事业心较强,因而也未感觉到养育事件对自身专业成长的明显影响。

(二) 积淀性关键事件与突发性关键事件

本研究收集到的关键事件的持续时间不一,既有即刻的一句话点拨,也有为期数年、数十年的课题研究。因而,按照事件的发生、持续时间,可将关键事件分为积淀性关键事件和突发性关键事件。

积淀性关键事件是指持续时间较长的关键事件,例如职前的师范教育、职后的培训、进修以及相关课题的研究等等,这类关键事件通常为期数月或数年,往往引发教师后期的专业态度或专业行为的改变。

突发性关键事件是指突然发生的关键事件,通常持续时间较短,但对教师的教育观念产生重要影响,使得教师在事件发生后做出某种决定和选择,引发教师专业态度或专业行为的改变。例如,幼儿在户外活动中突然发生的安全事故,能够引起教师的警醒和反思,会影响教师以后的户外活动组织。突发性关键事件的影响并不亚于积淀性关键事件,它能够促进教师的深思和专业行为的调整,往往成为教师专业成长的一个转折点。

二、专家型教师关键事件的影响特点

(一) 影响的重大性

关键事件对教师的专业成长具有重大的影响,它们往往成为教师专业成长历程中的重要转折点,专家型教师在形容关键事件的影响作用时往往采用"这件事对我的成长

[①] 1963年3月5日毛泽东题词:"向雷锋同志学习。"作者注。

是有很大很大的作用的""如果不是……可能也就不会有我的今天""我觉得这个对我人生的发展至关重要"等话语。关键事件之重大影响不仅表现为影响的深刻性,而且表现为影响的长远性,既在事发当时对教师专业成长产生重大影响,也极大地影响到教师日后的发展。

(二) 影响的积极性

本研究所收集到的关键事件对专家型教师的影响主要为积极影响。无论事件本身的性质属成功还是失败,都因专家型教师积极发挥主观能动性,最终都对其专业成长产生了积极影响。例如,观摩活动表现出色,增强了教师的自我效能感,有利于专业成长;市级"赛课"失败,促使教师自我反思与及时调整,也有利于专业成长。

关键事件对专家型教师专业成长的影响是多方面的,不仅影响到教师的专业情感、专业态度,促进教师热爱孩子、热爱幼儿教育,也影响到教师的自我效能感和自我发展意识。例如,教师Y在读幼师之前原本想做一名医生,然而幼师的三年学习却使她喜欢上所学的专业,更加热爱幼儿园教师这一职业;教师Ⅱ在园领导的欣赏、鼓励下增强了教学信心,同时领导的期望也促进她更加努力地提升自己。同时,关键事件也能够提升教师的教育观念和教学技能,正如教师Ⅲ所说,"和方老师合作教研的三年是我在教育观念、教学技能上提升最快的三年"。

(三) 影响的辐射性

专家型教师关键事件的影响具有辐射性,不仅影响到专家型教师个人的专业成长,还会影响到专家型教师对幼儿园的管理策略进而影响到其他教师的专业成长。这是因为专家型教师在专业水平发展到一定程度时,通常会走上幼儿园的管理岗位,她们会对自己专业成长经历中的经验、教训进行总结,从而调整自身的管理行为,以更有利于其他教师的发展。她们在谈到关键事件的这类影响时常常会说,"所以,我做了园长以后我就……"例如,专业学习事件对教师V的影响非常大,她担任园长后就非常重视本园教师的职后教育,为幼儿园购买了大批的图书,为教师报销购书款,同时也支持教师进修,鼓励教师不断提升学历层次。专家型教师通常也都乐于与其他教师分享自己的得与失,为其他教师的专业成长提供案例学习的机会,比如教师X谈到,"虽然我并不一定很能干,但是我觉得我走过的弯路就不会让她们再走,我会无保留地告诉她们,会给老师提醒"。

（四）影响的不确定性

专家型教师在经历关键事件的过程中实现专业成长，是教师个人与环境积极互动的结果。关键事件要起到促进教师专业成长的作用，离不开教师个人主观能动性的发挥，教师对待事件的态度以及在事件发生过程中的处理方式决定了事件的影响程度。同样一件事情可能对一位教师来说是关键事件，因为它导致了其专业理念或者专业行为上的某种变化，但对其他教师而言可能就不能称其为关键事件。例如，同样一次职后培训活动，有的教师能在这个过程中积极地学习和思考，从而获取发展，而有的教师可能只是应付了事，并无收获；同样是入职初期没有老教师带教的情形，有的教师能在这个过程中按照自己的想法不断地探索、锻炼，从而变不利为有利，促进自身的专业成长，而有的教师则可能由于没有师傅的传、帮、带而感到畏惧和无所适从，进而难以适应幼儿园的教育教学工作。教师个人的人格特征、对事件的认知与处理方式以及教师的自我发展意识在其个人专业成长中具有重要作用，是实现关键事件潜在意义的关键。正如叶澜所说，"个体发展是在发展主体与周围环境积极地相互作用中，通过主体的各种活动实现的，其实质是个体生命的多种潜在可能逐渐转化为现实个性的过程"。[①]

第二节　专家型教师的关键事件深描

一、社会背景——"文革"

重大的历史事件、社会结构变迁对于个人的生命历程会产生重大影响。20世纪以来，中国社会经历了剧烈的社会动荡，每一次社会变动都改变了中国人的生活轨迹。[②] 教师的成长既是个人的，也是社会的。幼儿园专家型教师的专业成长也不可避免地受到对中国各项社会生活都产生深远影响的"文革"的影响。

教师 X：如果没有"文革"，我可能在研究方面比现在更正规一些。即使"文革"期间，我们受过那么多罪，浪费了那么多时间，但从这个过程当中，我找出对我本身成长有

---

① 叶澜.教育概论[M].北京：人民教育出版社，1991：201.
② 李强，等.生命的历程：重大社会事件与中国人的生命轨迹[M].杭州：浙江人民出版社，1999：34.

利的东西,即逆境中求发展。比如说,我当过班上的老师,这在以前,我不可能安安心心地当老师那么多年;我当过保育员,保育员怎么擦玻璃,这也是一个学问。我们擦玻璃怎么擦,我的老保育员她教我方法,说你不要用报纸擦,表面是擦干净了,但是时间一长以后,那个油墨上去以后,玻璃就花掉了,要用抹布,沾一点点水,不要打湿,打湿了以后,擦在玻璃上就有印子,用手沾点水,然后把抹布捏捏,捏过以后再擦就好了。因为我们起码每两个礼拜就要擦一次玻璃,的确,给她们那样一讲,我这一大排玻璃一个上午就擦好了;我烧过大灶,我到厨房去,我知道菜怎么洗、怎么摘,我知道家里菜在砧板上切,幼儿园是砧板放在箩里面,切过以后菜就直接在箩里面了;我挑过大粪,那时候我们不是化粪池,是储粪池,就是要从这边挑到那边去;保健老师我也当过,幼儿园什么行当我都做过。逆境给我什么好处,累积了我的第一手资料。

教师Ⅲ:N师大附小是很好的小学,有很多很好的老师,还有一批一级教师,但是"文革"时候,很多人也就因此靠边,但那边的老师们、校长还是很好的,他们认为无论怎样还是要上课,所以就挑一些幼儿园老师去小学上课。所以,1968年我调到小学里面去了,一直待到1972年。这个阶段,我就接触小学的东西比较多了,一年级到初中班我都带过,跳跃式的,一年级到三年级这个班三年都是我带的,然后四年级带了几个月,初中我也带过。我觉得这些对一个教师的成长都很有作用,因为教育是一个很长的过程,是一个整体、一个循环的过程,虽然划段,但是割裂不开。幼儿教育是为了后面学习做准备的,所以你不了解后面,你前面也很难做好,你做得再好也没有用,因为是死的,不是活的,人的问题是很复杂的,人的素质上的东西是应该前后连贯的。所以我做过这一段,我觉得这一段(教小学的经历)对我来讲应该是很重要的。这段经历,让我发现在日常管理还有对知识的理解上,都是系统性的,都让我想到幼儿园里应该怎样培养孩子。你不能教一些死的,拿现在讲就是给他建构不合理的认知框架,用以前的话讲就是给他养成一些不好的学习习惯,死背、死记,然后到小学你再来纠正,这不可以的,你现在就要跟上面衔接,他需要哪些能力,在我这个知识点里面也可以培养这个能力,能力是可以贯穿的。

教师X和教师Ⅲ主动向研究者提起了"文革"对其专业成长的影响,在经历"文革"时,她们在逆境中保持良好的心态,主动寻求专业成长。埃尔德在"大萧条的孩子们"的研究中发现"他们中间的大部分人成功地消除了大萧条所带来的消极影响""出人意料的是,大萧条的这些孩子到中年的时候遵循的是一条具有恢复能力的生活轨迹。他们所做的比人们从其社会出身的角度估计得更好"。因此,埃尔德认为,大萧条除了使个人生活和社会制度为其付出代价,还有让人受益匪浅的一面,即"大萧条也是一种具有教育意义的经历,人们因此培养了新的社会适应性"①。这也正如生命发展历程理论所认为的那样:个体的生命历程嵌入于一定的历史时空中,同时个体能够通过自身的选择和行动,利用所拥有的机会,克服历史与社会环境的制约,从而建构他们自身的生命历程。② 幼儿园专家型教师的专业成长固然受限于一定的社会历史背景,但同时她们也能够通过自身的努力和行动,克服历史与环境的制约,积极建构自身的专业成长。

二、幼儿园环境——毕业分配事件

专家型教师在谈到幼儿园环境对其专业成长的影响常说"如果不是分到这个幼儿园,可能也就不会有我的今天""分到这个幼儿园对我的成长是至关重要的",由此可见幼儿园环境在其自身专业成长中的重要性。由于当时特定的社会背景以及国家政策,本研究所访谈的专家型教师在毕业时都是被统一分配工作的。这样,既有教师对所工作的幼儿园满意,也有教师对所工作的幼儿园不满意。然而无论教师满意与否,无论幼儿园环境较好还是较差,从最终结果来看,专家型教师都获得了专业成长。

教师 W: 有时候我常常想如果不是分在这个幼儿园,如果我当初回到了老家,我再有多么大的本领,也不可能像今天这样取得一些成绩,不可能的,因为环境毕竟不一样,我们毕竟在师大旁边,我们毕竟在省城,我们毕竟在 B 幼儿园这样的集体里面,才有那么多的机会……包括师范大学的这些教授,还包括我们这些姊妹园,省、市里面的一些领导,都是给大家提供很宽松的环境,给大家提供这种机会去做,没有人说过我们、束缚我们的手脚,有了成绩的时候也都给予充分的肯定。这种良好的环境促进你继续去学、继续去想。这样良好的环境,应该说是个机遇。当然有了机遇,还要有个人的努力,即使机遇再好,你不努力也是不行的。像我们参加区里面的《纲要》试点园活动也好,省里面的活动也好,实际上你在参加这些活动的过程中,你会遇到很多新的问题,你会发现别人很多的长处,在交流的过程中你真的感受到人家这一点比我做得好,就是一种启示,这样就不断地丰富自己的智慧。

教师 V: 对我专业成长影响最重要的事件是在我毕业分配上。我本来觉得我应该分到××幼儿园(该幼儿园历史悠久,为某市最好的幼儿园之一),因为我家住那个区,实习又在那个幼儿园实习,应该分在那个幼儿园,但当时那个幼儿园没有要我。当时有

---

① [美]G.H.埃尔德.大萧条的孩子们[M].田禾,马春华,译.南京:译林出版社,2002:12-18,422.
② [美]G.H.埃尔德.大萧条的孩子们[M].田禾,马春华,译.南京:译林出版社,2002:432.

点委屈,既然你们不要我,那我就要好好做,把这个工作做好,我要在工作中让你们看到,就是要证明给你们看!(语速加快,音量抬高)这也让我在后面的工作中就很要强,很希望把这份工作做好。我那时候有点发"疯",我讲的"发疯",就是状态特别好。比如区里面搞木偶表演,我在幼师里可能都不会这样拿腔拿调、这么淋漓尽致地去表现一个人物,木偶大赛中我的表演得到了全区老师的认可,都觉得,哇,她表演得多好!可能一个是争一口气,另外就是说可能也没有人比你更好,反而使你放得更开。一个人在大环境有好处,也没有好处,就是说把你放在这个环境中,能不能使用你,给你获得锻炼的机会也是很重要的。所以我觉得那段时间很疯狂,就是说你获得的正面肯定很多,区里面的各种比赛都能获得一等奖,成功感获得的很多,当时区里面都觉得,这个小姑娘还不错。很有可能到了那个幼儿园不会给我这么多机会,因为那个幼儿园后来要的两个学生技能技巧相当好,唱歌跳舞是特别好,美术也不错。后来我就想把你放在什么环境也是很重要的,很好的环境也不一定好,条件很好,人才济济,可能就轮不到你,轮不到你可能你的潜力就不会被发掘出来,因为每个人的潜力也不知道有多大,只有试了以后你才知道。

教师Ⅱ:我到这个幼儿园去了以后一看,条件这么差,一个四合院,就像贫民窟的那种感觉,跟E幼、G幼那些幼儿园不能比,差距太大了,就觉得心理落差很大,在我们实习的时候基本上没有看到过像F幼儿园这样条件的幼儿园。但回过头来,我经常讲如果我当初分配到G区、B区这样大区的幼儿园,我很可能没有今天。因为确实我不是一个能干的人,我是一个比较朴实的人。我没有像别人那样看起来很有能力,我在幼师是一个很不出众的学生。那么到了这些幼儿园像这些开放活动肯定不会到我的身上,说实在的会失去很多发展的机会。我之所以这样讲是因为到了那个环境中,领导、同事的关爱可能都不会落到我身上,而到了这个群体中,我觉得给了我一次次机会,大家的能力都不是那么突出的时候,你一努力就会让人觉得,咦,还不错,我来了以后第一学期评先进,就评了我,我就特别激动。

从三位老师毕业分配的事件上,我们发现,虽然老师们都强调所在幼儿园环境对其发展的重大影响,但实质上环境条件的优劣、顺逆都是相对的,关键还是环境所提供的专业成长机会的多少以及教师自身的态度。在优良环境中,专家型教师能够积极进取、充分利用各项有利资源迅速成长;在相对薄弱的环境中,专家型教师能够奋发向上、抓住机遇,把不利环境变为有利环境,从而能够促进自身的专业成长。由此可见,专家型教师并非单纯地接受环境的影响,而是能够作为环境中的一个因子与环境进行积极互动,从而超越环境,再造环境,使得环境成为促进自我成长的一个要素。

三、专业生活——教、学、研生活中的关键事件

七位专家型教师的专业生活主要由教学、学习、研究构成,专业生活中的关键事件因此主要有专业学习、教科研活动、专业评比、专业磨炼以及幼教干部的点拨等。

(一) 专业学习

现代认知心理学家认为,专门领域的知识是能力表现的必要条件。斯滕伯格和霍瓦斯在分析专家型教师的专业知识时曾指出,专家型教师和新手教师的差异不仅在于他们所具有的知识量上的差异,更在于知识在他们记忆中组织的差异。"专家获得了宽厚的知识,这些知识会影响他们所关注的事物、影响到他们在环境中如何组织、再现和理解信息。反过来,又会影响到他们记忆、推理和解决问题的能力。"[①]学习获得知识,知识又促进了教师解决问题能力的提高,专业学习是专家型教师获取专业知识的一个重要途径。

无论是正式访谈还是平时的闲聊与观察,研究者都发现专家型教师非常重视学习并喜欢学习。"学习"在这里是一个广义的概念,既包括职前的教育,也包括职后的进修;既包括正规的学校教育,也包括非正规的学习,例如拜师学习,外出的参观、考察,与专家、学者的交流探讨等。学习事件是本研究中收集到的最多的一类影响专家型教师专业成长的关键事件,所访谈的七位专家型教师均提到了对其专业成长产生重大影响的学习事件,强调学习的重要意义她们不仅在学习中不断地更新专业知识,提升自我效能感,而且也在各种学习中,与专家学者的交流中获得人格上的熏陶。正如本研究中的研究对象之一 Z 老师所说:"人生犹如大树,学习好比树根,只有不断地汲取养分,大树才能长得茂盛。"

1. 职前教育

这里的职前教育是指专家型教师在进入工作岗位之前所受到的专业方面的教育,主要是她们在读幼儿师范阶段所受到的教育以及个别老师就读学前教育本科时所受到的教育。最初接触到专业方面的良好教育,为专家型教师今后的发展奠定了基础。

---

① [美]约翰·D.布兰思福特,等.人是如何学习的——大脑、心理、经验及学校[M].程可拉,等译.上海:华东师范大学出版社,2002:33.

教师 W：我们幼儿师范学校是一个很好的集体，不管从现在来看还是从当时来看，不管是校长还是老师，他们都有一种为教育献身的精神，而且老师们之间这种淳朴的真诚、对事业的追求一直到现在都对我们产生影响……大家对事业的责任心都特别的强，老师之间的这种亲和力特别强，所以我觉得这是一个特别可贵的东西，这实质上是对一个人做人有取代不了的影响的。那时候的老师她们真的是很负责任的，比如说我们那时候要下乡劳动，她们真的是和我们一起做的，跟同学真的是打成一片。当时幼师真的是一个非常好的集体，你比如说学生在实习和见习期间，那些幼师的老师是绝对要来备课、看课、听课的，都是到一线来跟学生一起，不像现在把学生丢到幼儿园实习连问都不问的，所以这种很踏实的、务实的精神对于我们来讲真的是一辈子受用的。专业上她们都是非常棒的，我们教育组的老师都有两把刷子。幼师的学习对我们来讲应该说是一个全方位的锻炼。后来有一次我到现在的幼师去讲课，她们都不记笔记，那就让我大吃一惊，我就很奇怪，像我们在学习的时候这种记录的能力、归纳的能力特别强，而且这种学习能力对我都是一辈子受用的，那就是听课、记笔记、不断地复习养成的一种习惯。我看什么、学什么一定会变成自己的东西，而不是听完就算了。

教师 X：当时因为我没有想到我可以读大学，给了我读大学的机会，我就觉得我应该要特别的珍惜。另外，大学老师给我的影响很大，比如说 AL 老师、JS 老师。AL 老师那个时候即使被打成右派，她不教我们音乐教学法，是 TS 老师教我们音乐教学法，但是 AL 老师教我琴法，就是在那种时候，她对我们仍然是认认真真、一丝不苟，我弹琴哪里错了，我的指法哪里不对了，她从来没有原谅过一次，所以我说这些老师的钻研精神对我影响很大。HH 老师，她毕业的时候分在省幼师，另外她在 W 幼儿园待了一段时间，后来回师大以后，除了搞数学以外，她还教人体解剖、生物这一类的课，她还到南医大去进修。这些老师这样的刻苦精神、钻研精神对我们的影响非常大。

幼师的学习对于教师 W 有着特别重要的意义，幼师的老师们认真、负责，为教育献身的精神深深地影响了她，同时三年的学习，也锻炼了她的学习能力，这些都使她终身受益。教师 X 提到 N 师大四年学习的重要影响时也非常强调大学教师的人格魅力对她的影响，老师们认真、刻苦、不断钻研的精神深深地感染了她；一心想做一名医生的教师 Y 也在幼师三年的学习中受到了熏陶，渐渐喜欢上幼儿教育，幼师的学习也为她打下良好的基础。

然而，两位年轻的专家型教师则表示幼师的学习对她们的影响并不大，一方面可能是因为 80 年代幼师刚刚恢复，学校在办学、课程设置、专业培养方面还缺乏经验。当时我国教师培养目标在丰富性特别是可操作性方面存在较大缺陷，一些目标空洞无物，缺乏必要的配套课程,同时也缺少教育教学实践的支持①。另一方面,作为80年代的幼师毕业生,她们在专业成长道路上有更多的机会和途径接受职后的教育和各种新信息。因而,相比幼师的学习,她们更强调职后的进修尤其是在职培训和拜师学习对其专业成长的影响。

2. 在职培训

这里的在职培训主要是指入职后集中一段时间的专业学习与培训,包括脱产的学习,也包括非脱产的寒暑假集中学习。联合国教科文组织在《1998年世界教育报告——教师和变革世界中的教学工作》中指出:"教师的在职培训或进修在最近30年显得日益重要。人们逐渐认识到,教学同其他职业不一样,是一种'学习'的职业,从业者在职业生涯中自始至终都要有机会定期更新和补充他们的知识技巧和能力。"高质量的在职培训对教师专业成长具有重要的影响。通常这种对教师专业成长具有重要影响在职培训发生在职业中期。一方面,教师经过一段时间的教育教学实践之后,积累了丰富的感性经验,更清楚自己的困惑是什么,学习的目的性更强,在这样的情况下,就能比其职前教育阶段的学习产生更好的效果;另一方面,职业中期的培训、进修通常距离教师的职前教育有很长一段时间,能够为教师补充新近的研究成果,更新教师的教育理论和教育观念。正如瑞吉欧方案创始人马拉古奇所说:"幼儿教师专业素养的形成和发展必须在与幼儿一起工作的过程中同时进行。除了在职培训,没有其他的选择。"②

教师Ⅱ:我觉得工作以后的脱产学习对专业成长起着至关重要的作用。两年以后,有了一个到N师大去培训的机会,参加大专的学习,脱产两年。那么,到N师大培训我又感觉到组织确实很关心我、信任我,挺器重我的,那我就要尽自己的最大努力把自己感到疑惑的问题解决了,不断吸纳新东西。而且两年的充电,使得自己视野上比较开阔。我觉得幼师的学习还是很朦胧的,对什么都一知半解的,那种学习只是一种好奇,或者说凭着自己的一种兴趣,那么到了N师大我就觉得学习的目的性不一样,学习的主动性也不一样,而且在学习的过程中也感觉到自己要学些什么,因为毕竟工作过两年,目的性就增强了,这种研究的意识也在增强。学习的过程中我还是注重把实践当中遇到的一些困惑,有意识地在学习过程中去思索,去请教老师。同时在学习的过程中我也主动地帮园内做一些事,就是说那两年真的以学习为乐。

---

① 刘捷.专业化:挑战21世纪的教师[M].北京:教育科学出版社,2002:39.
② [美]C.爱德华兹等,编著.儿童的一百种语言:瑞吉欧·艾米利亚教育取向——进一步的回响[M].台北:心理出版社,2000:79.

教师Z：我是84年到北京去正儿八经地学了一个月的儿童教育心理学，这个心理学不是针对幼儿园老师的，而是针对广大的幼教工作者和儿童工作者，包括高师的或者幼师的教儿童心理学的教师，我这样说的目的是说明办班的对象决定了办班的层次。那么这就是说我学的东西也都是有一定的深度的。那后来也确实派上用场了，所以我们的课程当中，很早就振振有词地说以皮亚杰的建构理论为基础，也振振有词地说以桑代克尝试错误说、维果斯基的最近发展区为基础，而且你刚才也都听到了，所有这些理论我都是用很土的话来解释的，说明我是理解性学习的。……我在学费、车旅费无着落的情况下，自筹经费，毅然前往。为了节省开支，我借用好朋友的宿舍，自己开伙。一个月的学习换取了厚厚几本笔记。那段时间我积累了大量的资料，贪婪地汲取着理论知识，这为我后来建构"×××课程"打下了坚实的理论基础。还要感谢我们省里粉碎"四人帮"以后第一次召集中小学、幼儿园做课题的老师进行的专门培训，当时这句话深深地印在我的脑子里面，就是"做科研是来不得半点虚假的"。成功的科研，比如说你的事实和你的假设合一的，是个成功的科研；如果你做下来事实和假设不合一，也是个成功的科研，至少看到了你的假设和你的事实之间的差异，在这个过程你能论证你的事实不符合你的假设也是个成功的科研。所以，这句话深深地、一辈子地印在我的脑子里面。这样一来，我不会去追求一个虚假的成功。

教师II非常珍惜职后进修学习的机会，在那两年的脱产学习中，她不断地去吸纳新的理论知识，开阔了自己的视野；教师Z更是自费前往北京进修儿童教育心理学，这为她后来进行园本课程研究打下了坚实的理论基础；研究生课程班的学习填补了V老师专业上的空白，给了她极大的自信心；教师W、教师Ⅲ也都强调在职培训对于补充专业理论知识、提升后期的教科研能力等方面的作用。

3. 拜师学习

拜师学习是幼儿园常用的培养新教师的方法，本研究第二部分已对此做了详细阐述，这里仅引用专家型教师的访谈内容以进一步说明师徒制不仅能促进新教师的成长，而且在新教师成长为骨干教师进而成为专家型教师方面起到不可忽视的作用。

教师II：我1982年毕业，82年11月我们老园长就带我到LY老师那边，拜LY老师为师。当时LY老师就蛮有名的了，虽然不是特级教师，但也是幼儿教育的领军人物吧。我82年的11月份到84年的3月份在她那里跟她学习，就是每个星期半天听LY老师上课，而每次LY老师上课，HH老师都会在她那边，看她一个活动，之后HH老师给她评析这个活动，评析完她们就会讲下次活动怎么去设计，那我就全程听。因为看了以后,毕竟我们没有什么经验嘛,所以我回到幼儿园,我就把我听到的,我觉得我能搬回来的,就在我们幼儿园试着上,其实就是一种刻意的模仿。试教的时候就有很多的问题,而 LY 老师在这个环节的处理上很轻巧地就过去了,而我不是这样,然后我就会利用下午、自由活动的时间给孩子有意识地去练习、帮助,所以后来我就基本上以数学教育为基本研究方向。LY 老师对我主要是实际的理念、操作的技能的影响。通常这么设计了以后,你问她她会告诉你我这么做的目的是什么,比如说我的设计为什么这样,提问为什么要这样提问,这样就便于我在实践中举一反三了。另外,LY 老师在研究的过程中给我的印象就是很干练,我很佩服 LY 老师,思维很敏捷,思路很清晰,教学过程很简练,而且跟孩子的交流、互动很自然。这个应该说影响到我的教学生活,所以我那时候就刻意去模仿她。我看过她的活动以后我就模仿她的神态、举止,后来那次半日活动我开的是一个数学活动、一个美术活动,开完以后,她们区的一个教研员就说,这个小老师是不是跟我们 LY 老师学过的? 就很敏感这个问题,我当时还蛮自豪的,人家都看出来了说明学得还蛮像的嘛。

教师Ⅱ入职初期就有幸拜当时幼教界知名的 LY 老师为师。教学水平较高的 LY 老师的示范、讲解以及高校专家 HH 老师在这个过程中的点拨,加之教师Ⅱ对 LY 老师的钦佩以及积极主动地请教和模仿,不仅使教师Ⅱ迅速胜任幼儿园的教育教学工作,也确立了日后主攻的研究方向。

从上述各种学习事件中我们可以发现,专业学习对专家型教师专业成长的影响不仅表现在专业知识的丰富与更新上,也同时表现在专业情感和专业能力的提升上。教师在学习后更加的自信,也进一步萌发出敬业、钻研的精神,同时各项技能也在学习中得到提升。学习事件之所以能够对专家型教师专业成长产生影响,一方面取决于外部良好的机遇,另一方面也取决于教师个人的努力以及强烈的自我发展意识。从上面的事件中我们可以看出专家型教师都非常珍惜学习机会,学习中总是积极主动地汲取知识,把学习作为一种内部的需要,而不是一种外部的任务和负担。

(二) 教科研活动

朱小蔓认为教育研究具有以下 4 个方面功能:一是思想上的反思功能;二是理论上的澄清功能;三是价值上的创造功能;四是方法上的示范功能。[①] 教师通过参与教育科研可以提高自身素质,进一步明确教育规律,了解教育发展的新趋势,更新自己头脑中

---

① 朱小蔓.教育的问题与挑战——思想的回应[M].南京:南京师范大学出版社,2000:370.

陈旧的教育观念,提高自己教育教学活动的反思能力,学到新的教学方法和策略。[①] 本研究中的专家型教师也都具有较强的科研能力,参与过各类课题研究活动,她们普遍强调教科研活动对其专业成长的重要影响。

教师Y:1979年,当时市教育局、区教育局的两位科长给我一个重要的科研课题,即独生子女的特点调查与教育研究,然后是独生子女的系列教育研究和实践。这个课题是当时国内的一个很新的很重要的科研课题,因为1979年我们国家开始实行"一对夫妇只生一个孩子"政策,就是独生子女刚开始的一年。这个研究不像我们现在有很多专家学者的指引,那个时候,比较艰难,资料也很少,英国在这方面研究得比较早,我们千方百计地寻找国际杂志,因为当时幼儿园里还没有,我们还请人到中学里面去找。然后,关键的是你还要去调查,调查每个家庭,而且平常你还有自己的工作。那个时候,一个老师一个保育员带一个班,我还是老师。当时要家访要干吗,要分析研究上百上千个数据,你必须要制订表格,然后制订教育方案,这些都是利用下班以后的时间,有时候都要到八九点钟,回到家再吃饭。那个时候真是非常艰苦,但是也学到很多。自己不停地摸索,不懂就问,就请教,学问学问,就要问。我对N师大的一些教授都问,像LZ老师,调查的题目的制定啊,都在她的指导下。论文写出来之后,给著名的专家、教授选中,参加联合国一个科教文会议,也产生了较大的影响。那么从此,因为有这个科研课题的带动,我走上了科研之路。教育科研的讲座、培训班我都参加,更加孜孜不倦、勤奋地追求教育的新理念,主动地进行新思考,让我努力有创新。这时候就感觉到环境是第三位老师,当时我就感觉到环境相当重要,为孩子、独生子女创设独特的环境。后来,探究独生子女特点的教育也一直成为我主攻的科研课题了。一直围绕独生子女的特点,创设教与学的环境,也撰写了很多篇论文,在全国、省市区获奖。

教师Ⅲ:"文革"之后,为了1982年的《纲要》,N师大各学科成立了教研组。我参加了数学组,从那时候我就开始跟着GR老师搞数学了。从1979年开始,我特地为她带了一个小班,一直带到1982年这一届毕业。那时候这个班,你知道GR老师看了我多少课吗?每个学期的数学活动她都来看……一共有150多个活动,然后因为她也讲究在生活中做,所以只要我里面用到一些数字的因素,比方说用到数字牌,看数字、跳数字,她都来,所以,那三年GR老师简直就扎在我们班上。每个活动之后她分析,从她高的角度看,让我谈,然后对我的教法、教具以及活动设计、组织,都提出意见,我觉得这是对我帮助最大的三年。帮助主要表现在使我教学的意识提高了,就是所有的活动、每一

---

① 申继亮.师德心语——教师发展之魂[M].北京:北京师范大学出版社,2006:71-73.

个环节都拎到教育目标的高度,所以整个的活动就严谨了。再有一个呢,因为她要求看的是原始状态、第一反应,使我养成了一个好的习惯就是我的所有的对外示教,从来没有任何铺垫的活动,我同一个内容绝不出现第二次。所以也养成了我自己的一个习惯,就是我和孩子同时初次接触这个教材,过去就觉得这样子把握不大,但经过GR老师这三年之后我就觉得我跟孩子会同样的好奇,我会有同样的新鲜感……所以那三年过后,每一次上课我都很开心,孩子跟我交流得也很活跃,因为小孩也很新鲜啊。另外,强化了我对"教育科学"的认识,不是把教育当作事务性的东西,而是当作一个科研活动,它是一个科学研究。一般的科学研究要放到实验室里去做,唯有教育必定要放到实际的班级中去做。再就是GR老师,她的这种认真,我真是印象很深。她每次都来,有一次,我记得很清楚,那是个冬天,那天下午我们有活动,她说她过来。结果那天她拔牙齿,等她骑车到我那里的时候,她嘴巴里还咬着棉花。所以这种种对我影响非常深,我就想,她这么大年纪了,她都这么做,我如果弄虚作假骗她的话,我真是良心都说不过去的,不是吗?老太太把你当作一个真人来,你还这样,我觉得我们真是没有理由不好好干。因为我那时候也将近40岁了,跟她做这个,当然在当时做的时候是很辛苦、很吃力的,而且她要求还是很高、很细致的,但我就是挺过来了。我觉得还是刚才说的性格决定命运,我这个人既然答应了要做,那我肯定要做,而且一定要做好。后来,这个活动之后,N师大出版社出版了第一套幼儿园各学科的教学教法教材。

教师Ⅲ在GR老师引领之下的合作教研中收获了很多,不仅日常教学活动目标明确、环节严谨,而且能以科学的态度对待教育研究。教师W、教师Z、教师Y访谈中也都强调了教科研活动的重要性,一方面她们都受到高校教师人格魅力的影响,意识到需要不断提升自己;另一方面,她们也都在实际研究中,更加了解儿童,认识到不同阶段儿童身心发展的特点和所需要的环境创设,更加具有教育的意识和研究的精神。

(三) 专业评比

库利认为,人们从他人评判中认识自己。[①] 评比不可避免地给个体带来外在评价,使得个体认识到自己在群体中的位置以及自己在他人眼中的形象,尽管这种外在评价并不一定科学,但这对于个体的发展而言却具有重要的影响。两位年轻的专家型教师均强调评比在自身发展中的作用。这里的评比主要指级别较高的"赛课"和评优活动。

---

① 丁水木,张绪山.社会角色论[M].上海:上海社会科学院出版社出版,1992:13.

1. 赛课

"赛课"是一线教师约定俗成的一个词,通常是指对公开课的评比。虽然研究者对"赛课"尤其是"借班上课"持质疑态度,但作为惯常做法,研究者不得不承认赛课的成功与失败对教师个人有着非同一般的意义。专家型教师访谈中提到的"赛课"主要有入职初期成功的"赛课"以及职业中期失败的"赛课"两类。所幸的是,专家型教师因赛课成功而增强了自信心和自我效能感,因赛课失败而促进了自我反省,总之赛课促进了教师日后的发展。

教师Ⅱ:工作一年后,市里面组织了第一届青年教师半日活动的观摩活动。每个区只推荐一名教师,当时我们区就推荐我去参加。当时就很激动啊,就觉得领导对自己很重视。其实我觉得这个对我人生发展至关重要,首先就觉得领导对我这么信任,我就一定要把它做好,尽最大努力把它做好,当时是很淳朴的。我开的是一个数学活动、一个美术活动,活动很成功,最大的是使我有了自信,使我感到周围这个群体对我的认可。因为我这个人的性格是比较内向、不太喜欢张扬的,那这个活动让我感觉到确实自己还是有一定的能力的,有了一点自信,我觉得这是对我最大的影响。

教师Ⅴ:我那时已经担任正园长了,由于那段时间我忙于幼儿园的基建工作、创示范园啊,已经脱离教学、脱离业务三到四年。当时,刚好有个机会就是赛课,因为必须在市青优里面选,区里面觉得我去赛课应该是没有问题的,他们把这个名额给了我。当时名额还很珍贵,一个区只有两个名额。我呢,四年没带班了,在这之前做业务园长已经好几年了。因为跟孩子互动有一种惯性,一种很自然的反应,你很长时间不进班去上课,你跟孩子会很陌生,孩子讲的话你不知道如何反应。那次呢,我跟区里说我不能上,区里说这次机会很重要,第一次"赛课"你一定要上,机会是给你的。最后还是去上了。我那时在南京其实已经有一定知名度了,全南京市比较知名的园长,所有区的教研员、幼教干部全来了,一听说×××上课大家都跑来了。结果,那节课上得一塌糊涂,我连教鞭都不知道怎么拿、往哪里放,就是非常非常紧张。你自己心里清楚,你砸了以后你就会非常不自信,你会犯一些常规性、基本性的错误,那个教鞭是这样拿也不是,那样拿也不是(用手比画一会放在左胸前、一会放在右胸前)。出现这样的问题,应当说我整个的形象"呼"地撒到地下了,全部给砸烂掉了。那是很难过的,觉得无地自容,因为当时我们区里面还有另一个老师,当时自己觉得很自责,一个呢是觉得没有给区里争光,因为人一直是好强的嘛,区里面每次给你机会的时候,实际上你都希望能把握好,给区里面争光,对领导有交代,对这个整个群体都有交代,那没有交代真的是很难过的,叫作欲哭无泪。有将近一个月不敢出去开任何会,不愿意见人,真的是很难堪、很难堪。后来就想一定要沉下心来,就是自己反思,反思以后就觉得,虽然做了大园长,应该说教学的基本功、业务的管理还是很重要的,还是应当介入的。因为自己是一个比较好强的人,所以就沉下心来想一定要去进班了,刚开始还有点脱不开面子,但是后来自己就逐渐去进班,进班以后就越来越感受到它的价值……也正是因为这件事情,促使我一直没有脱离教学的第一线。所以,一直到现在都有很多人劝我你可以不要介入课堂教学,你可以写东西、做课题,教学让其他人去做,你就可以解放出来了。一直没有撒手当然有客观原因,另外,也的确享受在其中,痛苦地煎熬以及后来克服了这种障碍之后的高兴、欣慰。所以从那一年以后,我就会有个价值筛选了,就会放权了,把很多后勤的、与外面打交道的事情就放权给后勤园长做,然后我会腾出很多的精力放在业务管理和教学这一块,因为幼儿园的教学还是最重要的,业务管理和教师的专业成长是最重要的。

入职初期市里公开观摩活动的成功,给了原本不太自信的教师Ⅱ以极大的信心,使她感到周围群体对自己的认可,为其后面的专业发展打下良好的基础;而对于已经有一定名气的教师Ⅴ而言,职业中期赛课失败虽然对她而言是一个很大的打击,但促使她对自己发展方向、幼儿园管理等进行了及时地反思和调整,最终也促进了专业成长。

2. 评优

专家型教师成长过程中通常都获得了较多的荣誉称号,例如"名师""特级教师"等来之不易的荣誉,它们既为专家型教师提供了更大的发展平台,也给专家型教师带来较大的压力。为了与"特级教师"这一幼儿园教师最高荣誉称号相匹配,专家型教师不断地提高专业素养,不断地追求专业成长。

教师Ⅱ:2000年的时候我被评为特级教师。当时对我来讲比较幸运的是年轻教师当中我是第一个。那么上了特级以后,我始终坚定要做一个名副其实的(特级),不要让人感觉到徒有虚名,因为毕竟路还很长呢……评上特级之后,有更多的人去关注你,更多的人去给你发展的平台,学习的空间比较大。我现在就有比较多的社会活动,这些社会活动我还是比较认真地对待的。比如参加各种评比活动当评委,那我觉得每次在这种活动中我还是能学到很多东西。其实很忙,但每次你在评别人的时候,我都会去反思,别人这一块做得很好,那我怎么去吸纳,我觉得这种空间很大,而且我所看到的、所学到的应该说都是N市乃至J省比较好的老师。而且有了这种平台这种机会,你就会接触到比较知名的一些专家,比较先进的一些理念,确实我觉得对自己的触动还是蛮大的。

教师Ⅴ：随着我所谓的知名度的加大，大家对我的期望值越高，那我也会焦虑的。如果大家没有对我这种期望值，那我很可能退步的。作为名教师、特级教师，市教研室、省教育厅对你有一定的任务量，每年也会考核你的，一般化你也能达到，但是你总是希望做得更好，希望人家说"嗯，跟她交流还是有收获的，她还是可以的，和她这个名声还是对得上的"。因为我很怕——"她有一个这样的假名"，很怕别人这样说你，所以也会促使自己持续不断地去学习。既然你这个荣誉获得的越来越多，那你也应该是匹配的吧，所以你也会这样自觉地往前走。

心理学研究表明，如果一个人经常处于被激励状态之中，他的能力能够得到80%～90%的发挥；相反，在一般状态中，只能发挥出40%左右。[①] 专家型教师拥有较好的竞争心理，无论竞争的结果是否理想，她们都能从中获取专业成长。专家型教师也十分珍惜自己获得的荣誉，为保持荣誉而促使自己不断前行。

（四）专业磨炼

专家型教师的成长并不是一帆风顺的，其成长过程也是磨炼的过程。尽管磨炼之时饱含痛苦，但磨炼之后却促进其专业能力的提升。专家型教师访谈中提及的最具代表性的磨炼是入职初期没有老教师带教以及意外事故的发生。

1. 职初磨炼

尽管本研究第二部分已对师徒结对促进新教师成长做了详尽的论证，师徒结对对于新教师专业成长之价值已毋庸置疑，但本研究发现专家型教师在入职初期即使没有老教师带教也能够快速成长起来。本研究中，有4位专家型教师在入职初期没有老教师带教，基本上是一个人带班，但这几位教师无一例外地勇于面对困难，在不断摸索和思考中获得快速成长，正所谓"宝剑锋从磨砺出，梅花香自苦寒来"。

教师Ⅲ：我记得很清楚，我是8月26号去报到的，9月1号开学，我9月14号开始上第一节课，结果9月16号那个老师（搭班老教师）就生病了，就不来上课了，四个月没上班，那就是我一个人带啊。那我觉得这对我来讲也是一种很好的锻炼。当时是觉得很苦的，也会觉得人家都没有我这么忙，人家都没有我这么多的事，我怎么会这样子，但是我这样做了以后，我感觉到这对我是一个很好的锻炼，难得的机会。因为人家，比方说出来活动的时候，人家是两个人带32个孩子，可是我是一个人带32个孩子，所以我必须考虑前面怎么带，后面怎么招呼，我必须事先想好怎么组织好就不会出问题，包括

---

① 王森龙.现代教师自主发展导航[M].上海：上海科技出版社，2004：6.

教学准备也一样,人家缺了一样东西可以喊配班老师,一个眼神就去拿了,但我没有啊。一直这样我觉得养成了工作比较严谨、考虑问题比较周到的习惯。因此,我对孩子的能力是比较了解的,我能想得出来这个孩子在这个年龄阶段,我带他出去走路,他会出现什么问题。比方这个年龄的孩子他会鞋带散了不知道系,或者他会忘了不知道跟我走,或者走之前他不小便,到了半路上他要小便,像这些问题我都要考虑到。然后我还要考虑到我在什么地方给他们脱衣服,脱了那么多衣服我要怎么把它们带走,因为那么多衣服我一个人拿走手上拿不了,我要准备多少个包来装,或者我要组织哪几个孩子来帮帮我,别人不需要考虑的,但我都考虑。再者,别人班上有年长的老师,有经验,出了问题好解决,我又没有经验,我哪能想得出来,我毕业的时候才十八岁啊。……那个时候对我来讲是很困难的时候,真的很难,管不好孩子的纪律真的把人都急死了,每天早上上班心里都发慌,说句不好听的话,都觉得这一天怎么过啊,每天都很紧张,紧张的从上班到下班,可是也过来了,我没想过退缩,我没有退下来。那个时候我也可以提要求的,我一个人不行,因为你这里有规定是一个老教师带我,但现在没有老教师,那怎么办?我可以跟主任提这个问题,但我没有提,我想就我一个人吧。但摸索了以后,我觉得一个人的成长的确是快了。成熟得快,不是说人员关系成熟得快,而是对事务的熟悉,熟悉它的规律,然后怎么运用,习惯于动手动脑。而且我在那个时候就知道了,什么事情要先想好,想好再做,因为我实验不起啊,因为孩子的事情是一环套一环下去的,幼儿园里的恶性循环是很厉害的,但那个时候我就要开始考虑我怎么让它变成良性循环,不要出问题。这个呢,严格地讲不是工作三五年的老师就会想这个问题,那我为什么会想这个问题,不是因为我聪明,而是因为那个环境。它是在我刚工作的初始阶段,就把教学习惯、工作作风这些问题拎到我面前了。我没有改变不良工作习惯的过程,因为我没有形成不良习惯的时间,我形成不起。人家有时间可以重来,我没有时间,我必须这样做,所以为我的教学组织工作就打好了基础。我就觉得对幼儿园老师来讲这个教学组织、整个一日活动的组织是非常非常重要的。我心里有这样一种想法,她要照顾我,她会主动来照顾我,她不照顾我,我为什么要祈求人家照顾我呢?人家能做我也能做,对不对?她三十岁能做,那我二十岁也能做,顶多苦一点,但总不至于不能做吧?所以后来经过几次以后我觉得还是可以的,人就应该有这么一股劲头,对不对?也就是现在讲的"性格决定命运",我这个人性格是很要强的。在当时看上去是一个不好的条件,但是回过头再看呢,它又是一个很好的条件,它反而促进了你。

教师Ⅲ认为"性格决定命运",好强的性格使她作为一名新教师却完成了惯常需要一新一老教师才能胜任的工作,尽管困难重重,但她没有退缩,而是把困难当作锻炼,把压力视为动力,进而养成了工作严谨、考虑周到的好习惯,为她的教育组织能力打下了极好的基础。教师Ⅱ与教师Ⅲ有相似的经历,也是入职初期班上老教师因为家庭原因而不来上班,从而经历没有老教师带教、独自带班的磨炼,并在磨炼中获得快速提升。

2. 意外事件

尽管所有的幼儿园教师都不希望发生任何的意外事故,但新手教师由于经验不足和考虑不周,还是很难避免一些事故的发生。生活中我们看到意外事故有时成了教师成长中的一个拐点,直接影响到今后专业发展的方向。如何积极地从事故中吸取教训,教师W的故事或许对我们有启发意义。

教师W: 那次我是替别人带班。当时我们幼儿园里有一个山坡,那个班级刚好在那个坡上。因为我带班比较开放、喜欢带孩子活动,当时对孩子又不熟悉,结果就有一个孩子从山坡上摔下来了,那次真把我吓坏了。他摔下来以后是咬破了舌头还是怎么样了,然后立即就是其他老师来带班,我就带他到医院去了。到医院去看,就说口腔里的什么东西大概咬破了,可能他会不配合,最好能给他全麻。我一下子就吓坏了,我想这个多严重啊,小孩子怎么能全麻呢?当时我真有点受不了。后来还是没有麻醉,因为医院里有的医生他也年轻,也不懂。这个事情给我的印象很深,可以说这些印象都是一辈子都不会忘记的。我当时没有抱怨我不给你带班就好了,就不会出这个事故了。家长也很好,也没有抱怨老师怎么样,但是我本人还是有这种责任感,我觉得不管怎么样我还是伤害了孩子。然后我就分析我为什么会出现这种事故,就是说我不能从反面去分析这个事故,不能说我带孩子活动出了事故就不活动了,但是我要分析,毕竟这些孩子我不熟悉,他们也不熟悉我,什么样的活动更适合他们,对吧?所以我后来就更加注重在组织孩子活动的过程中怎么去把握孩子的活动、自主和组织管理之间的一些关系。就是在遇到挫折的时候,从积极的方面去吸取教训你就能成功,从消极的方面想的话,你可能就会认为我下次不帮人家带班了,我下次少组织孩子活动了,对不对?实际上,要积极地去吸取教训,从而改进自己的组织过程、组织方式,对吧?我觉得不管在什么情况下,一种积极的态度去面对就能继续前进,消极的态度去面对就会导致更多的失败。

教师的专业成长过程中难免会遇到一些挫折,但如果能正确地归因,积极地面对,那么经历挫折的过程也就是体验磨炼的过程,挫折和磨炼就能推动个体为实现目标而改变策略并做出更大的努力。这正是专家型教师逆境成才之关键所在。

(五) 幼教干部的点拨

我国实行着独特的教研室制度。教育部发布的《关于1956年普通教育和师范教育的工作计划》中,提出"各省、自治区、直辖市应该有步骤地建立和健全教研室或者通过教师进修学院加强各科教学工作的指导"。此后,全国各地先后设立了教学研究室,教研室成为当时"最直接、最经常、最现实、最普遍的"培训渠道。[①] 教研员通常都具有较高的素质,大多数是从一线具有丰富教育教学经验的教师中提拔而来。他们能够给予教师比较适切的发展建议。同时,由于教研室是地方教育行政部门设置的机构,又具有了行政管理的权力,因此,教研员的建议与评价往往会引起教师的重视,促进教师的反思。本研究中有两位专家型教师提到教研员的点拨对其成长的重大影响。

教师 W:我记得有一次,省里面王老师来了以后谈到"爱孩子赛妈妈"的活动,我也就跟她汇报了我们老师是怎么做的。她没有评价这个活动,她就问了我一句:"老师这么爱孩子,你们领导是怎么爱老师的呢?"当时,我印象特别深,就是说我们光是要求老师去爱孩子,作为一个领导应该怎样去爱老师呢? 她是个老幼教工作者,她也当过幼儿园园长。所以,这就深深地触动了我。就觉得在自己以后的工作当中,也是应该去更多地关心别人,关心职工,这种影响真是很大的。以后管理上就更多地考虑到教工的利益,能够乐意去帮助教工克服各种各样的困难了。这不仅影响到我个人管理的思路,而且影响到幼儿园的政策。那就是说我们制定了很多的规定,建立园长和教师之间的联系。像我们幼儿园有几个必访,新老师家庭必访,就是新老师来工作了园长必须要去家访;家属有人住院必须要去慰问、探望,另外就是过几年我们要去慰问一次家属;还有就是离退休的老师,幼儿园要经常走访、探望。就是这些也通过政策传给现在年轻的园长,就是让员工知道当我有困难的时候有一个集体在支持我、帮助我。就是不管她跟领导有没有意见,不管怎么样,反正我们能做的都会去做,去解除教工的家庭困难和矛盾。实质上这样做了之后,她更爱这个集体,她的工作热情更高。

教研员王老师看似简单的一句询问,便深深地触动了教师 W 并引起她的反思,使她意识到要更多地去考虑教师的利益,并因此改进了园内的管理制度,增进了园长、教师甚至教师家属之间的联系,从而提高了教师工作的积极性。这一方面说明了教研员的点拨对教师专业成长的影响作用,另一方面也说明了专家型教师具有开放的胸襟,能够充分尊重、合理判断他人的意见,并及时采纳有益的建议。

[①] 刘英杰.教育大事典[M].杭州:浙江教育出版社,1993:1053.

第三节 专家型教师专业成长中的关键人物

一、关键人物的类别

7位专家型教师在回顾自己专业成长历程时都谈及对自己成长具有重要影响的关键人物，主要包括家人、老园长、优秀幼儿园教师、高校教师以及幼教干部。其中所有受访的教师都提到高校教师对其产生的重要影响，有5位教师提到老园长的重要影响，4位教师提到家人、优秀幼儿园教师的影响，2位教师提及幼教干部的重要影响。

（一）家人

家庭是人生的第一课堂，父母是人生的第一任导师，个人的成长深受家人的影响。对专家型教师专业成长产生影响的家人主要有她们的父亲、母亲和丈夫。父母会影响孩子的职业选择，也会影响她们的为人处世以及工作态度，丈夫对妻子的安慰与鼓励以及对家务的分担，也能解除作为幼儿园教师的妻子的后顾之忧，促进她的专业成长。

教师W：我为什么会选择做幼儿园教师和我父亲有很大关系。因为我父亲是一个私塾教师，新中国成立以后就做小学老师了。当时，在我老家扬州，文化底蕴比较好，教师是受到人们尊敬的。我们作为他的子女，全村人都认识我们，看到我就会说"呀，这是某某先生家的女儿"。这种尊敬，让我觉得做教师还是蛮好的。再一个，我也感受到教师必须具有自己的人品，因为过去教师相对来讲确实是比较清贫，但是教师是能够得到别人尊敬的，而且他在教育学生的过程当中会享受到一种快乐，这是别人体会不到的。所以，做一个孩子们喜欢的、家长信任的好老师也成为我自己的追求。

教师Y：无论是对孩子、对家长还是对同事什么的，包括对我的邻居，我乐于无求而自觉奉献……我觉得这也是受到我妈妈的影响，我妈妈自己有三件衣服，看到人家没有衣服，她会给人家一件。当时家里还不是比较殷实的人家，但她慈善还是做得比较多。

女性人才成长史表明，女性人才的心理品格不是天赋的，而是后天的环境和教育塑造的。其中，家庭的环境和教育的影响尤为突出，家庭成员的道德修养高与低，直接影响着女性心理品格的形成和发展。① 因此,几位老师不约而同地提到父母亲对自己的影响。

教师V:孩子小时候身体很不好,经常会抽筋、发热……孩子一发热生病,白天幼儿园不能请假,所以白天都是老公请假,带孩子到医院去挂水,晚上我再过去。……这样的压力下(指遭遇挫折)我觉得我简直没办法承受,然后就在家哭啊,哭得真是很伤心,很伤心。那时候老公不错,老公说有什么大不了的,大不了我们就不当园长了,大不了就回来我养你,当时就讲这样的话来安慰我。

丈夫作为女教师家庭生活中的另一个重要的主体,对妻子的专业成长也有着重要影响。丈夫对作为幼儿园教师的妻子的体谅以及对家务尤其对照顾孩子的分担,能在很大程度上缓解教师的工作与家庭之间的冲突;丈夫在妻子遭遇挫折时贴心地安慰和鼓励,更是促进教师专业成长的一剂良药。

(二)老园长

"老园长"是来自几位受访的专家型教师的"本土"概念,均指身兼园长职务的专家型教师的前任园长。在7位受访对象中,有5位提到了"老园长"对自己发展的重要影响,由此可见其在教师专业成长中的重要作用。这与国内相关研究结果基本一致,譬如中国台湾翟智怡、郑荣月在研究中小学女校长的职业生涯发展中发现,上司校长在她们专业成长中扮演重要的角色。②

研究者通过对这5位教师提及的"老园长"的特点进行了分析,发现这些"老园长"大多是专业水平较高、工作敬业踏实、身体力行、关心教师、善于发现教师进步、性格开朗、为人正直的楷模人物。这些"老园长"成为5位受访对象学习的榜样,使得她们把"做老园长这样的人"作为自己的奋斗目标。

教师V:她(老园长)走过的地方比较多,眼界比较宽。当时,她给我的感觉就是这个人思维比较活跃,既能说又能写,所以,这个园长一下子就变成了我心目中的偶像了,觉得园长就应该是这样,而且她不是光叫人家苦干,苦叽叽地干,也具有幽默感。当时我们都是年轻教师,她跟我们年龄悬殊20多岁,但是她很容易跟我们打成一片,应该说她是很有亲和力,很有水平的,那么就很敬佩她。所以,就自觉不自觉地以她为榜样,那个榜样很单纯,就是说要达到她这样的水平。写东西要写得很快,而且要写得简洁,要

---

① 叶忠海.女性人才学概论[M].长春:北方妇女儿童出版社,1987:90.
② 翟智怡.高中职女性校长生涯发展历程之研究[D].高雄:台湾高雄师范大学辅导研究所,2002.

能说得清楚,然后发言的时候,不要像别人那样拖沓却讲不清要领,要像她那样很简洁。后来就发现她能够脱稿,就觉得脱稿讲是一种水平,所以慢慢地就以她作为一种标准。当时不是觉得我要当园长什么的,而是觉得我要当这样一个有水平的人,让别人来尊敬你。

教师Ⅱ:我们老园长,才进园的时候的老园长,我觉得她在我人生、工作的起步当中起了一个引领作用。我第一次开课开的是比较砸的,因为开始是请另外一个老师,结果临时调我上。调我上我还是比较紧张的,毕竟是第一次开公开课,我实际上是背计划上的,结果我觉得气氛是比较沉闷的。开完以后,我们老园长就安慰我说:"失败是成功之母,哪有一开始就开得那么好的。"我觉得领导的这种安慰也是给自己极大的一种宽慰,就觉得领导没有指责我,那我下面就更要认真,那我就要去琢磨了。真正的我觉得她是我事业发展当中的一个引路人。……我到了幼儿园以后,我跟老园长其实没有很多的联系,老园长和我的性格也不一样,老园长性格很开朗、很活泼的,我当时就觉得老园长这种性格肯定不喜欢我,我也不太善于交际,但我觉得老园长善于观察我。善于发现我的点滴进步并在老师面前表扬。然后我就觉得只要你认认真真去做事,别人都会发现你,也会提供机会给你。所以我就觉得只要是踏踏实实做事就可以了。她给我的是这个启示。如果老园长她做事不太正的话,她不太喜欢我这种类型,很可能我就真正地淹没了。……管理上,我觉得我还是吸纳老园长在管理的过程中要树立自己的威信的做法。而这种威信的树立是靠自己的个性品质,靠你的人格魅力。所以在管理的过程中,我尽可能在处理一些事务的时候考虑得细致一些,我觉得这个她对我都是有影响的。

教师X:我报到时接待我的老园长,现在还在,她接待我时令我非常感动的是,那天在下大雨,她看到我没带伞,我在办公室,她冒着大雨从厨房把饭端到办公室给我吃。……她对工作踏踏实实的作风,比方说天天一大早就到幼儿园,这样的一些,我都跟她学。我们老师上班是七点半,我几乎都是七点半以前到,让老师上班的时候能看到我,我从老师今天来幼儿园的眼神、问候这些,我就知道她今天能不能很好完成工作,她今天工作状态好不好。如果她今天是眼睛红红的,那肯定是家里有什么事情或者是碰到什么事情,那我都会及时处理。

老园长对专家型教师的关怀和帮助、支持和鼓励、给予专业成长阶梯以及专业成长道路上的指引,都让专家型教师铭记在心,老园长不仅影响到专家型教师的待人处事、同事关系,也影响到她们的工作态度、自我发展意识以及她们后来担任园长时的管理风格和管理行为。

(三)优秀幼儿园教师

对专家型教师专业成长产生重要影响的优秀幼儿园教师既包括幼教界的知名教师、本园的优秀教师,也包括专家型教师入职初期所拜的师傅教师。无一例外,这些教师都是理论水平和教学水平较高、关心和理解孩子、工作认真踏实、个人修养较好的老教师,是可供教师学习、模仿的榜样。

专家型教师在其发展历程中,通过与优秀幼儿园教师的接触,进一步明晰优秀幼儿园教师之形象,进而明确自己的努力方向和发展目标。

教师Ⅱ:那会对 LY 老师(职初所拜的师傅)佩服得不得了,我看过她的教学活动以后,我就模仿她的神态、举止。

教师 V:那段时间 JY 老师相当红,当时正在推广她的东西,老园长请她到我们幼儿园来。她作为一个一线的老师,被评上特级教师以后还一直在一线做,做了以后还能够形成一些个人化的东西。我想,哦,一个一线的老师可以做成这样,就像今天 ZY 老师跟我们讲的"你知道更好的,你就知道了哪些是不好的"。你就知道了,哦,这样就是一个很好的老师。你就知道了你以后要往这个方向发展。她一直到现在都保持思维比较清晰,我觉得也是很不简单。所以我想我老了以后也要像她这样吧,别人谈起她的时候不会说她老糊涂了,她落后了,至少她的观念和思维与时俱进的吧。我觉得这个老师对我发展影响还是比较大的。就是给我看到了一个样板。给你找到一个榜样,你知道好的东西是这样的,你可以往这方面去努力。

教师 V:JY 老师也很强调学习,那时她已经 50 多岁了吧,她说她在学心理学函授,所以对我的触动还是很大的,她这么大了还在学习,我这么小还不学习吗?理论方面的书不管看得懂还是看不懂都买回来先看,这是第一个。第二个晓得要去上课了,所以在我成长过程中课上得不少……

教师 W:我在和别人交流,或者别人请我去指导的时候,我都善于发现别人的优点,这样就能不断地扩展自己的眼界。特别现在我们强调多学科、多领域的交流,真的有很大的好处。这个呢我又受到一个人的影响。我们幼儿园有个老教师,她是南师大 1949 年的本科毕业生。她的学术特别好,她的家里面条件也很好。她在家里可以不抹桌子,她家里有保姆,但是在幼儿园抹桌子、搬凳子、倒痰盂什么都带头做,就是她个人的人格魅力特别强。我受她的影响最深的就是说她自己有这么高的学问,但是她对任何人都能看到人家的长处,不管是才来工作的或者是同班、其他班级的,她都能发现。哎,这个小王她这个班上什么什么好,这个小李今天她什么什么做得好,而且是出于真心地去表扬别人,不是虚情假意的。她就是总能发现别人好的地方,而这样以后,这是一个非常高的思想境界。你就不会总觉得这个是别人应该做的,我就是比你好,我这个受她的影响也是很大的……当孩子大不出大便的时候,她可以陪着孩子坐马桶,她很理解孩子。她这种做法都对我们有很大影响,我们感觉到不能放弃孩子,虽然要牵扯老师很多精力,但放弃就是对孩子不负责任。

优秀幼儿园教师成为专家型教师曾经学习和模仿的榜样,园内园外的优秀幼儿园教师的教学风格、学习精神、为人处世以及对孩子的爱与理解等都对专家型教师产生了深刻的影响。

(四) 高校教师

专家型教师与普通教师的区别不仅表现在其教学水平上,也同时表现在其教科研水平上。专家型教师通常都会参加一些教科研活动,在这些教科研活动中,她们获得了与高校教师接触、得到高校教师专业指引的机会。7位专家型教师都提到高校教师对其专业成长有着重要的影响。她们提及的高校教师通常都是学识广博、工作敬业踏实、待人友善谦和、愿意给予别人无私的专业指引和帮助的老师。

教师 II:HH 老师对我最大的启示就是在研究上面要严谨,要坚持一线探索的精神。其次,她教我如何去做人。HH 老师对人是特别的特别的善,她满眼的都是好人。我觉得这个对我的启发是,只要你真心待人,你都会有回报。很可能你暂时遇到的人对你会有误会、不理解,我觉得只要你接纳了,你有则改之无则加勉的话,你一如既往地去对待她,你还是会赢得别人的认可。

教师 W:跟着 JS 老师做课题,也学习了她的这种人格。她有很多的学问,但是她待人十分地谦和,她也是踏踏实实地去做研究,理论也是很高水平的,也善于看到教师身上的优点的,真的,跟她学了很多,那会我们还只是小学生,真的,后来才开始自己做课题。也是好人带的。

高校教师对专家型教师曾经的专业引领,确立了专家型教师的研究方向,提高了她们的科研能力,使她们熟悉了研究方法的运用并学会了独立做研究,增强了她们的自我发展意识。同时,高校教师的人格魅力也深深地影响了她们。

(五) 幼教干部

幼教干部是影响专家型教师专业成长的另一关键人物。这里的幼教干部泛指省、市(县、区)各级幼教教研员以及教育行政部门主管幼儿教育的科长、局长等领导。一方面,他们是幼儿园上级领导部门的工作人员,通常都具有较高的专业素养和较为长远的发展目光,因而往往能够给予教师较好的专业成长建议和专业指引。另一方面,幼教干部代表的是上级主管部门,因而他们所提出的专业成长建议,往往会得到教师的思考和重视,他们对教师的表扬和鼓励也能够极大地激励教师的发展。有3位受访教师提及幼教干部对其专业成长的重要影响。

教师Ⅱ:我们原来托幼办的一个主任,首先,她在我人生发展关键的时候点拨了一下,改变了我人生发展的方向。其实我开始在带班的时候不是有意识地做一些事情。比如那年冬天,正好下雪,我就带孩子们到户外接雪花玩一玩。我觉得这很平常,结果这个XY老师就在会议上表扬我说"你们看这个小老师多有教育的意识啊,一看到下雪了就带孩子们到户外"。我就感觉到怎么把我讲得这么高,正是因为她把我讲得这么高,然后就教育了我处处要意识到教育行为究竟对孩子有没有意义。她其实就是帮我把了教育观念这个关,强化了我的教育意识。其实我当时只是一个无意识的举动。其次,就是我在学科带头人的评比当中,她和我推心置腹的谈话,我觉得真正是一个人生上的飞跃。我不再在乎今后评上学科、特级,还是评不上,我不会再为别人的所言所语来苦恼自己,我觉得这对我一生发展还是很重要的。

在与其他专家型教师的访谈中发现,幼教干部曾经的引领、赋予的科研任务使专家型教师走上科研之路,幼教干部曾经的办园管理建议开阔了专家型教师的管理思路,幼教干部曾经及时的表扬和鼓励强化了专家型教师的教育意识和自我发展意识。

二、关键人物的角色

按照关键人物在专家型教师专业成长中所承担的角色、对专家型教师所产生的影响,本研究将其分为教师角色楷模、专业成长的引导者和专业成长的支持者三类。

社会对每一个处于一定地位上的人有着一定的要求,我们称此为社会期望。角色是处于一定社会地位的个体,依据社会客观期望,借助自己的主观能力适应社会环境所表现出的行为模式。[①] 角色楷模(role model),又称角色榜样,是指那些在道德标准、态度、行为等方面适合于某一社会角色并起榜样作用,供他人学习、效仿的人。本研究认为那些在道德标准、态度、行为等方面适合"教师"这一社会角色,并且在此角色上表现出色,可供他人学习、效仿的教师,即为教师角色楷模。角色楷模在一个人的发展中起

---

① 周晓虹.现代社会心理学——多维视野中的社会行为研究[M].上海:上海人民出版社,1997:361.

着相当大的影响作用,它能够激发人的精神需求,可以使抽象的要求具体化与人格化,可以使受影响者从身边角色榜样中得到启迪与教育。在专家型教师的专业成长中,教师角色楷模起了重要作用。上文提及的做教师的父亲、职初所拜的师傅教师、幼教界的知名教师、园内的优秀教师、老园长等是影响7位专家型教师专业成长的教师角色楷模,他们为成长中的专家型教师生动、形象地展示了优秀教师的风采,使其对教师产生了职业向往,从而树立了自己的职业理想。而职业理想是人内在的动力,是勤奋实践、直面困难、实现自身价值的前提。教师角色楷模同时也为专家型教师的发展提供了一个可供学习、模仿的榜样,从而促使专家型教师走向卓越发展之路。这与国外的研究结果相一致,法姆(Farmer)也认为楷模人物是影响女性生涯发展的因素之一,因为角色学习在个人发展过程中有着极为重要的心理作用,有适当的认同学习对象,可以激发女性成就动机,追求生涯发展。[1]

专业成长的引导者就其实质而言,是理论对实践的指导,是实现理论与实践之间的对话,是理论与实践关系的重建。[2] 本研究中,专家型教师专业成长的引导者主要有幼教界的知名教师、曾经的师傅教师,教学、管理水平皆优的前任园长,高校教师和幼教教研员。他们指引教师学习先进的教育思想和教育理论,引发教师对相关教育问题进行反思,提示其教学的改进方向,帮助教师明确发展目标,促进教师走上教、学、研一体化的发展之路。教师在向师傅教师的学习中,在与高校教师合作进行教科研项目中,在前任园长、幼教干部给予的成长机会和发展建议中,逐渐确立了自己主攻的研究方向,并最终形成了自己的专业特长。

专业成长的支持者是指为专家型教师的专业成长扫除不利因素,创设成长的机会和平台,给予安慰、鼓励的支持者。卡普兰(Chaplain,1974)等人的研究发现,如果人们能够从正式或非正式资源中得到情绪以及实质上的支持;可以缓解生活压力对生理或心理健康所造成的冲击,并且增进个人的生活适应。[3] 本研究中,专家型教师专业成长的支持者主要有家人、前任园长和幼教干部。家人是教师专业成长的重要支持者,他们往往给予教师较多的关怀、鼓励和安慰,为教师发展提供情感上的支持;同时,他们在家庭事务上的分担、帮助,也为教师提供了工作时间上的支持,使得她们能够有更多的时

---

[1] Farmer, H. S. Model of Career and Achievement Motivation for Women and Men[J]. Journal of Counseling Psychology, 1985,32(3):363-390.

[2] 余文森.自我反思、同伴互助、专业引领——以校为本的教学研究的三个要素[J].黑龙江教育,2003(12):28-31.

[3] Chaplain, R. P. Stress and Job Satisfaction: A Study of English Primary School Teachers[J]. Educational Psychology, 1995,15(5):473-489.

间和精力专注于专业发展。许多资料表明,专家型教师之所以能够醉心于自己的事业和工作而最终有所成就,与其来自家庭的支持是密不可分的。[①] 园长、幼教干部是教师专业成长的另一重要支持者,他们能够为教师专业成长创设较好的条件和发展空间,例如为教师创设外出观摩学习、进修高等学历、与高校专家接触互动的机会和条件,同时他们对教师教学、科研方面的认可、鼓励和安慰,也能够为教师专业成长提供强有力的情感支持,促进教师不断向上攀登,最终脱颖而出。

综上所述,关键人物对专家型教师专业成长的影响主要表现在以下五个方面。第一,确立职业选择。从事何种职业对于个体而言是相当重要的,然而个体职业选择却有可能受到家人以及他所崇敬的、喜欢的人的影响。国内的一项研究表明:师范类综合大学的学生职业理想形成的外界影响因素首推家庭因素。[②] 本研究中,W 老师和 X 老师正是在做教师的父亲的熏陶下以及优秀中学教师的影响下对教师这一社会职业产生了向往,年少时便把教师确立为自己的职业追求,最终走上了执教之路,在幼儿教育的舞台上挥洒自己的全部热情。第二,提升专业水平。在师傅教师、高校教科研合作者以及前任园长给予的专业指引和支持下,在专家型教师自己不断学习、模仿、尝试、探索的过程中,其专业水平得到不断提升,主要表现在其教育观念的不断更新、专业知识不断丰富以及专业技能的不断提高等方面。第三,增强专业发展意识。自我发展需要和意识是教师自我专业发展的内在主观动力,是教师不断自觉地促进自我专业成长的保证。[③] 角色楷模的榜样示范、前任园长和幼教干部的表扬与鼓励,以及高校教师孜孜不倦的学习精神等,都能增强专家型教师的自我发展需要和意识,使得她们感到不能辜负他人对自己的期望,需勇往直前。第四,优化管理行为。专家型教师担任园长后,其管理行为会受到他们所尊重的"老园长"的影响,前任园长的管理风格会对专家型教师产生影响,其有效的管理行为也会被专家型教师所吸取,另外,前任园长严于律己、以身作则的精神也使专家型教师在管理上提高对自我的要求;主管部门幼教干部的管理建议,也会促进专家型教师反思自己管理上的漏洞和不足,从而更加优化自己的管理行为。第五,塑造良好的个人品质。关键人物的优良品格会对专家型教师产生潜移默化的影响,影响她们待人、待事的观念和态度。不少专家型教师会提到前任园长、优秀教师和高校教师等关键人物对其人格所产生的重要影响,使得她们待人处事更加的包容和真诚,心胸更加开阔,乐于帮助别人。

---

① 周赞梅.专家教师研究[M].北京:知识产权出版社,2006:178.
② 王路江,等.测量愿望:大学生职业选择实证研究[M].北京:中国人民大学出版社,2001:23.
③ 叶澜,等.教师角色与教师专业发展新探[M].北京:教育科学出版社,2002:240.

第四节 专家型教师成就的归因分析

布朗芬布伦纳(Bronfenbrenner)在其论著《人类发展生态学》中研究了主动成长的个体与其所生活的不断变化的直接环境之间渐进的、双向适应的过程。布朗芬布伦纳的理论为我们分析关键事件如何影响专家型教师的专业成长提供了参考。专家型教师并非被动地接受关键事件的影响,而是在与关键事件产生的外部环境的积极互动中实现自己的专业成长。这也正如马斯洛所说"环境的作用,最终只是容许或帮助他使他的潜能现实化,而不是实现环境的潜能。环境并不赋予人潜能或智能,是人自身以萌芽或胚胎的形态具有这些潜能"[①]。专家型教师的人格特征是其成长的根本动因,关键事件、关键人物则为其成长提供了种种契机,促进其专业成长的现实化。正如顾泠沅在谈到名师的条件时所说的:"成材的道路很不相同,求取共同点只有两个:第一是机遇,很多人有能耐,碰不上机遇,成不了著名人物,所以,范围、机制、体制很重要,没有就不行,但是只有外部条件也不行;第二条就是拼命干……两者一结合,优秀人物就出来了。"[②]

一、优良的个人品质——专业成长的根本动因

研究发现,专家型教师都具有优良的个人品质,她们好学、要好、开放、爱孩子、爱事业、注重反思与钻研,具有优良的人际交往品质。正是这些优良品质使得她们能够抓住关键事件所提供的成长契机,能够积极主动地学习他人的优点、听取他人的建议,从而实现自身专业成长。研究者认为,优良的个人品质是专家型教师专业成长的根本动因。

(一)好学——专业成长的能源系统

好学是几位专家型教师留给研究者最深的印象。这里的"好学"是指具有强烈的学

[①] [美]A.H.马斯洛.人的潜能和价值——人本主义心理学译文集[M].林方,译.北京:华夏出版社,1987:80.

[②] 顾泠沅.中国当代著名教学流派:顾泠沅与青浦实验[M].北京:国际文化出版社,2003:78.

习欲望或动机以及一贯的学习实践或行为,简单地说就是想学习、爱学习、去学习和善于学习,既包括向书本学习、向他人学习,也包括向实践学习。专家型教师总是能够敏感地发现书中、实践中以及他人身上可供自己学习的优秀经验,并且善于吸纳这些优秀经验从而促进自我的成长。

教师 V:那个年代,别人都没啃的理论我都在啃,比如皮亚杰的《发生认识论》。因为这个书是借的要还的,我就自己做摘抄,把整整一本书全抄下来了,我那会儿还是大肚子。当时和现在的小年轻想的不一样,当时就觉得怀孕在家多无聊啊,当时是暑假,就找本书来学,就整天都那样,痔疮都长出来了……幼儿园老师都是女同志,要她服你真的是很困难的,要证明你的建议是合理的,那你就要读很多的书。当时真的是很难很难。每天晚上自己看书都要看到十一二点,有时候要到一两点钟……我家里搬家的时候搬得最多的是书,我会呼呼呼地买好多书来看,其实不一定都看完,就是选择你需要的、想看的东西看,有些书可能只看了某几页,但是我觉得还是很受用的……有的时候也比较享受其中,享受读书。

教师 W:我的任何的学习、任何的工作计划或者总结、论文没有一篇是在我的办公室里写出来的,全是回家写的。那时候一周还只有一天的休息,回家基本上就是学习。我呢,愿意牺牲家庭,比如那时候分房子,我宁愿选离幼儿园近的,我把在路上的时间改换成工作的时间。①

教师 Ⅲ:左右隔壁班我都要去看的,虽然人家不会手把手地教我,可是我去看一看,也能学到东西,因为我想学,所以我处处能看到可以学的。为什么我班上玩具总是收不好呢?那我去看着她玩玩具过程中怎么讲、怎么做的,我不用她告诉我,我看啊。

专家型教师无一例外地真心热爱学习,并且身体力行地坚持终身学习。教师Ⅲ的"因为我想学,所以我处处能看到可以学的"更是一语中的。教师 Z 更是自费前往北京参加心理学的培训,年近 50 岁时还去参加自考,获得"全国优秀自考生"的称号,熟悉 Z 老师的高校 TS 老师也评价她是"一位孜孜不倦、勤奋好学的幼儿园老师"。

"好学"为教师的专业成长提供丰富的知识资本,它是专家型教师进行有效教学以及教科研工作的基础,是专家型教师专业成长的能源系统。正是因为专家型教师的好学、乐学和善学,她们才会从各种正式的和非正式的专业学习中收获各类知识,才会从

---

① 访谈完教师 W 的 3 个月之后,一次偶然的机会,研究者在听某期 OMEP 组织的关于教师专业成长的学术报告时,遇见了教师 W。研究者远远地看着教师 W,只见教师 W 整个会议期间不停地在本子上记着,相比坐在她周围跷着二郎腿、偶尔在本子上写几个字,甚至间或吃点小零食的年轻老师而言,她是那么的耀眼和迷人。教师 W 为何能成为令人尊敬的专家型教师的缘由跃然眼前。——摘自研究者的研究备忘录。

他人身上获得启发,专业学习事件也才会成为她们专业成长中的占有极大分量的关键事件,角色楷模也才会成为她的重要他人,在其专业成长中具有重要意义和作用。

(二) 要好——专业成长的动力系统

"要好"是专家型教师常用来形容自己的一个词,她们常说"作为一个要好的人""人总归是要好的"。事实上,这里的"要好"包含着好强、好胜、追求卓越、希望得到他人的认可、不断进取、追求成功等丰富的内涵。"要好"与专家型教师较高的成就动机相关,她们总是用一流的标准要求自己并通过勤奋努力达到这一标准,即使在逆境中,她们也会奋力地冲破障碍从而达到这一目的。心理学研究也表明,很想得到成功的人比起那些不大想得到成功的人来,更能接受困难的工作,他们能把工作做得更好,而且能坚持其工作。[1]

教师Z:我当时就想,我们读过书的都教不好,跟那些没有读过专业书的比不要丑死啊?为自己的母校非但没争光反而抹黑了吗?所以,心里就想着我要快点快点,希望自己能够快点独立地带班,独立地带活动,不要被别人笑话。朴实吧?但是这个是最有力的动力,因为它体现了人的需要,从哲学上说是内因。

教师Y:对我专业发展最大的因素,我觉得自己生命中存在着一个追求完美、追求卓越的这种特质,能不能追求到,实际上距离很远,但是你有这样一个追求,你就始终处在一个向上、向上、向上的这样的状态,你的导向、航向始终是这样往上走的。像她们讲,Y老师,你不管到哪里,你总是做一流的事情,都是这种非常品牌的。

"要好"与专家型教师强烈的自我发展意识紧密相连,它促进教师主动追寻自身的专业成长,是教师自主专业成长的一个强有力的动力源。

(三) 开放——专业成长的监控系统

这里的"开放"主要包括思维的开放和心胸的开放。思维的开放是指专家型教师有强烈的好奇心和浓厚的探索兴趣,乐于接受和尝试新的事物和新的经验,紧跟时代的发展和科学研究的进步;心胸的开放是指专家型教师乐于接受他人合理的意见和建议,善于发现他人身上的优点并加以学习,能够在与他人探讨中获得启示,而不会固执己见、故步自封。马斯洛通过对优秀人物成长的研究也发现,优秀人物通常具有一种民主型的性格结构,常常赞赏并崇尚别人的优点,愿意听取别人的意见并向其学习,尊重别人

---

[1] 时蓉华.现代社会心理学[M].上海:华东师范大学出版社,1989:168.

的独立性与特异性,他们向任何有学问的人学习而不必去考虑别人会有什么想法,他们明智地懂得自己知道的东西比起应该知道的和别人已经知道的是微乎其微的。[①]

7位专家型教师都具有开放的精神,也就是马斯洛所谓的民主型性格结构。尽管有5位教师都已退休,年近古稀,但她们仍然坚持学习、不断吸纳新的理念,愿意就学术上的一些问题与人交流、探讨,各种学术报告、学术会议上仍然能够看到她们孜孜不倦的身影。

教师W:我愿意接受新鲜事物,喜欢接受新的东西。但是呢,相对来讲也不是跟风,就是学习了以后要去思考一下,所以学习、思考可能是我自己认为我能够取得一点成绩的主要因素。

教师X:我向所有可学习的人学习,我从来没有想过我是大学生,因为觉得自己虽然多学了一点,但是跟我们的同龄人比,我缺少了四年的实践经验。跟那些老教师比,我更缺少实践经验。跟保育员比,我体力上不如她们,比方扫地怎么扫、铺被子怎么铺,这些她们都有她们的一套。我觉得要向一切人学习……只要是对我们有用的东西,我都愿意去学,比如民间艺术的东西,穿珠子啊,纸艺啊,裁缝啊,我都学过。

教师Z:我做课题的第一轮当中,经常有我所谓的"金点子",我就会说"唉,你们有空吗？我今天有个活动,你们来看一下",我觉得是新的我就要给她们看看,给我提提意见……现在人家问我"还看书啊",我说我现在看得更厉害。现在我已经退休了,我可以不看了,但是呢,人老了有时候会有不自信出来,有时候会想一想这个年轻人是不是追上了,是不是这个时代变了,我的这些东西都过时了? 所以,现在看书呢,就是抱着验证自己以前做的事情哪些是对的,哪些还不够的。

"开放"是专家型教师专业成长的监控系统,开放的胸襟能够促进教师对外界新的信息进行采集、判断,并依据外界的有益信息及时进行自我更新和自我调整。教师成长为专家型教师是一个长期的过程,需要时间的积淀,这也就需要教师有开放的精神,能够向书本、向他人不断地学习,重视他人提出的合理建议,紧跟时代的步伐和教科研的发展,从而不断地提升自我。

(四) 热爱——专业成长的情感系统

专家型教师对孩子、对自己所从事的幼儿教育事业有着深厚的感情。这是专家型教师取得成功的另一个重要因素。爱是一种巨大的情感投入,当教师在工作的时候、在

---

① 时蓉华.现代社会心理学[M].上海:华东师范大学出版社,1989:184.

与孩子相处的时候投入了爱，就很自然地开始钻研、追求发展，也会自然地由应付到敬业，再由敬业到乐业。

教师 X：有人问我说如果再有一次职业选择的机会，你还选不选幼儿园老师？我说我应该还会选，因为我对孩子还是有很深的感情的，而且我从来不回避，人家问我你在哪里上班，我说我在幼儿园，我是幼儿园老师啊……这个当中也有几次机会我可以不在幼儿园，上海的幼专，后来是上海教育局的 SD 老师，他专门到南京来让我回去，而且我爱人的工作问题也都能解决好，另外也有几次机会，N 医大让我去他们图书馆工作，因为照顾我爱人，他也是脑外科的一把刀，最后也让我去省幼师，我都说算了吧，我还是到幼儿园，我觉得幼儿园当中还有很多需要我的地方。

教师 Z：幼儿园教师这一职业，是一种足以令人自豪的生命存在形式。……体现自己的存在必然要借助于自己从事的事业。我把幼儿教育事业作为自己的人生价值体现，全身心地投入幼儿教育，关注幼儿教育的发展。……我在幼儿教育园地里找到了归属，一如既往地努力着并体验着快乐。

教师 Y：我特别地爱孩子，总渴望把最好的给孩子。就是说爱孩子、爱这个事业到我们这个地步，我不是标榜自己，实际上就是你修炼到这个程度的时候，很自然地，爱事业，做起工作来废寝忘食，而且不求回报……

说到"我是幼儿园老师啊"的时候，教师 X 自豪与幸福溢于言表。作为 60 年代初的大学毕业生，正是出于对孩子的热爱、对幼儿教育事业的热爱，使得教师 X 一辈子都扎根在幼儿教育第一线。教师 Z 同样把幼教事业作为自己人生价值的体现。教师 Y 也强调正是因为对孩子、对幼教事业的爱使得她工作起来废寝忘食。爱，是专家型教师专业成长的情感系统。

（五）钻研——专业成长的反省系统

这里的"钻研"指专家型教师对事物的分析、总结、思考和反思。钻研是专家型教师专业成长的反省系统。专家型教师不仅有着丰富的经验，而且保持着对事物钻研的习惯，她们善于对自己的经验和教训进行思考和总结。钻研的习惯能够促进专家型教师在关键事件中获得启发和提升，使得她们对问题的认识更加透彻，也使得她们对事物有着自己的专业见解，形成专业特长，从而有利于她们的专业成长。正如杜威所说"人从经验中所学到的，不如从反省该经验中学的多"[①]。

---

① 黄娟娟.优秀幼儿教师教育行为研究[M].上海：上海教育出版社，2002：120.

教师 V： 在我的工作中、在我走过的路当中，我都会去反省，我会去分析我的失，失在什么地方；得，得在什么地方。比如说看电视过程中也会有些东西触动我，我会去想，不是说我今天需要用这个东西才去想。

教师 X： 比方说现在讲的生成教育，这些是我们以前没有的名词。陈鹤琴搞的单元教学和现在 SY 幼儿园在搞的主题教学，到底它们立足点上有什么不同，TPX 现在搞的田野课程，这个田野课程跟那些课程到底相同点在哪里，不同点又在哪里，我总觉得要不断地钻研。像我们原来多子女的教育是个问题，现在是独生子女的教育问题，现在独生子女又发现了孤独症的孩子，你怎么去看待，所以就要不断去钻吧。

教师 W： 我比较喜欢想问题，不是说学了人家怎么做我们就怎么做，譬如说我们在搞课程当中，这几年全国都在搞课程改革，热火朝天，不断地介绍很多新的东西，实际上我们很多时候都面临决策，我们不能像猴子掰苞米一样，我既要把握我幼儿园前进的方向，又要吸收新的东西，那你的思考就非常重要。比如说我记得很清楚，有一段时间全国掀起了搞"创造教育"，那我首先就是学习创造教育，它究竟提倡的是什么，那么在我这个幼儿园要不要专门提出这个东西。然后，我看了以后我就感受到我们的课程里面已经重视了儿童创造性的培养，那我们就不需要专门提创造教育了。

钻研，促进教师对教育问题、教育现象进行深入的思考，深化教师对专业知识的理解，形成自己的专业见解，使得作为教师能源系统的知识能够更好地为教师的教育实践服务，也能够促进教师从关键事件以及关键人物的点拨当中获取启发，从而促进自我的专业成长。

（六）善交往——专业成长的人际系统

专家型教师善于交往，有着优良的人际交往品质：为人和善、待人真诚、心胸豁达，能够包容别人的缺点和不足，同时尊敬老教师、爱护新教师。众所周知，幼儿园是一个女性集中的地方，维持良好的人际氛围并不容易。然而，专家型教师凭着她们优良的人际交往品质，在幼儿园中建立了融洽的人际关系，有效地与其他教师合作，获得他人的认可和支持，从而建构出一个和谐、融洽、合作、互助、有利于自身专业成长的人际系统。

教师 X： 大家都认为我的脾气比较好，就是对别人都能够宽容，这样的话，自己活得也痛快一些，别人觉得也很受尊重。以前我的老园长曾给我讲过一句话，"若要人像我，除非两个我"。就是对人家的要求你不要像对自己一样，对自己因为你有这样的思路这样的想法，所以，你不要人家做一件事，你用自己的想法、自己的思路去要求。不可能人家跟你的想法是一样的。

教师Ⅱ：我觉得我工作以后和我搭档的人都是很不错的，她们都把我当红花在培养，真的我蛮感动的……我还是很尊重和关心老师、园长还有和我同龄的老师，我觉得还是要自己多主动征求她们的意见，可能在这样一种情况下，跟我一起合作的人觉得我并没有一种强烈的愿望去挤占她的位置，跟我搭档的人我们合作得都比较好。在合作的过程中，慢慢地，她们有意无意地都给我提供了很多平台……我觉得这个还是我比较顺利过来的因素之一吧。可能因为我的以诚相待让她们对我也很真心、很真诚。真的，所以我通常会讲我遇到的班子成员都是对我很支持、很配合的。

教师专业成长是与周围环境积极互动的结果，良好的人际交往氛围是影响教师专业成长的又一重要因素。优良的人际交往品质形成了专家型教师专业成长的人际系统，为其专业成长营造了融洽、和谐的人际氛围，使得专家型教师能够在与周围人的良性互动中获取自我的发展。

二、关键事件、关键人物——专业成长的重要契机

优良的个人品质是专家型教师专业成长的根本动因，而关键事件则为教师的成长提供了契机，使得教师在与外部因素相互作用的实践活动中得以成长。关键事件能够促进教师的反省，为教师创造了一些选择的机会，教师在经历关键事件时要做出某种选择和改变，关键事件集中体现着教师对自我已有内在专业结构合理性、适应性的评价和决策。①

（一）反省教育观念的契机

关键事件尤其是突发性关键事件，为教师提供了反省个人原有教育观念的契机。教师的教育观念往往是长期形成的、稳定的，只有受到外部强烈冲击的时候，才会引起自身的注意和反省。突发性关键事件往往是突如其来的、意想不到的事件，事件的发生使得教师意识到自我原有的观念上的漏洞和不足，促进教师的反省和调整。关键人物的点拨、给予的意见和建议同样也会促进教师对自身教育观念的反思。例如 W 老师替人带班时幼儿发生安全事故后，意识到需要重新考虑对于自己不熟悉的孩子组织哪些活动才更加适宜。赛课失败使 V 老师认识到作为一名幼儿园教师不能脱离第一线，并对自己今后的发展方向进行了调整。

---

① 叶澜,等.教师角色与教师发展新探[M].北京:教育科学出版社,2001:313.

(二)更新专业知识的契机

各类专业学习事件,无论是职前的教育还是职后的各类培训、参观考察以及拜师学习等都为专家型教师提供了更新专业知识的契机。教师能够在学习活动中、在教科研活动的钻研中不断地补充、更新理论知识,提升自己的教育理念,了解当前教育发展的方向和动态,为其今后的发展,尤其是教科活动打下坚实的理论基础。例如几位年长的专家型教师,由于受到时代背景的影响,她们接受的职前教育主要是苏联的幼儿教育模式,而"文革"结束后的继续教育,为她们开始接触一些西方的教育理论提供了机会,对她们开阔教育视野、紧跟时代发展以及后来的课题研究、课程开发起到了重要的作用。

(三)升华专业情感的契机

关键事件、关键人物不仅带来了专业理念、专业知识的更新,同时也带来了教师专业情感上的升华。新的知识和理念的补充使得专家型教师对自己的教育教学能力以及指导他人的能力更加自信,增强了自我效能感;教科研活动也使得她们更加感受到教学、研究的乐趣,更加热爱钻研,热爱自身所从事的教育事业;同时,专家型教师也深受高校科研合作者、师傅教师、优秀幼儿园教师等关键人物孜孜不倦的学习、钻研以及敬业精神的影响和熏陶,进而萌发出向优秀人物学习的意愿。

(四)锻炼、提升专业技能的契机

关键事件也为教师提供了锻炼自我、提升自我专业技能的契机。参加级别较高的专业评比以及入职初期没有老教师带教的独自摸索都为专家型教师提供了锻炼自我的机会,积极地应对挑战促进了专家型教师专业技能的提升。专家型教师在向师傅教师的学习中,在职初没有老教师带教的磨炼中,在与高校教师合作的教科研活动中,都能够更加真实地了解幼儿身心发展的特点和规律,不断改进自己的教育、教学的技巧,提升教学设计能力,使教学行为不断完善。

参考文献

[专著]

1. [日]佐藤学.课程与教师[M].钟启泉,译.北京:教育科学出版社,2003.

2. 黄人颂.学前教育学[M].北京:人民教育出版社,1989.

3. 钱明辉.研究性教学——发展性教师的内在教学理论[M].北京:教育科学出版社,2007.

4. 顾荣芳,等.从新手到专家——幼儿教师专业成长研究[M].北京:北京师范大学出版社,2007.

5. 郑慧琦,胡兴宏.教师成为研究者[M].上海:上海教育出版社,2004.

6. 王建军.课程变革与教师专业发展[M].成都:四川教育出版社,2004.

7. 叶澜,等.教师角色与教师发展新探[M].北京:教育科学出版社,2001.

8. [美]丽莲·凯兹.与幼儿教师对话:迈向专业成长之路[M].廖凤瑞,译.南京:南京师范大学出版社,2004.

9. 教育部师范教育司.教师专业化的理论与实践[M].北京:人民教育出版社,2003.

10. 熊川武.反思性教学[M].上海:华东师范大学出版社,1999.

11. [美]阿哈,霍利,卡斯滕.教师行动研究:教师发现之旅[M].黄宇,等译.北京:中国轻工业出版社,2002.

12. [加]马克斯·范梅南.教学机智:教育智慧的意蕴[M].李树英,译.北京:教育科学出版社,2001.

13. 饶见维.教师专业发展——理论与实务[M].台北:五南图书出版公司,2003.

14. 刘捷.专业化:挑战21世纪的教师[M].北京:教育科学出版社,2002.

15. 傅道春.教师的成长与发展[M].北京:教育科学出版社,2001.

16. 教育部基础教育司.《幼儿园教育指导纲要(试行)》解读[M].南京:江苏教育出

版社,2002.

17. [美]费斯勒,克里斯坦森.教师职业生涯周期[M].董丽敏,高耀明,译.北京:中国轻工业出版社,2005.

18. 申继亮主编.教学反思与行动研究:教师发展之路[M].北京:北京师范大学出版社,2006.

19. 徐碧美.追求卓越——教师专业发展案例研究[M].陈静,李忠如,译.北京:人民教育出版社,2003.

20. 庞丽娟,陶沙主编.教师与儿童发展[M].北京:北京师范大学出版社,2001.

21. [美]康纳利,等.教师成为课程研究者——经验叙事[M].刘良华,等译.杭州:浙江教育出版社,2004.

22. 周晓虹.现代社会心理学:社会学、心理学和文化人类学的综合探索[M].南京:江苏人民出版社,1991.

23. 周晓虹.现代社会心理学:多维视野中的社会行为研究[M].上海:上海人民出版社,1997.

24. [美]A.H.马斯洛.动机与人格[M].许金声,程朝翔,译.北京:华夏出版社,1987.

25. 娄宏毅,宋尚桂主编.成人教育学[M].济南:齐鲁书社,2002.

26. 金盛华,张杰.当代社会心理学导论[M].北京:北京师范大学出版社,1995.

27. [美]戴维·H.乔纳森等,编.学习环境的理论基础[M].郑太年,等译.上海:华东师范大学出版社,2002.

28. 陈向明.质的研究方法与社会科学研究[M].北京:教育科学出版社,2000.

29. Kay Deaux 等.90年代社会心理学[M].杨语芸,译.台北:五南图书出版有限公司,1997.

30. [法]布迪厄,[美]华康德.实践与反思:反思社会学导引[M].李猛,李康,译.北京:中央编译出版社,1998.

31. 张艳萍,李海.成人学习心理与学习方法[M].哈尔滨:哈尔滨工程大学出版社,2003.

32. [波兰]兹纳涅茨基.知识人的社会角色[M].郏斌祥,译.南京:译林出版社,2000.

33. [美]彼得·圣吉.第五项修炼——学习型组织的艺术和实务[M].郭进隆,译.上海:三联书店,1998.

34. 王斌华.发展性教师评价制度[M].上海:华东师范大学出版社,1998.

35. 周晓虹.现代社会心理学名著菁华[M].北京:社会科学文献出版社,2007.

36. 杨丽珠,刘文主编.毕生发展心理学[M].北京:高等教育出版社,2006.

37. 联合国教科文组织国际教育发展委员会编著.学会生存:教育世界的今天和明天[M].北京:教育科学出版社,1996.

38. 陈永明.现代教师论[M].上海:上海教育出版社,1999.

39. [美]莱斯利·P.斯特弗等编.教育中的建构主义[M].高文,等译.上海:华东师范大学出版社,2002.

40. 孙耀君.西方管理思想史[M].太原:山西人民出版社,1987.

41. 金美福.教师自主发展论:教学研同期互动的教职生涯研究[M].北京:教育科学出版社,2005.

42. [美]麦金太尔,奥黑尔.教师角色[M].丁怡,等译.北京:中国轻工业出版社,2002.

43. [美]笆笆拉·鲍曼,苏珊娜·多诺万,苏珊·勃思兹.渴望学习:教育我们的幼儿[M].吴亦东,等译.南京:南京师范大学出版社,2005.

44. 刘晓东.解放儿童[M].北京:新华出版社,2002.

45. 皮连生.学与教的心理学(第二版)[M].上海:华东师范大学出版社,1997.

46. [英]大卫·特里普.教学中的关键事件[M].邓妍妍,郑汉文,译.石家庄:河北人民出版社,2007.

47. [美]雪伦·B.梅里安编.成人学习理论的新进展[M].黄健,译.北京:中国人民大学出版社,2006.

48. 吕元礼,谢志强.权利与个性[M].南昌:江西人民出版社,1999.

[学位论文]

1. 刘良华.行动研究的史与思[D].上海:华东师范大学,2001.

2. 闵钟.论教师成为研究者[D].武汉:华中师范大学,2002.

3. 李小波.论教师的教育研究[D].上海:华东师范大学,2006.

4. 孙芳明.我国教师专业发展影响因素的分析及其相关对策研究——一种教育社会学的视角[D].济南:山东师范大学,2004.

5. 周震.教师在研究中成长——基于"研究"的教师发展模型研究[D].杭州:浙江师范大学,2005.

6. 彭兵.研究型幼儿教师特质及培养机制初探[D].武汉:华中师范大学,2005.

7. 岳欣云.教师研究的反思与再探究[D].上海:华东师范大学,2005.

8. 卜湘玲.教育行动研究中的幼儿教师专业发展[D].成都:西南大学,2006.

9. 秦奕.幼儿园教师问题意识研究[D].南京:南京师范大学,2005.

10. 金美福.教师自主发展论[D].长春:东北师范大学,2003.

11. 赵昌木.教师成长的研究[D].兰州:西北师范大学,2003.

12. 施祥胜.教研互动与教师专业成长的研究[D].南京:南京师范大学,2004.

13. 沈烈荣.学龄前儿童观点采择的发生与发展[D].武汉:华中师范大学,2004.

14. 秦奕.幼儿园教师职业认同结构要素与关键主题研究[D].南京:南京师范大学,2008.

15. 王艳玲.培养"反思性实践者"的教师教育课程[D].上海:华东师范大学,2008.

16. 刘海荣.高校学前教育专业实习生之关键事件研究[D].南京:南京师范大学,2019.

17. 刘晓.斯腾豪斯"教师作为研究者"思想研究[D].上海:上海师范大学,2019.

18. 刘锐剑.高校教师师徒关系及其对青年教师职业成功的影响研究[D].北京:北京交通大学,2018.

[一般论文]

1. 钟启泉."有效教学"研究的价值[J].教育研究,2007(6).

2. 周耀威.教育行动研究与教师专业发展[J].全球教育展望,2002(4).

3. 闵钟."教师成为研究者"兴起背景探析[J].集美大学学报(教育科学版),2007(9).

4. 高慎英,刘良华.论"教师成为研究者"——斯登豪斯及其"人文课程研究"[J].外国教育研究,2002(6).

5. 宁虹."教师成为研究者"的理解和可行途径[J].比较教育研究,2002(1).

6. 宁虹.教师成为研究者的现象学意识[J].教育研究,2003(11).

7. 刘捷.教学研究与教师专业自主[J].当代教育科学,2005(5).

8. 柳夕浪.研究性教习:教师专业学习的基本方式[J].基础教育课程,2006(1).

9. 吴永军.关于我国大陆地区教师专业化研究的反思[J].教育理论与实践,2007(13).

10. 柳夕浪.回归本原的教师研究——"教育研究与教师的专业发展"研究报告[J].江苏教育研究,2007(1).

11. 刘黎明.论蔡元培的研究性教学观[J].大学教育科学,2007(3).

12. 杨秀玉.教师发展阶段论综述[J].外国教育研究,1999(6).

13. 杨秀梅.费斯勒与格拉特霍恩的教师发展影响因素论述评述[J].外国教育研究 2002(5).

14. 虞永平.幼儿园教学活动的评价[J].早期教育,2005(3).

15. 王春燕.直面教师专业成长的基础：实践性智慧[J].幼儿教育（教育科学版）2006(3).

16. 涂艳国,王卫华.论教师的教学惯习对教学机智的影响[J].教育研究,2008(9).

17. 虞永平.幼儿园课程发展与教师成长[J].学前教育研究,2007(12).

18. [美]约翰·尼莫.着眼于潜能的教师观：一个幼儿教师专业成长的理论框架[J].早期教育（教师版）,2008(2).

19. 岳亚平,冀东莹.幼儿园教师工作家庭冲突特点及与职业倦怠的关系[J].学前教育研究,2017(1).

20. 严仲连,李容香.农村幼儿教师专业发展的特殊性及策略[J].东北师大学报（哲学社会科学版）,2016(6).

21. 刘娟,步宁,高健.关键实习事件对学前教育专业学生专业认同的扎根研究——以Y学校学前教育专业学生为例[J].幼儿教育,2020(Z6).

[外文文献]

1. Joe, L., Kincheloe. Teachers as Researchers: Qualitative Inquiry as a Path to Empowerment[M]. London: Routledge Falmer, 2003.

2. Elliott, J. Action Research for Educational Change[M]. Buckingham: Open University Press, 1991.

3. Kain, Daniel, L. Critical Incidents in Teacher Collaboration on Interdisciplinary Teams[J]. Research in Middle Level Education Quarterly, 1997, 21(1).

后　记

本研究为江苏高校哲学社会科学基金重大项目研究成果以及教育部国家级新文科项目建设成果。

本研究撰写分工如下——

绪论:顾荣芳、母远珍、许游、孙雨凡、张议月;第一部分:刘芸、顾荣芳;第二部分:顾荣芳、胡伊淇;第三部分:张吉丽、顾荣芳;第四部分:顾荣芳、母远珍、沈俊。另外,整个研究思路、研究框架的确定以及全书统稿等工作均由顾荣芳完成。张世义、崔爱丽、袁芳芳、刘福芳、陈旭微、沈芳雁、夏萍萍等对本研究也有贡献。

感谢所有为本研究提供支持、帮助的领导、老师和同学们!

顾荣芳

2022 年 3 月 28 日